본 교재의 강의는 TV와 모바일, EBS 중학사이트(mid.ebs.co.kr)에서 무료로 제공됩니다.

발행일 2021. 9. 25. **2쇄 인쇄일** 2024. 4. 19.
신고번호 제2017-000193호 **펴낸곳** 한국교육방송공사 경기도 고양시 일산동구 한류월드로 281
기획 및 개발 송아롬 이원구 이재우 최영호
표지디자인 ㈜무닉 **편집** 더 모스트 **인쇄** 팩컴코리아㈜
인쇄 과정 중 잘못된 교재는 구입하신 곳에서 교환하여 드립니다.

수학 마스터
교재의 난이도 및 활용 안내

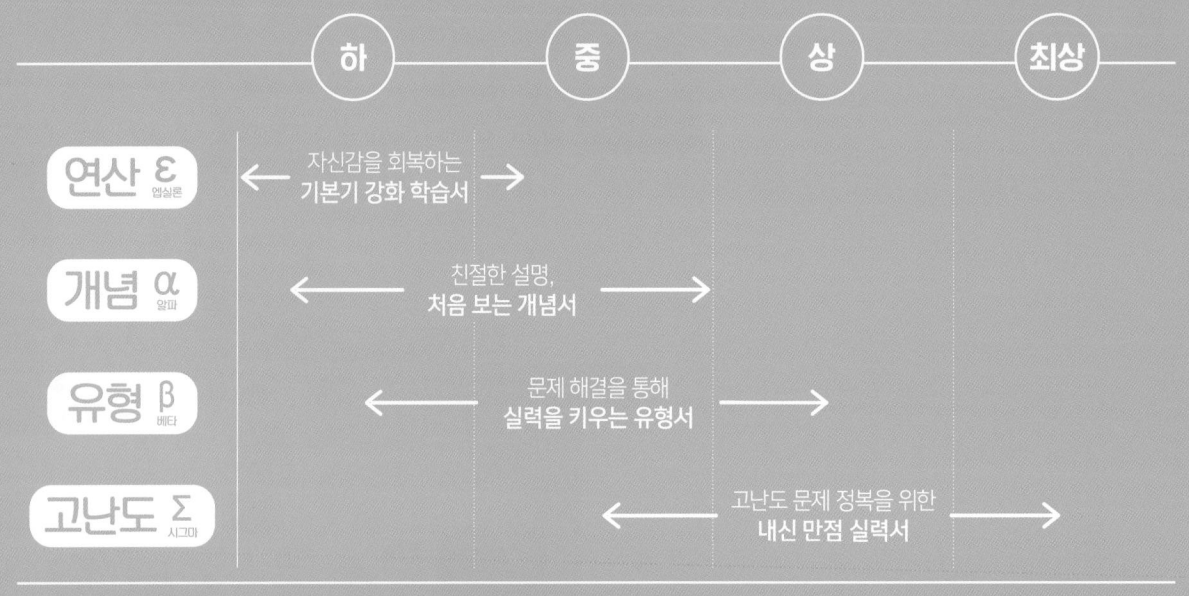

하 ─ 중 ─ 상 ─ 최상

연산 ε 엡실론 ← 자신감을 회복하는 기본기 강화 학습서 →

개념 α 알파 ← 친절한 설명, 처음 보는 개념서 →

유형 β 베타 ← 문제 해결을 통해 실력을 키우는 유형서 →

고난도 Σ 시그마 ← 고난도 문제 정복을 위한 내신 만점 실력서 →

교재
내용
문의

교재 내용 문의는 EBS 중학사이트
(mid.ebs.co.kr)의 교재 Q&A
서비스를 활용하시기 바랍니다.

교 재
정오표
공 지

발행 이후 발견된 정오 사항을 EBS
중학사이트 정오표 코너에서 알려 드립니다.
교재학습자료 → 교재 → 교재 정오표

교재
정정
신청

공지된 정오 내용 외에 발견된 정오 사항이 있다면
EBS 중학사이트를 통해 알려 주세요.
교재학습자료 → 교재 → 교재 선택 → 교재 Q&A

수학 마스터

중학 수학의 첫 개념 학습

개념 α 알파

중학 수학 **2·2**

개념북

📄 정답과 풀이는 EBS 중학사이트(mid.ebs.co.kr)에서 다운로드 받으실 수 있습니다.

개념북

개념 학습과 예제&유제 자세한 설명과 한눈에 보이는 개념 정리
소단원 핵심문제 소단원별 대표 문제 및 필수 유형 문제
중단원 마무리 테스트 교과서와 기출문제로 구성한 실전 문제

워크북

소단원 드릴문제 개념 사용을 익숙하게 하기 위한 반복 연습 문제
소단원 핵심문제 개념북의 소단원 핵심문제와 연동한 유사 및 보충

정답과 풀이

수학 마스터

중학 수학의 첫 개념 학습

개념 α 알파

중학 수학 2·2

개념북

Structure / 이 책의 구성과 특징

1 개념북

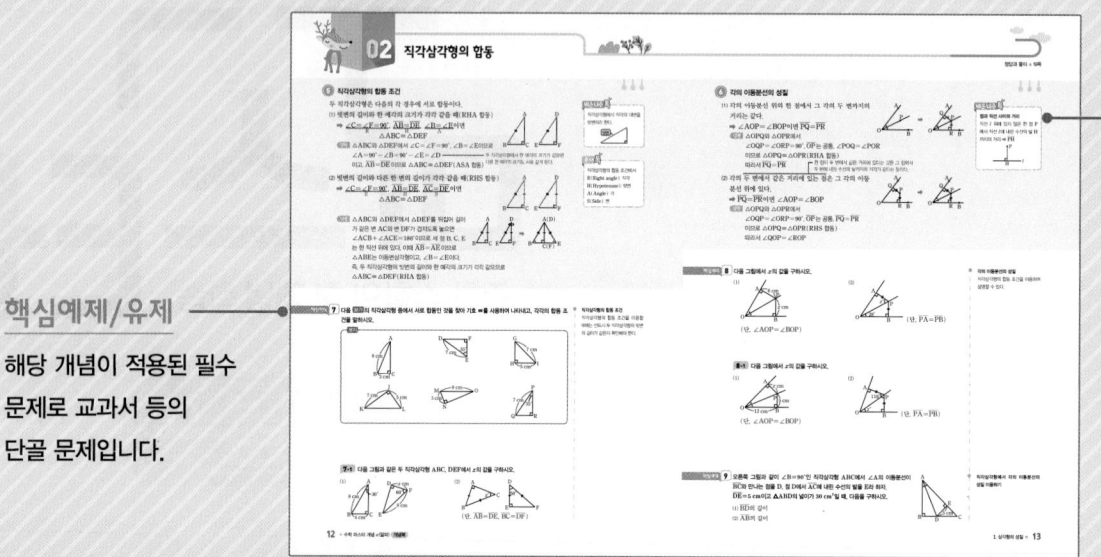

용어톡/플러스톡

용어 한자 풀이 등을 넣어
그 의미를 알기 쉽게,
기억하기 쉽게 합니다.

핵심예제/유제

해당 개념이 적용된 필수
문제로 교과서 등의
단골 문제입니다.

★개념 학습과 예제&유제

자세한 설명과 한눈에 보이는 개념 정리

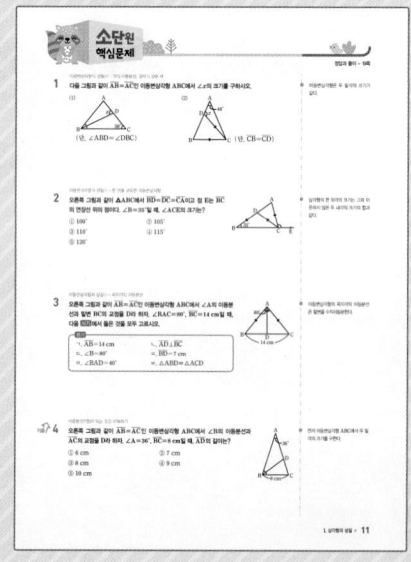

★소단원 핵심문제

소단원별 대표 문제 및 필수 유형 문제

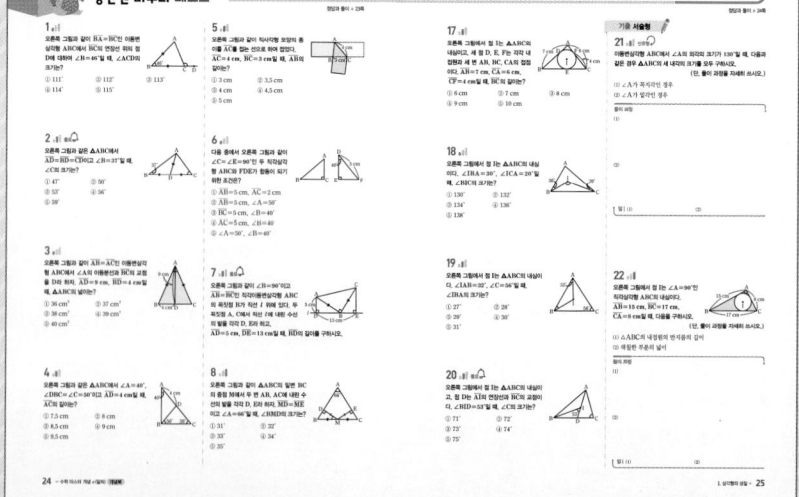

★중단원 마무리 테스트

교과서와 기출 문제로 구성한 실전 문제

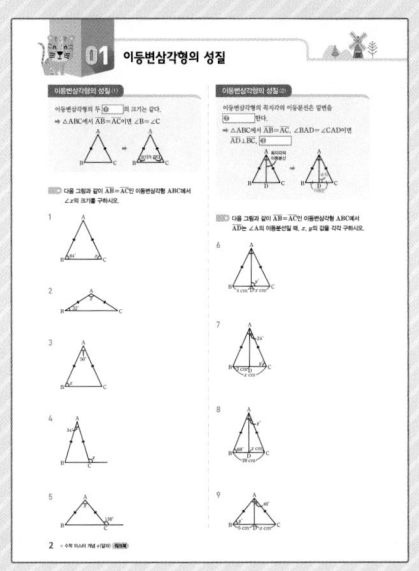
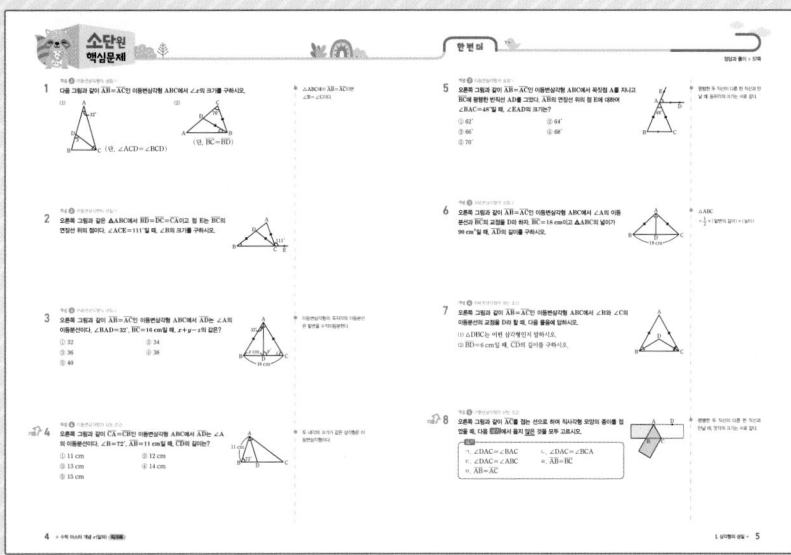

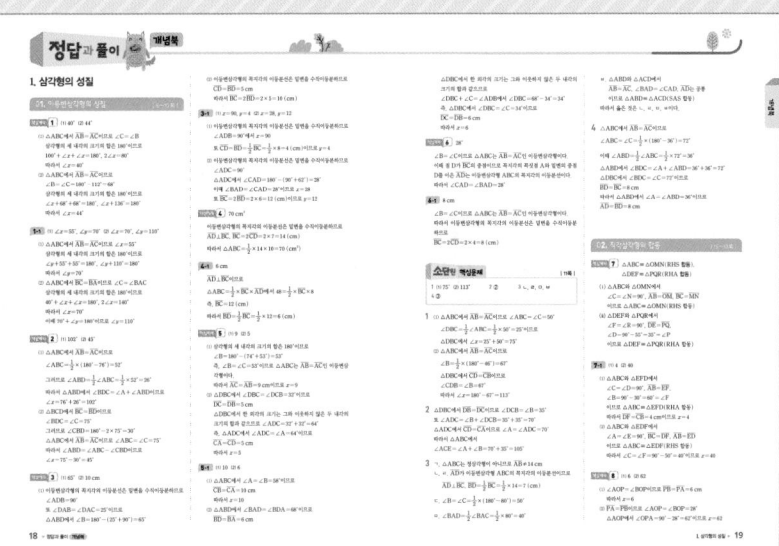

Contents

01

삼각형의 성질

이 단원의 학습 계통

배운 내용	이 단원의 내용	배울 내용
기본 도형	01 이등변삼각형의 성질	사각형의 성질
작도와 합동	02 직각삼각형의 합동	도형의 닮음
평면도형의 성질	03 삼각형의 외심	삼각비
	04 삼각형의 내심	원의 성질

01 이등변삼각형의 성질

1 이등변삼각형

두 변의 길이가 같은 삼각형 ➡ $\overline{AB}=\overline{AC}$인 △ABC

(1) 꼭지각: 길이가 같은 두 변이 이루는 각 ➡ ∠A

(2) 밑변: 꼭지각의 대변 ➡ $\overline{BC}$

(3) 밑각: 밑변의 양 끝 각 ➡ ∠B, ∠C

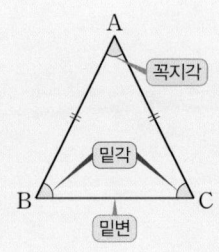

2 이등변삼각형의 성질(1)

밑각은 이등변삼각형에서만 사용하는 용어이다.

이등변삼각형의 두 밑각의 크기는 같다.

설명 $\overline{AB}=\overline{AC}$인 이등변삼각형 ABC에서 ∠A의 이등분선을
그어 밑변 BC와의 교점을 D라 하자.

이때 △ABD와 △ACD에서

$\overline{AB}=\overline{AC}$, ∠BAD=∠CAD, $\overline{AD}$는 공통

이므로 △ABD≡△ACD(SAS 합동)

따라서 ∠B=∠C

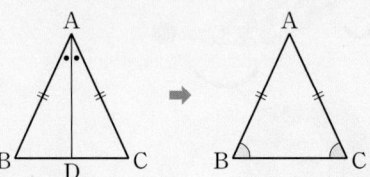

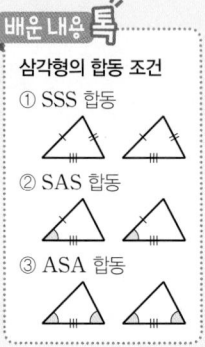

핵심예제 1 다음 그림과 같이 $\overline{AB}=\overline{AC}$인 이등변삼각형 ABC에서 ∠$x$의 크기를 구하시오.

(1)
A, 100°, B, x, C

(2)
A, x, B, C, 112°

**이등변삼각형의 성질
– 두 밑각의 크기①**

이등변삼각형 ABC에서
∠A가 꼭지각이면
∠B=∠C이고
∠A+∠B+∠C=180°

1-1 다음 그림과 같은 이등변삼각형 ABC에서 ∠x, ∠y의 크기를 각각 구하시오.

(1)
A, y, B, 55°, x, C (단, $\overline{AB}=\overline{AC}$)

(2)
y, A, B, 40°, x, C (단, $\overline{BA}=\overline{BC}$)

핵심예제 2 다음 그림과 같이 $\overline{AB}=\overline{AC}$인 이등변삼각형 ABC에서 ∠$x$의 크기를 구하시오.

(1)
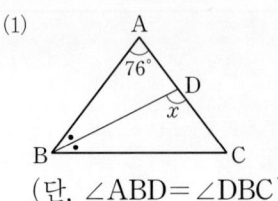
A, 76°, D, x, B, C
(단, ∠ABD=∠DBC)

(2)
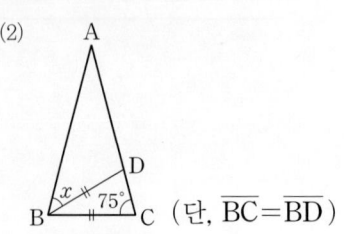
A, D, x, B, 75°, C
(단, $\overline{BC}=\overline{BD}$)

**이등변삼각형의 성질
– 두 밑각의 크기②**

삼각형의 한 외각의 크기는 그와 이
웃하지 않은 두 내각의 크기의 합과
같다.

3 이등변삼각형의 성질(2)

꼭지각은 이등변삼각형에서만 사용하는 용어이다.

이등변삼각형의 꼭지각의 이등분선은 밑변을 수직이등분한다.

설명 8쪽에서 △ABD≡△ACD(SAS 합동)

이때 ∠ADB=∠ADC이고 ∠ADB+∠ADC=180°이므로

∠ADB=∠ADC=90°

따라서 $\overline{AD}\perp\overline{BC}$

또 합동인 두 삼각형에서 대응변의 길이는 같으므로 $\overline{BD}=\overline{CD}$

참고 이등변삼각형에서 다음은 모두 일치한다.

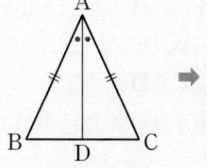
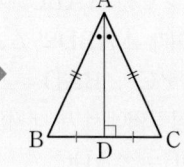

| 꼭지각의 이등분선 | 밑변의 수직이등분선 | 꼭지각의 꼭짓점에서 밑변에 그은 수선 | 꼭지각의 꼭짓점과 밑변의 중점을 이은 선분 |

심예제 3 오른쪽 그림과 같이 $\overline{AB}=\overline{AC}$인 이등변삼각형 ABC에서 ∠A의 이등분선과 밑변 BC의 교점을 D라 하자. ∠DAC=25°, $\overline{BD}=5\ cm$일 때, 다음을 구하시오.

(1) ∠B의 크기
(2) $\overline{BC}$의 길이

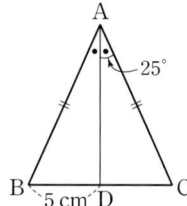

● 이등변삼각형의 성질
 – 꼭지각의 이등분선①
 이등변삼각형 ABC에서
 $\overline{AD}$가 ∠A의 이등분선이면
 $\overline{AD}\perp\overline{BC}$, $\overline{BD}=\dfrac{1}{2}\overline{BC}$

3-1 다음 그림과 같이 $\overline{AB}=\overline{AC}$인 이등변삼각형 ABC에서 $\overline{AD}$는 ∠A의 이등분선일 때, x, y의 값을 각각 구하시오.

(1)
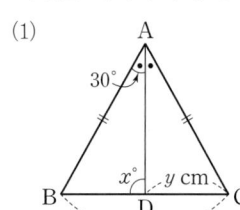

(2)
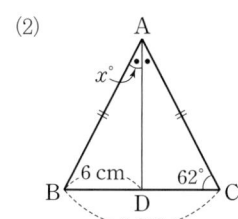

심예제 4 오른쪽 그림과 같이 $\overline{AB}=\overline{AC}$인 이등변삼각형 ABC에서 ∠A의 이등분선과 $\overline{BC}$의 교점을 D라 하자. $\overline{AD}=10\ cm$, $\overline{CD}=7\ cm$일 때, △ABC의 넓이를 구하시오.

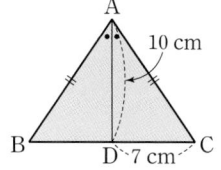

● 이등변삼각형의 성질
 – 꼭지각의 이등분선②
 △ABC
 $=\dfrac{1}{2}\times$(밑변의 길이)$\times$(높이)

4-1 오른쪽 그림과 같이 $\overline{AB}=\overline{AC}$인 이등변삼각형 ABC에서 $\overline{AD}$는 ∠A의 이등분선이다. $\overline{AD}=8\ cm$이고 △ABC의 넓이가 $48\ cm^2$일 때, $\overline{BD}$의 길이를 구하시오.

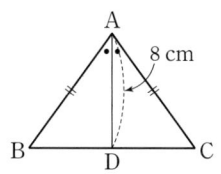

④ 이등변삼각형이 되는 조건

두 내각의 크기가 같은 삼각형은 이등변삼각형이다.

설명 ∠B=∠C인 △ABC에서 ∠A의 이등분선을 그어 밑변 BC와의 교점을 D라
하자. 이때 △ABD와 △ACD에서
∠B=∠C, ∠BAD=∠CAD
이고, 삼각형에서 세 내각의 크기의 합은 180°이므로
∠ADB=∠ADC
즉, ∠BAD=∠CAD, $\overline{AD}$는 공통, ∠ADB=∠ADC이므로
△ABD≡△ACD(ASA 합동)
따라서 $\overline{AB}=\overline{AC}$

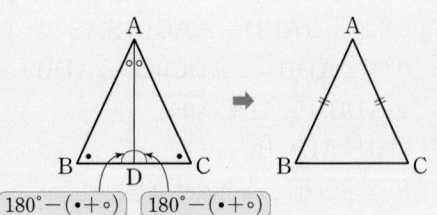

핵심예제 **5** 다음 그림과 같은 △ABC에서 x의 값을 구하시오.

(1)
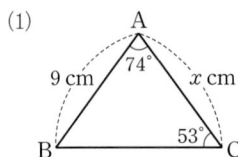

(2)
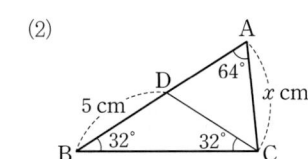

● 이등변삼각형이 되는 조건 이해하
기(1)
삼각형의 세 내각의 크기의 합, 내각
과 외각 사이의 관계를 이용한다.

5-1 다음 그림과 같은 △ABC에서 x의 값을 구하시오.

(1)
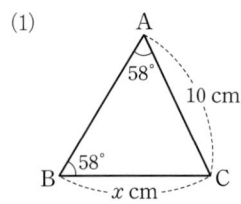

(2)
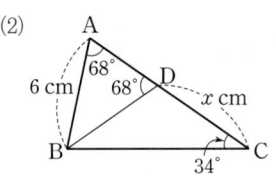

핵심예제 **6** 오른쪽 그림과 같이 ∠B=∠C인 △ABC에서 ∠BAD=28°이고
$\overline{BD}=\overline{CD}$일 때, ∠CAD의 크기를 구하시오.

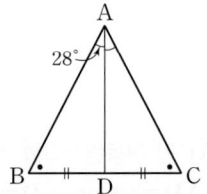

● 이등변삼각형이 되는 조건 이해하
기(2)
△ABC에서 ∠B=∠C이면
$\overline{AB}=\overline{AC}$

6-1 오른쪽 그림과 같이 ∠B=∠C인 △ABC에서 ∠A의 이등분선과
$\overline{BC}$의 교점을 D라 하자. $\overline{CD}=4$ cm일 때, $\overline{BC}$의 길이를 구하시오.

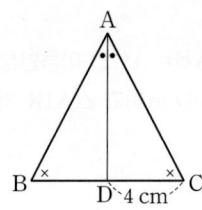

이등변삼각형의 성질(1) – 각의 이등분선, 길이가 같은 변

1 다음 그림과 같이 $\overline{AB}=\overline{AC}$인 이등변삼각형 ABC에서 ∠$x$의 크기를 구하시오.

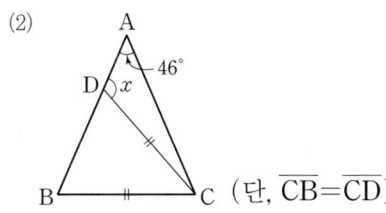

(1) (단, ∠ABD=∠DBC)

(2) (단, $\overline{CB}=\overline{CD}$)

이등변삼각형은 두 밑각의 크기가 같다.

이등변삼각형의 성질(1) – 한 변을 공유한 이등변삼각형

2 오른쪽 그림과 같이 △ABC에서 $\overline{BD}=\overline{DC}=\overline{CA}$이고 점 E는 $\overline{BC}$의 연장선 위의 점이다. ∠B=35°일 때, ∠ACE의 크기는?

① 100° ② 105°
③ 110° ④ 115°
⑤ 120°

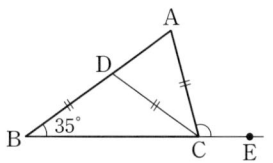

삼각형의 한 외각의 크기는 그와 이웃하지 않은 두 내각의 크기의 합과 같다.

이등변삼각형의 성질(2) – 꼭지각의 이등분선

3 오른쪽 그림과 같이 $\overline{AB}=\overline{AC}$인 이등변삼각형 ABC에서 ∠A의 이등분선과 밑변 BC의 교점을 D라 하자. ∠BAC=80°, $\overline{BC}=14$ cm일 때, 다음 보기에서 옳은 것을 모두 고르시오.

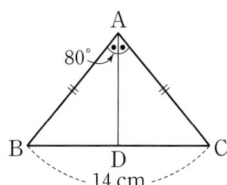

보기
ㄱ. $\overline{AB}=14$ cm　　　ㄴ. $\overline{AD}\perp\overline{BC}$
ㄷ. ∠B=80°　　　ㄹ. $\overline{BD}=7$ cm
ㅁ. ∠BAD=40°　　　ㅂ. △ABD≡△ACD

이등변삼각형의 꼭지각의 이등분선은 밑변을 수직이등분한다.

이등변삼각형이 되는 조건 이해하기

4 오른쪽 그림과 같이 $\overline{AB}=\overline{AC}$인 이등변삼각형 ABC에서 ∠B의 이등분선과 $\overline{AC}$의 교점을 D라 하자. ∠A=36°, $\overline{BC}=8$ cm일 때, $\overline{AD}$의 길이는?

① 6 cm ② 7 cm
③ 8 cm ④ 9 cm
⑤ 10 cm

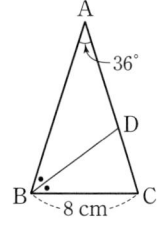

먼저 이등변삼각형 ABC에서 두 밑각의 크기를 구한다.

02 직각삼각형의 합동

5 직각삼각형의 합동 조건

두 직각삼각형은 다음의 각 경우에 서로 합동이다.

(1) 빗변의 길이와 한 예각의 크기가 각각 같을 때(RHA 합동)

➡ $\underset{R}{\angle C} = \underset{}{\angle F} = 90°$, $\underset{H}{\overline{AB}} = \overline{DE}$, $\underset{A}{\angle B} = \angle E$이면
$$\triangle ABC \equiv \triangle DEF$$

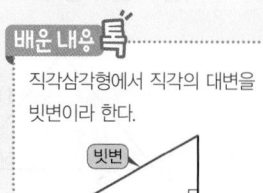

> **배운 내용 톡**
> 직각삼각형에서 직각의 대변을 빗변이라 한다.
>
> 빗변

설명 △ABC와 △DEF에서 ∠C=∠F=90°, ∠B=∠E이므로

∠A=90°−∠B=90°−∠E=∠D ──── 두 직각삼각형에서 한 예각의 크기가 같으면 다른 한 예각의 크기도 서로 같게 된다.

이고, $\overline{AB} = \overline{DE}$이므로 △ABC≡△DEF(ASA 합동)

(2) 빗변의 길이와 다른 한 변의 길이가 각각 같을 때(RHS 합동)

➡ $\underset{R}{\angle C} = \angle F = 90°$, $\underset{H}{\overline{AB}} = \overline{DE}$, $\underset{S}{\overline{AC}} = \overline{DF}$이면
$$\triangle ABC \equiv \triangle DEF$$

> **용어 톡**
> 직각삼각형의 합동 조건에서
> R(Right angle): 직각
> H(Hypotenuse): 빗변
> A(Angle): 각
> S(Side): 변

설명 △ABC와 △DEF에서 △DEF를 뒤집어 길이
가 같은 변 AC와 변 DF가 겹치도록 놓으면
∠ACB+∠ACE=180°이므로 세 점 B, C, E
는 한 직선 위에 있다. 이때 $\overline{AB}=\overline{AE}$이므로
△ABE는 이등변삼각형이고, ∠B=∠E이다.
즉, 두 직각삼각형의 빗변의 길이와 한 예각의 크기가 각각 같으므로
$$\triangle ABC \equiv \triangle DEF(\text{RHA 합동})$$

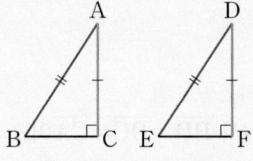

핵심예제 7 다음 보기 의 직각삼각형 중에서 서로 합동인 것을 찾아 기호 ≡를 사용하여 나타내고, 각각의 합동 조건을 말하시오.

> ● **직각삼각형의 합동 조건**
> 직각삼각형의 합동 조건을 이용할 때에는 반드시 두 직각삼각형의 빗변의 길이가 같은지 확인해야 한다.

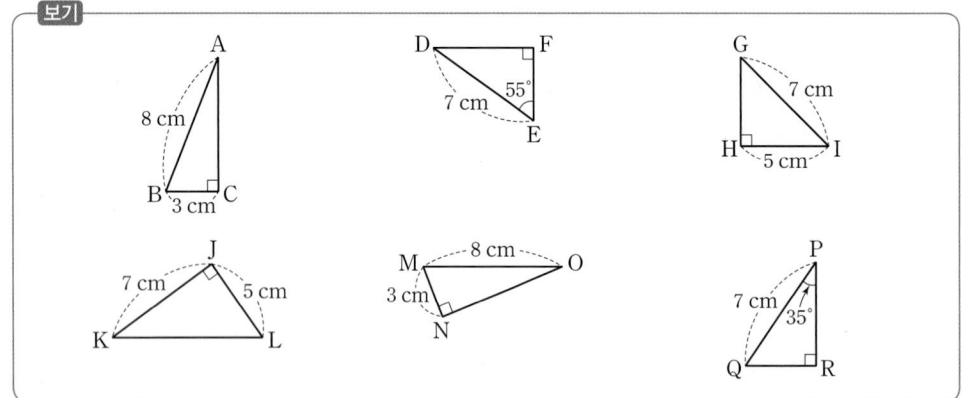

7-1 다음 그림과 같은 두 직각삼각형 ABC, DEF에서 x의 값을 구하시오.

(1)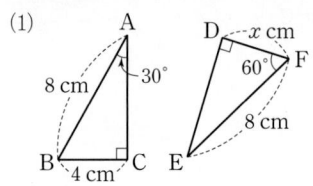

(2)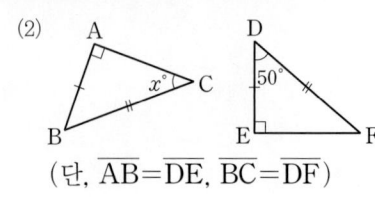

(단, $\overline{AB}=\overline{DE}$, $\overline{BC}=\overline{DF}$)

6 각의 이등분선의 성질

(1) 각의 이등분선 위의 한 점에서 그 각의 두 변까지의
거리는 같다.

➡ $\angle AOP = \angle BOP$이면 $\overline{PQ} = \overline{PR}$

설명 △OPQ와 △OPR에서

$\angle OQP = \angle ORP = 90°$, $\overline{OP}$는 공통, $\angle POQ = \angle POR$

이므로 △OPQ ≡ △OPR(RHA 합동)

따라서 $\overline{PQ} = \overline{PR}$ ┌ 한 점이 두 변에서 같은 거리에 있다는 것은 그 점에서
두 변에 내린 수선의 발까지의 거리가 같다는 뜻이다.

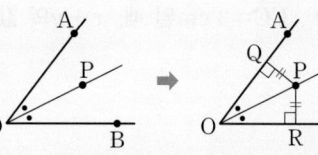

(2) 각의 두 변에서 같은 거리에 있는 점은 그 각의 이등
분선 위에 있다.

➡ $\overline{PQ} = \overline{PR}$이면 $\angle AOP = \angle BOP$

설명 △OPQ와 △OPR에서

$\angle OQP = \angle ORP = 90°$, $\overline{OP}$는 공통, $\overline{PQ} = \overline{PR}$

이므로 △OPQ ≡ △OPR(RHS 합동)

따라서 $\angle QOP = \angle ROP$

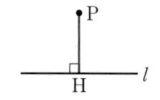

배운 내용 특

점과 직선 사이의 거리

직선 l 위에 있지 않은 한 점 P
에서 직선 l에 내린 수선의 발 H
까지의 거리 ➡ $\overline{PH}$

심예제 **8** 다음 그림에서 x의 값을 구하시오.

(1)

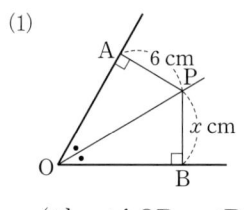

(단, $\angle AOP = \angle BOP$)

(2)

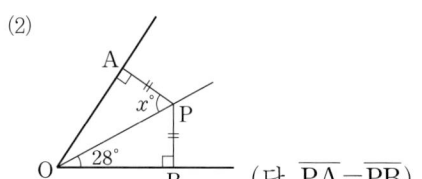

(단, $\overline{PA} = \overline{PB}$)

● 각의 이등분선의 성질

직각삼각형의 합동 조건을 이용하여
설명할 수 있다.

8-1 다음 그림에서 x의 값을 구하시오.

(1)

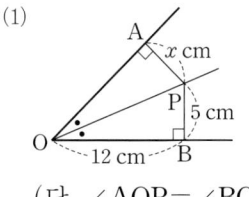

(단, $\angle AOP = \angle BOP$)

(2)

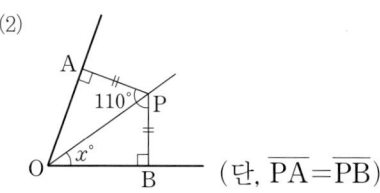

(단, $\overline{PA} = \overline{PB}$)

심예제 **9** 오른쪽 그림과 같이 $\angle B = 90°$인 직각삼각형 ABC에서 $\angle A$의 이등분선이
$\overline{BC}$와 만나는 점을 D, 점 D에서 $\overline{AC}$에 내린 수선의 발을 E라 하자.
$\overline{DE} = 5$ cm이고 △ABD의 넓이가 30 cm²일 때, 다음을 구하시오.

(1) $\overline{BD}$의 길이
(2) $\overline{AB}$의 길이

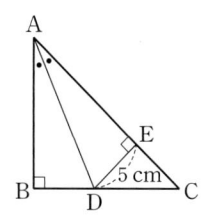

● 직각삼각형에서 각의 이등분선의
성질 이용하기

직각삼각형의 합동 조건 – RHS 합동

1 오른쪽 그림과 같이 ∠C=90°인 직각삼각형 ABC에서 $\overline{AC}=\overline{AD}$이고 $\overline{AB}\perp\overline{ED}$이다. ∠DAE=30°, $\overline{EC}=3$ cm일 때, $x+y$의 값을 구하시오.

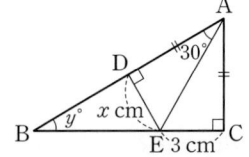

● 먼저 직각삼각형의 합동 조건을 이용하여 x의 값을 구한다.

직각삼각형의 합동 조건 찾기

2 다음 중에서 오른쪽 그림과 같이 ∠B=∠E=90°인 두 직각삼각형 ABC와 DEF가 합동이 되는 조건이 <u>아닌</u> 것은?

① $\overline{AB}=\overline{DE}$, $\overline{AC}=\overline{DF}$
② $\overline{AB}=\overline{DE}$, $\overline{BC}=\overline{EF}$
③ ∠A=∠D, ∠C=∠F
④ $\overline{AC}=\overline{DF}$, ∠C=∠F
⑤ $\overline{AB}=\overline{DE}$, ∠A=∠D

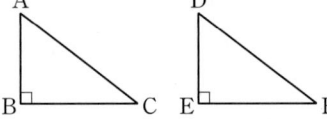

● 두 직각삼각형의 합동을 설명할 때, SAS 합동, ASA 합동도 이용할 수 있다.

직각삼각형의 합동 조건의 응용 – RHA 합동

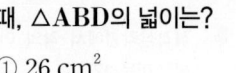

3 오른쪽 그림과 같이 ∠B=90°이고 $\overline{AB}=\overline{BC}$인 직각이등변삼각형 ABC의 두 꼭짓점 A, C에서 꼭짓점 B를 지나는 직선 l에 내린 수선의 발을 각각 D, E라 하자. $\overline{AD}=6$ cm, $\overline{CE}=8$ cm일 때, $\overline{DE}$의 길이는?

① 11 cm ② 12 cm ③ 13 cm
④ 14 cm ⑤ 15 cm

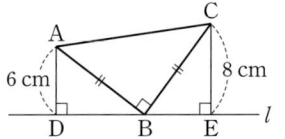

● 빗변의 길이가 같은 두 직각삼각형에서 한 예각의 크기가 같으면 두 직각삼각형은 RHA 합동이다.

직각삼각형의 합동 조건의 응용 – RHS 합동

4 오른쪽 그림과 같이 △ABC의 한 변 BC의 중점을 M이라 하고, 점 M에서 $\overline{AB}$, $\overline{AC}$에 내린 수선의 발을 각각 D, E라 하자. $\overline{MD}=\overline{ME}$이고 $\overline{AD}=7$ cm, $\overline{CE}=2$ cm일 때, $\overline{AC}$의 길이를 구하시오.

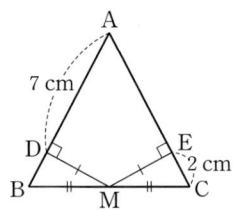

● 두 내각의 크기가 같은 삼각형은 이등변삼각형이다.

각의 이등분선의 성질을 이용하여 선분의 길이 구하기

5 오른쪽 그림과 같이 ∠C=90°인 직각삼각형 ABC에서 ∠A의 이등분선이 $\overline{BC}$와 만나는 점을 D라 하자. $\overline{AB}=15$ cm, $\overline{DC}=4$ cm일 때, △ABD의 넓이는?

① 26 cm² ② 27 cm²
③ 28 cm² ④ 29 cm²
⑤ 30 cm²

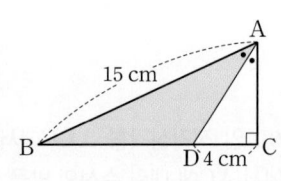

03 삼각형의 외심

정답과 풀이 ★ 20쪽

7 삼각형의 외심의 뜻과 성질

(1) 외접원과 외심: △ABC의 세 꼭짓점이 모두 원 O 위에 있을 때, 원 O는 △ABC에 **외접**한다고 한다.

   ① **외접원**: △ABC의 세 꼭짓점을 지나는 원 O

   ② **외심**: 외접원의 중심

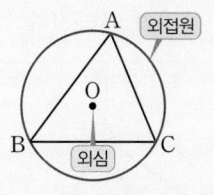

> **용어톡**
>
> **외접원**(外 바깥, 接 접하다, 圓 둥글다)
> : 바깥에서 접하는 원
> **외심**(外 바깥, 心 한가운데)

(2) 삼각형의 외심의 성질

   ① 삼각형의 세 변의 수직이등분선은 한 점(외심)에서 만난다.

   ② 삼각형의 외심에서 세 꼭짓점에 이르는 거리는 같다.

    ➡ $\overline{OA}=\overline{OB}=\overline{OC}$ — 외접원 O의 반지름의 길이

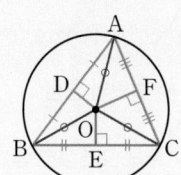

설명 ① △ABC에서 $\overline{BC}$와 $\overline{CA}$의 수직이등분선의 교점을 O라 하자.

   점 O는 $\overline{BC}$, $\overline{CA}$의 수직이등분선 위에 있으므로

   $\overline{OB}=\overline{OC}$, $\overline{OC}=\overline{OA}$ ...... ㉠

   즉, $\overline{OA}=\overline{OB}$

   점 O에서 $\overline{AB}$에 내린 수선의 발을 D라 하면 △OAD와 △OBD에서

   ∠ODA=∠ODB=90°, $\overline{OA}=\overline{OB}$, $\overline{OD}$는 공통

   이므로 △OAD≡△OBD(RHS 합동)

   즉, $\overline{AD}=\overline{BD}$이므로 $\overline{OD}$는 $\overline{AB}$의 수직이등분선이다.

   따라서 △ABC의 세 변의 수직이등분선은 한 점 O에서 만난다.

  ② ㉠에서 $\overline{OA}=\overline{OB}=\overline{OC}$이므로 △ABC의 외심 O에서 세 꼭짓점에 이르는 거리는 같다.

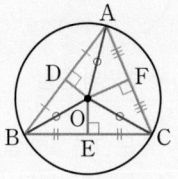

> **배운 내용톡**
>
> 선분 AB의 수직이등분선 위의 한 점 P에서 그 선분의 양 끝 점에 이르는 거리는 같다.
>
>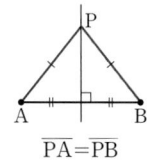
>
> $\overline{PA}=\overline{PB}$

핵심예제 10 다음 그림에서 점 O가 △ABC의 외심일 때, x, y의 값을 각각 구하시오.

(1)
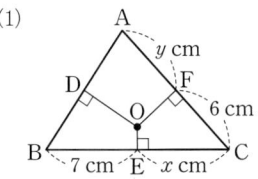

(2)
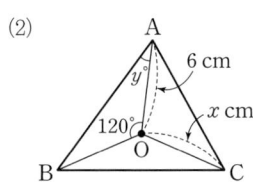

● **삼각형의 외심의 성질**
점 O가 △ABC의 외심이면

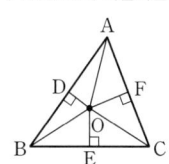

△OAD≡△OBD,
△OBE≡△OCE,
△OAF≡△OCF

10-1 다음 그림에서 점 O가 △ABC의 외심일 때, x, y의 값을 각각 구하시오.

(1)
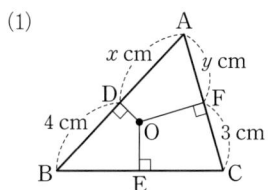

(2)
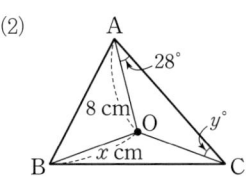

핵심예제 11 오른쪽 그림에서 점 O는 △ABC의 외심이다. ∠OAB=30°, ∠OCB=25°일 때, ∠B의 크기를 구하시오.

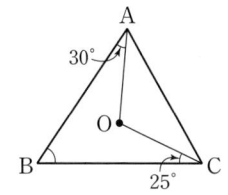

● **삼각형의 외심의 성질 활용**
이등변삼각형의 두 밑각의 크기는 같다.

8 삼각형의 외심의 위치

외심은 삼각형의 모양에 따라 그 위치가 달라진다.

예각삼각형	직각삼각형	둔각삼각형
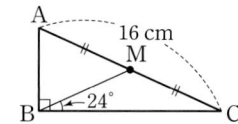		
➡ 삼각형의 내부	➡ 빗변의 중점	➡ 삼각형의 외부

참고 ① 이등변삼각형에서 꼭지각의 이등분선은 밑변을 수직이등분하므로 이등변삼각형의 외심은 꼭지각의 이등분선 위에 있다.

② 직각삼각형의 외심은 빗변의 중점과 일치한다.

➡ (직각삼각형의 외접원의 반지름의 길이) $=\dfrac{1}{2} \times$ (빗변의 길이)
$\;\;\;\;$└ $\overline{OA}=\overline{OB}=\overline{OC}$

핵심예제 12 오른쪽 그림에서 점 M은 $\angle B=90°$인 직각삼각형 ABC의 빗변의 중점이다. $\overline{AC}=16\,cm$, $\angle MBC=24°$일 때, 다음을 구하시오.

(1) $\overline{MB}$의 길이

(2) $\angle AMB$의 크기

● **직각삼각형의 외심의 위치**
점 M이 직각삼각형 ABC의 빗변의 중점이면 △ABC의 외심이다.

12-1 다음 그림과 같은 직각삼각형 ABC에서 점 M이 빗변의 중점일 때, x의 값을 구하시오.

(1)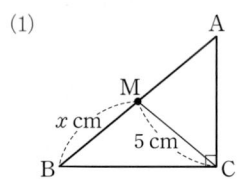

(2)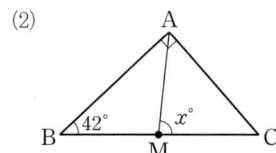

핵심예제 13 오른쪽 그림과 같이 $\angle C=90°$인 직각삼각형 ABC에서 $\overline{AC}=7\,cm$, $\angle A=60°$일 때, △ABC의 외접원의 반지름의 길이를 구하시오.

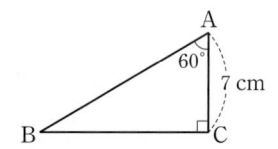

● **직각삼각형에서 외접원의 반지름의 길이**
먼저 직각삼각형의 외심의 위치를 찾는다.

13-1 오른쪽 그림과 같이 $\overline{AB}=\overline{AC}$인 이등변삼각형 ABC에서 $\overline{BC}=18\,cm$, $\angle C=45°$일 때, △ABC의 외접원의 반지름의 길이를 구하시오.

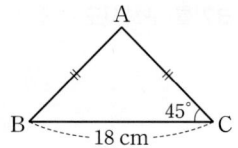

9 삼각형의 외심의 응용

점 O가 △ABC의 외심일 때

(1) $\angle x + \angle y + \angle z = 90°$

> 설명 점 O가 △ABC의 외심이므로
> $\overline{OA} = \overline{OB} = \overline{OC}$
> △ABC에서
> $\angle A + \angle B + \angle C = 2(\angle x + \angle y + \angle z) = 180°$
> 따라서 $\angle x + \angle y + \angle z = 90°$

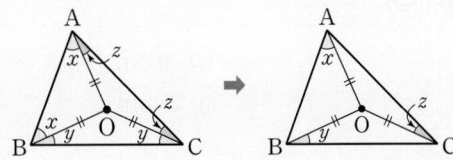

(2) $\angle BOC = 2\angle A$

> 설명 $\overline{AO}$의 연장선과 $\overline{BC}$의 교점을 D라 하면
> △OAB, △OCA는 이등변삼각형이므로
> $\angle BOC = \angle BOD + \angle COD$
> $= (\angle OAB + \angle OBA) + (\angle OAC + \angle OCA)$
> $= 2(\angle OAB + \angle OAC)$
> $= 2\angle A$

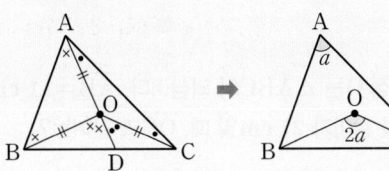

심예제 **14** 다음 그림에서 점 O가 △ABC의 외심일 때, $\angle x$의 크기를 구하시오.

(1)

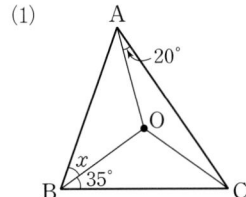

(2)

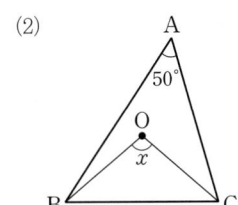

> ● 삼각형의 외심의 응용 – 각의 크기 구하기
> 삼각형의 외심에서 세 꼭짓점에 이르는 거리가 같다.

14-1 다음 그림에서 점 O가 △ABC의 외심일 때, $\angle x$의 크기를 구하시오.

(1)

(2)

심예제 **15** 오른쪽 그림에서 점 O는 △ABC의 외심이다. $\angle B = 62°$일 때, $\angle OCA$의 크기를 구하시오.

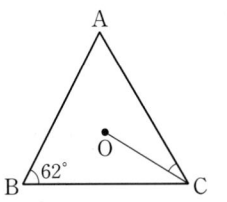

> ● 삼각형의 외심의 응용 – 보조선 긋기
> 삼각형의 외심에서 꼭짓점까지 보조선을 그어 해결한다.

15-1 오른쪽 그림에서 점 O는 △ABC의 외심이다. $\angle OBA = 27°$일 때, $\angle C$의 크기를 구하시오.

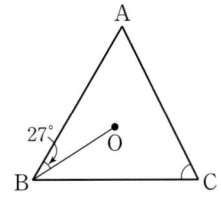

1 삼각형의 외심의 성질을 이용하여 삼각형의 둘레의 길이 구하기

오른쪽 그림과 같이 △ABC의 외심 O에서 세 변에 내린 수선의 발을 각각 D, E, F라 하자. $\overline{AD}=4$ cm, $\overline{CE}=5$ cm, $\overline{CF}=5$ cm일 때, △ABC의 둘레의 길이는?

① 16 cm　　　　② 20 cm

③ 24 cm　　　　④ 28 cm

⑤ 32 cm

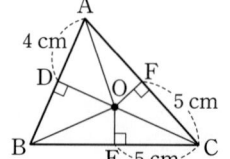

● 삼각형의 세 변의 수직이등분선은 외심에서 만난다.

2 삼각형의 외심의 성질을 이용하여 외접원의 반지름의 길이 구하기

오른쪽 그림에서 점 O는 △ABC의 외심이다. $\overline{AB}=11$ cm이고 △OAB의 둘레의 길이가 27 cm일 때, $\overline{OC}$의 길이는?

① 6 cm　　　　② 7 cm

③ 8 cm　　　　④ 9 cm

⑤ 10 cm

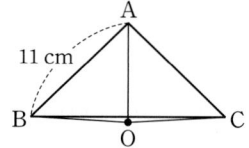

● 점 O가 △ABC의 외심이면 $\overline{OA}=\overline{OB}=\overline{OC}$

3 직각삼각형의 외접원의 넓이 구하기

오른쪽 그림과 같이 ∠A=90°인 직각삼각형 ABC에서 $\overline{BC}=8$ cm일 때, △ABC의 외접원의 넓이는?

① 16π cm²　　　　② 18π cm²

③ 20π cm²　　　　④ 22π cm²

⑤ 24π cm²

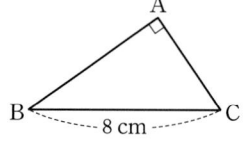

● 직각삼각형의 외심은 빗변의 중점과 일치한다.

4 삼각형의 외심의 응용(1)

오른쪽 그림에서 점 O는 △ABC의 외심이다. ∠OBC=28°, ∠OCA=42°일 때, ∠BAC의 크기는?

① 61°　　　　② 62°

③ 63°　　　　④ 64°

⑤ 65°

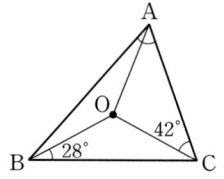

5 삼각형의 외심의 응용(2)

기출 오른쪽 그림에서 점 O는 △ABC의 외심이다. ∠OAC=25°, ∠OBA=45°일 때, ∠BOC의 크기는?

① 120°　　　　② 125°

③ 130°　　　　④ 135°

⑤ 140°

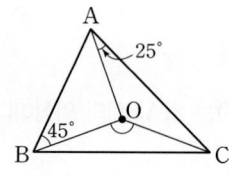

● 점 O가 △ABC의 외심이면 ∠BOC=2∠A

04 삼각형의 내심

정답과 풀이 ★ 22쪽

10 삼각형의 내심의 뜻과 성질

(1) **원의 접선과 접점** : 직선 l이 원 O와 한 점에서 만날 때, 직선 l은 원 O에 **접한다**고 한다.

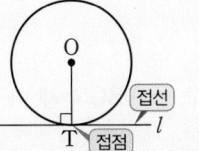

  ① **접선** : 원과 한 점에서 만나는(접하는) 직선
  ② **접점** : 접선이 원과 만나는 점
    ➡ 접점에서 접선과 반지름 OT는 직교한다.

> **용어톡**
>
> **내접원**(内 안, 接 접하다, 圓 둥글다)
> : 안에서 접하는 원
> **내심**(内 안, 心 한가운데)

(2) **내접원과 내심** : △ABC의 세 변이 모두 원 I에 접할 때, 원 I는 △ABC에 **내접**한다고 한다.

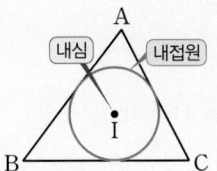

  ① **내접원** : △ABC의 세 변에 접하는 원 I
  ② **내심** : 내접원의 중심

(3) **삼각형의 내심의 성질**

  ① 삼각형의 세 내각의 이등분선은 한 점(내심)에서 만난다.
  ② 삼각형의 내심에서 세 변에 이르는 거리는 같다.
    ➡ $\overline{ID} = \overline{IE} = \overline{IF}$ ─ 내접원 I의 반지름의 길이

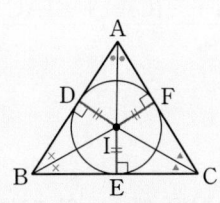

> **플러스톡**
>
> ① 삼각형의 내심은 모두 삼각형의 내부에 있다.
> ② 이등변삼각형의 외심과 내심은 모두 꼭지각의 이등분선 위에 있다.
> ③ 정삼각형의 외심과 내심은 일치한다.

설명 ① △ABC에서 ∠A와 ∠B의 이등분선의 교점을 I라 하고, 점 I에서 삼각형의 세 변에 내린 수선의 발을 각각 D, E, F라 하자.
점 I는 ∠A, ∠B의 이등분선 위의 점이므로
$$\overline{ID} = \overline{IF}, \overline{ID} = \overline{IE} \quad \cdots\cdots \text{㉠}$$
즉, $\overline{IE} = \overline{IF}$
점 I와 점 C를 직선으로 연결하면 △IEC와 △IFC에서
∠IEC = ∠IFC = 90°, $\overline{CI}$는 공통, $\overline{IE} = \overline{IF}$
이므로 △IEC ≡ △IFC(RHS 합동)
즉, ∠ICE = ∠ICF이므로 $\overline{CI}$는 ∠C의 이등분선이다.
따라서 △ABC의 세 내각의 이등분선은 한 점 I에서 만난다.
② ㉠에서 $\overline{ID} = \overline{IE} = \overline{IF}$이므로 △ABC의 내심 I에서 세 변에 이르는 거리는 같다.

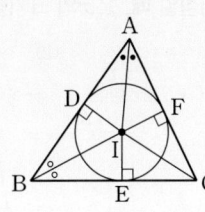

심예제 16 오른쪽 그림에서 점 I는 △ABC의 내심이고, 점 I에서 $\overline{AB}$, $\overline{BC}$에 내린 수선의 발을 각각 D, E라 하자. $\overline{IE} = 3$ cm, ∠ICA = 34°일 때, 다음을 구하시오.

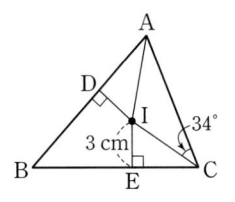

(1) ∠ICE의 크기
(2) $\overline{ID}$의 길이

> ● **삼각형의 내심의 성질**
> 점 I가 △ABC의 내심이면
>
>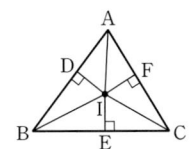
>
> △IAD ≡ △IAF,
> △IBD ≡ △IBE,
> △ICE ≡ △ICF

16-1 다음 그림에서 점 I가 △ABC의 내심일 때, x, y의 값을 각각 구하시오.

(1)

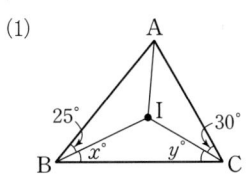

(2)

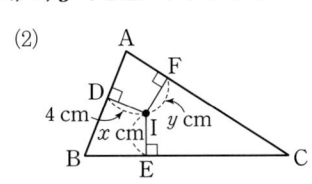

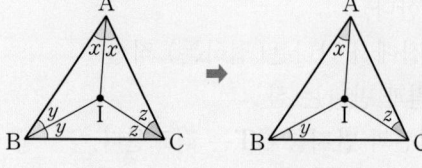

11 삼각형의 내심의 응용

점 I가 △ABC의 내심일 때

(1) $\angle x + \angle y + \angle z = 90°$

> 설명 점 I가 △ABC의 내심이고, △ABC의 세 내각의
> 크기의 합은 180°이므로
> $\angle A + \angle B + \angle C = 2\angle x + 2\angle y + 2\angle z = 180°$
> 따라서 $\angle x + \angle y + \angle z = 90°$

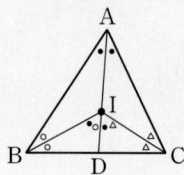

(2) $\angle BIC = 90° + \dfrac{1}{2}\angle A$

> 설명 $\overline{AI}$의 연장선과 $\overline{BC}$의 교점을 D라 하면
> $\begin{aligned} \angle BIC &= \angle BID + \angle CID \\ &= (\angle IAB + \angle IBA) + (\angle IAC + \angle ICA) \\ &= \underbrace{(\angle IAB + \angle IBA + \angle ICA)}_{90°} + \underbrace{\angle IAC}_{\frac{1}{2}\angle A} \\ &= 90° + \dfrac{1}{2}\angle A \end{aligned}$

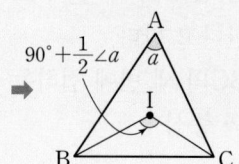

핵심예제 17 다음 그림에서 점 I가 △ABC의 내심일 때, $\angle x$의 크기를 구하시오.

(1)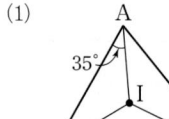

(2)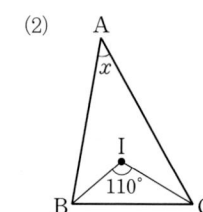

● **삼각형의 내심의 응용 − 각의 크기
구하기**
삼각형의 내심은 세 내각의 이등분
선의 교점이다.

17-1 다음 그림에서 점 I가 △ABC의 내심일 때, $\angle x$의 크기를 구하시오.

(1)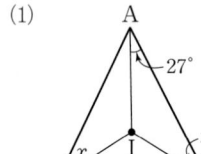

(2)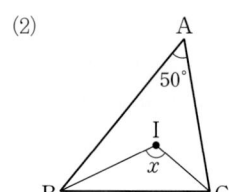

핵심예제 18 오른쪽 그림에서 점 I는 △ABC의 내심이다. $\angle IAB = 20°$, $\angle B = 60°$일 때,
$\angle ICA$의 크기를 구하시오.

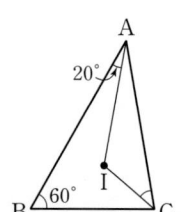

● **삼각형의 내심의 응용 − 보조선 긋기**
삼각형의 내심에서 꼭짓점까지 보
조선을 그어 해결한다.

18-1 오른쪽 그림에서 점 I는 △ABC의 내심이다. $\angle C = 74°$일 때,
$\angle x + \angle y$의 크기를 구하시오.

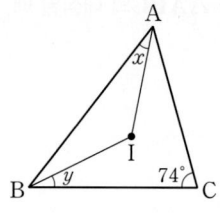

정답과 풀이 ★ 22쪽

12 삼각형의 내접원의 응용

(1) 삼각형의 넓이와 내접원의 반지름의 길이

점 I가 △ABC의 내심이고, △ABC의 내접원의 반지름의 길이를 r라 하면

$$\triangle ABC = \frac{1}{2}r(\overline{AB} + \overline{BC} + \overline{CA})$$

설명 △ABC = △IAB + △IBC + △ICA = $\frac{1}{2} \times \overline{AB} \times r + \frac{1}{2} \times \overline{BC} \times r + \frac{1}{2} \times \overline{CA} \times r$

$$= \frac{1}{2}r(\underbrace{\overline{AB} + \overline{BC} + \overline{CA}}_{\triangle ABC의 둘레의 길이})$$

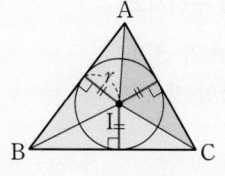

(2) 삼각형의 내접원과 접선의 길이

점 I가 △ABC의 내심이고, △ABC의 내접원과 세 변 AB, BC, CA의 접점을
각각 D, E, F라 하면

$$\overline{AD} = \overline{AF}, \ \overline{BD} = \overline{BE}, \ \overline{CE} = \overline{CF}$$

설명 △IAD ≡ △IAF (RHA 합동)이므로 $\overline{AD} = \overline{AF}$
△IBD ≡ △IBE (RHA 합동)이므로 $\overline{BD} = \overline{BE}$
△ICE ≡ △ICF (RHA 합동)이므로 $\overline{CE} = \overline{CF}$

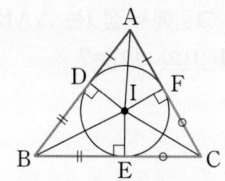

핵심예제 19 오른쪽 그림에서 점 I는 ∠C = 90°인 직각삼각형 ABC의 내심이다.
$\overline{AB} = 13$ cm, $\overline{BC} = 12$ cm, $\overline{CA} = 5$ cm일 때, △ABC의 내접원
의 반지름의 길이를 구하시오.

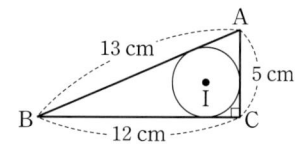

● 내접원의 반지름의 길이 구하기
점 I가 △ABC의 내심이면

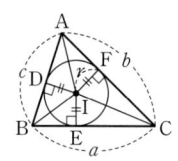

$\triangle ABC = \frac{1}{2}r(a + b + c)$

19-1 오른쪽 그림에서 점 I는 △ABC의 내심이다. △ABC의 넓이가
84 cm²이고 $\overline{AB} = 14$ cm, $\overline{BC} = 15$ cm, $\overline{CA} = 13$ cm일 때, △ABC의
내접원의 반지름의 길이를 구하시오.

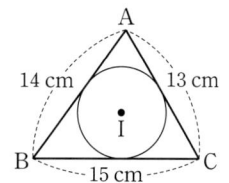

핵심예제 20 오른쪽 그림과 같이 △ABC의 내접원 I와 $\overline{AB}$, $\overline{BC}$, $\overline{CA}$의 접점을 각각 D,
E, F라 하자. $\overline{AD} = 5$ cm, $\overline{BD} = 8$ cm, $\overline{AC} = 11$ cm일 때, $\overline{BC}$의 길이를
구하시오.

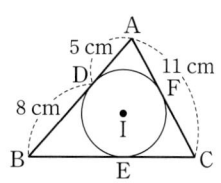

● 내접원의 접선의 길이 구하기

20-1 오른쪽 그림에서 점 I는 △ABC의 내심이고, 세 점 D, E, F는 각각
내접원과 세 변 AB, BC, CA의 접점이다. $\overline{AB} = 10$ cm, $\overline{BC} = 10$ cm,
$\overline{BD} = 6$ cm일 때, $\overline{AC}$의 길이를 구하시오.

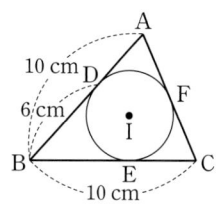

소단원 핵심문제

정답과 풀이 ★ 23쪽

1 삼각형의 내심의 성질을 이용하여 선분의 길이와 각의 크기 구하기

오른쪽 그림에서 점 I는 △ABC의 내심이고, 점 I에서 $\overline{AB}$, $\overline{BC}$에 내린 수선의 발을 각각 D, E라 하자. $\overline{IE}=5$ cm, $\angle IBA=20°$, $\angle C=70°$일 때, 다음을 구하시오.

(1) $\angle A$의 크기
(2) $\overline{ID}$의 길이

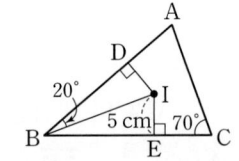

· 삼각형의 세 내각의 이등분선은 내심에서 만나고, 내심에서 세 변에 이르는 거리는 같다.

2 삼각형의 내심의 응용(1)

오른쪽 그림에서 점 I는 △ABC의 내심이다. $\angle A=70°$, $\angle IBA=30°$일 때, $\angle ICB$의 크기는?

① 21° ② 22°
③ 23° ④ 24°
⑤ 25°

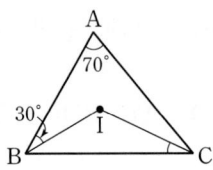

3 삼각형의 내심의 응용(2)

오른쪽 그림에서 점 I는 △ABC의 내심이다. $\angle IAC=26°$일 때, $\angle BIC$의 크기는?

① 116° ② 118°
③ 120° ④ 122°
⑤ 124°

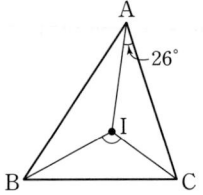

· 삼각형의 내심은 세 내각의 이등분선의 교점이므로 $\overline{IA}$는 $\angle A$의 이등분선이다.

4 삼각형의 내접원의 응용 – 삼각형의 넓이와 내접원의 반지름의 길이

오른쪽 그림에서 점 I는 △ABC의 내심이다. △ABC의 둘레의 길이는 40 cm이고 내접원의 반지름의 길이는 3 cm일 때, △ABC의 넓이를 구하시오.

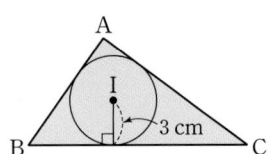

기출 5 삼각형의 내접원의 응용 – 삼각형의 내접원과 접선의 길이

오른쪽 그림에서 점 I는 △ABC의 내심이고, 세 점 D, E, F는 각각 내접원과 세 변 AB, BC, CA의 접점이다. $\overline{AB}=7$ cm, $\overline{BC}=9$ cm, $\overline{CA}=8$ cm일 때, $\overline{AD}$의 길이는?

① 1 cm ② 2 cm
③ 3 cm ④ 4 cm
⑤ 5 cm

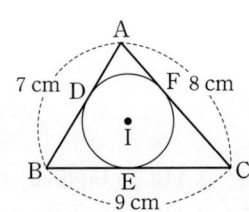

· 세 점 D, E, F가 △ABC의 세 변과 내접원의 접점이면 $\overline{AD}=\overline{AF}$, $\overline{BD}=\overline{BE}$, $\overline{CE}=\overline{CF}$이다.

중단원 마무리 테스트

1.

오른쪽 그림과 같이 $\overline{BA}=\overline{BC}$인 이등변삼각형 ABC에서 $\overline{BC}$의 연장선 위의 점 D에 대하여 ∠B=46°일 때, ∠ACD의 크기는?

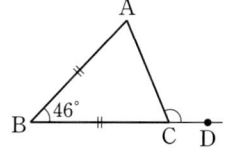

① 111°   ② 112°   ③ 113°

④ 114°   ⑤ 115°

2. 중요 🔔

오른쪽 그림과 같은 △ABC에서 $\overline{AD}=\overline{BD}=\overline{CD}$이고 ∠B=37°일 때, ∠C의 크기는?

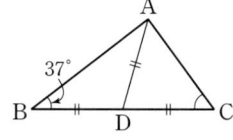

① 47°   ② 50°

③ 53°   ④ 56°

⑤ 59°

3.

오른쪽 그림과 같이 $\overline{AB}=\overline{AC}$인 이등변삼각형 ABC에서 ∠A의 이등분선과 $\overline{BC}$의 교점을 D라 하자. $\overline{AD}=9$ cm, $\overline{BD}=4$ cm일 때, △ABC의 넓이는?

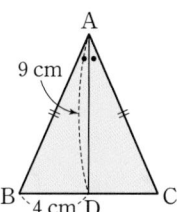

① 36 cm²   ② 37 cm²

③ 38 cm²   ④ 39 cm²

⑤ 40 cm²

4.

오른쪽 그림과 같은 △ABC에서 ∠A=40°, ∠DBC=∠C=50°이고 $\overline{AD}=4$ cm일 때, $\overline{AC}$의 길이는?

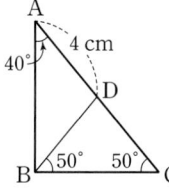

① 7.5 cm   ② 8 cm

③ 8.5 cm   ④ 9 cm

⑤ 9.5 cm

5.

오른쪽 그림과 같이 직사각형 모양의 종이를 $\overline{AC}$를 접는 선으로 하여 접었다. $\overline{AC}=4$ cm, $\overline{BC}=3$ cm일 때, $\overline{AB}$의 길이는?

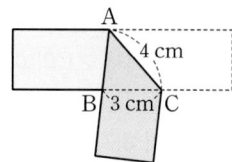

① 3 cm   ② 3.5 cm

③ 4 cm   ④ 4.5 cm

⑤ 5 cm

6.

다음 중에서 오른쪽 그림과 같이 ∠C=∠E=90°인 두 직각삼각형 ABC와 FDE가 합동이 되기 위한 조건은?

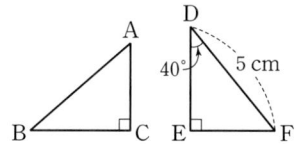

① $\overline{AB}=5$ cm, $\overline{AC}=2$ cm

② $\overline{AB}=5$ cm, ∠A=50°

③ $\overline{BC}=5$ cm, ∠B=40°

④ $\overline{AC}=5$ cm, ∠B=40°

⑤ ∠A=50°, ∠B=40°

7. 중요 🔔

오른쪽 그림과 같이 ∠B=90°이고 $\overline{AB}=\overline{BC}$인 직각이등변삼각형 ABC의 꼭짓점 B가 직선 l 위에 있다. 두 꼭짓점 A, C에서 직선 l에 내린 수선의 발을 각각 D, E라 하고, $\overline{AD}=5$ cm, $\overline{DE}=13$ cm일 때, $\overline{BD}$의 길이를 구하시오.

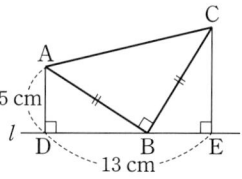

8.

오른쪽 그림과 같이 △ABC의 밑변 BC의 중점 M에서 두 변 AB, AC에 내린 수선의 발을 각각 D, E라 하자. $\overline{MD}=\overline{ME}$이고 ∠A=66°일 때, ∠BMD의 크기는?

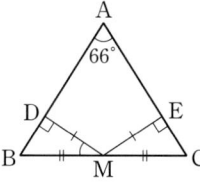

① 31°   ② 32°

③ 33°   ④ 34°

⑤ 35°

9 ▂▃▅ 중요 🔔

오른쪽 그림과 같이 ∠B=90°인 직각삼각형 ABC에서 ∠C의 이등분선이 $\overline{AB}$와 만나는 점을 D, 점 D에서 $\overline{AC}$에 내린 수선의 발을 E라 하자. $\overline{BC}=12$ cm, $\overline{DE}=4$ cm일 때, 사각형 CEDB의 둘레의 길이는?

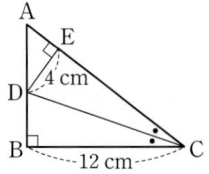

① 31 cm   ② 32 cm   ③ 33 cm

④ 34 cm   ⑤ 35 cm

10 ▂▃▅

오른쪽 그림과 같이 △ABC의 외심 O에서 $\overline{AC}$에 내린 수선의 발을 D라 하자. $\overline{AD}=6$ cm이고 △AOC의 둘레의 길이가 32 cm일 때, △ABC의 외접원의 반지름의 길이를 구하시오.

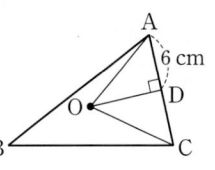

11 ▂▃▅

오른쪽 그림에서 점 O는 △ABC의 외심이다. ∠AOB=134°일 때, ∠x+∠y의 크기는?

① 66°   ② 67°

③ 68°   ④ 69°

⑤ 70°

12 ▂▃▅

오른쪽 그림과 같이 ∠C=90°인 직각삼각형 ABC의 꼭짓점 C에서 $\overline{AB}$에 내린 수선의 발을 D라 하자. $\overline{CD}=4$ cm이고 △ABC의 넓이가 20 cm²일 때, △ABC의 외접원의 넓이는?

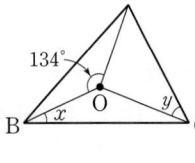

① 15π cm²   ② 20π cm²

③ 25π cm²   ④ 30π cm²

⑤ 35π cm²

13 ▂▃▅ 중요 🔔

오른쪽 그림에서 점 O가 △ABC의 외심일 때, ∠x의 크기는?

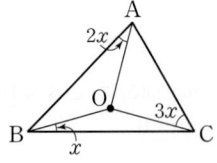

① 11°   ② 13°

③ 15°   ④ 17°

⑤ 19°

14 ▂▃▅

오른쪽 그림에서 점 O는 △ABC의 외심이다. ∠A : ∠ABC : ∠ACB=4 : 3 : 2일 때, ∠BOC의 크기를 구하시오.

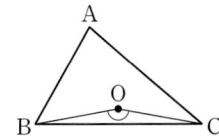

15 ▂▃▅

다음 중에서 옳지 않은 것은?

① 삼각형의 내심은 항상 삼각형의 내부에 있다.

② 정삼각형은 외심과 내심이 일치한다.

③ 삼각형에서 세 변의 수직이등분선의 교점이 외심이다.

④ 직각삼각형의 외심은 빗변의 중점과 일치한다.

⑤ 삼각형의 내심에서 삼각형의 세 꼭짓점에 이르는 거리는 같다.

16 ▂▃▅ 신유형 🔄

아래 그림과 같이 삼각형 모양의 시계를 만들어 각 꼭짓점을 A, B, C라 하자. 시곗바늘의 길이를 최대한 길게 하되 삼각형 밖으로 나가지 않도록 할 때, 시곗바늘이 회전하는 원의 중심을 찾으려고 한다. 다음 보기 에서 이 원의 중심으로 가장 알맞은 것을 고르시오.

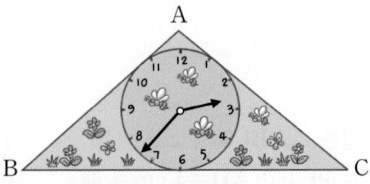

┌─ 보기 ─────────────────────────┐
ㄱ. $\overline{BC}$의 중점

ㄴ. ∠B, ∠C의 이등분선의 교점

ㄷ. ∠A의 이등분선과 $\overline{BC}$의 교점

ㄹ. $\overline{AB}$, $\overline{AC}$의 수직이등분선의 교점
└────────────────────────────┘

17 📊

오른쪽 그림에서 점 I는 △ABC의 내심이고, 세 점 D, E, F는 각각 내접원과 세 변 AB, BC, CA의 접점이다. $\overline{AB}=7$ cm, $\overline{CA}=6$ cm, $\overline{CF}=4$ cm일 때, $\overline{BC}$의 길이는?

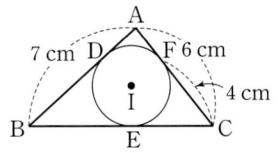

① 6 cm   ② 7 cm   ③ 8 cm

④ 9 cm   ⑤ 10 cm

18 📊

오른쪽 그림에서 점 I는 △ABC의 내심이다. $\angle IBA=30°$, $\angle ICA=20°$일 때, $\angle BIC$의 크기는?

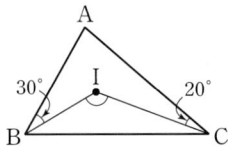

① 130°   ② 132°

③ 134°   ④ 136°

⑤ 138°

19 📊

오른쪽 그림에서 점 I는 △ABC의 내심이다. $\angle IAB=32°$, $\angle C=56°$일 때, $\angle IBA$의 크기는?

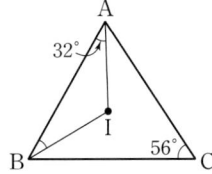

① 27°   ② 28°

③ 29°   ④ 30°

⑤ 31°

20 📊 중요🔔

오른쪽 그림에서 점 I는 △ABC의 내심이고, 점 D는 $\overline{AI}$의 연장선과 $\overline{BC}$의 교점이다. $\angle BID=53°$일 때, $\angle C$의 크기는?

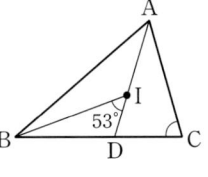

① 71°   ② 72°

③ 73°   ④ 74°

⑤ 75°

기출 서술형

21 📊 신유형↻

이등변삼각형 ABC에서 ∠A의 외각의 크기가 130°일 때, 다음과 같은 경우 △ABC의 세 내각의 크기를 모두 구하시오.

(단, 풀이 과정을 자세히 쓰시오.)

(1) ∠A가 꼭지각인 경우

(2) ∠A가 밑각인 경우

풀이 과정

(1)

(2)

┌ **답** | (1)   (2)

22 📊

오른쪽 그림에서 점 I는 ∠A=90°인 직각삼각형 ABC의 내심이다. $\overline{AB}=15$ cm, $\overline{BC}=17$ cm, $\overline{CA}=8$ cm일 때, 다음을 구하시오.

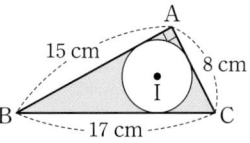

(단, 풀이 과정을 자세히 쓰시오.)

(1) △ABC의 내접원의 반지름의 길이

(2) 색칠한 부분의 넓이

풀이 과정

(1)

(2)

┌ **답** | (1)   (2)

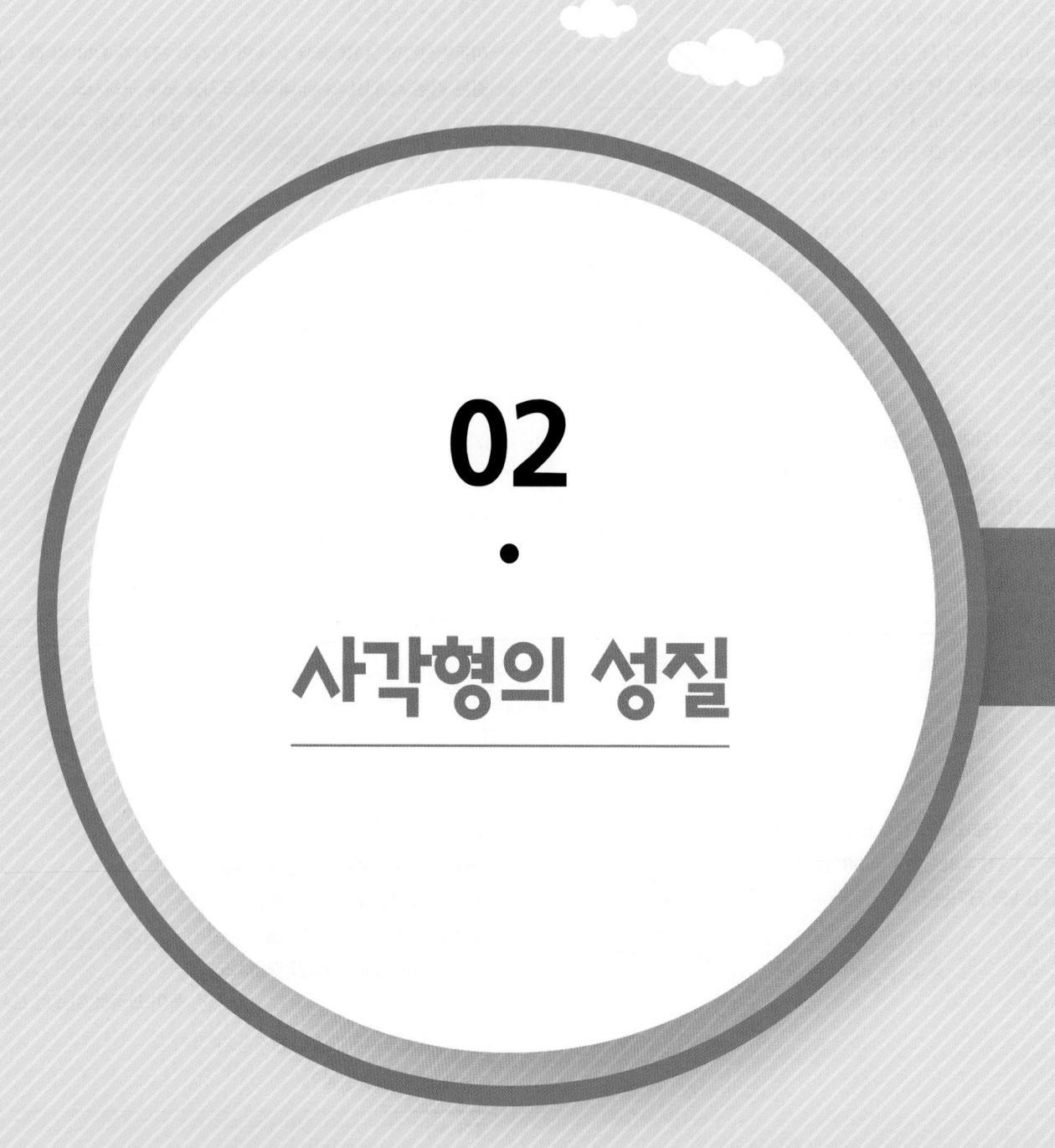

02

사각형의 성질

이 단원의 학습 계통

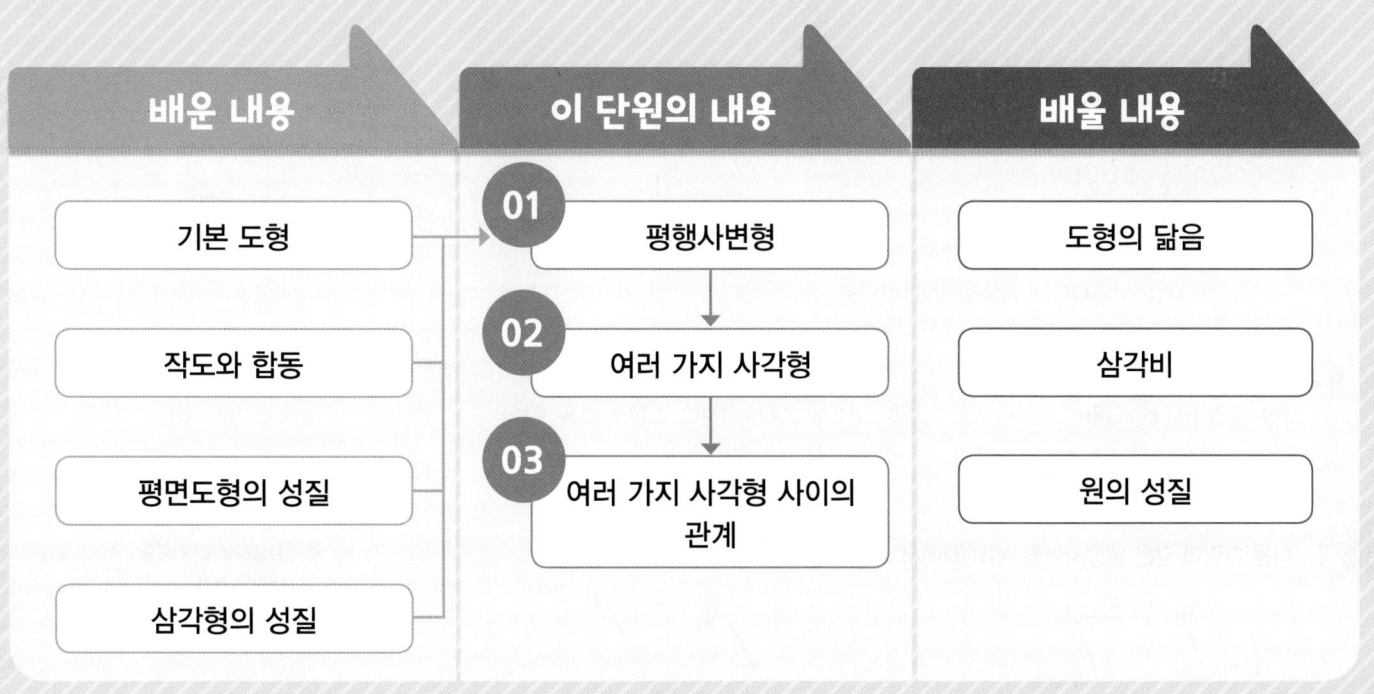

배운 내용	이 단원의 내용	배울 내용
기본 도형	01 평행사변형	도형의 닮음
작도와 합동	02 여러 가지 사각형	삼각비
평면도형의 성질	03 여러 가지 사각형 사이의 관계	원의 성질
삼각형의 성질		

01 평행사변형

1 평행사변형의 뜻

(1) 사각형 기호: 사각형 ABCD를 기호로 □ABCD와 같이 나타낸다.
이때 사각형에서 마주 보는 변을 대변, 마주 보는 각을 대각이라 한다.

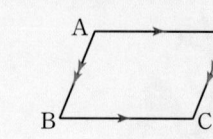

> **배운 내용 톡**
> 삼각형에서
> • **대변**: 한 각과 마주 보는 변
> • **대각**: 한 변과 마주 보는 각

(2) 평행사변형: 두 쌍의 대변이 각각 평행한 사각형
➡ □ABCD에서 $\overline{AB} /\!/ \overline{DC}$, $\overline{AD} /\!/ \overline{BC}$

2 평행사변형의 성질

(1) 두 쌍의 대변의 길이는 각각 같다.	(2) 두 쌍의 대각의 크기는 각각 같다.	(3) 두 대각선은 서로 다른 것을 이등분한다.
		(단, 점 O는 두 대각선의 교점)
$\overline{AB}=\overline{DC}$, $\overline{AD}=\overline{BC}$	$\angle A=\angle C$, $\angle B=\angle D$	$\overline{OA}=\overline{OC}$, $\overline{OB}=\overline{OD}$

설명 (1), (2) 오른쪽 그림과 같이 평행사변형 ABCD에서 대각선 AC를 긋자.

    △ABC와 △CDA에서
    $\overline{AB} /\!/ \overline{DC}$이므로 $\angle BAC=\angle DCA$(엇각),
    $\overline{AD} /\!/ \overline{BC}$이므로 $\angle ACB=\angle CAD$(엇각),
    $\overline{AC}$는 공통
    이므로 △ABC≡△CDA(ASA 합동)
    즉, $\overline{AB}=\overline{DC}$, $\overline{BC}=\overline{AD}$, $\angle B=\angle D$
    또 $\angle A=\angle BAC+\angle CAD=\angle DCA+\angle ACB=\angle C$
    따라서 평행사변형의 두 쌍의 대변의 길이는 각각 같고, 두 쌍의 대각의 크기도 각각 같다.

(3) △OAB와 △OCD에서
    $\overline{AB}=\overline{DC}$,
    $\overline{AB} /\!/ \overline{DC}$이므로 $\angle OAB=\angle OCD$(엇각), $\angle OBA=\angle ODC$(엇각)
    즉, △OAB≡△OCD(ASA 합동)이므로
    $\overline{OA}=\overline{OC}$, $\overline{OB}=\overline{OD}$

> **배운 내용 톡**
> 평행한 두 직선이 다른 한 직선과 만날 때, 엇각의 크기는 같다.

참고 평행사변형 ABCD에서 두 쌍의 대변이 각각 평행하므로 이웃하는 두 내각의 크기의 합은 180°이다.
➡ $\angle A+\angle B=180°$, $\angle B+\angle C=180°$, $\angle C+\angle D=180°$, $\angle D+\angle A=180°$

핵심예제 1 다음 그림과 같은 평행사변형 ABCD에서 x, y의 값을 각각 구하시오.

● 평행사변형의 성질 – 변의 길이와 내각의 크기

(1)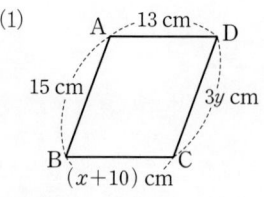

(2)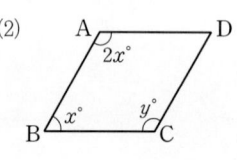

1-1 다음 그림과 같은 평행사변형 ABCD에서 x, y의 값을 각각 구하시오.

(1)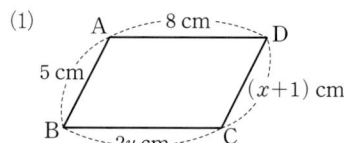

(2)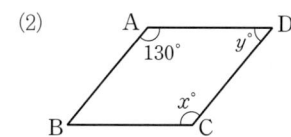

심예제 2 오른쪽 그림과 같은 평행사변형 ABCD에서 ∠D의 이등분선이 $\overline{BC}$와 만나는 점을 E라 하자. $\overline{AD}=8$ cm, $\overline{BE}=3$ cm일 때, $\overline{AB}$의 길이를 구하시오.

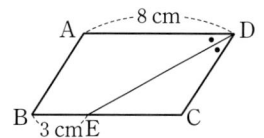

● 평행사변형의 성질(1)의 응용
두 밑각의 크기가 같은 삼각형은 이등변삼각형이다.

2-1 오른쪽 그림과 같은 평행사변형 ABCD에서 ∠D의 이등분선이 $\overline{BC}$와 만나는 점을 E라 하자. $\overline{AB}=6$ cm, $\overline{AD}=9$ cm일 때, $\overline{BE}$의 길이를 구하시오.

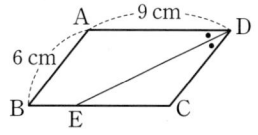

심예제 3 오른쪽 그림과 같은 평행사변형 ABCD에서 ∠BAE=28°, ∠C=105°일 때, ∠AEB의 크기를 구하시오.

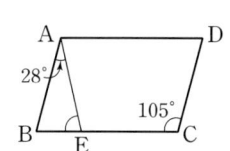

● 평행사변형의 성질(2)의 응용

3-1 오른쪽 그림과 같은 평행사변형 ABCD에서 ∠DCE=35°, ∠DEC=65°일 때, ∠A의 크기를 구하시오.

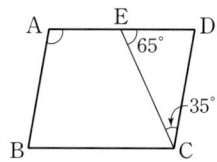

심예제 4 다음 그림과 같은 평행사변형 ABCD에서 x, y의 값을 각각 구하시오. (단, 점 O는 두 대각선의 교점)

(1)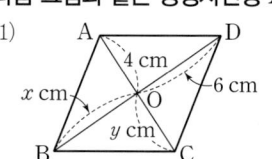

(2)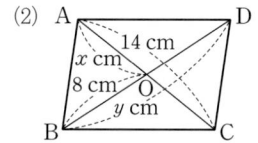

● 평행사변형의 성질 – 대각선의 길이
평행사변형의 두 대각선은 각각의 중점에서 만난다.

4-1 다음 그림과 같은 평행사변형 ABCD에서 x, y의 값을 각각 구하시오.
(단, 점 O는 두 대각선의 교점)

(1)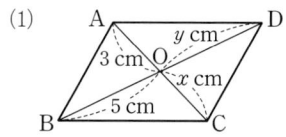

(2)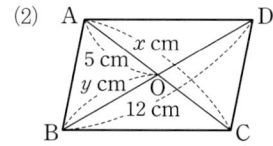

③ 평행사변형이 되는 조건

다음의 어느 한 조건을 만족시키는 사각형은 평행사변형이다. (단, 점 O는 두 대각선의 교점)

(1) 두 쌍의 대변이 각각 평행하다.
➡ $\overline{AB} /\!/ \overline{DC}$,
$\overline{AD} /\!/ \overline{BC}$
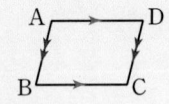

(2) 두 쌍의 대변의 길이가 각각 같다.
➡ $\overline{AB} = \overline{DC}$,
$\overline{AD} = \overline{BC}$
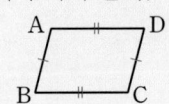

(3) 두 쌍의 대각의 크기가 각각 같다.
➡ $\angle A = \angle C$,
$\angle B = \angle D$
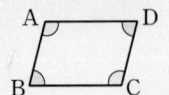

(4) 한 쌍의 대변이 평행하고 그 길이가 같다.
➡ $\overline{AD} /\!/ \overline{BC}$,
$\overline{AD} = \overline{BC}$
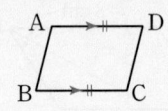

(5) 두 대각선이 서로 다른 것을 이등분한다.
➡ $\overline{OA} = \overline{OC}$,
$\overline{OB} = \overline{OD}$
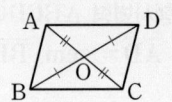

설명 (5) △OAB와 △OCD에서
$\overline{OA} = \overline{OC}$, $\angle AOB = \angle COD$(맞꼭지각), $\overline{OB} = \overline{OD}$
이므로 △OAB≡△OCD(SAS 합동)
이때 $\angle ABO = \angle CDO$(엇각)이므로 $\overline{AB} /\!/ \overline{DC}$
같은 방법으로 △AOD≡△COB(SAS 합동)
이때 $\angle OAD = \angle OCB$(엇각)이므로 $\overline{AD} /\!/ \overline{BC}$
따라서 두 쌍의 대변이 각각 평행하므로 □ABCD는 평행사변형이다.

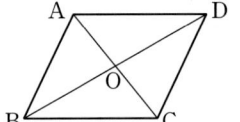

> **배운 내용 콕**
> 서로 다른 두 직선이 한 직선과 만날 때, 엇각의 크기가 같으면 두 직선은 평행하다.

핵심예제 5 다음 보기 에서 오른쪽 그림과 같은 □ABCD가 평행사변형이 되는 조건을 모두 고르시오. (단, 점 O는 두 대각선의 교점)

보기
ㄱ. $\overline{AB} /\!/ \overline{DC}$, $\angle OAB = \angle OBA$
ㄴ. $\angle ABD = \angle BDC$, $\angle ACB = \angle DAC$
ㄷ. $\overline{AD} = \overline{BC}$, $\angle ABC + \angle BAD = 180°$
ㄹ. $\overline{OA} = \overline{OC}$, $\overline{OB} = \overline{OD}$

● **평행사변형이 되는 조건 알기**
주어진 조건대로 그림을 그려 평행사변형이 되는지 확인한다.

핵심예제 6 다음 그림과 같은 □ABCD가 평행사변형이 되도록 하는 x, y의 값을 각각 구하시오.
(단, 점 O는 두 대각선의 교점)

● **평행사변형이 되는 조건 이용하기**

(1)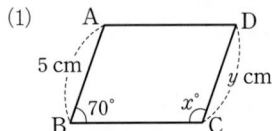

(2)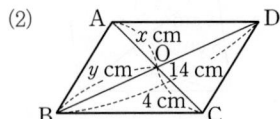

6-1 다음 그림과 같은 □ABCD가 평행사변형이 되도록 하는 x, y의 값을 각각 구하시오.

(1)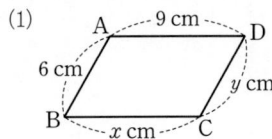

(2)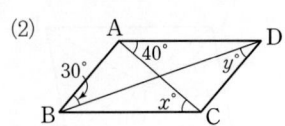

④ 평행사변형과 넓이

(1) 평행사변형의 넓이는 한 대각선에 의하여 이등분된다.

➡ $\triangle ABC = \triangle CDA = \triangle ABD = \triangle CDB = \dfrac{1}{2}\square ABCD$

> **참고** ① $\triangle ABC \equiv \triangle CDA$(SSS 합동)
> ② $\triangle ABD \equiv \triangle CDB$(SSS 합동)

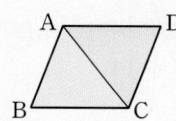 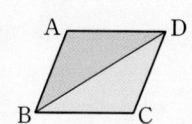

(2) 평행사변형의 넓이는 두 대각선에 의하여 사등분된다.
(단, 점 O는 두 대각선의 교점)

➡ $\underline{\triangle ABO = \triangle BCO} = \triangle CDO = \triangle DAO = \dfrac{1}{4}\square ABCD$

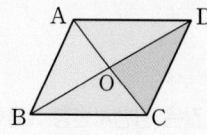

(3) 평행사변형의 내부의 한 점 P에 대하여 ── 밑변의 길이가 같고 높이가 같은
두 삼각형의 넓이는 같다.

➡ $\triangle PAB + \triangle PCD = \triangle PBC + \triangle PDA$

$= \dfrac{1}{2}\square ABCD$

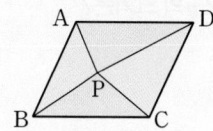

> **설명** 오른쪽 그림과 같이 평행사변형 ABCD에서 점 P를 지나고
> $\overline{AB}, \overline{BC}$에 각각 평행한 $\overline{EF}, \overline{GH}$를 그으면
> $\triangle PAB + \triangle PCD = (㉠+㉡)+(㉢+㉣)$
> $= (㉡+㉢)+(㉠+㉣)$
> $= \triangle PBC + \triangle PDA$
> $= \dfrac{1}{2}\square ABCD$

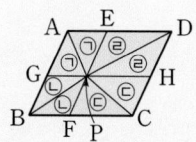

심예제 7 오른쪽 그림과 같은 평행사변형 ABCD에서 두 대각선의 교점을 O라 할 때, 다음을 구하시오.

(1) $\square ABCD = 40\ cm^2$일 때, $\triangle ABO$의 넓이

(2) $\triangle ACD = 15\ cm^2$일 때, $\triangle BCD$의 넓이

(3) $\triangle ABC = 28\ cm^2$일 때, $\triangle CDO$의 넓이

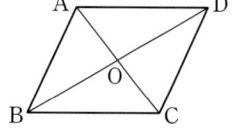

● **평행사변형과 넓이 – 대각선**
평행사변형에서 두 대각선에 의하여 만들어지는 4개의 삼각형의 넓이는 모두 같다.

7-1 오른쪽 그림과 같은 평행사변형 ABCD에서 $\triangle ABC$의 넓이가 $36\ cm^2$일 때, 다음 도형의 넓이를 구하시오. (단, 점 O는 두 대각선의 교점)

(1) $\square ABCD$

(2) $\triangle ABO$

(3) $\triangle BCO$

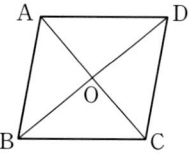

심예제 8 오른쪽 그림과 같은 평행사변형 ABCD의 내부의 한 점 P에 대하여 $\square ABCD$의 넓이가 $48\ cm^2$일 때, $\triangle PAB$와 $\triangle PCD$의 넓이의 합을 구하시오.

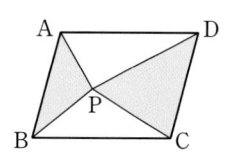

● **평행사변형과 넓이 – 내부의 한 점**
평행사변형의 넓이는 마주 보는 두 삼각형의 넓이의 합의 2배이다.

소단원 핵심문제

정답과 풀이 ★ 26쪽

평행사변형의 성질(1) — 대변

1 오른쪽 그림과 같은 평행사변형 ABCD에서 $x+y$의 값은?

① 11   ② 12

③ 13   ④ 14

⑤ 15

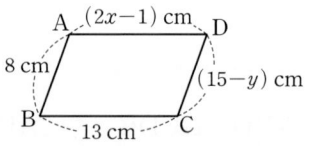

● 평행사변형에서 두 쌍의 대변의 길이는 각각 같다.

평행사변형의 성질(2) — 대각

2 오른쪽 그림과 같은 평행사변형 ABCD에서 $\angle B=58°$, $\angle ACB=62°$일 때, $\angle x+\angle y$의 크기는?

① 112°   ② 114°

③ 116°   ④ 118°

⑤ 120°

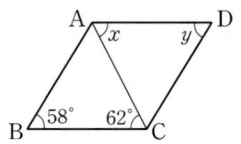

● 평행사변형은
① 두 쌍의 대변이 각각 평행하다.
② 두 쌍의 대각의 크기가 각각 같다.

평행사변형의 성질(3) — 대각선

3 오른쪽 그림과 같은 평행사변형 ABCD에서 점 O는 두 대각선의 교점이다. $\overline{AC}=16$ cm, $\overline{BD}=20$ cm, $\overline{CD}=10$ cm일 때, $\triangle ABO$의 둘레의 길이를 구하시오.

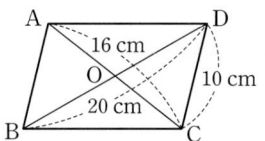

● 평행사변형에서 두 대각선은 서로 다른 것을 이등분한다.

평행사변형이 되는 조건

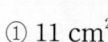 **4** 다음 중에서 ▱ABCD가 평행사변형이 **아닌** 것은? (단, 점 O는 두 대각선의 교점)

① $\overline{OA}=\overline{OC}=2$ cm, $\overline{OB}=\overline{OD}=3$ cm

② $\angle A=120°$, $\angle B=60°$, $\overline{AD}=\overline{BC}=6$ cm

③ $\angle A=\angle C=65°$, $\angle B=115°$

④ $\overline{AB}=\overline{BC}=5$ cm, $\overline{AC}\perp\overline{BD}$

⑤ $\overline{AB}=\overline{DC}=4$ cm, $\overline{AD}=\overline{BC}=5$ cm

● 주어진 조건이 평행사변형이 되는 조건 중에서 하나를 만족시키는지 확인한다.

평행사변형과 넓이(1) — 대각선

5 오른쪽 그림과 같은 평행사변형 ABCD에서 점 O는 두 대각선의 교점이다. ▱ABCD의 넓이가 56 cm²일 때, $\triangle AOD$의 넓이는?

① 11 cm²   ② 12 cm²

③ 13 cm²   ④ 14 cm²

⑤ 15 cm²

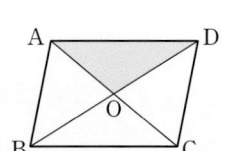

● 평행사변형의 넓이는 두 대각선에 의하여 사등분된다.

02 여러 가지 사각형

5 **직사각형**

(1) **직사각형**: 네 내각의 크기가 모두 같은 사각형

→ □ABCD에서 ∠A=∠B=∠C=∠D=90°

참고 직사각형은 두 쌍의 대각의 크기가 각각 같으므로 평행사변형이다.

(2) **직사각형의 성질**

직사각형의 두 대각선은 길이가 같고, 서로 다른 것을 이등분한다.

→ $\overline{AC}=\overline{BD}$, $\overline{AO}=\overline{BO}=\overline{CO}=\overline{DO}$ (단, 점 O는 두 대각선의 교점)

설명 직사각형 ABCD에서 두 대각선 AC, BD를 그으면 △ABC와 △DCB에서

$\overline{AB}=\overline{DC}$, ∠ABC=∠DCB=90°, $\overline{BC}$는 공통

이므로 △ABC≡△DCB(SAS 합동)

따라서 $\overline{AC}=\overline{DB}$이므로 직사각형의 두 대각선은 길이가 같다.

또 직사각형은 평행사변형이므로 두 대각선은 서로 다른 것을 이등분한다.

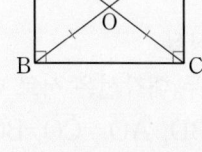

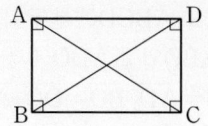

(3) **평행사변형이 직사각형이 되는 조건**

평행사변형이 다음 중에서 어느 한 조건을 만족시키면 직사각형이 된다.

① 한 내각이 직각이다. → ∠A=90° —— 한 내각이 직각이면 평행사변형의 성질에

② 두 대각선의 길이가 같다. → $\overline{AC}=\overline{BD}$ 의하여 네 내각이 모두 직각이 된다.

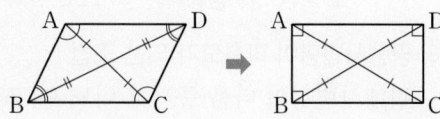

심예제 **9** 다음 그림과 같은 직사각형 ABCD에서 x, y의 값을 각각 구하시오. (단, 점 O는 두 대각선의 교점)

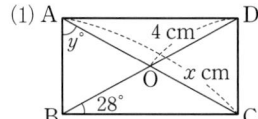

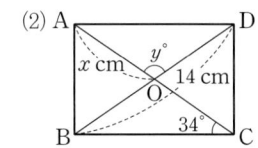

● **직사각형의 뜻과 성질**

직사각형의 모든 내각의 크기는 90°
이다.

9-1 다음 그림과 같은 직사각형 ABCD에서 x, y의 값을 각각 구하시오.

(단, 점 O는 두 대각선의 교점)

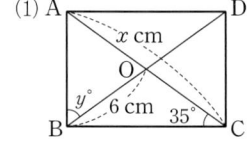

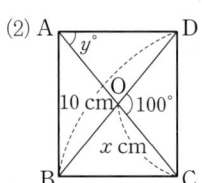

심예제 **10** 다음 보기 에서 오른쪽 그림과 같은 평행사변형 ABCD가 직사각형이 되는

조건을 모두 고르시오. (단, 점 O는 두 대각선의 교점)

보기

ㄱ. ∠BAD=∠ABC　　　　ㄴ. $\overline{AB}=\overline{AD}$

ㄷ. $\overline{AC}\perp\overline{BD}$　　　　　　ㄹ. $\overline{AO}=\overline{BO}$

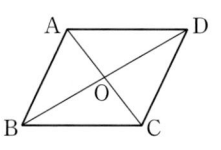

● **평행사변형이 직사각형이 되는 조건 이용하기**

직사각형은 평행사변형의 모든 성질을 만족시킨다.

⑥ 마름모

(1) 마름모: 네 변의 길이가 모두 같은 사각형

➡ □ABCD에서 $\overline{AB}=\overline{BC}=\overline{CD}=\overline{DA}$

> 참고 마름모는 두 쌍의 대변의 길이가 각각 같으므로 평행사변형이다.

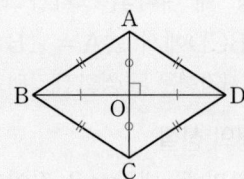

(2) 마름모의 성질

마름모의 두 대각선은 서로 다른 것을 수직이등분한다.

➡ $\overline{AC}\perp\overline{BD}$, $\overline{AO}=\overline{CO}$, $\overline{BO}=\overline{DO}$ (단, 점 O는 두 대각선의 교점)

> 설명 마름모 ABCD에서 두 대각선 AC와 BD의 교점을 O라 하면
> △ABO와 △ADO에서
> $\overline{AB}=\overline{AD}$, $\overline{BO}=\overline{DO}$, $\overline{AO}$는 공통
> 이므로 △ABO≡△ADO(SSS 합동)
> 이때 ∠AOB=∠AOD=90°이므로 $\overline{AC}\perp\overline{BD}$
> 따라서 마름모의 두 대각선은 직교한다. └ ∠AOB+∠AOD=180°
> 또 마름모는 평행사변형이므로 두 대각선은 서로 다른 것을 이등분한다.

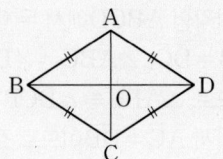

(3) 평행사변형이 마름모가 되는 조건

평행사변형이 다음 중에서 어느 한 조건을 만족시키면 마름모가 된다.

① 이웃하는 두 변의 길이가 같다. ➡ $\overline{AB}=\overline{BC}$ ─ 이웃하는 두 변의 길이가 같으면
② 두 대각선이 직교한다. ➡ $\overline{AC}\perp\overline{BD}$ 평행사변형의 성질에 의하여
                                                네 변의 길이가 모두 같게 된다.

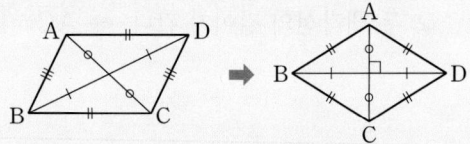

핵심예제 **11** 다음 그림과 같은 마름모 ABCD에서 x, y의 값을 각각 구하시오. (단, 점 O는 두 대각선의 교점)

● 마름모의 뜻과 성질
이등변삼각형은 두 밑각의 크기가 같다.

(1)

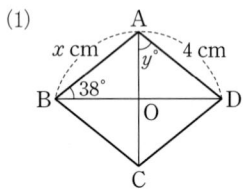

(2)

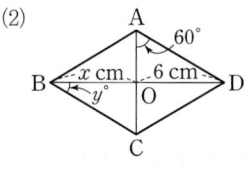

11-1 다음 그림과 같은 마름모 ABCD에서 x, y의 값을 각각 구하시오.

(단, 점 O는 두 대각선의 교점)

(1)

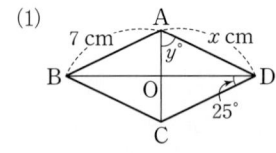

(2)

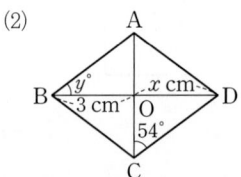

핵심예제 **12** 오른쪽 그림과 같은 평행사변형 ABCD에서 두 대각선의 교점을 O라 하자. $\overline{AD}=4$ cm일 때, 다음 중에서 □ABCD가 마름모가 되는 조건을 모두 고르면? (정답 2개)

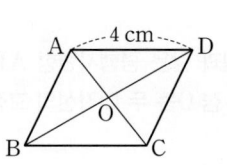

● 평행사변형이 마름모가 되는 조건 이용하기
마름모는 평행사변형의 모든 성질을 만족시킨다.

① $\overline{AB}=4$ cm　　　　② $\overline{OA}=\overline{OC}$

③ $\overline{AC}=8$ cm　　　　④ ∠AOB=90°

⑤ ∠BAD+∠ABC=180°

7 **정사각형**

(1) **정사각형**: 네 변의 길이가 모두 같고, 네 내각의 크기가 모두 같은 사각형
  ➡ □ABCD에서 $\overline{AB}=\overline{BC}=\overline{CD}=\overline{DA}$, $\angle A=\angle B=\angle C=\angle D=90°$
  [참고] 정사각형은 네 변의 길이가 모두 같으므로 마름모이고, 네 내각의 크기가 모두 같으므로
  직사각형이다.

(2) **정사각형의 성질**┌ 직사각형의 성질 ┐ ┌ 마름모의 성질 ┐
  정사각형의 두 대각선은 길이가 같고, 서로 다른 것을 수직이등분한다.
  ➡ $\overline{AC}=\overline{BD}$, $\overline{AC}\perp\overline{BD}$, $\overline{AO}=\overline{BO}=\overline{CO}=\overline{DO}$ (단, 점 O는 두 대각선의 교점)

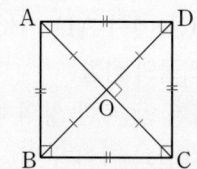

(3) **직사각형이 정사각형이 되는 조건**
  직사각형이 다음 중에서 어느 한 조건을 만족시키면 정사각형이 된다.
  ① 이웃하는 두 변의 길이가 같다. ➡ $\overline{AB}=\overline{BC}$
  ② 두 대각선이 직교한다. ➡ $\overline{AC}\perp\overline{BD}$

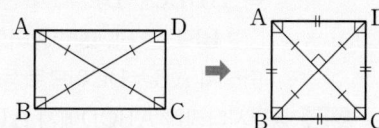

(4) **마름모가 정사각형이 되는 조건**
  마름모가 다음 중에서 어느 한 조건을 만족시키면 정사각형이 된다.
  ① 한 내각이 직각이다. ➡ $\angle A=90°$
  ② 두 대각선의 길이가 같다. ➡ $\overline{AC}=\overline{BD}$

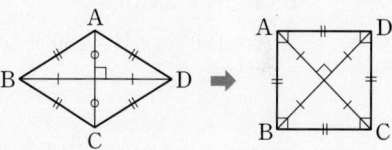

[심예제] **13** 다음 그림과 같은 정사각형 ABCD에서 x, y의 값을 각각 구하시오. (단, 점 O는 두 대각선의 교점)

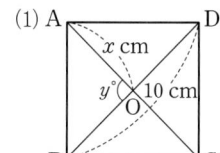

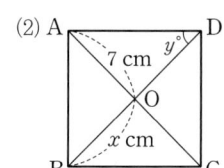

● **정사각형의 뜻과 성질**
  정사각형에서 두 대각선에 의하여 나누어져 생긴 4개의 직각삼각형은 모두 합동이다.

13-1 다음 그림과 같은 정사각형 ABCD에서 x, y의 값을 각각 구하시오.
  (단, 점 O는 두 대각선의 교점)

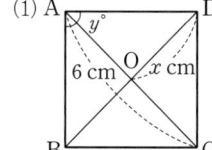

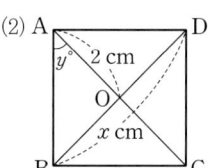

[심예제] **14** 다음 [보기]에서 오른쪽 그림과 같은 평행사변형 ABCD가 정사각형이 되는 조건을 모두 고르시오. (단, 점 O는 두 대각선의 교점)

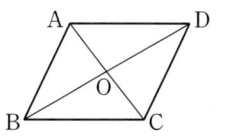

[보기]
ㄱ. $\overline{AB}=\overline{AD}$, $\overline{AC}=\overline{BD}$ ㄴ. $\overline{AB}=\overline{AD}$, $\overline{AC}\perp\overline{BD}$
ㄷ. $\overline{AO}=\overline{BO}$, $\angle ABC=90°$ ㄹ. $\overline{AO}=\overline{BO}$, $\overline{AC}\perp\overline{BD}$

● **평행사변형이 정사각형이 되는 조건 이용하기**
  정사각형은 직사각형과 마름모의 모든 성질을 만족시킨다.

⑧ 등변사다리꼴

(1) **등변사다리꼴**: 아랫변의 양 끝 각의 크기가 같은 사다리꼴
➡ □ABCD에서 $\overline{AD} /\!/ \overline{BC}$, ∠B=∠C

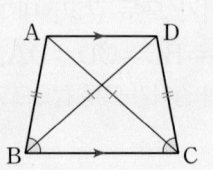

(2) **등변사다리꼴의 성질**

① 평행하지 않은 한 쌍의 대변의 길이가 같다. ➡ $\overline{AB}=\overline{DC}$

② 두 대각선의 길이가 같다. ➡ $\overline{AC}=\overline{BD}$

설명 ① 등변사다리꼴 ABCD에서 꼭짓점 D를 지나고 $\overline{AB}$에 평행한 직선을 그어
$\overline{BC}$와 만나는 점을 E라 하면 ∠B=∠DEC(동위각)
이때 ∠B=∠C이므로 ∠DEC=∠C
즉, △DEC는 $\overline{DE}=\overline{DC}$인 이등변삼각형이고
□ABED는 평행사변형이므로 $\overline{AB}=\overline{DE}$
따라서 $\overline{AB}=\overline{DC}$이므로 등변사다리꼴의 평행하지 않은 한 쌍의 대변의 길이는 같다.

참고 등변사다리꼴 ABCD에서 $\overline{AD} /\!/ \overline{BC}$이므로
∠A+∠B=180°, ∠D+∠C=180°
이때 ∠B=∠C이므로
∠A=180°−∠B=180°−∠C=∠D

배운 내용 톡
사다리꼴은 한 쌍의 대변이 평행한 사각형이다.

플러스 톡
직사각형과 정사각형은 모두 등변사다리꼴이지만 마름모는 등변사다리꼴이 아니다.

핵심예제 15 다음 그림과 같이 $\overline{AD} /\!/ \overline{BC}$인 등변사다리꼴 ABCD에서 x의 값을 구하시오.

(1)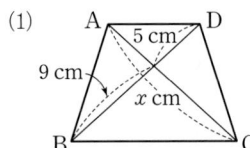

(2)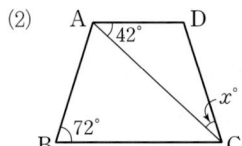

● **등변사다리꼴의 뜻과 성질**
평행한 두 직선이 다른 한 직선과 만날 때, 엇각의 크기는 같다.

15-1 다음 그림과 같이 $\overline{AD} /\!/ \overline{BC}$인 등변사다리꼴 ABCD에서 x의 값을 구하시오.

(1)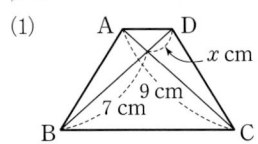

(2)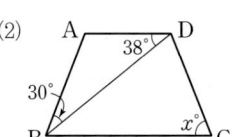

핵심예제 16 오른쪽 그림에서 □ABCD는 $\overline{AD} /\!/ \overline{BC}$인 등변사다리꼴이다. $\overline{AD}=\overline{CD}$
이고 ∠B=66°일 때, ∠DAC의 크기를 구하시오.

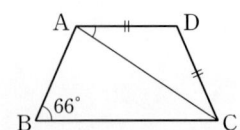

● **등변사다리꼴의 성질의 응용**
이등변삼각형은 두 밑각의 크기가 같다.

16-1 오른쪽 그림에서 □ABCD는 $\overline{AD} /\!/ \overline{BC}$인 등변사다리꼴이다.
$\overline{AB}=\overline{AD}$이고 ∠DBC=25°일 때, ∠C의 크기를 구하시오.

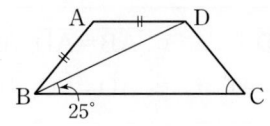

직사각형의 성질

1 오른쪽 그림과 같은 직사각형 ABCD에서 두 대각선의 교점을 O라 할 때, $\overline{AC}$의 길이는?

① 21 cm   ② 22 cm

③ 23 cm   ④ 24 cm

⑤ 25 cm

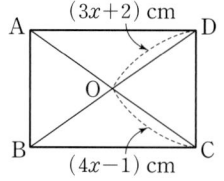

● 직사각형의 두 대각선은 길이가 같고, 서로 다른 것을 이등분한다.

마름모의 성질

2 오른쪽 그림과 같은 마름모 ABCD에서 $\overline{CO}=6$ cm, $\angle BAO=63°$일 때, 다음 중에서 옳지 않은 것은? (단, 점 O는 두 대각선의 교점)

① $\overline{AO}=6$ cm   ② $\overline{AC}=12$ cm

③ $\overline{DO}=8$ cm   ④ $\angle AOB=90°$

⑤ $\angle ADO=27°$

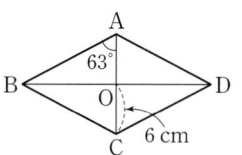

● 마름모의 두 대각선은 서로 다른 것을 수직이등분한다.

정사각형의 성질

3 오른쪽 그림과 같은 정사각형 ABCD의 대각선 AC 위의 한 점 E에 대하여 $\angle BEC=70°$일 때, $\angle ABE$의 크기를 구하시오.

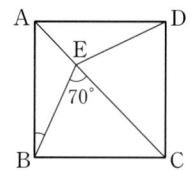

● 삼각형의 한 외각의 크기는 그와 이웃하지 않은 두 내각의 크기의 합과 같다.

직사각형이 정사각형이 되는 조건

4 오른쪽 그림과 같은 직사각형 ABCD에서 두 대각선의 교점을 O라 하자. 다음 중에서 □ABCD가 정사각형이 되는 조건을 모두 고르면?

(정답 2개)

① $\overline{AB}=\overline{BC}$ ② $\overline{AC}=\overline{BD}$

③ $\overline{BO}=\overline{DO}$ ④ $\angle OBC=45°$

⑤ $\angle BAD+\angle ABC=180°$

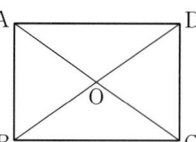

등변사다리꼴의 성질

5 오른쪽 그림과 같이 $\overline{AD} /\!\!/ \overline{BC}$인 등변사다리꼴 ABCD의 꼭짓점 A에서 $\overline{BC}$에 내린 수선의 발을 E라 하자. $\overline{AD}=8$ cm, $\overline{BE}=3$ cm일 때, $\overline{BC}$의 길이는?

① 11 cm   ② 12 cm

③ 13 cm   ④ 14 cm

⑤ 15 cm

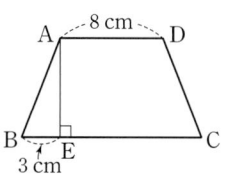

● 등변사다리꼴은 평행하지 않은 한 쌍의 대변의 길이가 같다.

03 여러 가지 사각형 사이의 관계

9 여러 가지 사각형 사이의 관계

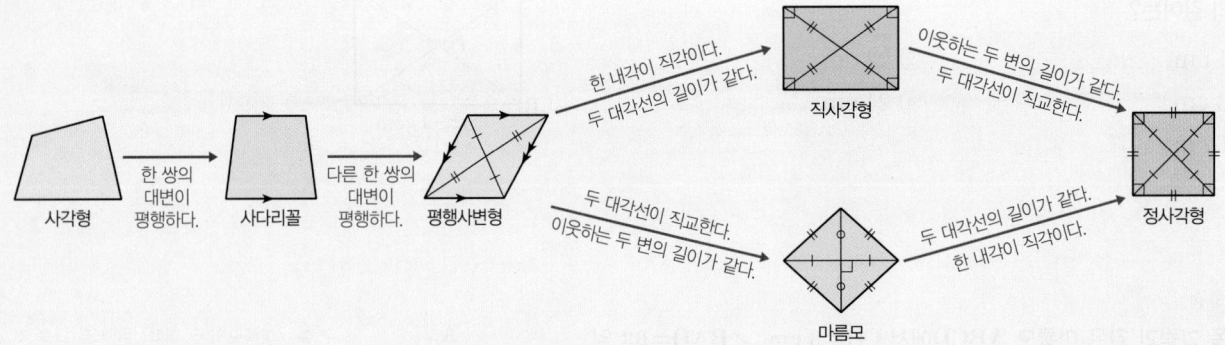

10 여러 가지 사각형의 대각선의 성질

(1) **평행사변형**: 두 대각선이 서로 다른 것을 이등분한다.

(2) **직사각형**: 두 대각선의 길이가 같고, 서로 다른 것을 이등분한다.

(3) **마름모**: 두 대각선이 서로 다른 것을 수직이등분한다.

(4) **정사각형**: 두 대각선의 길이가 같고, 서로 다른 것을 수직이등분한다.

(5) **등변사다리꼴**: 두 대각선의 길이가 같다.

> **플러스톡**
> ① 정사각형은 직사각형이다.
> ② 정사각형은 마름모이다.
> ③ 직사각형은 평행사변형이다.
> ④ 마름모는 평행사변형이다.
> ⑤ 평행사변형은 사다리꼴이다.

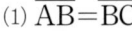

핵심예제 17 오른쪽 그림과 같은 평행사변형 ABCD가 다음 조건을 각각 만족시킬 때, 어떤 사각형이 되는지 말하시오.

(1) $\overline{AB}=\overline{BC}$

(2) $\overline{AC}=\overline{BD}$

(3) $\overline{AC}=\overline{BD}$, $\overline{AC} \perp \overline{BD}$

● **여러 가지 사각형 사이의 관계 알아보기**
여러 가지 사각형의 뜻과 성질을 이용하여 어떤 사각형인지 알아본다.

17-1 다음 보기에서 평행사변형 ABCD에 대한 설명으로 옳은 것을 모두 고르시오.

> **보기**
> ㄱ. $\overline{AB}=\overline{AD}$이면 마름모이다.
> ㄴ. $\overline{AC} \perp \overline{BD}$이면 정사각형이다.
> ㄷ. $\overline{AB}=\overline{CD}$이면 직사각형이다.
> ㄹ. $\angle A=\angle B$이면 직사각형이다.
> ㅁ. $\angle CBD=\angle CDB$, $\angle A=90°$이면 정사각형이다.

핵심예제 18 다음은 여러 가지 사각형과 그 대각선의 성질을 나타낸 표이다. 그 사각형의 성질인 것은 ○표, 아닌 것은 ×표를 아래 표의 빈칸에 써넣으시오.

● **여러 가지 사각형의 대각선의 성질 확인하기**
정사각형은 직사각형, 마름모의 성질을 모두 만족시킨다.

대각선의 성질 \ 사각형	등변사다리꼴	평행사변형	직사각형	마름모	정사각형
두 대각선이 서로 다른 것을 이등분한다.					
두 대각선의 길이가 같다.					
두 대각선이 서로 다른 것을 수직이등분한다.					

⑪ 사각형의 각 변의 중점을 연결하여 만든 사각형

사각형의 각 변의 중점을 연결하면 다음과 같은 사각형이 만들어진다.

(1) 사각형 ➡ 평행사변형　　(2) 평행사변형 ➡ 평행사변형　　(3) 직사각형 ➡ 마름모

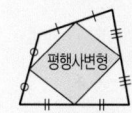　　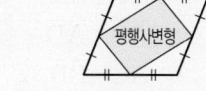　　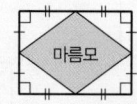

(4) 마름모 ➡ 직사각형　　(5) 정사각형 ➡ 정사각형　　(6) 등변사다리꼴 ➡ 마름모

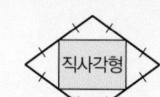　　　　

⑫ 평행선과 넓이

(1) 평행선과 삼각형의 넓이

두 직선 l, m이 평행할 때, $\triangle ABC$와 $\triangle DBC$는 밑변 BC가 공통이고 높이가 같으므로 넓이가 같다.

➡ $l /\!/ m$이면 $\triangle ABC = \triangle DBC$ ── □APQD는 직사각형이므로 $\overline{AP} = \overline{DQ}$이다.

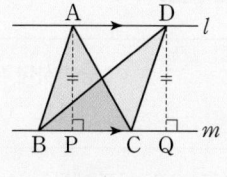

(2) 높이가 같은 삼각형의 넓이의 비

높이가 같은 두 삼각형의 넓이의 비는 두 삼각형의 밑변의 길이의 비와 같다.

➡ $\overline{BC} : \overline{CD} = m : n$이면 $\triangle ABC : \triangle ACD = m : n$

── $\triangle ABC : \triangle ACD = \frac{1}{2}mh : \frac{1}{2}nh = m : n$

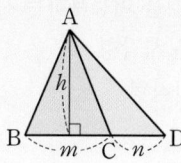

플러스특

$\overline{BC} : \overline{CD} = m : n$이면

① $\triangle ABC = \dfrac{m}{m+n} \triangle ABD$

② $\triangle ACD = \dfrac{n}{m+n} \triangle ABD$

심예제 19 오른쪽 그림과 같은 평행사변형 ABCD의 네 변의 중점을 각각 E, F, G, H 라 할 때, 다음 물음에 답하시오.

(1) △AEH와 합동인 삼각형을 구하시오.

(2) △BFE와 합동인 삼각형을 구하시오.

(3) □EFGH는 어떤 사각형인지 말하시오.

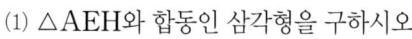

● 사각형의 각 변의 중점을 연결하여 만든 사각형
합동인 삼각형에서 대응변의 길이는 같다.

심예제 20 오른쪽 그림과 같은 □ABCD의 꼭짓점 D를 지나고 $\overline{AC}$에 평행한 직선을 그어 $\overline{BC}$의 연장선과 만나는 점을 E라 하자. △ABC의 넓이가 32 cm², △ACE의 넓이가 13 cm²일 때, □ABCD의 넓이를 구하시오.

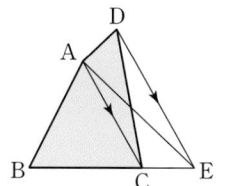

● 평행선과 삼각형의 넓이의 활용
평행선 사이에 있는 삼각형은 높이가 같으므로 밑변의 길이가 같으면 그 넓이가 같다.

20-1 오른쪽 그림과 같은 □ABCD의 꼭짓점 D를 지나고 $\overline{AC}$에 평행한 직선을 그어 $\overline{BC}$의 연장선과 만나는 점을 E라 하자. △ABC의 넓이가 24 cm², △ACD의 넓이가 10 cm²일 때, △ABE의 넓이를 구하시오.

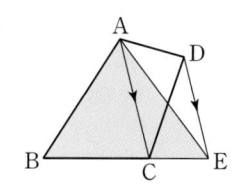

여러 가지 사각형 사이의 관계

기출 1 다음 그림은 여러 가지 사각형 사이의 관계를 나타낸 것이다. (1)~(4)에 알맞은 조건을 보기 에서 모두 고르시오. (단, 점 O는 두 대각선의 교점)

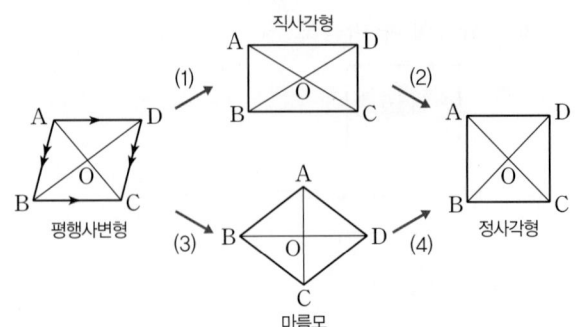

보기
ㄱ. $\overline{AC} \perp \overline{BD}$
ㄴ. $\overline{AB} = \overline{AD}$
ㄷ. $\overline{AC} = \overline{BD}$
ㄹ. $\overline{AO} = \overline{BO}$
ㅁ. $\angle ABC = 90°$
ㅂ. $\angle BAD = \angle ADC$

● 직사각형이 정사각형이 되는 조건은 평행사변형이 마름모가 되는 조건과 같고, 마름모가 정사각형이 되는 조건은 평행사변형이 직사각형이 되는 조건과 같다.

여러 가지 사각형의 대각선의 성질

2 다음에 해당하는 사각형을 보기 에서 모두 고르시오.

보기
ㄱ. 사다리꼴   ㄴ. 등변사다리꼴   ㄷ. 평행사변형
ㄹ. 직사각형   ㅁ. 마름모   ㅂ. 정사각형

(1) 두 대각선이 서로 다른 것을 이등분하는 사각형
(2) 두 대각선의 길이가 같은 사각형
(3) 두 대각선이 직교하는 사각형

사각형의 각 변의 중점을 연결하여 만든 사각형

3 오른쪽 그림과 같은 직사각형 ABCD의 네 변의 중점을 각각 E, F, G, H 라 할 때, 다음 중에서 옳은 것을 모두 고르면? (정답 2개)

① $\overline{EF} = \overline{EH}$ ② $\overline{EG} = \overline{HF}$
③ $\overline{EG} \perp \overline{HF}$ ④ $\angle FEG = \angle EHF$
⑤ $\angle EHG = \angle FGH$

● 합동인 삼각형들을 먼저 찾는다.

평행선과 삼각형의 넓이

4 오른쪽 그림에서 $l \parallel m$이고 △ABC의 넓이가 14 cm²일 때, △DBC의 넓이를 구하시오.

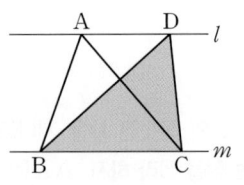

● 밑변이 공통이고 높이가 같은 두 삼각형의 넓이는 같다.

높이가 같은 삼각형의 넓이의 비

5 오른쪽 그림과 같은 △ABC에서 $\overline{BD} : \overline{DC} = 3 : 2$이다. △ABC의 넓이가 60 cm²일 때, △ADC의 넓이는?

① 21 cm²   ② 22 cm²
③ 23 cm²   ④ 24 cm²
⑤ 25 cm²

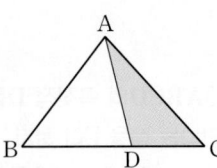

중단원 마무리 테스트

정답과 풀이 ★ 29쪽

1. ▮▮▮

오른쪽 그림과 같은 평행사변형 ABCD에서 $\overline{AB}$의 길이는?

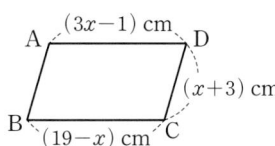

① 6 cm   ② 7 cm

③ 8 cm   ④ 9 cm

⑤ 10 cm

2. ▮▮▮ 중요 🔔

오른쪽 그림과 같은 평행사변형 ABCD 에서 두 대각선의 교점을 O라 할 때, 다음 보기 에서 옳은 것을 모두 고른 것은?

보기

ㄱ. $\overline{AB}=\overline{BC}$ ㄴ. $\overline{AB}/\!/\overline{CD}$

ㄷ. $\overline{OA}=\overline{OC}$ ㄹ. $\overline{AC}\perp\overline{BD}$

ㅁ. $\angle DAB=\angle BCD$ ㅂ. $\angle DAB+\angle CDA=90°$

① ㄱ, ㄷ   ② ㄴ, ㄹ   ③ ㄷ, ㅂ

④ ㄴ, ㄷ, ㅁ   ⑤ ㄷ, ㄹ, ㅂ

3. ▮▮

오른쪽 그림과 같은 평행사변형 ABCD에서 ∠A의 이등분선과 $\overline{DC}$의 연장선의 교점을 E라 하고, $\overline{AE}$와 $\overline{BC}$의 교점을 F라 하자. $\overline{AB}=4$ cm, $\overline{AD}=7$ cm일 때, $x+y$의 값은?

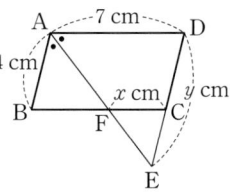

① 6   ② 8   ③ 10

④ 12   ⑤ 14

4. ▮▮▮ 중요 🔔

오른쪽 그림과 같은 평행사변형 ABCD에서 $\overline{AB}=\overline{AE}$이고 $\angle EBC=34°$일 때, $\angle C$의 크기는?

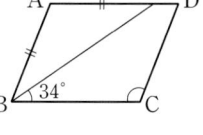

① 111°   ② 112°

③ 113°   ④ 114°

⑤ 115°

5. ▮▮

오른쪽 그림과 같은 평행사변형 ABCD에서 $\overline{AD}=8$ cm이고 $\overline{AC}+\overline{BD}=22$ cm일 때, $\triangle DAO$의 둘레의 길이를 구하시오.
(단, 점 O는 두 대각선의 교점)

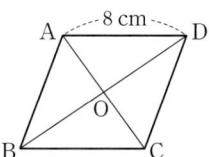

6. ▮▮

다음 중에서 $\overline{AB}=\overline{DC}$인 □ABCD가 평행사변형이 되기 위한 조건이 아닌 것을 모두 고르면? (정답 2개)

① $\overline{AD}=\overline{BC}$ ② $\overline{AB}/\!/\overline{DC}$

③ $\angle B+\angle C=180°$ ④ $\angle C+\angle D=180°$

⑤ $\angle B=\angle D$

7. ▮▮

오른쪽 그림과 같은 평행사변형 ABCD의 내부의 한 점 P에 대하여 □ABCD의 넓이가 90 cm², $\triangle PDA$의 넓이가 27 cm²일 때, $\triangle PBC$의 넓이는?

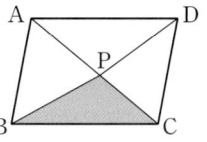

① 16 cm²   ② 17 cm²   ③ 18 cm²

④ 19 cm²   ⑤ 20 cm²

8 .ıl

오른쪽 그림과 같은 평행사변형 ABCD에서 두 대각선의 교점을 O라 하자. ∠OAB=∠OBA일 때, 다음 보기 에서 옳은 것을 모두 고른 것은?

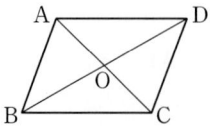

보기
ㄱ. $\overline{AB}=\overline{AD}$ ㄴ. $\overline{AC}=\overline{BD}$
ㄷ. $\overline{OB}=\overline{OC}$ ㄹ. $\overline{AC}\perp\overline{BD}$
ㅁ. ∠ABD=∠BCA ㅂ. ∠CAB+∠ACB=90°

① ㄱ, ㄷ ② ㄴ, ㄹ ③ ㄷ, ㅁ
④ ㄴ, ㄷ, ㅂ ⑤ ㄷ, ㄹ, ㅂ

9 .ıl 신유형

다음 그림과 같이 직사각형 모양의 종이를 반으로 접고, 네 꼭짓점이 겹치도록 한 번 더 접어 대각선 방향으로 자른 후 다시 폈을 때 생긴 사각형에 대하여 물음에 답하시오.

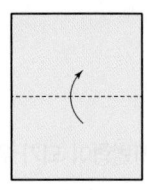 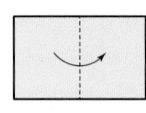 

(1) 어떤 사각형인지 말하시오.

(2) 다음 □ 안에 알맞은 것을 써넣으시오.

이 사각형의 두 대각선은 서로 다른 것을 [   ]한다.

10 .ıl 중요

다음 중에서 정사각형이 되는 것을 모두 고르면? (정답 2개)

① 이웃하는 두 변의 길이가 같은 평행사변형
② 두 대각선이 직교하는 직사각형
③ 한 내각이 직각인 평행사변형
④ 두 대각선의 길이가 같은 마름모
⑤ 두 대각선이 직교하는 평행사변형

11 .ıl

오른쪽 그림에서 □ABCD는 $\overline{AD}/\!/\overline{BC}$인 등변사다리꼴일 때, 다음 중에서 옳지 않은 것은? (단, 점 O는 두 대각선의 교점)

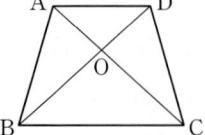

① $\overline{AB}=\overline{DC}$ ② $\overline{AC}=\overline{BD}$
③ $\overline{OB}=\overline{OC}$ ④ $\overline{AC}\perp\overline{BD}$
⑤ ∠ABD=∠DCA

12 .ıl

다음은 '오른쪽 그림과 같은 평행사변형 ABCD에서 ∠A, ∠B의 이등분선과 $\overline{BC}$, $\overline{AD}$의 교점을 각각 E, F라 할 때, □ABEF는 [(가)]이다.'를 설명하는 과정이다. (가)~(마)에 알맞은 것을 써넣으시오.

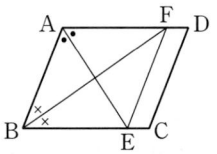

$\overline{AD}/\!/\overline{BC}$이므로 ∠AFB=∠FBE(엇각)
즉, $\overline{AB}=$ [(나)] ……㉠
또 ∠AEB= [(다)](엇각)이므로
$\overline{AB}=$ [(라)] ……㉡
㉠, ㉡에서 [(나)]=[(라)]
이때 $\overline{AF}/\!/\overline{BE}$이므로 □ABEF는 [(마)]이고, ㉠을 만족시키므로 □ABEF는 [(가)]이다.

13 .ıl 중요

다음 그림은 평행사변형 ABCD에 조건이 하나씩 추가되어 여러 가지 사각형이 되는 과정을 나타낸 것이다. (가), (나)에 알맞은 조건으로 옳은 것은? (단, 점 O는 두 대각선의 교점)

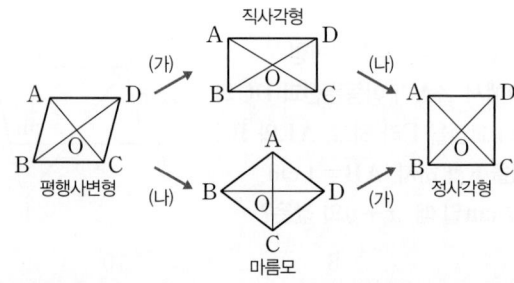

① (가) ∠BAD=∠ABC (나) $\overline{AC}=\overline{BD}$
② (가) $\overline{AB}=\overline{BC}$ (나) ∠BAD=90°
③ (가) $\overline{AC}\perp\overline{BD}$ (나) $\overline{AB}=\overline{BC}$
④ (가) $\overline{AO}=\overline{DO}$ (나) $\overline{AB}=\overline{BC}$
⑤ (가) $\overline{AB}=\overline{BC}$ (나) ∠BAD=∠ABC

14 신유형

다음은 평행한 두 직선 l, m을 이용하여 여러 가지 사각형을 그린 것이다. 아래에 해당하는 사각형을 주어진 그림에서 모두 고르시오.

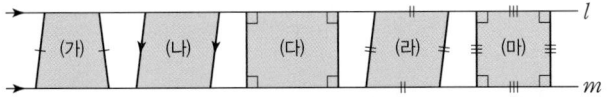

(1) 두 대각선이 서로 다른 것을 이등분하는 사각형

(2) 두 대각선의 길이가 같은 사각형

(3) 두 대각선이 서로 다른 것을 수직이등분하는 사각형

15 중요

오른쪽 그림에서 □ABCD는 정사각형이고, □EFGH는 □ABCD의 각 변의 중점을 연결하여 만든 사각형이다. $\overline{EH}=10$ cm일 때, □ABCD의 넓이를 구하시오.

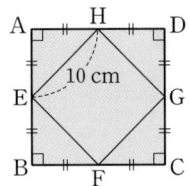

16

오른쪽 그림과 같은 평행사변형 ABCD에서 $\overline{BE}:\overline{EC}=2:1$이다. □ABCD의 넓이가 60 cm²일 때, △OBE의 넓이는? (단, 점 O는 두 대각선의 교점)

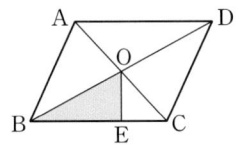

① 10 cm²　　② 15 cm²　　③ 20 cm²

④ 25 cm²　　⑤ 30 cm²

17

오른쪽 그림과 같이 $\overline{AD}/\!/\overline{BC}$인 사다리꼴 ABCD에서 두 대각선의 교점을 O라 하자. 다음 중에서 옳지 않은 것은?

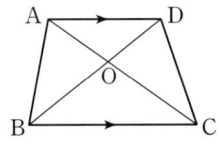

① △ABC＝△DBC

② △ABC＝△ACD

③ △ABD＝△ACD

④ △ABO＝△DOC

⑤ △ABO：△AOD＝$\overline{BO}$：$\overline{OD}$

18

오른쪽 그림과 같은 정사각형 ABCD에서 $\overline{DC}=\overline{DE}$이고 ∠DCE＝78°일 때, 다음 각의 크기를 구하시오.
(단, 풀이 과정을 자세히 쓰시오.)

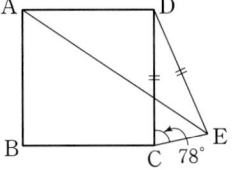

(1) ∠CDE

(2) ∠ADE

(3) ∠DAE

풀이 과정

(1)

(2)

(3)

답 | (1)　　　　(2)　　　　(3)

19

오른쪽 그림과 같은 △ABC에서 $\overline{AF}\perp\overline{BC}$, $\overline{DE}\perp\overline{BC}$이다. $\overline{AF}=12$ cm, $\overline{BE}=7$ cm일 때, 다음을 구하시오.
(단, 풀이 과정을 자세히 쓰시오.)

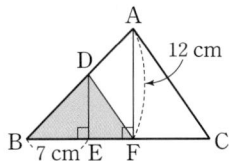

(1) △DEF와 넓이가 같은 삼각형

(2) △DBF와 넓이가 같은 삼각형

(3) △DBF의 넓이

풀이 과정

(1)

(2)

(3)

답 | (1)　　　　(2)　　　　(3)

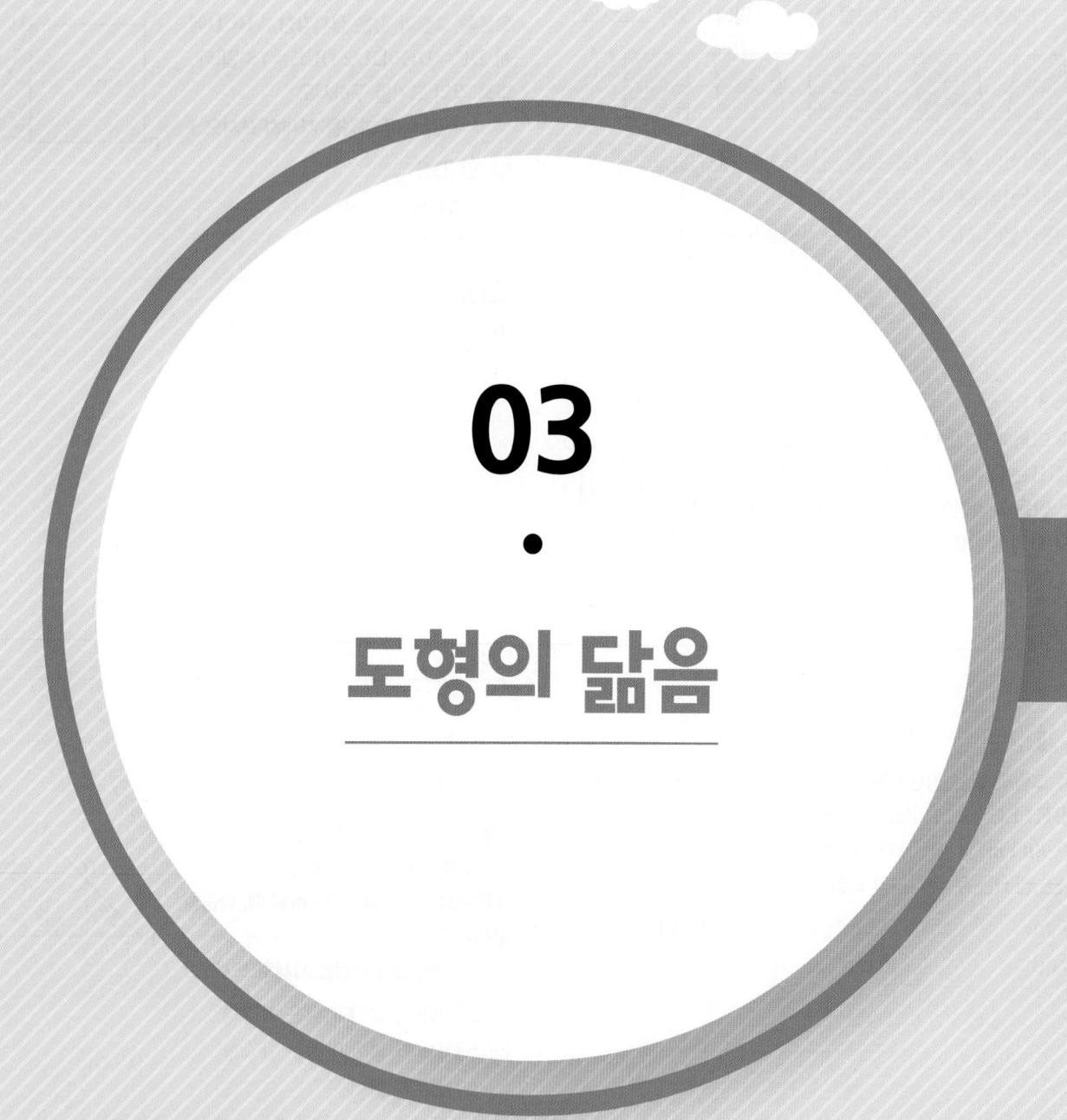

03

도형의 닮음

이 단원의 학습 계통

배운 내용	이 단원의 내용	배울 내용
기본 도형	01 닮은 도형	피타고라스 정리
작도와 합동	02 삼각형의 닮음 조건	삼각비
평면도형의 성질	03 닮음의 활용	원의 성질
삼각형과 사각형의 성질		

01 닮은 도형

1 닮은 도형

(1) **닮음**: 한 도형을 일정한 비율로 확대 또는 축소한 것이 다른 도형과 합동일 때, 이 두 도형은 닮음인 관계에 있다고 한다.

(2) **닮은 도형**: 닮음인 관계에 있는 두 도형

　참고　합동인 두 도형은 닮은 도형이다.

(3) 오른쪽 그림과 같이 △ABC와 △DEF가 닮은 도형일 때, 이것을 기호 ∽를 사용하여 다음과 같이 나타낸다.

$$△ABC ∽ △DEF$$

① 대응점: 점 A와 점 D, 점 B와 점 E, 점 C와 점 F

② 대응변: $\overline{AB}$와 $\overline{DE}$, $\overline{BC}$와 $\overline{EF}$, $\overline{AC}$와 $\overline{DF}$

③ 대응각: ∠A와 ∠D, ∠B와 ∠E, ∠C와 ∠F

　주의　두 도형이 닮은 도형임을 기호 ∽를 사용하여 나타낼 때는 두 도형의 대응점의 순서대로 쓴다.

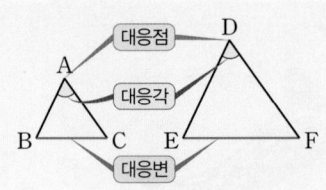

△ABC∽△DEF

용어톡

닮음 기호 ∽: Similar(닮음)의 첫 글자 S를 옆으로 뉘어서 쓴 것이다.

핵심예제 1 오른쪽 그림에서 □ABCD∽□EFGH일 때, 다음을 구하시오.

(1) 점 A의 대응점

(2) $\overline{BC}$의 대응변

(3) ∠D의 대응각

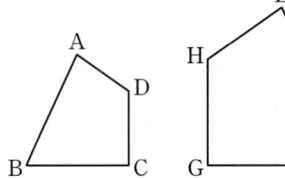

● 닮은 도형

1-1 오른쪽 그림에서 △ABC∽△DEF일 때, 다음을 구하시오.

(1) 점 A의 대응점

(2) $\overline{AB}$의 대응변

(3) ∠C의 대응각

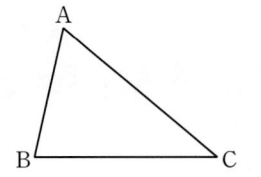

핵심예제 2 다음 중에서 항상 닮은 도형이라고 할 수 없는 것은?

① 두 원　　　② 두 정육면체　　　③ 두 마름모

④ 두 정오각형　　　⑤ 두 직각이등변삼각형

● 항상 닮은 도형 찾기

2-1 다음 보기 에서 항상 닮은 도형인 것을 모두 고르시오.

보기
ㄱ. 두 직각삼각형　　　ㄴ. 두 직육면체　　　ㄷ. 두 정팔각형
ㄹ. 두 정이십면체　　　ㅁ. 두 부채꼴　　　ㅂ. 두 원기둥

2 평면도형에서의 닮음의 성질

(1) 평면도형에서의 닮음의 성질

닮은 두 평면도형에서

① 대응변의 길이의 비는 일정하다.

② 대응각의 크기는 각각 같다.

예 오른쪽 그림에서 △ABC∽△DEF일 때

① 대응변의 길이의 비는 일정하므로

$\overline{AB}:\overline{DE}=\overline{BC}:\overline{EF}=\overline{AC}:\overline{DF}$

② 대응각의 크기는 각각 같으므로

∠A=∠D, ∠B=∠E, ∠C=∠F

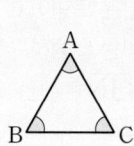

(2) 닮음비: 닮은 두 평면도형에서 대응변의 길이의 비

예 오른쪽 그림에서 △ABC∽△DEF일 때, $\overline{BC}$의 대응변은 $\overline{EF}$이므로

$\overline{BC}:\overline{EF}=3:6=1:2$, 즉 두 삼각형의 닮음비는 1:2이다.

참고 ① 일반적으로 닮음비는 가장 간단한 자연수의 비로 나타낸다.

② 합동인 두 도형은 닮음비가 1:1인 닮은 도형으로 생각할 수 있다.

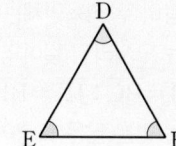

심예제 **3** 오른쪽 그림에서 △ABC∽△DEF일 때, 다음을 구하시오.

(1) △ABC와 △DEF의 닮음비

(2) $\overline{DF}$의 길이

(3) ∠A의 크기

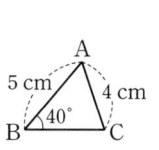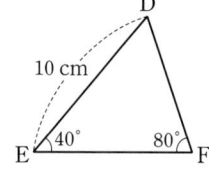

● **평면도형에서의 닮음의 성질**
대응변의 길이의 비가 일정함을 이용하여 비례식을 세운다.

3-1 오른쪽 그림에서 □ABCD∽□EFGH일 때, 다음을 구하시오.

(1) □ABCD와 □EFGH의 닮음비

(2) $\overline{EH}$의 길이

(3) ∠D의 크기

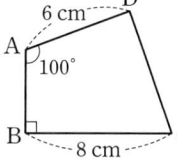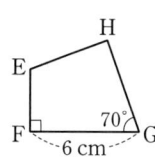

심예제 **4** 다음 그림의 원 O와 원 O′은 닮은 도형이다. 원 O와 원 O′의 닮음비를 구하시오.

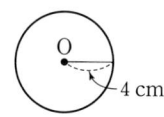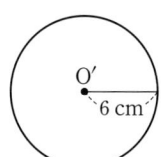

● **원에서의 닮음비**
닮은 두 원에서
(닮음비)=(반지름의 길이의 비)
=(지름의 길이의 비)
=(둘레의 길이의 비)

4-1 원 O와 원 O′의 닮음비가 3:5이고 원 O의 반지름의 길이가 9 cm일 때, 원 O′의 반지름의 길이를 구하시오.

3 입체도형에서의 닮음의 성질

(1) 입체도형에서의 닮음의 성질

닮은 두 입체도형에서

① 대응하는 모서리의 길이의 비는 일정하다.

② 대응하는 면은 닮은 도형이다.

　예 오른쪽 그림의 두 직육면체는 닮은 도형이고 면 ABCD에 대응하는 면이 면 IJKL일 때

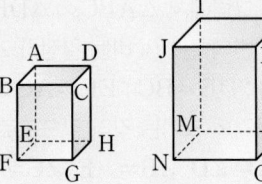

　　① 대응하는 모서리의 길이의 비는 일정하므로

　　　　$\overline{AB}:\overline{IJ}=\overline{BC}:\overline{JK}=\overline{BF}:\overline{JN}=\cdots$

　　② 대응하는 면은 닮은 도형이므로

　　　　□ABCD∽□IJKL, □BFGC∽□JNOK, $\cdots$

(2) **닮음비**: 닮은 두 입체도형에서 대응하는 모서리의 길이의 비

　예 오른쪽 그림과 같은 닮은 두 원뿔에서

　　(높이의 비)$=8:4=2:1$

　　(모선의 길이의 비)$=10:5=2:1$

　　(밑면인 원의 반지름의 길이의 비)$=6:3=2:1$

　　이므로 닮음비는 $2:1$이다.

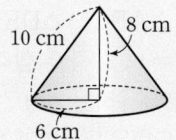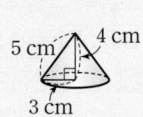

핵심예제 5 오른쪽 그림에서 두 삼각기둥은 닮은 도형이고 △ABC∽△A′B′C′일 때, 다음을 구하시오.

(1) 두 삼각기둥의 닮음비

(2) $x,\ y$ 각각의 값

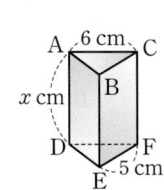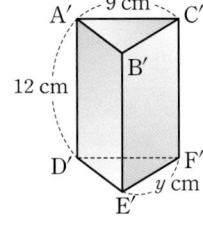

● 다면체의 닮음비

닮은 두 다면체에서

(닮음비)

$=$(대응하는 모서리의 길이의 비)

5-1 오른쪽 그림에서 두 직육면체는 닮은 도형이고 □ABCD에 대응하는 면이 □A′B′C′D′일 때, 다음을 구하시오.

(1) 두 직육면체의 닮음비

(2) $\overline{D'H'}$의 길이

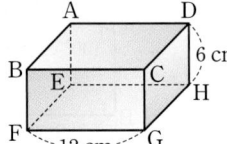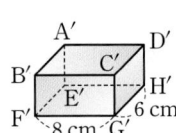

핵심예제 6 오른쪽 그림에서 두 원기둥이 닮은 도형일 때, 다음을 구하시오.

(1) 두 원기둥의 닮음비

(2) x의 값

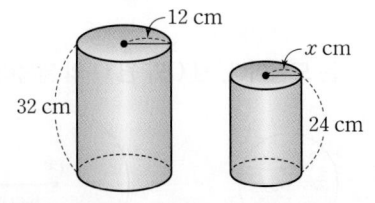

● 회전체의 닮음비

닮은 두 원기둥 또는 원뿔에서

(닮음비)

$=$(밑면인 원의 반지름의 길이의 비)

$=$(높이의 비)

6-1 오른쪽 그림에서 두 원뿔이 닮은 도형일 때, 다음을 구하시오.

(1) 두 원뿔의 닮음비

(2) x의 값

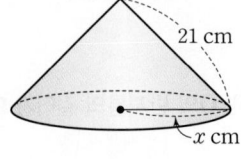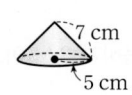

소단원 핵심문제

1 닮은 도형

오른쪽 그림에서 $\triangle ABC \backsim \triangle DEF$일 때, 점 C의 대응점, $\overline{DF}$의 대응변, $\angle E$의 대응각을 차례로 구하시오.

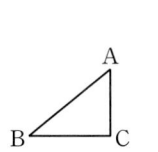
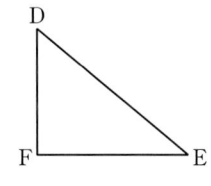

● 두 도형이 닮은 도형임을 기호 $\backsim$를 사용하여 나타낼 때에는 두 도형의 대응점의 순서대로 쓴다.

2 닮은 도형

오른쪽 그림에서 $\square ABCD \backsim \square EFGH$일 때, 다음 보기에서 옳지 **않은** 것을 고르시오.

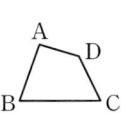
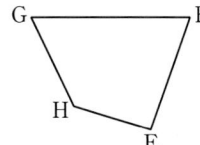

> **보기**
> ㄱ. 점 G의 대응점은 점 C이다.
> ㄴ. $\overline{AD}$의 대응변은 $\overline{EF}$이다.
> ㄷ. $\angle H$의 대응각은 $\angle D$이다.
> ㄹ. $\overline{DC}$의 대응변은 $\overline{HG}$이다.

3 항상 닮은 도형 찾기

다음 중에서 두 도형이 항상 닮은 도형인 것을 모두 고르면? (정답 2개)

① 두 정삼각형   ② 두 직사각형   ③ 두 원뿔
④ 두 이등변삼각형   ⑤ 두 정사면체

 4 평면도형에서의 닮음의 성질

오른쪽 그림에서 $\triangle ABC \backsim \triangle DEF$일 때, $\triangle ABC$와 $\triangle DEF$의 닮음비와 $\angle F$의 크기를 차례로 구하시오.

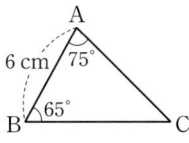
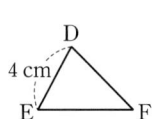

● 닮은 두 평면도형에서의 닮음비는 대응변의 길이의 비와 같다.

5 입체도형에서의 닮음의 성질

오른쪽 그림에서 두 직육면체는 닮은 도형이고 면 ABCD에 대응하는 면이 면 A′B′C′D′일 때, $x+y$의 값은?

① 12   ② 11
③ 10   ④ 9
⑤ 8

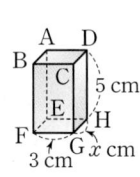
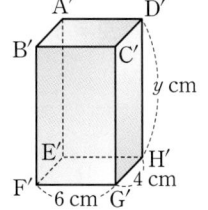

● 닮은 두 입체도형에서의 닮음비는 대응하는 모서리의 길이의 비와 같다.

4 삼각형의 닮음 조건

두 삼각형은 다음의 각 조건을 만족시킬 때 닮은 도형이다.

(1) 세 쌍의 대응변의 길이의 비가 같다. (SSS 닮음)

➡ $a : a' = b : b' = c : c'$

   대응변   대응변   대응변

(2) 두 쌍의 대응변의 길이의 비가 같고, 그 끼인각의 크기가 같다. (SAS 닮음)

➡ $a : a' = c : c'$, $\angle B = \angle B'$

   $\overline{BC}$와 $\overline{AB}$의 끼인각 $\overline{B'C'}$과 $\overline{A'B'}$의 끼인각

(3) 두 쌍의 대응각의 크기가 각각 같다. (AA 닮음)

➡ $\angle B = \angle B'$, $\angle C = \angle C'$

> **참고** 두 쌍의 대응각의 크기가 각각 같으면 나머지 한 쌍의 대응각의 크기도 같으므로 두 삼각형의 모양은 같다. 즉, 두 쌍의 대응각의 크기만 같아도 두 삼각형은 닮은 도형이다.

> **배운 내용 톡**
>
> **삼각형의 합동 조건**
> ① 세 쌍의 대응변의 길이가 각각 같다. (SSS 합동)
> ② 두 쌍의 대응변의 길이가 각각 같고, 그 끼인각의 크기가 같다. (SAS 합동)
> ③ 한 쌍의 대응변의 길이가 같고, 그 양 끝 각의 크기가 각각 같다. (ASA 합동)

핵심예제 7 다음 보기 의 삼각형 중에서 닮은 삼각형을 모두 찾아 짝 지으시오.

● **삼각형의 닮음 조건**
삼각형의 닮음 조건 3가지 중에서 어떤 조건을 만족시키는지 찾아본다.

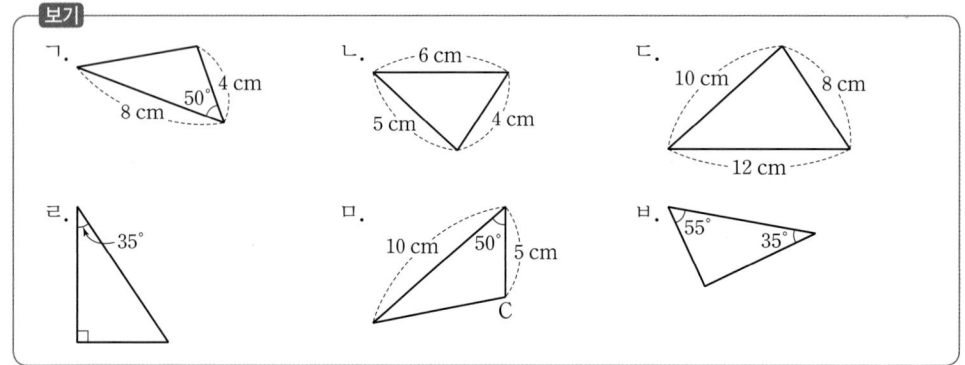

7-1 다음 그림에서 닮은 삼각형을 모두 찾아 기호 ∽ 를 사용하여 나타내고, 각각의 닮음 조건을 말하시오.

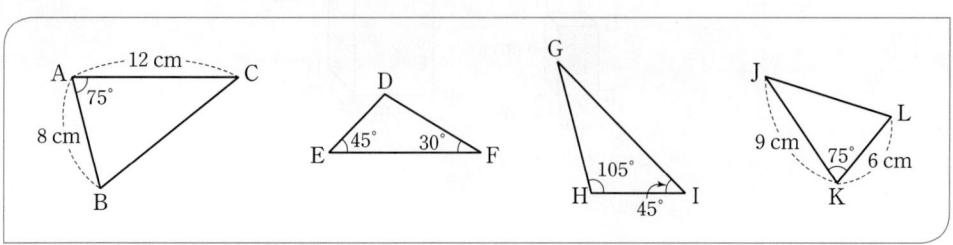

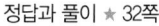

5 삼각형의 닮음 조건의 응용

(1) AA 닮음을 이용하는 경우

두 쌍의 내각의 크기가 각각 같은 두 삼각형을 찾는다.

예 오른쪽 그림에서 └─ 공통인 각과 다른 한 내각

∠A는 공통, ∠B=∠AED

이므로 △ABC∽△AED(AA 닮음)

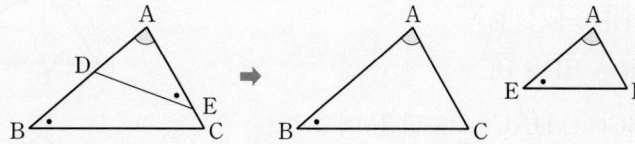

(2) SAS 닮음을 이용하는 경우

두 쌍의 대응변의 길이의 비가 같고, 그 끼인각의 크기가 같은 두 삼각형을 찾는다.

예 오른쪽 그림에서

∠B는 공통,

$\overline{AB}:\overline{EB}=8:4=2:1$,

$\overline{BC}:\overline{BD}=10:5=2:1$

이므로 △ABC∽△EBD(SAS 닮음)

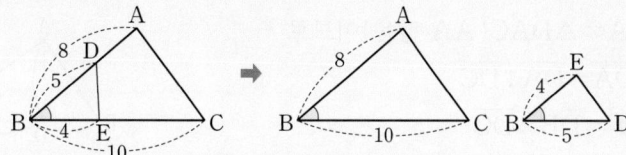

심예제 8 오른쪽 그림과 같은 △ABC에서 ∠C=∠ADE이고 $\overline{AD}=4$ cm, $\overline{AE}=3$ cm, $\overline{CE}=9$ cm일 때, 다음 물음에 답하시오.

(1) 닮은 삼각형을 찾아 기호 ∽를 사용하여 나타내고, 닮음 조건을 말하시오.

(2) 두 삼각형의 닮음비를 구하시오.

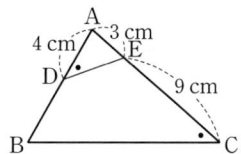

● **삼각형의 닮음 조건의 응용**
공통인 각을 기준으로 두 삼각형을 분리하여 생각한다.

8-1 오른쪽 그림과 같은 △ABC에서 $\overline{AD}=8$ cm, $\overline{AE}=10$ cm, $\overline{BD}=7$ cm, $\overline{CE}=2$ cm, $\overline{DE}=12$ cm일 때, 다음 물음에 답하시오.

(1) 닮은 삼각형을 찾아 기호 ∽를 사용하여 나타내고, 닮음 조건을 말하시오.

(2) $\overline{BC}$의 길이를 구하시오.

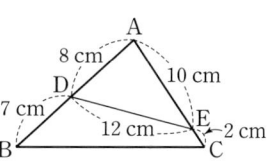

8-2 다음 그림에서 x의 값을 구하시오.

(1)

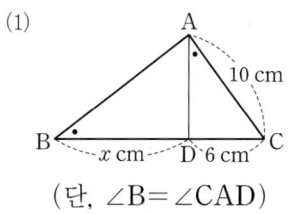

(단, ∠B=∠CAD)

(2)

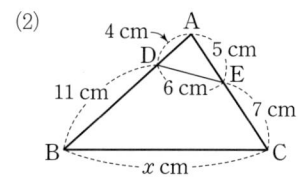

6 직각삼각형의 닮음의 응용

∠A＝90°인 직각삼각형 ABC의 꼭짓점 A에서 빗변 BC에 내린 수선의 발을 D라 하자.

(1) △ABC∽△DBA(AA 닮음)이므로

$\overline{AB}:\overline{DB}=\overline{BC}:\overline{BA}$

➡ $\overline{AB}^2=\overline{BD}\times\overline{BC}$

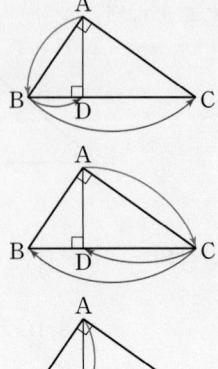

(2) △ABC∽△DAC(AA 닮음)이므로

$\overline{AC}:\overline{DC}=\overline{BC}:\overline{AC}$

➡ $\overline{AC}^2=\overline{CD}\times\overline{CB}$

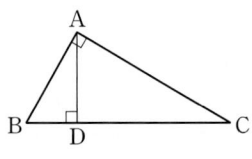

(3) △DBA∽△DAC(AA 닮음)이므로

$\overline{DB}:\overline{DA}=\overline{DA}:\overline{DC}$

➡ $\overline{AD}^2=\overline{DB}\times\overline{DC}$

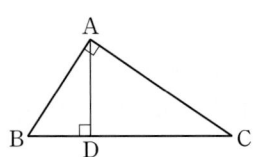

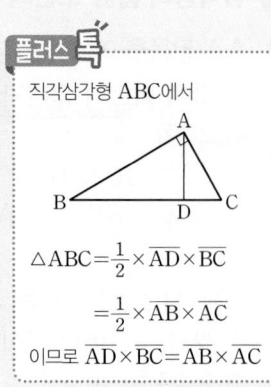

> **플러스특**
>
> 직각삼각형 ABC에서
>
> $\triangle ABC=\dfrac{1}{2}\times\overline{AD}\times\overline{BC}$
>
> $=\dfrac{1}{2}\times\overline{AB}\times\overline{AC}$
>
> 이므로 $\overline{AD}\times\overline{BC}=\overline{AB}\times\overline{AC}$

핵심예제 9 다음은 오른쪽 그림과 같이 ∠A＝90°인 직각삼각형 ABC의 꼭짓점 A에서 빗변 BC에 내린 수선의 발을 D라 할 때, $\overline{AB}^2=\overline{BD}\times\overline{BC}$임을 설명하는 과정이다. □ 안에 알맞은 것을 써넣으시오.

> △ABC와 △DBA에서
>
> ∠BAC=□=90°, □는 공통
>
> 이므로 △ABC∽△DBA (□ 닮음)
>
> 따라서 $\overline{AB}:\overline{DB}=\overline{BC}:$□이므로
>
> $\overline{AB}^2=\overline{BD}\times\overline{BC}$

● 직각삼각형의 닮음의 응용
－ 설명하기

두 직각삼각형에서 한 예각의 크기가 같으면 두 직각삼각형은 닮은 도형이다.

9-1 다음은 오른쪽 그림과 같이 ∠A＝90°인 직각삼각형 ABC의 꼭짓점 A에서 빗변 BC에 내린 수선의 발을 D라 할 때, $\overline{AD}^2=\overline{DB}\times\overline{DC}$임을 설명하는 과정이다. □ 안에 알맞은 것을 써넣으시오.

> △DBA와 △DAC에서
>
> ∠BDA=□=90°, ∠B=90°−□=∠DAC
>
> 이므로 △DBA∽△DAC (□ 닮음)
>
> 따라서 $\overline{DB}:\overline{DA}=$□$:\overline{DC}$이므로
>
> $\overline{AD}^2=\overline{DB}\times\overline{DC}$

핵심예제 10 다음 그림에서 x의 값을 구하시오.

(1)

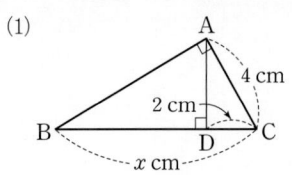

(2)

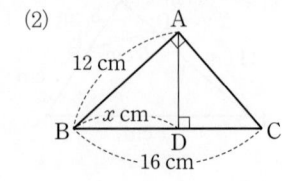

● 직각삼각형의 닮음의 응용
－ 선분의 길이 구하기

1 삼각형의 닮음 조건

다음 중에서 오른쪽 그림의 △ABC와 △A′B′C′이 닮은 도형이 되는 조건이 <u>아닌</u> 것은?

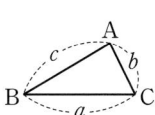 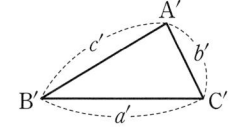

① $a : a′ = b : b′ = c : c′$

② $a : a′ = c : c′$, $\angle A = \angle A′$

③ $\angle A = \angle A′$, $\angle C = \angle C′$

④ $\dfrac{a}{a′} = \dfrac{b}{b′}$, $\angle C = \angle C′$

⑤ $a = a′$, $b = b′$, $c = c′$

> 삼각형의 닮음 조건
> ① SSS 닮음
> ② SAS 닮음
> ③ AA 닮음

2 삼각형의 닮음 조건의 응용 – SAS 닮음

오른쪽 그림과 같이 $\overline{AB}$와 $\overline{CD}$의 교점을 O라 하자. $\overline{AO} = 8\ \text{cm}$, $\overline{BO} = 12\ \text{cm}$, $\overline{CO} = 6\ \text{cm}$, $\overline{DO} = 9\ \text{cm}$, $\overline{AC} = 7\ \text{cm}$일 때, $\overline{BD}$의 길이를 구하시오.

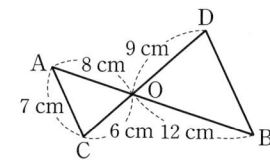

3 삼각형의 닮음 조건의 응용 – AA 닮음

오른쪽 그림과 같은 △ABC에서 $\angle C = \angle ABD$이고 $\overline{AB} = 12\ \text{cm}$, $\overline{AD} = 8\ \text{cm}$일 때, $\overline{CD}$의 길이는?

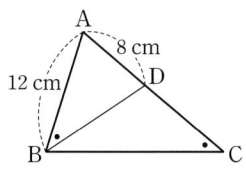

① 8 cm ② 9 cm

③ 10 cm ④ 11 cm

⑤ 12 cm

> 먼저 서로 닮은 두 삼각형을 찾는다.

4 직각삼각형의 닮음의 응용

오른쪽 그림과 같이 $\angle A = 90°$인 직각삼각형 ABC의 꼭짓점 A에서 빗변 BC에 내린 수선의 발을 D라 할 때, 다음 중에서 옳지 <u>않은</u> 것은?

① △ABC ∽ △DAC

② △DBA ∽ △DAC

③ $\overline{AB}^2 = \overline{BD} \times \overline{BC}$

④ $\overline{AC}^2 = \overline{CD} \times \overline{BC}$

⑤ $\overline{AD}^2 = \overline{AB} \times \overline{AC}$

5 직각삼각형의 닮음의 응용

오른쪽 그림과 같이 $\angle A = 90°$인 직각삼각형 ABC의 꼭짓점 A에서 빗변 BC에 내린 수선의 발을 D라 하자. $\overline{AD} = 8\ \text{cm}$, $\overline{BD} = 4\ \text{cm}$일 때, $\overline{DC}$의 길이를 구하시오.

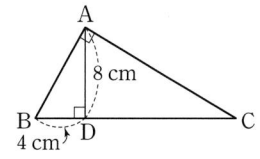

> 서로 닮은 세 직각삼각형 중에서 주어진 변의 길이를 이용하여 $\overline{DC}$의 길이를 구할 수 있는 두 직각삼각형을 찾아본다.

03 닮음의 활용

7 닮은 두 평면도형의 둘레의 길이의 비와 넓이의 비

닮은 두 평면도형의 닮음비가 $m:n$일 때

(1) 둘레의 길이의 비 ➡ $m:n$ — 닮음비와 같다.

(2) 넓이의 비 ➡ $m^2:n^2$

8 닮은 두 입체도형의 겉넓이의 비와 부피의 비

닮은 두 입체도형의 닮음비가 $m:n$일 때

(1) 겉넓이의 비 ➡ $m^2:n^2$

(2) 부피의 비 ➡ $m^3:n^3$

배운 내용 톡

① (삼각형의 넓이)$=\frac{1}{2}\times$(밑변의 길이)$\times$(높이)

② (직사각형의 넓이)$=$(가로의 길이)$\times$(세로의 길이)

③ (원의 넓이)$=\pi\times$(반지름의 길이)^2

④ (기둥의 부피)$=$(밑넓이)$\times$(높이)

⑤ (뿔의 부피)$=\frac{1}{3}\times$(밑넓이)$\times$(높이)

핵심예제 11 오른쪽 그림에서 △ABC∽△DEF일 때, 다음을 구하시오.

(1) △ABC와 △DEF의 닮음비

(2) △ABC와 △DEF의 넓이의 비

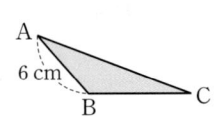 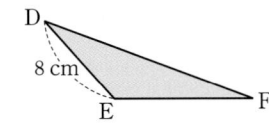

● **닮은 두 평면도형의 넓이의 비**
먼저 닮은 두 평면도형을 찾아 그 닮음비를 구한다.

11-1 오른쪽 그림에서 □ABCD∽□EFGH일 때, 다음을 구하시오.

(1) □ABCD와 □EFGH의 닮음비

(2) □ABCD와 □EFGH의 둘레의 길이의 비

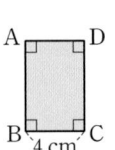 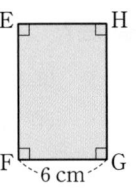

핵심예제 12 오른쪽 그림에서 두 삼각기둥 A, B는 닮은 도형이고, 밑면은 한 변의 길이가 각각 2 cm, 5 cm인 정삼각형일 때, 다음을 구하시오.

(1) 삼각기둥 A와 삼각기둥 B의 겉넓이의 비

(2) 삼각기둥 A와 삼각기둥 B의 부피의 비

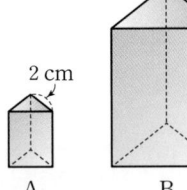 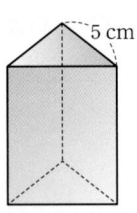

● **닮은 두 입체도형의 겉넓이의 비와 부피의 비**
먼저 닮은 두 입체도형을 찾아 그 닮음비를 구한다.

12-1 오른쪽 그림에서 두 원뿔 A, B는 닮은 도형이다. 높이의 비가 4 : 3일 때, 다음 □ 안에 알맞은 수를 써넣으시오.

(1) 두 원뿔의 닮음비가 4 : 3이므로 밑면인 원의 둘레의 길이의 비는 □ : □이다.

(2) 원뿔 A의 부피가 128 cm³일 때, 원뿔 B의 부피를 x cm³라 하면

$128:x=4^□:3^□$, $x=$□

따라서 원뿔 B의 부피는 □ cm³이다.

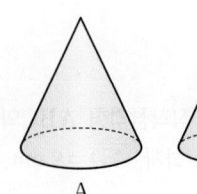

⑨ 축도와 축척

직접 측정하기 어려운 실제 높이나 거리 등은 도형의 닮음을 이용하여 축도를 그려서 구할 수 있다.

(1) **축도**: 어떤 도형을 일정한 비율로 줄여 그린 그림

(2) **축척**: 축도에서의 길이와 실제 길이의 비율

$$(축척) = \frac{(축도에서의\ 길이)}{(실제\ 길이)}$$

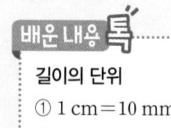

배운내용톡

길이의 단위
① 1 cm = 10 mm
② 1 m = 100 cm
③ 1 km = 1000 m

주의 축척을 이용하여 문제를 해결할 때는 길이의 단위를 맞춰야 한다.

⑩ 접은 도형에서의 닮음

직사각형 또는 정삼각형 모양의 종이의 일부를 접은 경우에는 도형의 성질을 이용하여 크기가 같은 각을 찾고, 접은 면은 서로 합동임을 이용하여 닮은 삼각형을 찾아 문제를 해결한다.

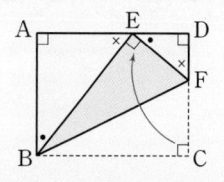

△ABE ∽ △DEF (AA 닮음)

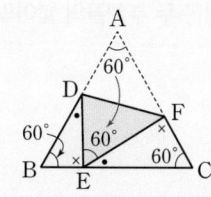

△DBE ∽ △ECF (AA 닮음)

심예제 **13** 오른쪽 그림은 축척이 $\frac{1}{1000}$인 축도이다. 다음을 구하시오.

(1) 두 지점 A, B 사이의 실제 거리가 50 m일 때, x의 값

(2) 두 지점 B, C 사이의 실제 거리가 y m일 때, y의 값

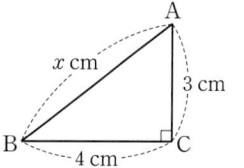

● **축도와 축척**
축척을 이용하면 축도에서의 길이와 실제 길이를 모두 구할 수 있다.

13-1 실제 거리가 5 km인 두 지점 사이의 거리는 축척이 $\frac{1}{10000}$인 지도에서 몇 cm인지 구하시오.

심예제 **14** 오른쪽 그림과 같이 키가 1.5 m인 규민이가 자기 그림자의 끝과 나무 그림자의 끝이 일치하도록 섰더니 규민이의 그림자의 길이가 3 m이고 규민이와 나무 사이의 거리가 7 m이었다. 이때 나무의 높이는 몇 m인지 구하시오.

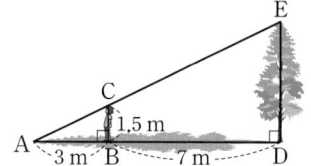

● **닮음을 이용한 실생활 문제 해결하기**
① 닮은 두 도형을 찾는다.
② 닮음비를 이용하여 구하고자 하는 길이를 구한다.

심예제 **15** 오른쪽 그림과 같이 직사각형 ABCD를 $\overline{BE}$를 접는 선으로 하여 꼭짓점 C가 $\overline{AD}$ 위의 점 F에 오도록 접었을 때, 다음 물음에 답하시오.

(1) △ABF와 닮은 삼각형을 찾아 기호 ∽를 사용하여 나타내고, 닮음 조건을 말하시오.

(2) $\overline{AF}$의 길이를 구하시오.

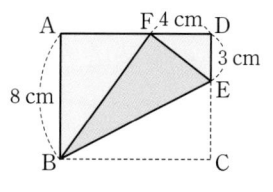

● **접은 도형에서의 닮음**
두 직각삼각형에서 한 예각의 크기가 같으면 두 직각삼각형은 닮음이다.

닮은 두 평면도형의 둘레의 길이의 비

1 오른쪽 그림과 같은 원 O와 원 O'의 닮음비가 5 : 2일 때, 원 O'의 둘레의 길이는?

① 8π cm   ② 10π cm

③ 12π cm   ④ 14π cm

⑤ 16π cm

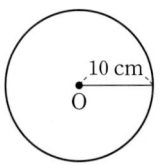

○ (원의 둘레의 길이)
= $2\pi \times$ (반지름의 길이)

닮은 두 평면도형의 넓이의 비

2 닮은 두 부채꼴의 넓이의 비가 25 : 36일 때, 두 부채꼴의 닮음비를 구하시오.

닮은 두 입체도형의 부피의 비

기출 3 오른쪽 그림에서 닮은 두 직육면체 P, Q의 밑면은 각각 한 변의 길이가 4 cm, 6 cm인 정사각형이다. 직육면체 Q의 부피가 108 cm³일 때, 직육면체 P의 부피를 구하시오.

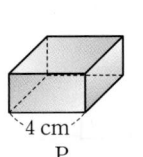
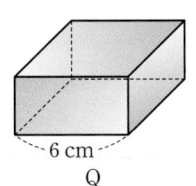

4 cm   6 cm

P   Q

○ 두 직육면체 P, Q의 닮음비를 이용하여 두 직육면체 P, Q의 부피의 비를 구한다.

축도와 축척

4 다음 그림에서 △A′B′C′은 해안의 한 지점 B에서 바위섬 A까지의 거리를 구하기 위하여 그린 축도이다. 두 지점 A, B 사이의 실제 거리는 몇 km인지 구하시오.

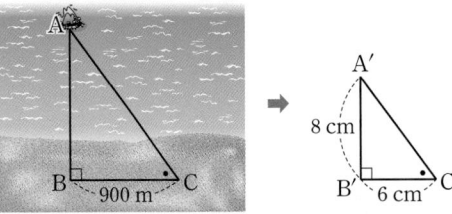

A

B 900 m C

→

A′

8 cm

B′ 6 cm C′

○ 실제 거리와 축도에서의 거리를 이용하여 축척을 구한다.

접은 도형에서의 닮음

5 오른쪽 그림과 같이 정삼각형 ABC를 $\overline{DE}$를 접는 선으로 하여 꼭짓점 A가 $\overline{BC}$ 위의 점 F에 오도록 접었다. $\overline{BD}=8$ cm, $\overline{BF}=5$ cm, $\overline{FC}=10$ cm일 때, $\overline{FE}$의 길이를 구하시오.

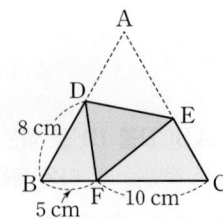

A

D   E

8 cm

B F C

5 cm 10 cm

중단원 마무리 테스트

정답과 풀이 ★ 34쪽

1 .ıl

아래 그림에서 △ABC∽△DEF일 때, 다음 중에서 $\overline{AC}$의 대응변과 ∠F의 대응각을 차례로 구한 것은?

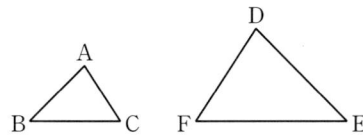

① $\overline{DE}$, ∠C   ② $\overline{DE}$, ∠B   ③ $\overline{DF}$, ∠C
④ $\overline{DF}$, ∠A   ⑤ $\overline{EF}$, ∠A

2 .ıl

아래 그림에서 두 사면체는 닮은 도형이고 △ABC∽△A′B′C′일 때, $\overline{AD}$의 길이는?

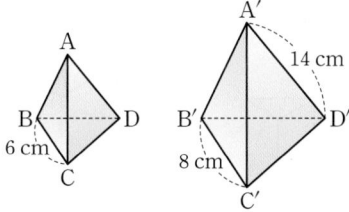

① 7 cm   ② 8.5 cm   ③ 9 cm
④ 10.5 cm   ⑤ 12 cm

3 .ıl

다음 중에서 항상 닮은 도형인 것을 모두 고르면? (정답 2개)

① 두 이등변삼각형
② 두 정팔면체
③ 두 마름모
④ 두 평행사변형
⑤ 한 예각의 크기가 같은 두 직각삼각형

4 .ıl 중요

다음 두 삼각형이 닮은 도형일 때, 닮은 도형을 기호 ∽를 사용하여 나타내고, 닮음 조건을 말하시오.

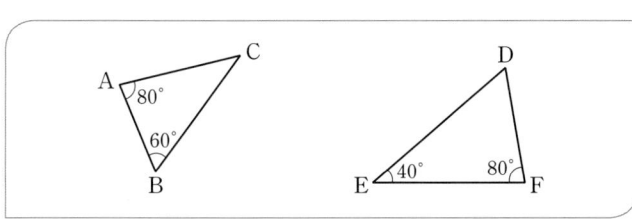

5 .ıl 중요

아래 그림의 △ABC와 △DEF가 SAS 닮음이 되려면 다음 중에서 어느 조건을 추가해야 하는가?

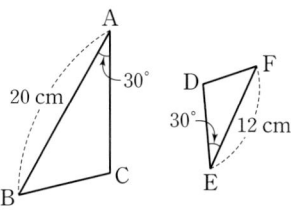

① $\overline{BC}$=10 cm, $\overline{DF}$=6 cm
② $\overline{AC}$=15 cm, $\overline{DE}$=9 cm
③ $\overline{BC}$=8 cm, $\overline{DE}$=10 cm
④ ∠B=65°, $\overline{DF}$=8 cm
⑤ ∠C=80°, ∠F=70°

6 .ıl

오른쪽 그림의 △ABC와 닮은 도형인 △DEF의 가장 긴 변의 길이가 24 cm일 때, △ABC와 △DEF의 닮음비는?

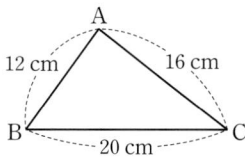

① 1:2   ② 2:3   ③ 3:4
④ 4:5   ⑤ 5:6

7 .ıl

오른쪽 그림에서 ∠B=∠EDC이고 $\overline{AD}$=4 cm, $\overline{DC}$=8 cm, $\overline{DE}$=7 cm, $\overline{EC}$=6 cm일 때, 다음 중에서 옳지 <u>않은</u> 것은?

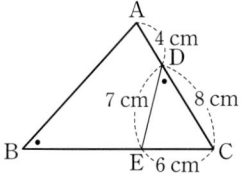

① △ABC∽△EDC
② ∠A=∠CED
③ △ABC와 △EDC의 닮음비는 2:1이다.
④ $\overline{AB}$=15 cm
⑤ $\overline{BE}$=10 cm

8

오른쪽 그림과 같은 평행사변형 ABCD에서 $\overline{BC}$ 위에 한 점 E를 잡고, $\overline{AB}$의 연장선과 $\overline{DE}$의 연장선이 만나는 점을 F라 하자. $\overline{AB}=5$ cm, $\overline{BF}=3$ cm, $\overline{AD}=10$ cm일 때, $\overline{CE}$의 길이를 구하시오.

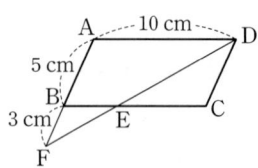

9

오른쪽 그림과 같이 △ABC의 두 꼭짓점 B, C에서 $\overline{AC}$, $\overline{AB}$에 내린 수선의 발을 각각 D, E라 하고 $\overline{BD}$와 $\overline{CE}$의 교점을 F라 하자. 다음 중에서 나머지 넷과 닮음이 아닌 하나는?

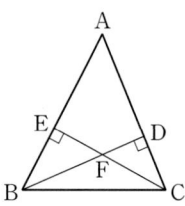

① △ABD   ② △ACE

③ △BCE   ④ △FCD

⑤ △FBE

10 중요

오른쪽 그림과 같이 ∠A=90°인 직각삼각형 ABC의 꼭짓점 A에서 빗변 BC에 내린 수선의 발을 D라 하자. $\overline{AB}=20$ cm, $\overline{BD}=16$ cm, $\overline{CA}=15$ cm일 때, △ADC의 넓이를 구하시오.

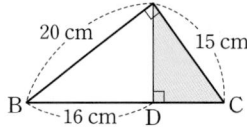

11 신유형

지유는 오른쪽 그림과 같이 한 변의 길이가 4 cm인 정육각형을 그린 후, 복사기를 이용하여 150 % 확대 복사를 하였다. 지유가 확대 복사한 정육각형의 둘레의 길이를 구하시오.

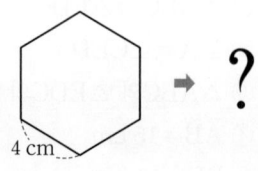

12

오른쪽 그림과 같이 $\overline{AD}$ // $\overline{BC}$인 사다리꼴 ABCD에서 두 대각선의 교점을 O라 하자. $\overline{AD}=12$ cm, $\overline{BC}=16$ cm이고 △AOD의 넓이가 54 cm²일 때, △COB의 넓이는?

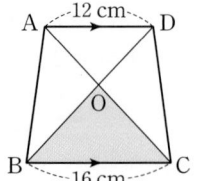

① 84 cm²   ② 88 cm²

③ 92 cm²   ④ 96 cm²

⑤ 100 cm²

13 중요

아래 그림에서 두 삼각기둥은 닮은 도형이고 △ABC∽△A′B′C′일 때, 다음 중에서 옳지 않은 것은?

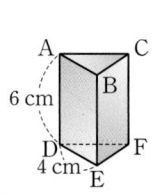 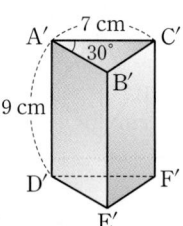

① $\overline{AB}$: $\overline{A'B'}$=2 : 3

② $\overline{AC}$=5 cm

③ $\overline{D'E'}$=6 cm

④ ∠BAC=30°

⑤ (□A′D′E′B′의 넓이)=54 cm²

14

다음 그림의 두 구 A, B의 반지름의 길이의 비는 1 : 2이다. 구 A의 겉넓이가 16π cm²일 때, 구 B의 겉넓이는?

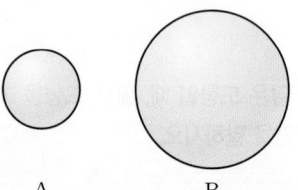

① 32π cm²   ② 40π cm²   ③ 56π cm²

④ 60π cm²   ⑤ 64π cm²

15 중요

축척이 $\dfrac{1}{40000}$인 지도에서 10 cm인 두 지점 사이의 실제 거리는?

① 1 km ② 2 km ③ 4 km
④ 8 km ⑤ 10 km

16

어느 날 같은 시각에 나무와 막대의 그림자의 길이를 재었더니 다음 그림과 같이 각각 9 m, 1.4 m이었다. 막대의 길이가 0.7 m일 때, 나무의 높이는 몇 m인지 구하시오.

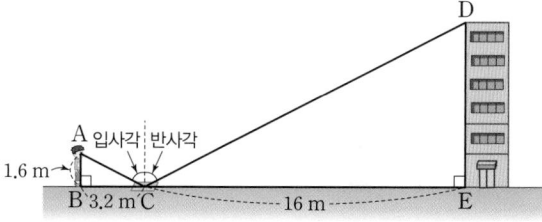

17 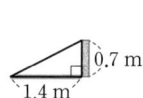 신유형

지호는 건물의 높이를 측정하기 위해 다음과 같이 건물에서 16 m 떨어진 곳에 거울을 놓고 거울에서 3.2 m 떨어진 곳에 섰더니 건물의 꼭대기가 거울에 비쳐 보였다. 지호의 눈높이가 1.6 m이고 거울에서 입사각과 반사각의 크기가 같을 때, 건물의 높이를 구하시오.

(단, 거울의 두께는 생각하지 않는다.)

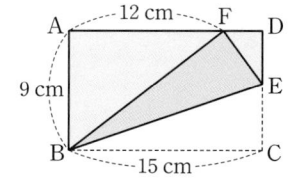

18

오른쪽 그림과 같이 직사각형 ABCD를 $\overline{BE}$를 접는 선으로 하여 꼭짓점 C가 $\overline{AD}$ 위의 점 F에 오도록 접었다. $\overline{AB}=9$ cm, $\overline{AF}=12$ cm, $\overline{BC}=15$ cm일 때, $\overline{FE}$의 길이를 구하시오.

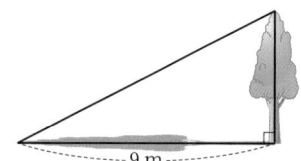

기출 서술형

19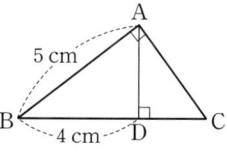

오른쪽 그림과 같이 ∠A=90°인 직각삼각형 ABC의 꼭짓점 A에서 빗변 BC에 내린 수선의 발을 D라 하자. $\overline{AB}=5$ cm, $\overline{BD}=4$ cm일 때, 다음을 구하시오. (단, 풀이 과정을 자세히 쓰시오.)

(1) $\overline{CD}$의 길이
(2) $\overline{AC}$의 길이

풀이 과정

(1)

(2)

답 | (1) (2)

20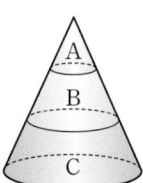

오른쪽 그림과 같이 원뿔의 높이를 3등분하여 밑면에 평행한 두 평면으로 원뿔을 잘라 원뿔 A와 두 원뿔대 B, C를 만들었을 때, 다음을 구하시오.

(단, 풀이 과정을 자세히 쓰시오.)

(1) 세 입체도형 A, B, C의 부피의 비
(2) 원뿔 A의 부피가 2 cm³일 때, 원뿔대 B의 부피

풀이 과정

(1)

(2)

답 | (1) (2)

04

평행선 사이의

선분의 길이의 비

이 단원의 학습 계통

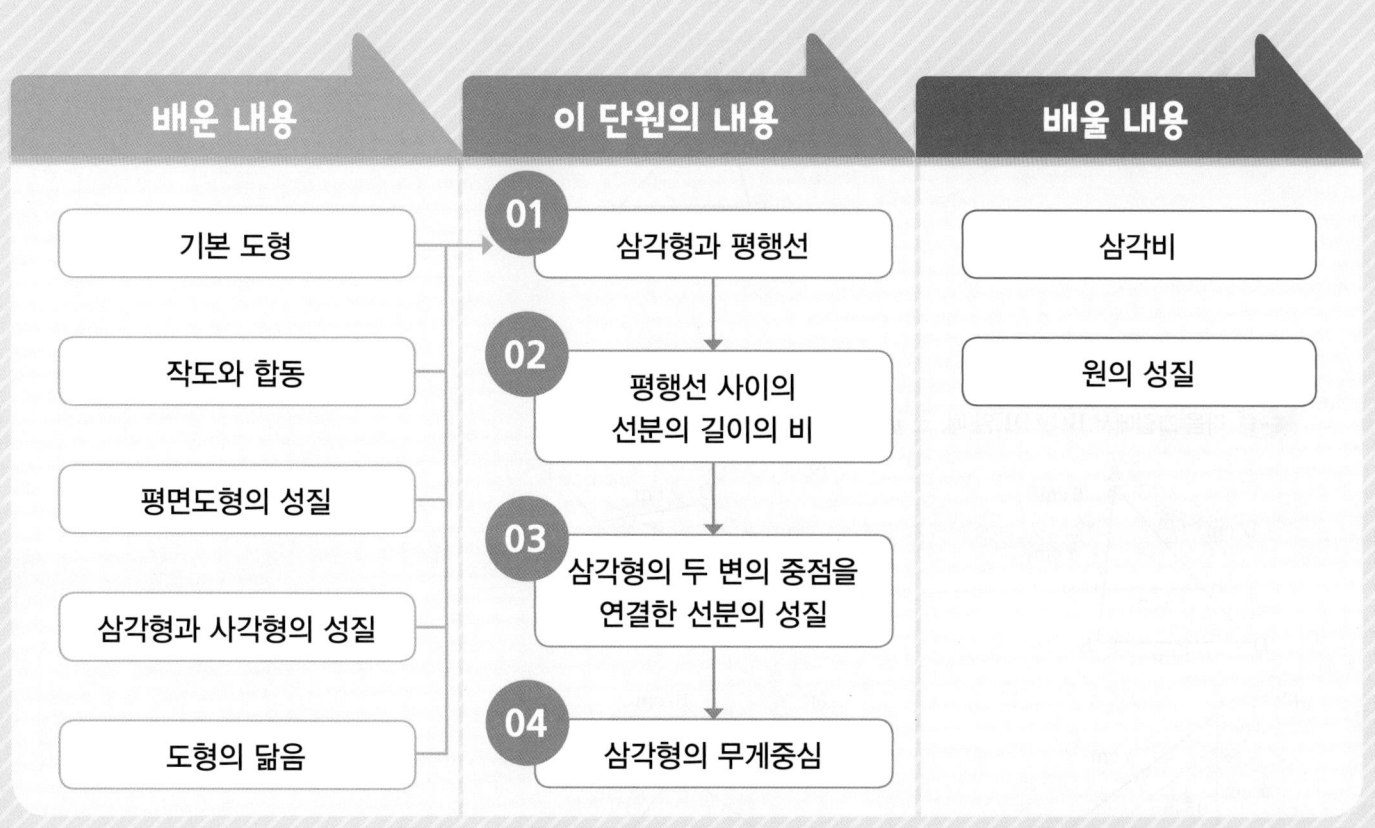

배운 내용	이 단원의 내용	배울 내용
기본 도형	01 삼각형과 평행선	삼각비
작도와 합동	02 평행선 사이의 선분의 길이의 비	원의 성질
평면도형의 성질	03 삼각형의 두 변의 중점을 연결한 선분의 성질	
삼각형과 사각형의 성질	04 삼각형의 무게중심	
도형의 닮음		

01 삼각형과 평행선

1 삼각형에서 평행선과 선분의 길이의 비 (1)

$\triangle ABC$에서 $\overline{AB}$, $\overline{AC}$ 또는 그 연장선 위에 각각 점 D, E가 있을 때

(1) $\overline{BC} /\!/ \overline{DE}$이면

$$\overline{AB} : \overline{AD} = \overline{AC} : \overline{AE} = \overline{BC} : \overline{DE}$$

설명 $\overline{BC} /\!/ \overline{DE}$이면 $\triangle ABC$와 $\triangle ADE$에서

$\angle ABC = \angle ADE$(동위각), $\angle A$는 공통

이므로 $\triangle ABC \backsim \triangle ADE$(AA 닮음)

따라서 닮은 두 삼각형에서 대응변의 길이의 비는 같으므로

$$\overline{AB} : \overline{AD} = \overline{AC} : \overline{AE} = \overline{BC} : \overline{DE}$$

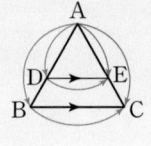 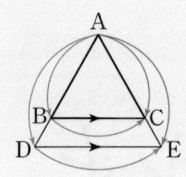 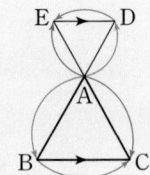

(2) $\overline{BC} /\!/ \overline{DE}$이면

$$\overline{AD} : \overline{DB} = \overline{AE} : \overline{EC}$$

주의 $\overline{AD} : \overline{DB} \neq \overline{DE} : \overline{BC}$, $\overline{AE} : \overline{EC} \neq \overline{DE} : \overline{BC}$임에 주의한다.

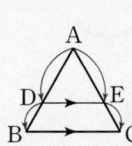 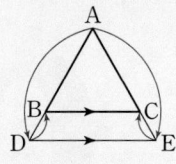 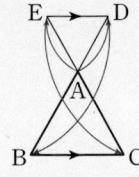

핵심예제 **1** 다음 그림에서 $\overline{BC} /\!/ \overline{DE}$일 때, x의 값을 구하시오.

(1)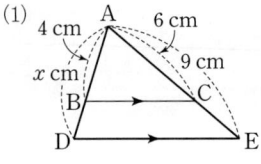

(2)

(3)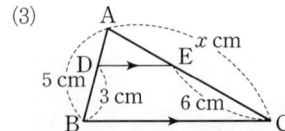

(4)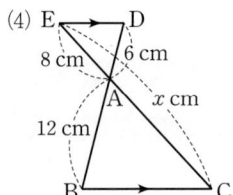

● 삼각형에서 평행선과 선분의 길이의 비

닮은 두 삼각형에서 대응변의 길이의 비는 같다.

1-1 다음 그림에서 $\overline{BC} /\!/ \overline{DE}$일 때, x, y의 값을 각각 구하시오.

(1)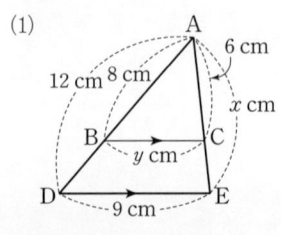

(2)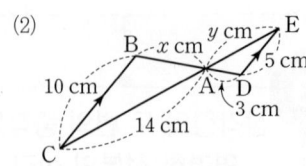

(3)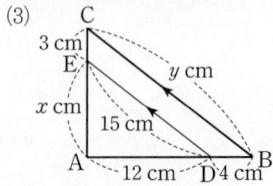

(4)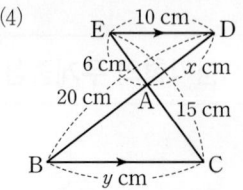

2 삼각형에서 평행선과 선분의 길이의 비(2)

△ABC에서 $\overline{AB}$, $\overline{AC}$ 또는 그 연장선 위에 각각 점 D, E가 있을 때

(1) $\overline{AB}:\overline{AD}=\overline{AC}:\overline{AE}=\overline{BC}:\overline{DE}$이면

$$\overline{BC}\,/\!/\,\overline{DE}$$

> **설명** $\overline{AB}:\overline{AD}=\overline{AC}:\overline{AE}$이면
>
> △ABC와 △ADE에서
>
> $\overline{AB}:\overline{AD}=\overline{AC}:\overline{AE}$, ∠A는 공통
>
> 이므로 △ABC∽△ADE(SAS 닮음)
>
> 따라서 ∠ABC=∠ADE(동위각)이므로 $\overline{BC}\,/\!/\,\overline{DE}$

(2) $\overline{AD}:\overline{DB}=\overline{AE}:\overline{EC}$이면

$$\overline{BC}\,/\!/\,\overline{DE}$$

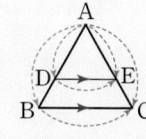
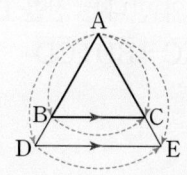
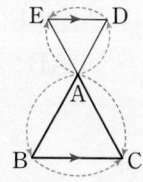

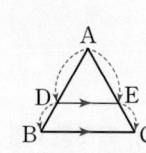
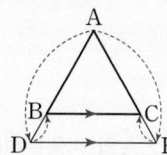
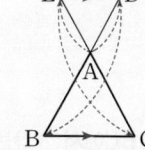

> **배운 내용 톡**
>
> 서로 다른 두 직선이 다른 한 직선과 만날 때, 동위각 또는 엇각의 크기가 각각 같으면 두 직선은 서로 평행하다.

필수예제 2 다음 보기에서 $\overline{BC}\,/\!/\,\overline{DE}$인 것을 고르시오.

> **삼각형에서 평행선 찾기**
> △ABC∽△ADE이면
> $\overline{BC}\,/\!/\,\overline{DE}$

보기

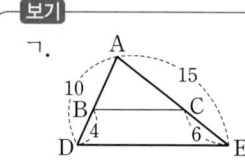
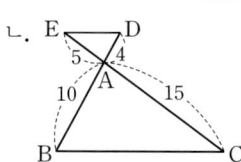
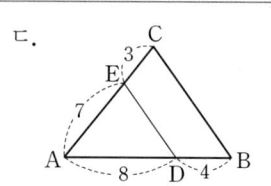

2-1 다음 중에서 $\overline{BC}\,/\!/\,\overline{DE}$인 것을 모두 고르면? (정답 2개)

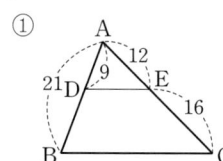
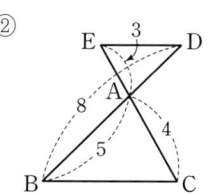
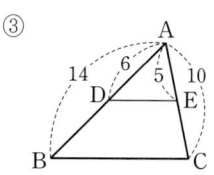

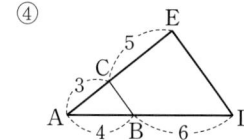
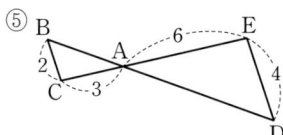

2-2 오른쪽 그림과 같은 △ABC에 대하여 다음 중 옳은 것은 ○표, 옳지 않은 것은 ×표를 ( ) 안에 써넣으시오.

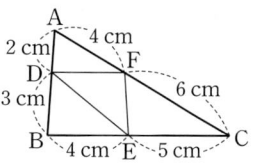

(1) $\overline{AB}\,/\!/\,\overline{FE}$ (   )

(2) $\overline{BC}\,/\!/\,\overline{DF}$ (   )

(3) $\overline{AC}\,/\!/\,\overline{DE}$ (   )

3 삼각형의 각의 이등분선

(1) 삼각형의 내각의 이등분선

△ABC에서 ∠A의 이등분선이 $\overline{BC}$와 만나는 점을 D라 하면

$$\overline{AB} : \overline{AC} = \overline{BD} : \overline{CD}$$

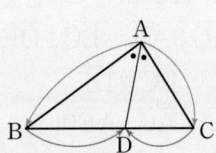

(2) 삼각형의 외각의 이등분선

△ABC에서 ∠A의 외각의 이등분선이 $\overline{BC}$의 연장선과 만나는 점을 D라 하면

$$\overline{AB} : \overline{AC} = \overline{BD} : \overline{CD}$$

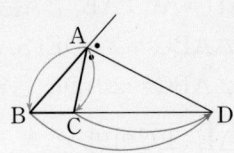

핵심예제 **3** 오른쪽 그림과 같은 △ABC에서 $\overline{AD}$는 ∠A의 이등분선이다. 꼭짓점 C를 지나고 $\overline{AD}$에 평행한 직선이 $\overline{BA}$의 연장선과 만나는 점을 E라 하자. $\overline{AB}=6$ cm, $\overline{AC}=4$ cm, $\overline{DC}=2$ cm일 때, $\overline{BD}$의 길이를 구하시오.

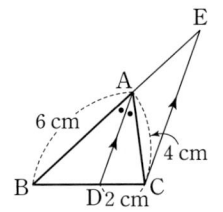

● 삼각형의 내각의 이등분선을 이용하여 변의 길이 구하기

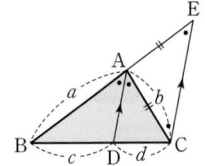

△BCE에서
$\overline{BA} : \overline{AE} = \overline{BD} : \overline{DC}$
즉, $a : b = c : d$

3-1 다음 그림과 같은 △ABC에서 $\overline{AD}$가 ∠A의 이등분선일 때, x의 값을 구하시오.

(1)

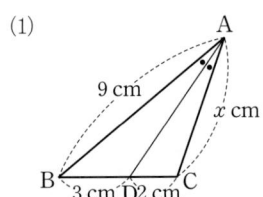

(2)

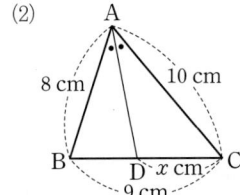

핵심예제 **4** 오른쪽 그림과 같은 △ABC에서 $\overline{AD}$는 ∠A의 외각의 이등분선이다. 꼭짓점 C를 지나고 $\overline{AD}$에 평행한 직선이 $\overline{AB}$와 만나는 점을 E라 하고, $\overline{BA}$의 연장선 위에 점 F를 잡자. $\overline{AB}=5$ cm, $\overline{BC}=2$ cm, $\overline{CA}=4$ cm일 때, $\overline{CD}$의 길이를 구하시오.

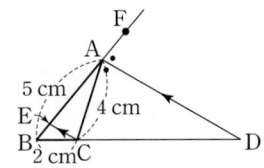

● 삼각형의 외각의 이등분선을 이용하여 변의 길이 구하기

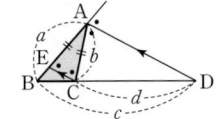

△BDA에서
$\overline{BA} : \overline{EA} = \overline{BD} : \overline{CD}$
즉, $a : b = c : d$

4-1 다음 그림과 같은 △ABC에서 $\overline{AD}$가 ∠A의 외각의 이등분선일 때, x의 값을 구하시오.

(1)

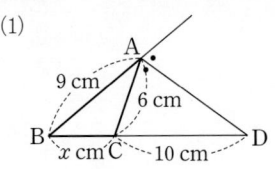

(2)

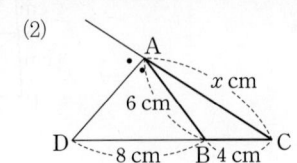

정답과 풀이 ★ 36쪽

삼각형에서 평행선과 선분의 길이의 비(1)의 설명

1 다음은 오른쪽 그림과 같은 △ABC에서 두 점 D, E는 각각 $\overline{AB}$, $\overline{AC}$ 위의 점이고 $\overline{BC} /\!/ \overline{DE}$일 때, $\overline{AD}:\overline{DB}=\overline{AE}:\overline{EC}$임을 설명하는 과정이다. (가)~(라)에 알맞은 것을 써넣으시오.

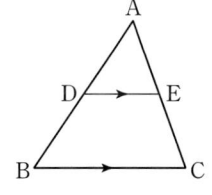

● 평행한 두 직선이 다른 한 직선과 만날 때, 동위각의 크기는 서로 같다.

> 점 E를 지나고 $\overline{AB}$에 평행한 직선이 $\overline{BC}$와 만나는 점을 F라 하면 △ADE와 △EFC에서
> ∠DAE= (가) (동위각),
> ∠AED= (나) (동위각)
> 이므로 △ADE∽△EFC((다) 닮음)
> 이때 닮은 두 삼각형에서 대응변의 길이의 비는 같으므로
> $\overline{AD}:\overline{EF}=\overline{AE}:\overline{EC}$
> 그런데 □DBFE는 평행사변형이므로 $\overline{EF}=$ (라)
> 따라서 $\overline{AD}:\overline{DB}=\overline{AE}:\overline{EC}$

삼각형에서 평행선과 선분의 길이의 비(1)

2 오른쪽 그림과 같은 △ABC에서 $\overline{BC} /\!/ \overline{DE}$이다. $\overline{AB}=8$ cm, $\overline{AC}=6$ cm, $\overline{BC}=4$ cm, $\overline{CE}=3$ cm일 때, $x+y$의 값은?

① 4   ② 6
③ 8   ④ 10
⑤ 12

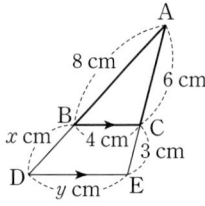

삼각형에서 평행선 찾기

3 오른쪽 그림과 같은 △ABC에서 $\overline{AD}:\overline{DB}=\overline{AE}:\overline{EC}$이다. $\overline{AD}=10$ cm, $\overline{DE}=12$ cm, $\overline{BC}=18$ cm일 때, 다음 중에서 옳지 <u>않은</u> 것은?

① $\overline{BC} /\!/ \overline{DE}$ ② △ABC∽△ADE
③ $\overline{AD}:\overline{AB}=2:3$ ④ $\overline{BD}=5$ cm
⑤ $\overline{AE}:\overline{EC}=5:3$

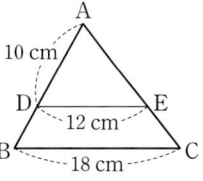

● 삼각형에서 선분의 길이의 비가 일정하면 $\overline{BC} /\!/ \overline{DE}$이다.

삼각형의 내각의 이등분선

4 오른쪽 그림과 같은 △ABC에서 ∠BAD=∠CAD이다. $\overline{AB}:\overline{AC}=3:5$이고 △ABC의 넓이가 24 cm²일 때, △ADC의 넓이는?

① 11 cm²   ② 12 cm²
③ 13 cm²   ④ 14 cm²
⑤ 15 cm²

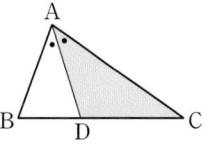

● 높이가 같은 두 삼각형의 넓이의 비는 밑변의 길이의 비와 같다.

4. 평행선 사이의 선분의 길이의 비 ★ **65**

02 평행선 사이의 선분의 길이의 비

4 평행선 사이의 선분의 길이의 비

세 개 이상의 평행선이 다른 두 직선과 만날 때, 평행선 사이에 생기는 선분의 길이의 비는 같다.

➡ 오른쪽 그림에서 $l /\!/ m /\!/ n$이면

$$\underline{a:b=c:d}$$
$$\qquad\text{또는 } a:c=b:d$$

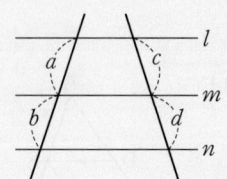 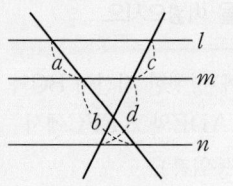

> **플러스톡**
> $l /\!/ m /\!/ n$일 때
> ① $a:(a+b)=c:(c+d)$
> ② $(a+b):b=(c+d):d$

설명 점 A를 지나고 직선 q에 평행한 직선이 두 직선 m, n과 만나는 점을 각각 G, H라 하면
△ACH에서 $\overline{BG} /\!/ \overline{CH}$이므로 $\overline{AB}:\overline{BC}=\overline{AG}:\overline{GH}$
또 □AGED와 □GHFE는 모두 평행사변형이므로 $\overline{AG}=\overline{DE}$, $\overline{GH}=\overline{EF}$
따라서 $\overline{AB}:\overline{BC}=\overline{DE}:\overline{EF}$가 성립한다.

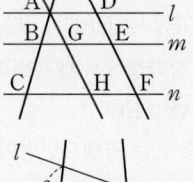 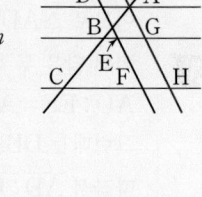

주의 $a:b=c:d$라 해서 세 직선 l, m, n이 항상 평행한 것은 아니다.
예를 들어 오른쪽 그림에서 $6:8=3:4$이지만 세 직선 l, m, n은 평행하지 않다.

핵심예제 5 다음 그림에서 $l /\!/ m /\!/ n$일 때, x의 값을 구하시오.

(1)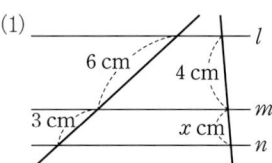

(2)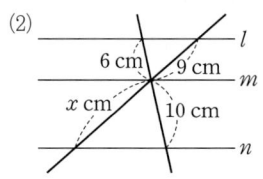

(3)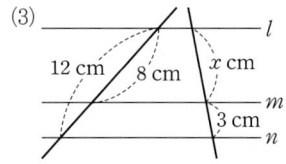

(4)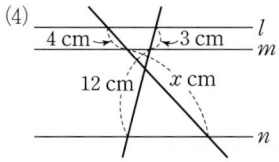

● 평행선 사이의 선분의 길이의 비

①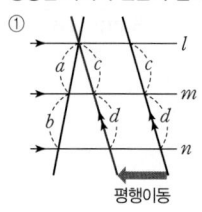

$a:b=c:d$

②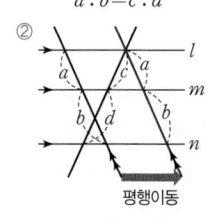

$c:d=a:b$

5-1 다음 그림에서 $l /\!/ m /\!/ n$일 때, x의 값을 구하시오.

(1)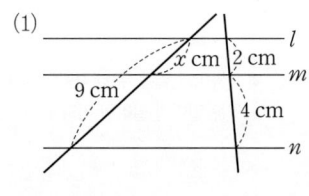

(2)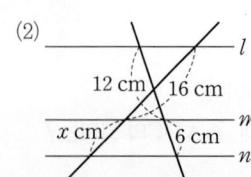

(3)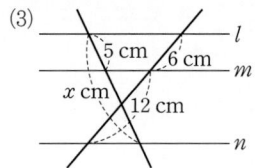

(4)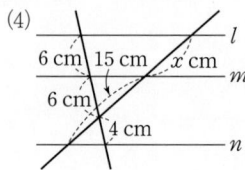

5 **사다리꼴에서 평행선과 선분의 길이의 비**

$\overline{AD}\,/\!/\,\overline{BC}$인 사다리꼴 ABCD에서 $\overline{EF}\,/\!/\,\overline{BC}$일 때, $\overline{EF}$의 길이를 구해 보자.

방법1 평행선 긋기

□AHCD는 평행사변형이므로 $\overline{GF}=\overline{HC}=\overline{AD}=a$

△ABH에서 $m:(m+n)=\overline{EG}:(b-a)$
└ $\overline{AE}:\overline{AB}=\overline{EG}:\overline{BH}$

즉, $\overline{EG}=\dfrac{m(b-a)}{m+n}$

따라서 $\overline{EF}=\overline{EG}+\overline{GF}=\dfrac{mb+na}{m+n}$

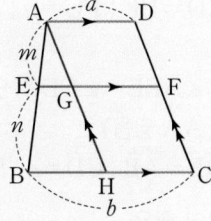

방법2 대각선 긋기

△ABC에서 $m:(m+n)=\overline{EG}:b$
└ $\overline{AE}:\overline{AB}=\overline{EG}:\overline{BC}$

즉, $\overline{EG}=\dfrac{mb}{m+n}$

$\overline{CF}:\overline{FD}=\overline{BE}:\overline{EA}=n:m$이므로

△CDA에서 $n:(m+n)=\overline{GF}:a$
└ $\overline{CF}:\overline{CD}=\overline{GF}:\overline{AD}$

즉, $\overline{GF}=\dfrac{na}{m+n}$

따라서 $\overline{EF}=\overline{EG}+\overline{GF}=\dfrac{mb+na}{m+n}$

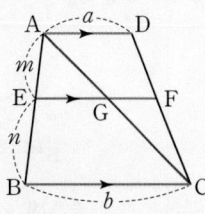

심예제 6 다음 그림과 같이 $\overline{AD}\,/\!/\,\overline{BC}$인 사다리꼴 ABCD에서 $\overline{EF}\,/\!/\,\overline{BC}$일 때, x, y의 값을 각각 구하시오.

(1)
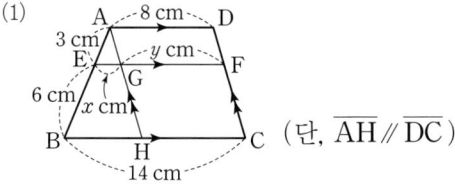
(단, $\overline{AH}\,/\!/\,\overline{DC}$)

(2)
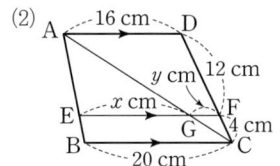

● 사다리꼴에서 평행선과 선분의 길이의 비
① 평행선 또는 대각선 긋기
② 평행선 사이의 선분의 길이의 비를 이용하여 선분의 길이 구하기

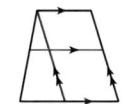 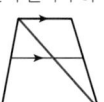

6-1 오른쪽 그림과 같은 사다리꼴 ABCD에서 $\overline{AD}\,/\!/\,\overline{EF}\,/\!/\,\overline{BC}$이다. $\overline{AD}=9$ cm, $\overline{AE}=10$ cm, $\overline{EB}=5$ cm, $\overline{BC}=15$ cm일 때, 다음 물음에 답하시오.

(1) 꼭짓점 A를 지나고 $\overline{DC}$에 평행한 직선을 그어 $\overline{EF}$의 길이를 구하시오.

(2) 대각선 AC를 그어 $\overline{EF}$의 길이를 구하시오.

(3) (1), (2)에서 구한 $\overline{EF}$의 길이를 비교해 보시오.

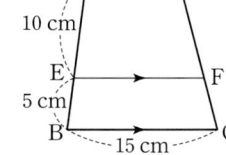

6-2 오른쪽 그림과 같은 사다리꼴 ABCD에서 $\overline{AD}\,/\!/\,\overline{EF}\,/\!/\,\overline{BC}$, $\overline{AH}\,/\!/\,\overline{DC}$이고 점 G는 $\overline{AH}$와 $\overline{EF}$가 만나는 점이다. $\overline{AD}=7$ cm, $\overline{AE}=4$ cm, $\overline{EB}=6$ cm, $\overline{EF}=9$ cm일 때, $\overline{BC}$의 길이를 구하시오.

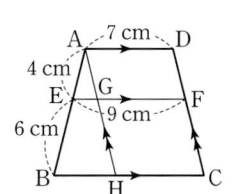

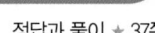

6 평행선 사이의 선분의 길이의 비의 응용

(1) $\overline{AC}$와 $\overline{BD}$가 만나는 점을 E라 할 때,
$\overline{AB} /\!/ \overline{EF} /\!/ \overline{DC}$이고 $\overline{AB}=a$, $\overline{DC}=b$이면
$$\overline{AE}:\overline{EC}=\overline{BE}:\overline{ED}=\overline{BF}:\overline{FC}=a:b$$

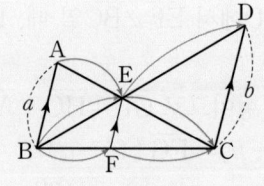

설명 △ABE와 △CDE에서
$\angle BAE=\angle DCE$(엇각), $\angle ABE=\angle CDE$(엇각)
이므로 △ABE∽△CDE(AA 닮음)
따라서 $\overline{AE}:\overline{CE}=\overline{BE}:\overline{DE}=\overline{AB}:\overline{CD}=a:b$

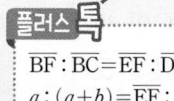
플러스톡
$\overline{BF}:\overline{BC}=\overline{EF}:\overline{DC}$이므로
$a:(a+b)=\overline{EF}:b$
즉, $\overline{EF}=\dfrac{ab}{a+b}$

(2) 평행선 사이의 선분의 길이의 비의 활용
$\overline{AB} /\!/ \overline{EF} /\!/ \overline{DC}$이고 $\overline{AB}=a$, $\overline{DC}=b$일 때

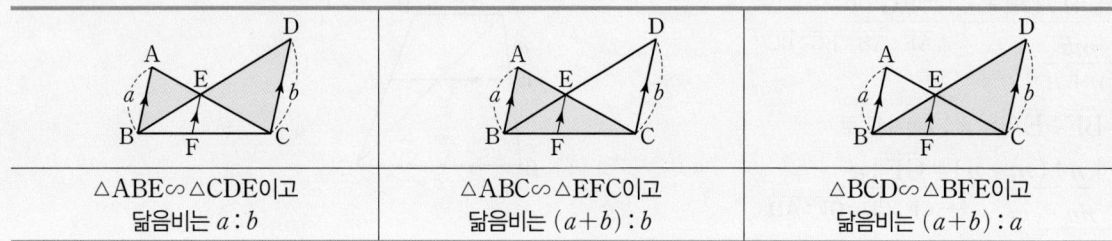

△ABE∽△CDE이고 닮음비는 $a:b$	△ABC∽△EFC이고 닮음비는 $(a+b):b$	△BCD∽△BFE이고 닮음비는 $(a+b):a$

핵심예제 **7** 다음 그림에서 $\overline{AB} /\!/ \overline{EF} /\!/ \overline{DC}$일 때, x의 값을 구하시오.

(1)
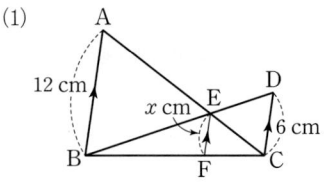

(2)
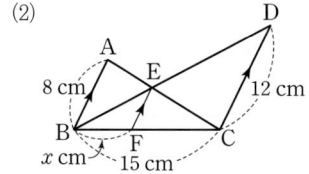

● 평행선 사이의 선분의 길이의 비의
응용
두 직선이 평행하면 다른 한 직선과
만나서 생기는 엇각의 크기가 서로
같음을 이용하여 닮은 삼각형을 찾
는다.

7-1 오른쪽 그림에서 점 E는 $\overline{AC}$와 $\overline{BD}$가 만나는 점이고
$\overline{AB} /\!/ \overline{EF} /\!/ \overline{DC}$이다. $\overline{AB}=10\,\text{cm}$, $\overline{BC}=20\,\text{cm}$, $\overline{CD}=15\,\text{cm}$일
때, 다음을 구하시오.

(1) △ABE와 닮은 삼각형
(2) △ABC와 닮은 삼각형
(3) $\overline{EF}$의 길이
(4) $\overline{CF}$의 길이

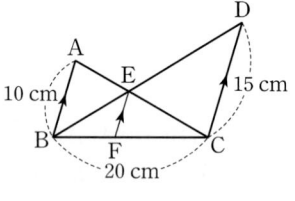

7-2 오른쪽 그림에서 점 E는 $\overline{AC}$와 $\overline{BD}$가 만나는 점이고
$\overline{AB} /\!/ \overline{EF} /\!/ \overline{DC}$이다. $\overline{AB}=18\,\text{cm}$, $\overline{EF}=6\,\text{cm}$일 때, 다음 보기에서
옳은 것을 모두 고르시오.

보기
ㄱ. △BCD∽△BFE   ㄴ. △ABC∽△CDB
ㄷ. $\overline{CD}=9\,\text{cm}$ ㄹ. $\overline{BE}:\overline{DE}=3:2$

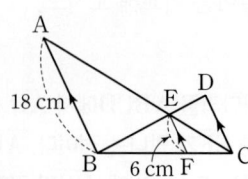

1 평행선 사이의 선분의 길이의 비

오른쪽 그림에서 $l /\!/ m /\!/ n$일 때, x의 값은?

① 6　　　　　　② 7

③ 8　　　　　　④ 9

⑤ 10

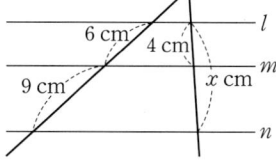
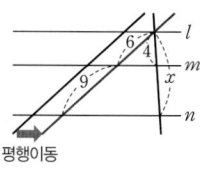

2 평행선 사이의 선분의 길이의 비

오른쪽 그림에서 $l /\!/ m /\!/ n$일 때, x의 값은?

① 3　　　　　　② $\dfrac{13}{4}$

③ $\dfrac{7}{2}$　　　　④ $\dfrac{15}{4}$

⑤ 4

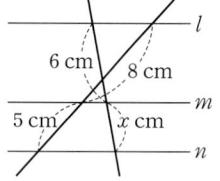
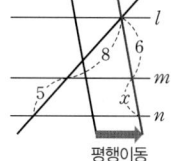

3 사다리꼴에서 평행선과 선분의 길이의 비 – 평행선 이용

오른쪽 그림과 같은 사다리꼴 ABCD에서 $\overline{AD} /\!/ \overline{EF} /\!/ \overline{BC}$, $\overline{AH} /\!/ \overline{DC}$이고 점 G는 $\overline{AH}$와 $\overline{EF}$가 만나는 점이다. $\overline{AE} : \overline{EB} = 3 : 2$이고 $\overline{AD} = 12$ cm, $\overline{BC} = 22$ cm일 때, $\overline{EF}$의 길이를 구하시오.

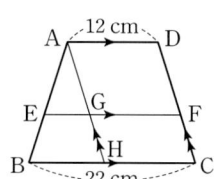

평행사변형의 성질과 삼각형에서 평행선과 선분의 길이의 비를 이용한다.

 4 사다리꼴에서 평행선과 선분의 길이의 비 – 대각선 이용

오른쪽 그림과 같은 사다리꼴 ABCD에서 $\overline{AD} /\!/ \overline{EF} /\!/ \overline{BC}$이고 점 G는 $\overline{AC}$와 $\overline{EF}$가 만나는 점이다. $\overline{AE} = 8$ cm, $\overline{EB} = 4$ cm, $\overline{BC} = 15$ cm, $\overline{GF} = 3$ cm일 때, $x+y$의 값은?

① 16　　　　　　② 17

③ 18　　　　　　④ 19

⑤ 20

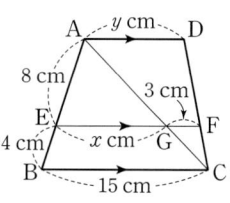

5 평행선 사이의 선분의 길이의 비의 응용

오른쪽 그림에서 점 E는 $\overline{AC}$와 $\overline{BD}$가 만나는 점이고 $\overline{AB} /\!/ \overline{EF} /\!/ \overline{DC}$이다. $\overline{CD} = 9$ cm, $\overline{EF} = 3$ cm일 때, $\overline{AB}$의 길이를 구하시오.

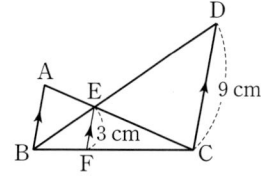

주어진 그림에서 닮은 삼각형을 찾는다.

03 삼각형의 두 변의 중점을 연결한 선분의 성질

7 삼각형의 두 변의 중점을 연결한 선분의 성질

(1) 삼각형의 두 변의 중점을 연결한 선분의 성질(1)

삼각형의 두 변의 중점을 연결한 선분은 나머지 변과 평행하고, 그 길이는 나머지 변의 길이의 $\frac{1}{2}$이다.

➡ △ABC에서 $\overline{AB}$, $\overline{AC}$의 중점을 각각 M, N이라 하면

$$\overline{MN} \, / \! / \, \overline{BC}, \quad \overline{MN} = \frac{1}{2}\overline{BC}$$

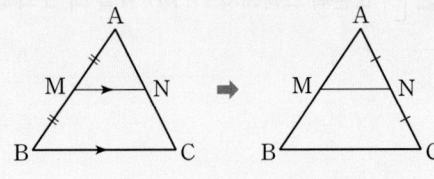

(2) 삼각형의 두 변의 중점을 연결한 선분의 성질(2)

삼각형의 한 변의 중점을 지나고 다른 한 변에 평행한 직선은 나머지 변의 중점을 지난다.

➡ △ABC에서 $\overline{AB}$의 중점 M을 지나고 $\overline{BC}$에 평행한 직선과 $\overline{AC}$가 만나는 점을 N이라 하면

$$\overline{AN} = \overline{NC}$$

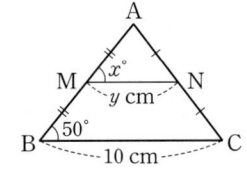

핵심예제 8 오른쪽 그림과 같은 △ABC에서 두 점 M, N은 각각 $\overline{AB}$, $\overline{AC}$의 중점이다. ∠B=50°, $\overline{BC}$=10 cm일 때, $x+y$의 값을 구하시오.

● 삼각형의 두 변의 중점을 연결한 선분의 성질(1)
△ABC에서
$\overline{AM}=\overline{MB}$, $\overline{AN}=\overline{NC}$이면
$\overline{MN} \, / \! / \, \overline{BC}$, $\overline{MN}=\frac{1}{2}\overline{BC}$

8-1 다음 그림과 같은 △ABC에서 두 점 M, N이 각각 $\overline{AB}$, $\overline{AC}$의 중점일 때, x의 값을 구하시오.

(1)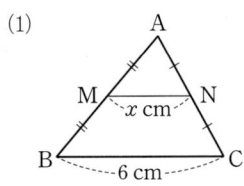

(2)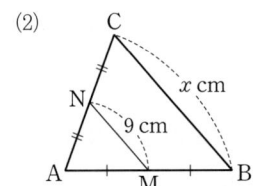

핵심예제 9 오른쪽 그림과 같은 △ABC에서 점 M은 $\overline{AB}$의 중점이고 $\overline{MN} \, / \! / \, \overline{BC}$이다. $\overline{MN}$=4 cm, $\overline{NC}$=5 cm일 때, x, y의 값을 각각 구하시오.

● 삼각형의 두 변의 중점을 연결한 선분의 성질(2)
△ABC에서
$\overline{AM}=\overline{MB}$, $\overline{MN} \, / \! / \, \overline{BC}$이면
$\overline{AN}=\overline{NC}$

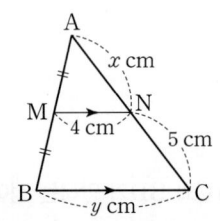

9-1 오른쪽 그림과 같은 △ABC에서 점 M은 $\overline{AB}$의 중점이고 $\overline{MN} \, / \! / \, \overline{BC}$이다. $\overline{BC}$=16 cm, $\overline{NC}$=6 cm일 때, $x+y$의 값을 구하시오.

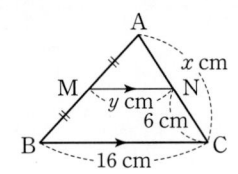

8 다각형의 각 변의 중점을 연결한 도형의 성질

(1) 삼각형의 각 변의 중점을 연결한 삼각형

△ABC에서 $\overline{AB}$, $\overline{BC}$, $\overline{CA}$의 중점을 각각 D, E, F라 하면

$$(\triangle DEF의 \ 둘레의 \ 길이)=\frac{1}{2}\times(\triangle ABC의 \ 둘레의 \ 길이)$$
$$\underset{\overline{DF}+\overline{ED}+\overline{FE}}{}$$

참고 ① $\overline{AB}/\!/\overline{FE}$, $\overline{FE}=\frac{1}{2}\overline{AB}$　② $\overline{BC}/\!/\overline{DF}$, $\overline{DF}=\frac{1}{2}\overline{BC}$　③ $\overline{CA}/\!/\overline{ED}$, $\overline{ED}=\frac{1}{2}\overline{CA}$

④ △ADF≡△DBE≡△FEC≡△EFD(SSS 합동)

(2) 사각형의 각 변의 중점을 연결한 사각형

□ABCD에서 $\overline{AB}$, $\overline{BC}$, $\overline{CD}$, $\overline{DA}$의 중점을 각각 E, F, G, H라 하면

$$\underset{\overline{EF}+\overline{FG}+\overline{HG}+\overline{EH}}{}(\square EFGH의 \ 둘레의 \ 길이)=\overline{AC}+\overline{BD}$$

참고 ① $\overline{AC}/\!/\overline{EF}/\!/\overline{HG}$, $\overline{EF}=\overline{HG}=\frac{1}{2}\overline{AC}$　② $\overline{BD}/\!/\overline{EH}/\!/\overline{FG}$, $\overline{EH}=\overline{FG}=\frac{1}{2}\overline{BD}$

③ 두 쌍의 대변의 길이가 각각 같으므로 □EFGH는 평행사변형이다.

심예제 10 오른쪽 그림과 같은 △ABC에서 $\overline{AB}$, $\overline{BC}$, $\overline{CA}$의 중점을 각각 D, E, F라 하자. $\overline{AB}=12$ cm, $\overline{BC}=10$ cm, $\overline{CA}=8$ cm일 때, △DEF의 둘레의 길이를 구하시오.

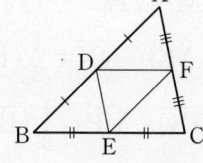

● 삼각형의 각 변의 중점을 연결한 삼각형의 성질

다각형의 각 변의 중점을 연결한 도형의 둘레의 길이는 삼각형의 두 변의 중점을 연결한 선분의 성질(1)을 이용하여 구한다.

10-1 오른쪽 그림과 같은 △ABC에서 $\overline{AB}$, $\overline{BC}$, $\overline{CA}$의 중점을 각각 D, E, F라 하자. $\overline{AB}=20$ cm, $\overline{BC}=16$ cm, $\overline{CA}=18$ cm일 때, 다음을 구하시오.

(1) $\overline{DF}$의 길이

(2) $\overline{ED}$의 길이

(3) $\overline{FE}$의 길이

(4) △DEF의 둘레의 길이

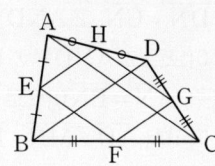

심예제 11 오른쪽 그림과 같은 □ABCD에서 $\overline{AB}$, $\overline{BC}$, $\overline{CD}$, $\overline{DA}$의 중점을 각각 E, F, G, H라 하자. $\overline{AC}=21$ cm, $\overline{BD}=18$ cm일 때, □EFGH의 둘레의 길이를 구하시오.

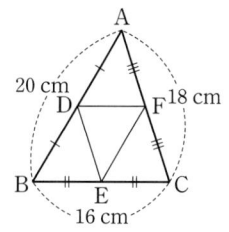

● 사각형의 각 변의 중점을 연결한 사각형의 성질

11-1 오른쪽 그림과 같은 □ABCD에서 $\overline{AB}$, $\overline{BC}$, $\overline{CD}$, $\overline{DA}$의 중점을 각각 E, F, G, H라 하자. $\overline{AC}=20$ cm, $\overline{BD}=24$ cm일 때, 다음을 구하시오.

(1) $\overline{EF}$, $\overline{HG}$의 길이

(2) $\overline{EH}$, $\overline{FG}$의 길이

(3) □EFGH의 둘레의 길이

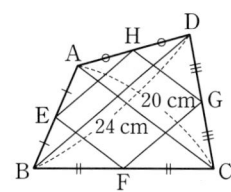

❾ 사다리꼴에서 두 변의 중점을 연결한 선분의 성질

$\overline{AD}/\!/\overline{BC}$인 사다리꼴 ABCD에서 $\overline{AB}$, $\overline{DC}$의 중점을 각각 M, N이라 하면

(1) $\overline{AD}/\!/\overline{MN}/\!/\overline{BC}$

(2) $\overline{MN}=\overline{MQ}+\overline{QN}=\dfrac{1}{2}(\overline{BC}+\overline{AD})$

(3) $\overline{PQ}=\overline{MQ}-\overline{MP}=\dfrac{1}{2}(\overline{BC}-\overline{AD})$ (단, $\overline{BC}>\overline{AD}$)

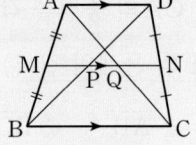

설명 (1) $\overline{AN}$의 연장선과 $\overline{BC}$의 연장선이 만나는 점을 E라 하면

△AND와 △ENC에서

$\overline{DN}=\overline{CN}$, ∠AND=∠ENC(맞꼭지각), ∠ADN=∠ECN(엇각)

이므로 △AND≡△ENC(ASA 합동)

즉, $\overline{AN}=\overline{EN}$이므로 △ABE에서 삼각형의 두 변의 중점을 연결한 선분의 성질(1)에 의하여 $\overline{MN}/\!/\overline{BE}$

따라서 $\overline{AD}/\!/\overline{MN}/\!/\overline{BC}$

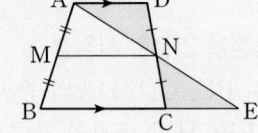

핵심예제 12 오른쪽 그림과 같이 $\overline{AD}/\!/\overline{BC}$인 사다리꼴 ABCD에서 $\overline{AB}$, $\overline{DC}$의 중점을 각각 M, N이라 하자. $\overline{AD}=22$ cm, $\overline{BC}=28$ cm일 때, $\overline{MN}$의 길이를 구하시오.

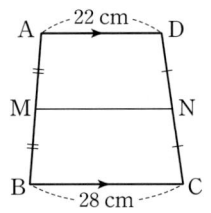

● 사다리꼴에서 두 변의 중점을 연결한 선분의 성질
대각선 AC를 그어 △ABC와 △CDA로 나눈 후 각각 삼각형의 두 변의 중점을 연결한 선분의 성질을 이용한다.

12-1 오른쪽 그림과 같이 $\overline{AD}/\!/\overline{BC}$인 사다리꼴 ABCD에서 $\overline{AB}$, $\overline{DC}$의 중점을 각각 M, N이라 하고, $\overline{MN}$과 $\overline{AC}$가 만나는 점을 P라 하자. $\overline{PN}=7$ cm, $\overline{BC}=20$ cm일 때, x, y의 값을 각각 구하시오.

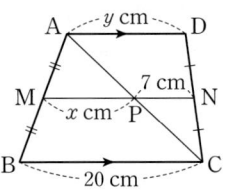

핵심예제 13 오른쪽 그림과 같이 $\overline{AD}/\!/\overline{BC}$인 사다리꼴 ABCD에서 $\overline{AB}$, $\overline{DC}$의 중점을 각각 M, N이라 하고, $\overline{MN}$과 $\overline{DB}$가 만나는 점을 P, $\overline{MN}$과 $\overline{AC}$가 만나는 점을 Q라 하자. $\overline{AD}=12$ cm, $\overline{BC}=16$ cm일 때, $\overline{PQ}$의 길이를 구하시오.

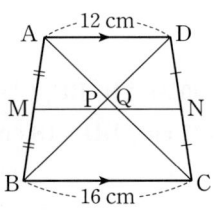

● 사다리꼴에서 두 변의 중점을 연결한 선분의 성질의 응용

13-1 오른쪽 그림과 같이 $\overline{AD}/\!/\overline{BC}$인 사다리꼴 ABCD에서 $\overline{AB}$, $\overline{DC}$의 중점을 각각 M, N이라 하고, $\overline{MN}$과 $\overline{DB}$가 만나는 점을 P, $\overline{MN}$과 $\overline{AC}$가 만나는 점을 Q라 하자. $\overline{AD}=6$ cm, $\overline{BC}=14$ cm일 때, 다음을 구하시오.

(1) $\overline{MQ}$의 길이
(2) $\overline{MP}$의 길이
(3) $\overline{PQ}$의 길이

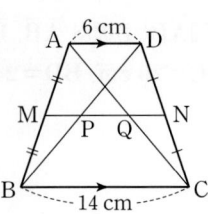

1 삼각형의 두 변의 중점을 연결한 선분의 성질(1)

오른쪽 그림과 같은 △ABC에서 두 점 M, N이 각각 $\overline{AB}$, $\overline{AC}$의 중점일 때, 다음 중에서 옳지 않은 것은?

① $\overline{MN} /\!/ \overline{BC}$ 　　② $\overline{MN} : \overline{BC} = 1 : 2$

③ ∠ANM = ∠C 　　④ △AMN ∽ △ABC

⑤ $\overline{AM} : \overline{MB} = \overline{MN} : \overline{BC}$

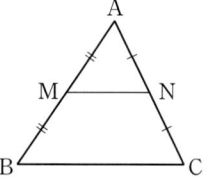

● 삼각형의 두 변의 중점을 연결한 선분은 나머지 변과 평행하고, 그 길이는 나머지 변의 길이의 $\frac{1}{2}$이다.

 2 삼각형의 두 변의 중점을 연결한 선분의 성질(1)

오른쪽 그림과 같은 △ABC에서 두 점 M, N은 각각 $\overline{AB}$, $\overline{AC}$의 중점이다. $\overline{MN} = 9$ cm이고 ∠A = 40°, ∠C = 80°일 때, $x + y$의 값은?

① 72 　　② 74

③ 76 　　④ 78

⑤ 80

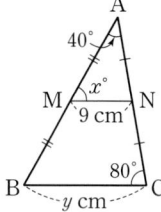

3 삼각형의 두 변의 중점을 연결한 선분의 성질(2)

오른쪽 그림과 같은 △ABC에서 $\overline{AB}$의 연장선 위에 $\overline{AB} = \overline{AD}$가 되도록 점 D를 잡고, $\overline{AC}$의 중점을 E, $\overline{DE}$의 연장선과 $\overline{BC}$가 만나는 점을 F, 꼭짓점 A를 지나고 $\overline{BC}$에 평행한 직선과 $\overline{DF}$가 만나는 점을 G라 하자. $\overline{FC} = 8$ cm일 때, $\overline{BF}$의 길이를 구하시오.

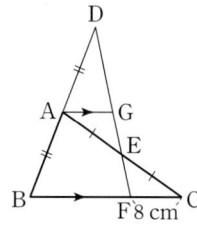

● △AEG와 합동인 삼각형을 찾는다.

4 삼각형의 각 변의 중점을 연결한 삼각형

오른쪽 그림과 같은 △ABC에서 $\overline{AB}$, $\overline{BC}$, $\overline{CA}$의 중점을 각각 D, E, F라 하자. △ABC의 둘레의 길이가 24 cm일 때, △DEF의 둘레의 길이는?

① 11 cm 　　② 12 cm

③ 13 cm 　　④ 14 cm

⑤ 15 cm

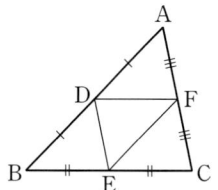

● 삼각형의 두 변의 중점을 연결한 선분의 성질(1)을 이용하여 △ABC와 △DEF의 둘레의 길이의 비를 구한다.

5 사다리꼴에서 두 변의 중점을 연결한 선분의 성질

오른쪽 그림과 같이 $\overline{AD} /\!/ \overline{BC}$인 사다리꼴 ABCD에서 $\overline{AB}$, $\overline{DC}$의 중점을 각각 M, N이라 하고, $\overline{MN}$과 $\overline{DB}$가 만나는 점을 P라 하자. $\overline{AD} = 14$ cm, $\overline{PN} = 10$ cm일 때, $\overline{MP} + \overline{BC}$의 길이를 구하시오.

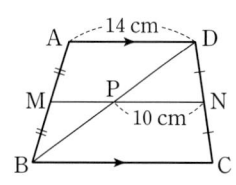

● 두 개의 삼각형 BDA, DBC로 나누어 생각한다.

04 삼각형의 무게중심

10 삼각형의 무게중심

한 삼각형에는 3개의 중선이 있다.

(1) 삼각형의 **중선**: 삼각형의 한 꼭짓점과 그 대변의 중점을 이은 선분

(2) 삼각형의 중선과 넓이: 삼각형의 한 중선은 그 삼각형의 넓이를 이등분한다.

➡ $\overline{AD}$가 $\triangle ABC$의 중선이면
$\overline{BD}=\overline{DC}$
$$\triangle ABD = \triangle ADC = \frac{1}{2}\triangle ABC$$

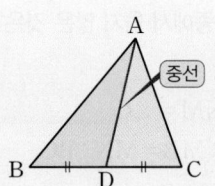

(3) 삼각형의 **무게중심**: 삼각형의 세 중선이 만나는 점

(4) 삼각형의 무게중심의 성질

① 삼각형의 세 중선은 한 점(무게중심)에서 만난다.

② 삼각형의 무게중심은 세 중선의 길이를 각 꼭짓점으로부터 각각 $2:1$로 나눈다.

➡ 점 G가 $\triangle ABC$의 무게중심이면
$$\overline{AG}:\overline{GD}=\overline{BG}:\overline{GE}=\overline{CG}:\overline{GF}=2:1$$

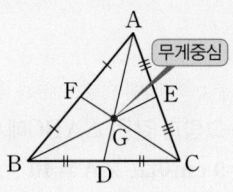

참고 • 정삼각형의 무게중심, 외심, 내심은 모두 일치한다.
• 이등변삼각형의 무게중심, 외심, 내심은 모두 꼭지각의 이등분선 위에 있다.

용어톡
중선(中 가운데, 線 줄): 가운데를 잇는 선분
무게중심(무게中心, center of gravity)

핵심예제 14 오른쪽 그림에서 $\overline{AM}$은 $\triangle ABC$의 중선이고 점 N은 $\overline{AM}$의 중점이다. $\triangle ABC$의 넓이가 $48\ \mathrm{cm}^2$일 때, $\triangle NMC$의 넓이를 구하시오.

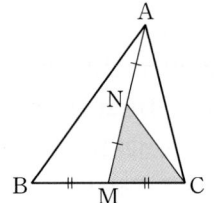

● 삼각형의 중선을 이용하여 삼각형의 넓이 구하기
높이가 같은 두 삼각형의 밑변의 길이가 같으면 넓이도 같다.

핵심예제 15 다음 그림에서 점 G가 $\triangle ABC$의 무게중심일 때, x, y의 값을 각각 구하시오.

(1)
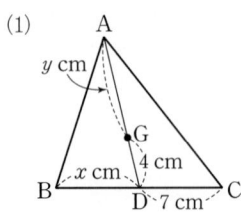

(2)
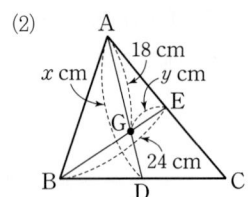

● 삼각형의 중선과 무게중심을 이용하여 선분의 길이 구하기

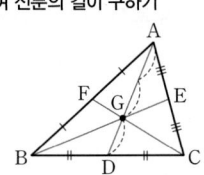

점 G가 $\triangle ABC$의 무게중심이고 $\overline{GD}=a$이면 $\overline{AG}=2a$

15-1 오른쪽 그림에서 점 G는 $\triangle ABC$의 무게중심이다. $\overline{AD}=21\ \mathrm{cm}$, $\overline{BC}=20\ \mathrm{cm}$, $\overline{BG}=12\ \mathrm{cm}$일 때, 다음을 구하시오.

(1) $\overline{BD}$와 길이가 같은 선분
(2) $\overline{BD}$의 길이
(3) $\overline{AD}:\overline{AG}$ (가장 간단한 자연수의 비)
(4) $\overline{AG}$의 길이
(5) $\overline{BG}:\overline{GE}$ (가장 간단한 자연수의 비)
(6) $\overline{GE}$의 길이

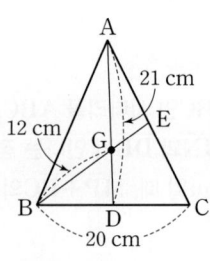

⑪ 삼각형의 무게중심과 넓이

(1) 삼각형의 무게중심과 세 꼭짓점을 이어서 생기는 세 삼각형의 넓이는 같다.

➡ 점 G가 △ABC의 무게중심이면

$$\triangle ABG=\triangle BCG=\triangle CAG=\frac{1}{3}\triangle ABC$$
└─ 넓이는 같지만 합동은 아니다.

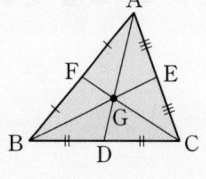

설명 $\triangle ABD=\frac{1}{2}\triangle ABC$이고 $\overline{AG}=\frac{2}{3}\overline{AD}$이므로

$$\triangle ABG=\frac{2}{3}\triangle ABD=\frac{2}{3}\times\frac{1}{2}\triangle ABC=\frac{1}{3}\triangle ABC$$

(2) 세 중선에 의하여 나누어진 6개의 삼각형의 넓이는 모두 같다.

➡ 점 G가 △ABC의 무게중심이면

$$\triangle AFG=\triangle BFG=\triangle BDG=\triangle CDG$$
$$=\triangle CEG=\triangle AEG=\frac{1}{6}\triangle ABC$$

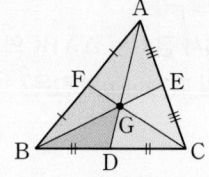

설명 $\triangle ABD=\frac{1}{2}\triangle ABC$이고 $\overline{GD}=\frac{1}{3}\overline{AD}$이므로

$$\triangle BDG=\frac{1}{3}\triangle ABD=\frac{1}{3}\times\frac{1}{2}\triangle ABC=\frac{1}{6}\triangle ABC$$

심예제 **16** 다음 그림에서 점 G는 △ABC의 무게중심이다. △ABC의 넓이가 48 cm²일 때, 색칠한 부분의 넓이를 구하시오.

● 삼각형의 무게중심과 넓이

(1)
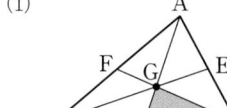

(2)
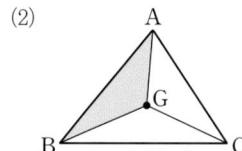

16-1 오른쪽 그림에서 점 G는 △ABC의 무게중심이다. △GBD의 넓이가 6 cm²일 때, 다음을 구하시오.

(1) △ABG : △GBD (가장 간단한 자연수의 비)

(2) △ABG의 넓이

(3) △GBC : △GBD (가장 간단한 자연수의 비)

(4) △GBC의 넓이

(5) △AGC : △GBD (가장 간단한 자연수의 비)

(6) △AGC의 넓이

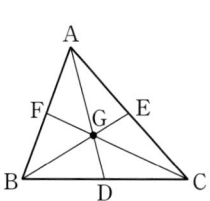

16-2 오른쪽 그림에서 점 G는 △ABC의 무게중심이고 점 D는 $\overline{BG}$의 중점이다. △AGC의 넓이가 20 cm²일 때, △ADG의 넓이를 구하시오.

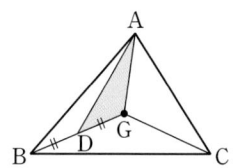

삼각형의 중선의 성질

1 오른쪽 그림에서 점 M은 $\overline{BC}$의 중점이고 점 N은 $\overline{AM}$의 중점이다. △ABC의 넓이가 20 cm²일 때, △ABN의 넓이를 구하시오.

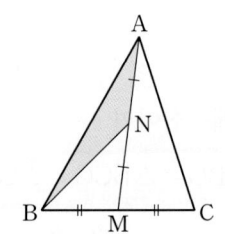

● 높이가 같은 두 삼각형의 넓이의 비는 밑변의 길이의 비와 같다.

삼각형의 무게중심의 성질

2 오른쪽 그림에서 점 G는 △ABC의 무게중심이다. $\overline{BG}=10$ cm, $\overline{AE}=6$ cm일 때, $x+y$의 값은?

① 16   ② 17

③ 18   ④ 19

⑤ 20

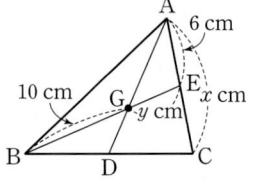

● 삼각형의 무게중심은 세 중선의 길이를 각 꼭짓점으로부터 각각 2 : 1로 나눈다.

삼각형의 무게중심의 성질의 응용

3 오른쪽 그림에서 점 G는 △ABC의 무게중심이다. $\overline{EF}/\!\!/\overline{BC}$이고 $\overline{BC}=18$ cm일 때, $\overline{EG}$의 길이는?

① 6 cm   ② 7 cm

③ 8 cm   ④ 9 cm

⑤ 10 cm

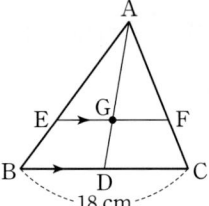

● △ABD에서 평행선과 선분의 길이의 비를 이용한다.

삼각형의 무게중심과 넓이

4 오른쪽 그림에서 점 G는 △ABC의 무게중심이다. △AGE의 넓이가 6 cm²일 때, △ABC의 넓이를 구하시오.

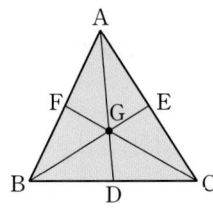

● 점 G가 △ABC의 무게중심이면 세 중선에 의하여 나누어진 6개의 삼각형의 넓이는 모두 같다.

삼각형의 무게중심과 넓이

5 오른쪽 그림에서 점 G는 △ABC의 무게중심이다. △ABC의 넓이가 24 cm²일 때, □DCEG의 넓이는?

① 6 cm²   ② 7 cm²

③ 8 cm²   ④ 9 cm²

⑤ 10 cm²

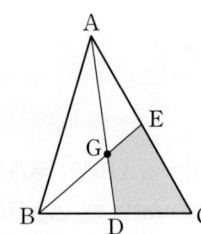

● $\overline{CG}$를 그으면 □DCEG=△DCG+△CEG

중단원 마무리 테스트

정답과 풀이 ★ 41쪽

1.

오른쪽 그림과 같은 △ABC에서 두 점 D, E는 각각 $\overline{AB}$, $\overline{AC}$의 연장선 위의 점이고 $\overline{BC} /\!/ \overline{DE}$이다. $\overline{AD}=2$ cm, $\overline{AE}=3$ cm, $\overline{DE}=4$ cm, $\overline{BC}=8$ cm일 때, △ABC의 둘레의 길이는?

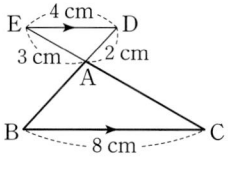

① 16 cm   ② 17 cm   ③ 18 cm
④ 19 cm   ⑤ 20 cm

2. 중요

오른쪽 그림과 같은 △ABC에서 $\overline{AD}:\overline{DB}=\overline{AE}:\overline{EC}$이다. $\overline{AE}=3$ cm, $\overline{EC}=2$ cm, $\overline{BC}=5$ cm일 때, 다음 중에서 옳지 <u>않은</u> 것은?

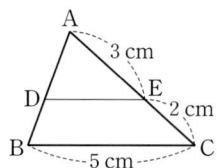

① △ADE∽△ABC
② $\overline{DE} /\!/ \overline{BC}$
③ $\overline{AD}:\overline{DB}=3:2$
④ $\overline{BC}:\overline{DE}=3:2$
⑤ $\overline{DE}=3$ cm

3. 신유형

다음 그림과 같이 삼각형 모양의 건물이 있다. 이 건물의 높이를 직접 측정하지 않고 구하려고 한다. $\overline{BC}=180$ cm, $\overline{EC}=60$ cm, $\overline{DE}=180$ cm일 때, 건물의 높이 $\overline{AB}$의 길이는?

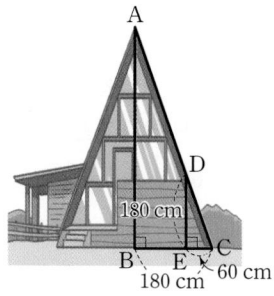

① 510 cm   ② 520 cm   ③ 530 cm
④ 540 cm   ⑤ 550 cm

4.

오른쪽 그림과 같은 △ABC에서 ∠BAD=∠CAD이다. $\overline{AB}=12$ cm, $\overline{AC}=16$ cm, $\overline{BC}=21$ cm일 때, $\overline{BD}$의 길이는?

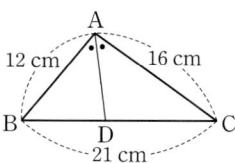

① 7 cm   ② 9 cm   ③ 11 cm
④ 13 cm   ⑤ 15 cm

5.

오른쪽 그림과 같은 △ABC에서 ∠A의 외각의 이등분선이 $\overline{BC}$의 연장선과 만나는 점을 D라 하자. $\overline{AB}=3$ cm, $\overline{AC}=4$ cm, $\overline{BD}=6$ cm일 때, $\overline{BC}$의 길이를 구하시오.

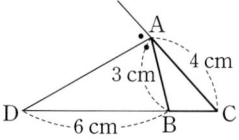

6. 중요

오른쪽 그림에서 $l /\!/ m /\!/ n$일 때, x, y의 값을 각각 구하시오.

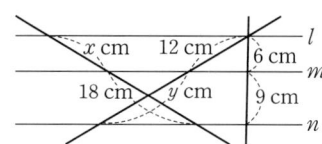

7.

오른쪽 그림과 같은 사다리꼴 ABCD에서 $\overline{AD} /\!/ \overline{EF} /\!/ \overline{BC}$이고, 두 점 G, H는 각각 $\overline{EF}$와 $\overline{DB}$, $\overline{AC}$가 만나는 점이다. $\overline{AE}:\overline{EB}=3:2$이고 $\overline{AD}=10$ cm, $\overline{BC}=15$ cm일 때, $\overline{GH}$의 길이는?

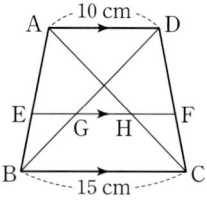

① 4 cm   ② 5 cm
③ 6 cm   ④ 7 cm
⑤ 8 cm

8 .ıl 중요🔔

오른쪽 그림에서 $\overline{AB} /\!/ \overline{EF} /\!/ \overline{DC}$
이다. $\overline{AB}=36$ cm, $\overline{CD}=45$ cm
일 때, $\overline{EF}$의 길이는?

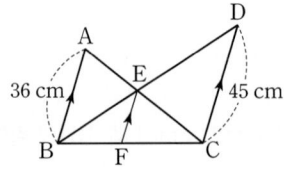

① 12 cm   ② 14 cm

③ 16 cm   ④ 18 cm

⑤ 20 cm

9 .ıl

오른쪽 그림과 같은 △ABC에서 두 점
M, N은 각각 $\overline{AB}$, $\overline{AC}$의 중점이다.
$\overline{MB}=4$ cm, $\overline{AC}=10$ cm,
$\overline{BC}=12$ cm일 때, △AMN의 둘레의
길이를 구하시오.

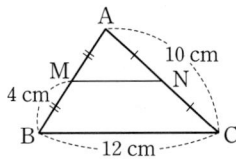

10 .ıl

오른쪽 그림에서 네 점 M, N, P, Q는 각각
$\overline{AB}$, $\overline{AC}$, $\overline{DB}$, $\overline{DC}$의 중점이다.
$\overline{MN}=9$ cm일 때, $\overline{PQ}$의 길이는?

① 5 cm   ② 6 cm

③ 7 cm   ④ 8 cm

⑤ 9 cm

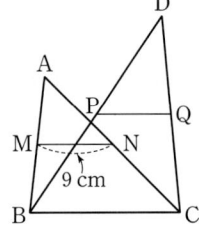

11 .ıl

오른쪽 그림과 같은 △ABC에서 점 D는
$\overline{BC}$의 중점이고 점 E는 $\overline{AD}$의 중점이다.
$\overline{BF} /\!/ \overline{DG}$이고 $\overline{EF}=3$ cm일 때, $\overline{BE}$의
길이는?

① 3 cm   ② 6 cm

③ 9 cm   ④ 12 cm

⑤ 15 cm

12 .ıl 중요🔔

오른쪽 그림과 같은 △ABC에서 $\overline{AB}$,
$\overline{BC}$, $\overline{CA}$의 중점을 각각 D, E, F라 하자.
△DEF의 둘레의 길이가 13 cm일 때,
△ABC의 둘레의 길이는?

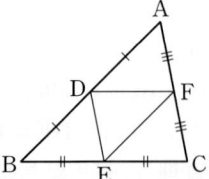

① 26 cm   ② 27 cm

③ 28 cm   ④ 29 cm

⑤ 30 cm

13 .ıl

오른쪽 그림과 같은 □ABCD에서 $\overline{AB}$,
$\overline{BC}$, $\overline{CD}$, $\overline{DA}$의 중점을 각각 E, F, G, H
라 하자. $\overline{AC}$와 $\overline{BD}$의 길이의 합이
34 cm일 때, □EFGH의 둘레의 길이는?

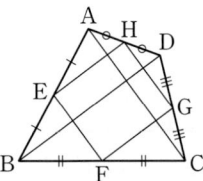

① 31 cm   ② 32 cm

③ 33 cm   ④ 34 cm

⑤ 35 cm

14 .ıl 신유형↻

오른쪽 그림과 같은 뜀틀에서 각 틀의 모양은
앞쪽에서 보면 등변사다리꼴이고 각 틀의 높이
는 같다. 오른쪽 뜀틀에서 x의 값은? (단,
손이 닿는 부분의 두께는 생각하지 않는다.)

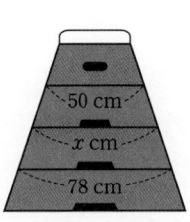

① 60   ② 62

③ 64   ④ 66

⑤ 68

15 ⠂⠸⠆

오른쪽 그림에서 $\overline{AD}$는 △ABC의 중선이
고 $\overline{CE}$는 △ADC의 중선이다. △AEC의
넓이가 14 cm²일 때, △ABC의 넓이는?

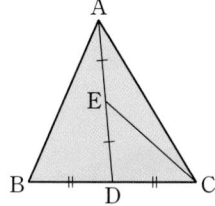

① 40 cm²   ② 44 cm²

③ 48 cm²   ④ 52 cm²

⑤ 56 cm²

16 ⠂⠸⠆

오른쪽 그림에서 점 G는 △ABC의 두 중
선 AD, CE가 만나는 점이다.
$\overline{CG}=4$ cm, $\overline{DC}=3$ cm일 때, $x+y$의
값은?

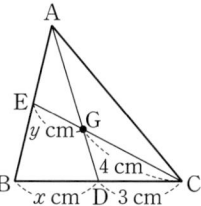

① 3   ② 4

③ 5   ④ 6

⑤ 7

17 ⠂⠸⠆ 중요🔔

오른쪽 그림에서 점 G는 △ABC의 무게
중심이다. $\overline{EF}/\!/\overline{BC}$이고 $\overline{AE}=12$ cm,
$\overline{EG}=6$ cm일 때, $\overline{BD}+\overline{EB}$의 길이는?

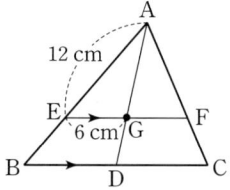

① 6 cm   ② 9 cm

③ 12 cm   ④ 15 cm

⑤ 18 cm

18 ⠂⠸⠆

오른쪽 그림에서 점 G는 △ABC의 무
게중심이고 점 E는 $\overline{BG}$의 중점이다.
△ABC의 넓이가 36 cm²일 때,
△GED의 넓이를 구하시오.

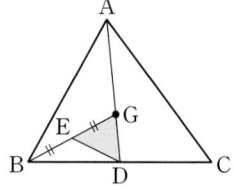

기출 서술형

19 ⠂⠸⠆

오른쪽 그림과 같은 △ABC에서 $\overline{AB}$의 연
장선 위에 $\overline{AB}=\overline{AD}$가 되도록 점 D를 잡
고, $\overline{AC}$의 중점을 E, $\overline{DE}$의 연장선과 $\overline{BC}$가
만나는 점을 F, 꼭짓점 A를 지나고 $\overline{BC}$에
평행한 직선과 $\overline{DF}$가 만나는 점을 G라 하자.
$\overline{BC}=21$ cm일 때, 다음을 구하시오.

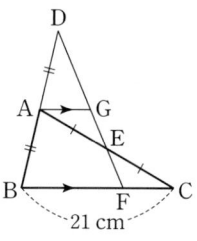

(단, 풀이 과정을 자세히 쓰시오.)

(1) △AEG와 합동인 삼각형

(2) △DBF에서 $\overline{BF}=x$ cm라 할 때, $\overline{AG}$의 길이

(3) $\overline{BF}$의 길이

풀이 과정

(1)

(2)

(3)

답 | (1)   (2)   (3)

20 ⠂⠸⠆

오른쪽 그림과 같은 평행사변형 ABCD에
서 두 대각선 AC, BD가 만나는 점을 O,
$\overline{BC}$, $\overline{CD}$의 중점을 각각 M, N이라 하자.
또 $\overline{BD}$와 $\overline{AM}$, $\overline{AN}$이 만나는 점을 각각
P, Q라 할 때, 다음을 구하시오. (단, 풀이 과정을 자세히 쓰시오.)

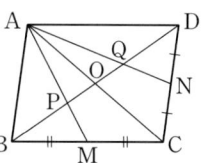

(1) △ABC에서 $\overline{BP}:\overline{PO}$ (가장 간단한 자연수의 비)

(2) △ACD에서 $\overline{DQ}:\overline{QO}$ (가장 간단한 자연수의 비)

(3) $\overline{BD}=15$ cm일 때, $\overline{PQ}$의 길이

풀이 과정

(1)

(2)

(3)

답 | (1)   (2)   (3)

05

피타고라스 정리

이 단원의 학습 계통

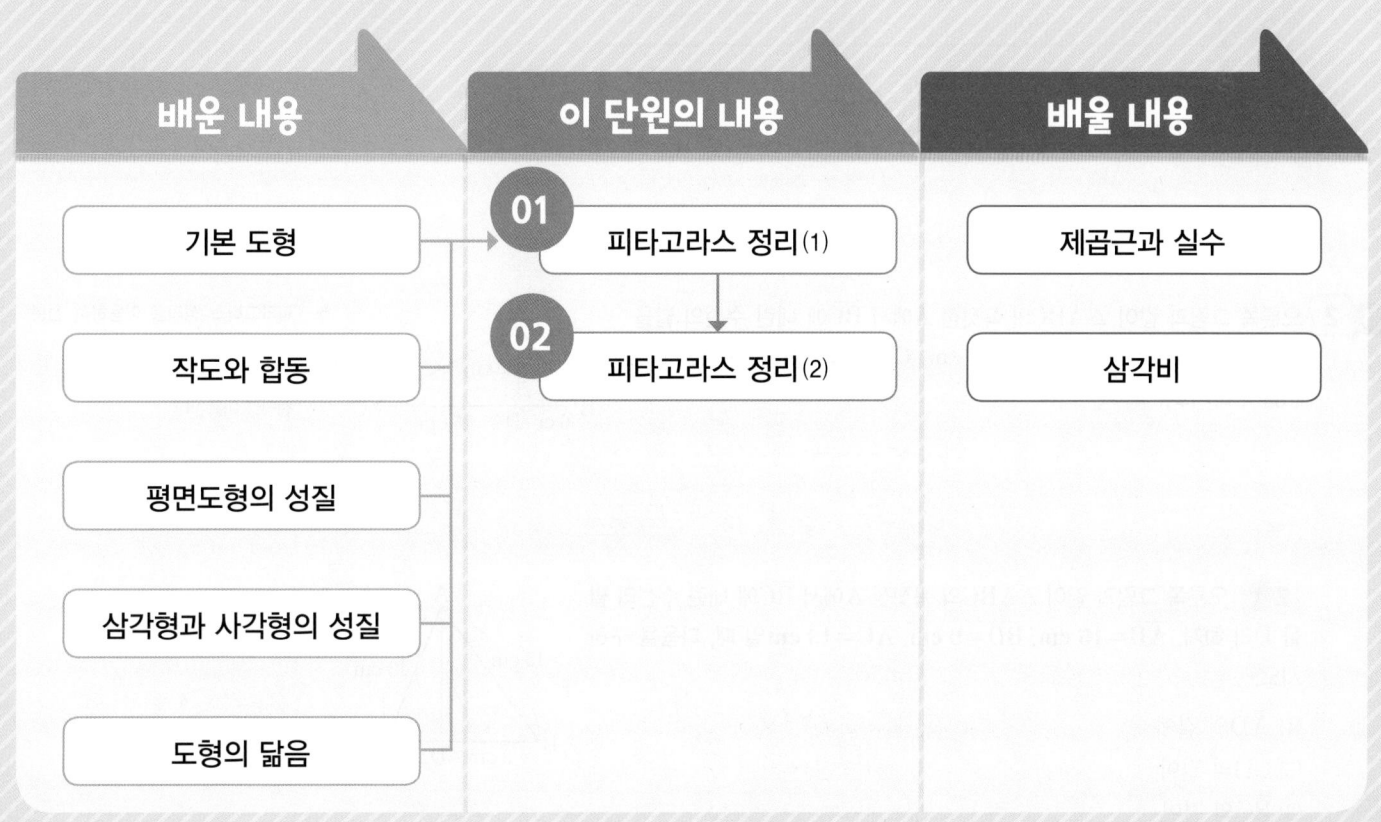

배운 내용	이 단원의 내용	배울 내용
기본 도형	01 피타고라스 정리 ⑴	제곱근과 실수
작도와 합동	02 피타고라스 정리 ⑵	삼각비
평면도형의 성질		
삼각형과 사각형의 성질		
도형의 닮음		

01 피타고라스 정리(1)

1 피타고라스 정리

직각삼각형에서 직각을 낀 두 변의 길이를 각각 a, b라 하고, 빗변의 길이를 c라 하면

$$a^2+b^2=c^2$$
└ 직각을 낀 두 변의 길이의 제곱의 합은 빗변의 길이의 제곱과 같다.

이 성립한다.

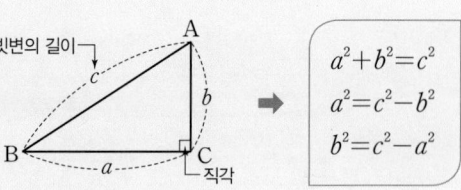

$$a^2+b^2=c^2$$
$$a^2=c^2-b^2$$
$$b^2=c^2-a^2$$

참고 • a, b, c는 변의 길이이므로 항상 양수이다.
• 직각삼각형에서 빗변은 길이가 가장 긴 변이고, 직각의 대변이다.

주의 피타고라스 정리는 직각삼각형에서만 성립한다.

핵심예제 1 오른쪽 직각삼각형에서 x의 값을 구하시오.

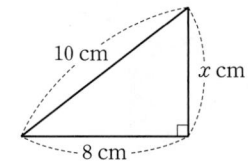

● 피타고라스 정리를 이용하여 직각삼각형의 변의 길이 구하기
직각삼각형에서 두 변의 길이를 알면 피타고라스 정리를 이용하여 나머지 한 변의 길이를 구할 수 있다.

1-1 다음 표는 오른쪽 직각삼각형 ABC에서 a^2, b^2, c^2의 값을 각각 나타낸 것이다. (가)~(다)에 알맞은 것을 써넣으시오.

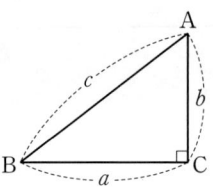

a^2	2	9	(다)
b^2	4	(나)	8
c^2	(가)	14	25

핵심예제 2 오른쪽 그림과 같이 △ABC의 꼭짓점 A에서 $\overline{BC}$에 내린 수선의 발을 D라 하자. $\overline{AB}=10$ cm, $\overline{BD}=6$ cm, $\overline{CD}=15$ cm일 때, $x+y$의 값을 구하시오.

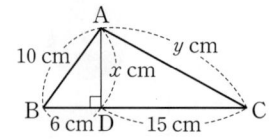

● 피타고라스 정리를 이용하여 선분의 길이 구하기
2개의 직각삼각형에서 피타고라스 정리를 이용한다.

2-1 오른쪽 그림과 같이 △ABC의 꼭짓점 A에서 $\overline{BC}$에 내린 수선의 발을 D라 하자. $\overline{AB}=15$ cm, $\overline{BD}=9$ cm, $\overline{AC}=13$ cm일 때, 다음을 구하시오.

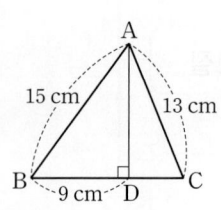

(1) $\overline{AD}$의 길이
(2) $\overline{CD}$의 길이
(3) $\overline{BC}$의 길이
(4) △ABC의 넓이

2 피타고라스 정리의 여러 가지 설명 방법

(1) 피타고라스 정리의 설명 – 유클리드

직각삼각형 ABC에서 빗변 BC를 한 변으로 하는 정사각형 BFGC의 넓이는 나머지 두 변 AB, AC를 각각 한 변으로 하는 두 정사각형 ADEB, ACHI의 넓이의 합과 같다.

➡ □ADEB+□ACHI=□BFGC이므로 $\overline{AB}^2+\overline{AC}^2=\overline{BC}^2$

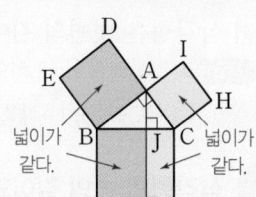

넓이가 같다.　넓이가 같다.

설명

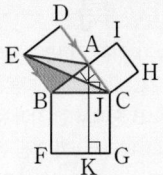　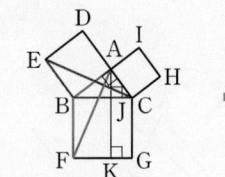　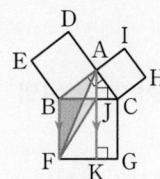　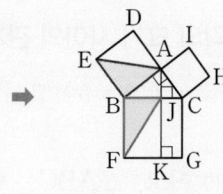

$\overline{EB}\,/\!/\,\overline{DC}$이므로
△EBA=△EBC

△EBC≡△ABF이므로
△EBC=△ABF

$\overline{AK}\,/\!/\,\overline{BF}$이므로
△ABF=△JBF

즉, △JBF=△EBA이므로
□BFKJ=□ADEB

같은 방법으로 하면 □JKGC=□ACHI이므로 □ADEB+□ACHI=□BFGC

(2) 피타고라스 정리의 설명 – 피타고라스

직각을 낀 두 변의 길이가 각각 a, b이고 빗변의 길이가 c인 직각삼각형 ABC와 이와 합동인 3개의 직각삼각형을 이용하여 [그림1]과 같이 한 변의 길이가 $a+b$인 정사각형을 만든 후 직각삼각형을 옮겨 붙여서 [그림2]를 만들 수 있다. 즉,

(①의 넓이)=(②의 넓이)+(③의 넓이) ➡ $c^2=a^2+b^2$

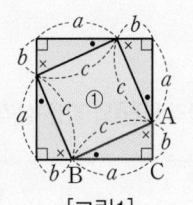

[그림1]　[그림2]

심예제 **3** 오른쪽 그림은 ∠A=90°인 직각삼각형 ABC의 세 변을 각각 한 변으로 하는 세 정사각형을 그린 것이다. □ADEB의 넓이가 40 cm², □BFGC의 넓이가 60 cm²일 때, □ACHI의 넓이를 구하시오.

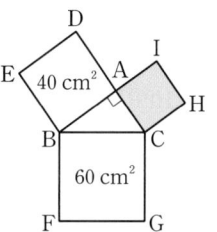

● 피타고라스 정리가 성립함을 유클리드의 방법으로 설명하기
주어진 그림에서 정사각형의 넓이를 이용하여 직각삼각형에서 피타고라스 정리가 성립함을 설명한다.

3-1 오른쪽 그림은 ∠A=90°인 직각삼각형 ABC의 세 변을 각각 한 변으로 하는 세 정사각형을 그린 것이다. 꼭짓점 A에서 $\overline{BC}$, $\overline{FG}$에 내린 수선의 발을 각각 J, K라 하자. □ADEB의 넓이가 64 cm², □ACHI의 넓이가 36 cm²일 때, 다음을 구하시오.

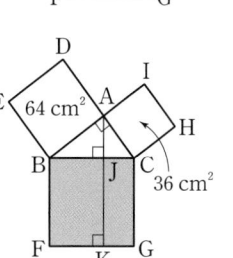

(1) □BFKJ의 넓이
(2) □JKGC의 넓이
(3) □BFGC의 넓이

심예제 **4** 오른쪽 그림과 같은 정사각형 ABCD에서 $\overline{AH}$=4 cm이고 $\overline{AE}=\overline{BF}=\overline{CG}=\overline{DH}$=6 cm일 때, □EFGH의 넓이를 구하시오.

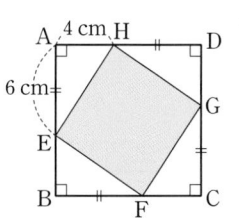

● 피타고라스 정리가 성립함을 피타고라스의 방법으로 설명하기

3 **직각삼각형이 되는 조건**

$\triangle$ABC의 세 변의 길이가 각각 a, b, c일 때, $\overline{a^2+b^2=c^2}$인 관계가 성립하면
이 삼각형은 빗변의 길이가 c인 직각삼각형이다.

참고 직각삼각형의 세 변의 길이가 되는 세 자연수의 쌍을 피타고라스 수라 한다.
예 $(3, 4, 5)$, $(5, 12, 13)$, $(6, 8, 10)$, …

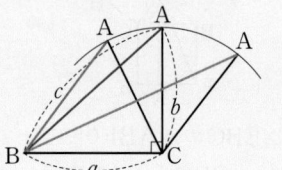

4 **삼각형의 변의 길이와 각의 크기 사이의 관계**

$\triangle$ABC에서 $\overline{AB}=c$, $\overline{BC}=a$, $\overline{CA}=b$이고, c가 가장 긴 변의
길이일 때

(1) $c^2 < a^2+b^2$이면 $\angle C < 90°$이고, $\triangle$ABC는 예각삼각형이다.

(2) $c^2 = a^2+b^2$이면 $\angle C = 90°$이고, $\triangle$ABC는 직각삼각형이다.

(3) $c^2 > a^2+b^2$이면 $\angle C > 90°$이고, $\triangle$ABC는 둔각삼각형이다.

플러스 톡

c가 가장 긴 변의 길이가 아니면
$\angle C$는 예각이고 다른 두 각 $\angle A$,
$\angle B$ 중에서 한 각이 둔각일 수 있
다. 따라서 c가 가장 긴 변의 길이
라는 조건이 반드시 있어야 한다.

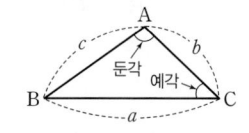

핵심예제 **5** 세 변의 길이가 각각 보기와 같은 삼각형 중에서 직각삼각형인 것을 모두 고르시오.

보기
ㄱ. 5, 9, 12   ㄴ. 5, 12, 13   ㄷ. 8, 10, 16   ㄹ. 12, 16, 20

● 직각삼각형 찾기
가장 긴 변의 길이의 제곱이 나머지
두 변의 길이의 제곱의 합과 같은
삼각형은 직각삼각형이다.

5-1 다음 □ 안에 = 또는 ≠ 중에서 알맞은 것을 써넣으시오.

(1) 세 변의 길이가 각각 5, 8, 10인 삼각형에서 $5^2+8^2 \square 10^2$이므로 이 삼각형은 직각삼각형이
아니다.

(2) 세 변의 길이가 각각 9, 12, 15인 삼각형에서 $9^2+12^2 \square 15^2$이므로 이 삼각형은 직각삼각형
이다.

핵심예제 **6** 세 변의 길이가 각각 다음과 같은 삼각형은 어떤 삼각형인지 말하시오.

(1) 5 cm, 5 cm, 7 cm   (2) 6 cm, 8 cm, 12 cm

● 세 변의 길이에 따른 삼각형의 종류
판별
세 변의 길이가 각각 a, b, c인
$\triangle$ABC에서
① 가장 긴 변의 길이 c를 찾는다.
② c^2과 a^2+b^2의 대소를 비교한다.

6-1 세 변의 길이가 각각 보기와 같은 삼각형 중에서 다음에 해당하는 것을 모두 고르시오.

보기
ㄱ. 4 cm, 5 cm, 8 cm   ㄴ. 7 cm, 24 cm, 25 cm
ㄷ. 8 cm, 8 cm, 11 cm   ㄹ. 10 cm, 24 cm, 26 cm

(1) 예각삼각형   (2) 직각삼각형   (3) 둔각삼각형

소단원 핵심문제

정답과 풀이 ★ 43쪽

1 직각삼각형의 변의 길이 구하기

오른쪽 그림과 같이 ∠C=90°인 직각삼각형 ABC에서 $\overline{AB}$=9 cm, $\overline{BC}$=8 cm일 때, $\overline{AC}^2$의 값은?

① 16   ② 17

③ 18   ④ 19

⑤ 20

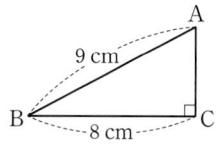

● 직각삼각형에서 직각을 낀 두 변의 길이의 제곱의 합은 빗변의 길이의 제곱과 같다.

2 삼각형에서 피타고라스 정리의 이용

오른쪽 그림과 같이 ∠C=90°인 직각삼각형 ABC에서 $\overline{AC}$=12 cm, $\overline{AD}$=13 cm, $\overline{BD}$=4 cm일 때, x, y의 값을 각각 구하시오.

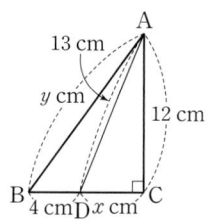

● △ABC와 △ADC는 모두 직각삼각형이다.

3 피타고라스 정리의 설명 – 유클리드

오른쪽 그림은 ∠A=90°인 직각삼각형 ABC의 세 변을 각각 한 변으로 하는 세 정사각형을 그린 것이다. □ACHI의 넓이가 16 cm², □BFGC의 넓이가 25 cm²일 때, △ABC의 넓이를 구하시오.

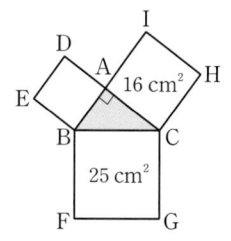

● □ADEB+□ACHI=□BFGC

4 피타고라스 정리의 설명 – 피타고라스

오른쪽 그림과 같은 정사각형 ABCD에서 $\overline{AH}=\overline{BE}=\overline{CF}=\overline{DG}$=6 cm 이다. □EFGH의 넓이가 100 cm²일 때, □ABCD의 둘레의 길이는?

① 52 cm   ② 54 cm

③ 56 cm   ④ 58 cm

⑤ 60 cm

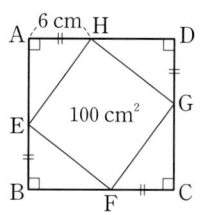

● 한 변의 길이가 a인 정사각형의 넓이는 a^2이다.

5 직각삼각형이 되는 조건

오른쪽 그림과 같은 △ABC에서 $\overline{AB}$=17 cm, $\overline{BC}$=15 cm, $\overline{CA}$=8 cm일 때, ∠C의 크기를 구하시오.

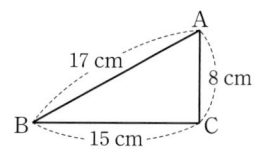

5 피타고라스 정리를 이용한 직각삼각형의 성질

$\angle A = 90°$인 직각삼각형 ABC에서 두 점 D, E가 각각 $\overline{AB}$, $\overline{AC}$ 위에 있을 때,

$$\overline{BC}^2 + \overline{DE}^2 = \overline{BE}^2 + \overline{CD}^2$$

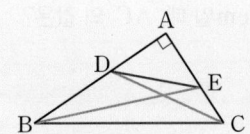

설명 두 직각삼각형 ABC와 ADE에서

$$\overline{BC}^2 + \overline{DE}^2 = (\overline{AB}^2 + \overline{AC}^2) + (\overline{AD}^2 + \overline{AE}^2)$$
$$= (\overline{AB}^2 + \overline{AE}^2) + (\overline{AC}^2 + \overline{AD}^2)$$
$$= \overline{BE}^2 + \overline{CD}^2 \quad \llcorner \triangle ABE \quad \llcorner \triangle ADC$$

6 두 대각선이 직교하는 사각형의 성질

$\square ABCD$에서 두 대각선이 직교할 때,

$$\overline{AB}^2 + \overline{CD}^2 = \overline{AD}^2 + \overline{BC}^2$$
└ 사각형의 두 대변의 길이의 제곱의 합은 서로 같다.

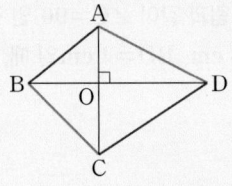

설명 두 대각선이 만나는 점을 O라 하면

$\triangle ABO$에서 $\overline{AB}^2 = \overline{AO}^2 + \overline{BO}^2$, $\triangle BCO$에서 $\overline{BC}^2 = \overline{BO}^2 + \overline{CO}^2$,

$\triangle CDO$에서 $\overline{CD}^2 = \overline{CO}^2 + \overline{DO}^2$, $\triangle DAO$에서 $\overline{AD}^2 = \overline{AO}^2 + \overline{DO}^2$

따라서 $\overline{AB}^2 + \overline{CD}^2 = \overline{AD}^2 + \overline{BC}^2$

핵심예제 7 오른쪽 그림과 같이 $\angle A = 90°$인 직각삼각형 ABC에서 $\overline{BC} = 7$, $\overline{BE} = 5$, $\overline{CD} = 6$일 때, $\overline{DE}^2$의 값을 구하시오.

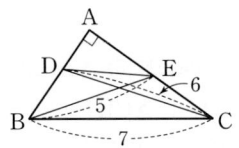

● 피타고라스 정리를 이용한 직각삼각형의 성질

7-1 오른쪽 그림과 같이 $\angle C = 90°$인 직각삼각형 ABC에서 $\overline{AD} = 4$, $\overline{BE} = 6$일 때, $\overline{AB}^2 + \overline{DE}^2$의 값을 구하시오.

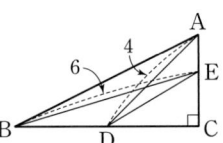

핵심예제 8 오른쪽 그림과 같은 $\square ABCD$에서 두 대각선이 직교한다. $\overline{AD} = 3$, $\overline{BC} = 4$일 때, $\overline{AB}^2 + \overline{CD}^2$의 값을 구하시오.

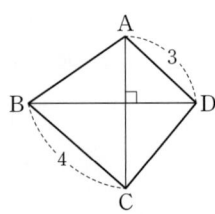

● 두 대각선이 직교하는 사각형의 성질
$\square ABCD$에서 두 대각선이 직교하는 경우에만
$\overline{AB}^2 + \overline{CD}^2 = \overline{AD}^2 + \overline{BC}^2$이 성립한다.

8-1 오른쪽 그림과 같은 $\square ABCD$에서 두 대각선이 직교한다. $\overline{AB} = 6$, $\overline{BC} = 8$, $\overline{CD} = 7$일 때, $\overline{AD}^2$의 값을 구하시오.

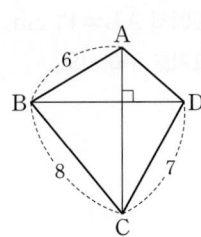

7 직각삼각형과 세 반원 사이의 관계

직각삼각형 ABC에서 직각을 낀 두 변을 각각 지름으로 하는 두 반원의 넓이를 P, Q라 하고, 빗변을 지름으로 하는 반원의 넓이를 R라 할 때,

$$P+Q=R$$

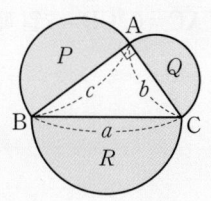

설명 $P+Q=\dfrac{\pi}{2}\left\{\left(\dfrac{c}{2}\right)^2+\left(\dfrac{b}{2}\right)^2\right\}=\dfrac{\pi}{8}(\underbrace{c^2+b^2}_{c^2+b^2=a^2})$, $R=\dfrac{\pi}{2}\left(\dfrac{a}{2}\right)^2=\dfrac{\pi}{8}a^2$

따라서 $P+Q=R$

8 히포크라테스의 원의 넓이

$\angle A=90°$인 직각삼각형 ABC의 세 변을 각각 지름으로 하는 세 반원에서

$$(색칠한\ 부분의\ 넓이)=\triangle ABC$$

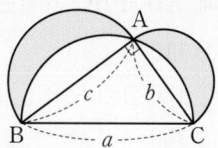

참고 <image_5_inline> $=\dfrac{1}{2}bc$

넓이가 같다.

심예제 9 오른쪽 그림과 같이 $\angle A=90°$이고 $\overline{BC}=10$ cm인 직각삼각형 ABC에서 $\overline{AB}$, $\overline{AC}$를 각각 지름으로 하는 두 반원의 넓이를 P, Q라 할 때, $P+Q$의 값을 구하시오.

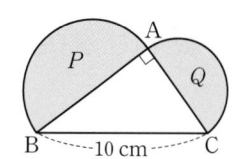

● **직각삼각형과 세 반원 사이의 관계**
직각삼각형의 빗변을 지름으로 하는 반원의 넓이는 나머지 두 변을 각각 지름으로 하는 두 반원의 넓이의 합과 같다.

9-1 오른쪽 그림은 $\angle C=90°$인 직각삼각형 ABC의 세 변을 각각 지름으로 하는 세 반원을 그린 것이다. $\overline{AB}$를 지름으로 하는 반원의 넓이가 46π cm², $\overline{BC}$를 지름으로 하는 반원의 넓이가 20π cm²일 때, $\overline{AC}$를 지름으로 하는 반원의 넓이를 구하시오.

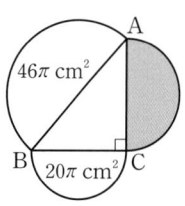

심예제 10 오른쪽 그림은 $\angle A=90°$인 직각삼각형 ABC의 세 변을 각각 지름으로 하는 세 반원을 그린 것이다. $\overline{BC}=15$ cm, $\overline{AC}=9$ cm일 때, 색칠한 부분의 넓이를 구하시오.

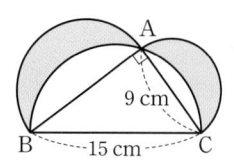

● **히포크라테스의 원의 넓이**
세 반원 중에서 작은 두 반원의 넓이의 합은 가장 큰 반원의 넓이와 같음을 이용한다.

10-1 오른쪽 그림은 $\angle A=90°$인 직각삼각형 ABC의 세 변을 각각 지름으로 하는 세 반원을 그린 것이다. $\overline{AB}=4$ cm, $\overline{AC}=9$ cm일 때, 색칠한 부분의 넓이를 구하시오.

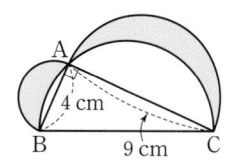

1 피타고라스 정리를 이용한 직각삼각형의 성질

오른쪽 그림과 같이 $\angle A = 90°$인 직각삼각형 ABC에서 $\overline{AB} = 8$, $\overline{AC} = 6$, $\overline{CD} = 7$일 때, $\overline{BE}^2 - \overline{DE}^2$의 값을 구하시오.

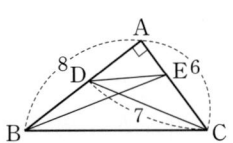

2 두 대각선이 직교하는 사각형의 성질

오른쪽 그림과 같은 $\square$ABCD에서 $\overline{AC} \perp \overline{BD}$이다. $\overline{AB} = 5$, $\overline{CD} = 10$일 때, $\overline{AD}^2 + \overline{BC}^2$의 값은?

① 110   ② 115

③ 120   ④ 125

⑤ 130

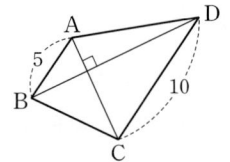

$\square$ABCD에서 두 대각선이 직교할 때, 두 대변의 길이의 제곱의 합은 서로 같다.

3 두 대각선이 직교하는 사각형의 성질

오른쪽 그림과 같은 $\square$ABCD에서 두 대각선이 직교한다. $\overline{CD} = 6$, $\overline{AO} = 3$, $\overline{DO} = 4$일 때, $\overline{BC}^2 - \overline{AB}^2$의 값은? (단, 점 O는 두 대각선의 교점)

① 3   ② 5

③ 7   ④ 9

⑤ 11

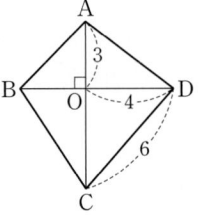

먼저 직각삼각형 AOD에서 피타고라스 정리를 이용하여 $\overline{AD}^2$의 값을 구한다.

4 직각삼각형과 세 반원 사이의 관계

오른쪽 그림과 같이 $\angle A = 90°$인 직각삼각형 ABC에서 $\overline{AB}$, $\overline{AC}$를 각각 지름으로 하는 두 반원의 넓이를 P, Q라 하자. P의 넓이가 18π cm^2, Q의 넓이가 54π cm^{2}일 때, $\overline{BC}$의 길이는?

① 21 cm   ② 22 cm

③ 23 cm   ④ 24 cm

⑤ 25 cm

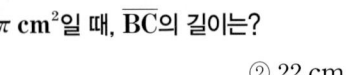

(반원의 넓이)
$= \dfrac{1}{2} \times$ (원의 넓이)
$= \dfrac{\pi}{2} \times$ (반지름의 길이)^2

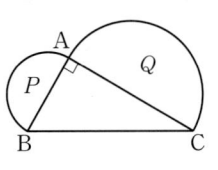

5 히포크라테스의 원의 넓이

기출

오른쪽 그림은 $\angle A = 90°$인 직각삼각형 ABC의 세 변을 각각 지름으로 하는 세 반원을 그린 것이다. $\overline{AC} = 8$ cm, $\overline{BC} = 17$ cm일 때, 색칠한 부분의 넓이를 구하시오.

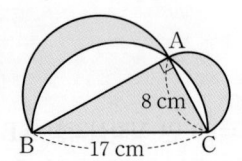

먼저 피타고라스 정리를 이용하여 $\overline{AB}$의 길이를 구한다.

중단원 마무리 테스트

정답과 풀이 ★ 45쪽

1.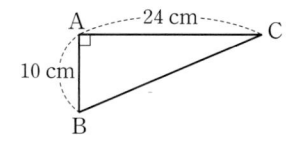

오른쪽 그림과 같이 ∠A=90°인 직각삼각형 ABC에서 $\overline{AB}$=10 cm, $\overline{AC}$=24 cm일 때, △ABC의 둘레의 길이는?

① 52 cm   ② 56 cm   ③ 60 cm
④ 64 cm   ⑤ 68 cm

2.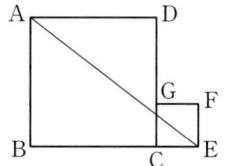

오른쪽 그림은 넓이가 각각 81 cm², 9 cm²인 두 정사각형 ABCD, GCEF를 세 점 B, C, E가 한 직선 위에 있도록 겹치지 않게 이어 붙인 것이다. 이때 $\overline{AE}$의 길이는?

① 11 cm   ② 12 cm   ③ 13 cm
④ 14 cm   ⑤ 15 cm

3. 신유형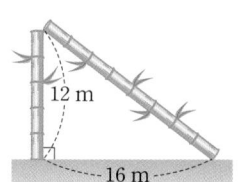

오른쪽 그림과 같이 지면 위에 똑바로 서 있던 어떤 나무가 부러져서 그 끝이 지면에 닿았다. 부러진 나무의 아랫부분의 길이는 12 m이고, 나무가 서 있는 지점에서 부러진 끝이 닿은 지점까지의 거리는 16 m일 때, 부러지기 전의 나무의 총 길이는?

① 28 m   ② 30 m   ③ 32 m
④ 34 m   ⑤ 36 m

4.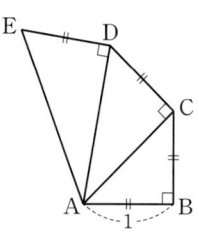

오른쪽 그림에서 $\overline{AB}$=$\overline{BC}$=$\overline{CD}$=$\overline{DE}$=1이고 ∠ABC=∠ACD=∠ADE=90°일 때, $\overline{AE}$의 길이는?

① 1 cm   ② 2 cm
③ 3 cm   ④ 4 cm
⑤ 5 cm

5.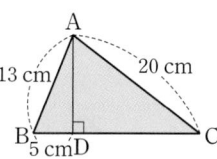

오른쪽 그림과 같이 △ABC의 꼭짓점 A에서 $\overline{BC}$에 내린 수선의 발을 D라 하자. $\overline{AB}$=13 cm, $\overline{BD}$=5 cm, $\overline{AC}$=20 cm일 때, △ABC의 넓이는?

① 120 cm²   ② 126 cm²   ③ 132 cm²
④ 138 cm²   ⑤ 144 cm²

6.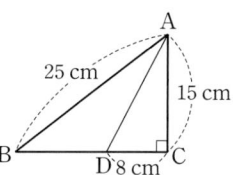

오른쪽 그림과 같이 ∠C=90°인 직각삼각형 ABC에서 $\overline{AB}$=25 cm, $\overline{AC}$=15 cm, $\overline{CD}$=8 cm일 때, △ABD의 둘레의 길이는?

① 51 cm   ② 52 cm
③ 53 cm   ④ 54 cm
⑤ 55 cm

7 .ıl

오른쪽 그림과 같이
$\angle A = \angle C = 90°$인 □ABCD에서
$\overline{AB}=15$ cm, $\overline{AD}=20$ cm,
$\overline{CD}=7$ cm일 때, $\overline{BC}$의 길이를 구하
시오.

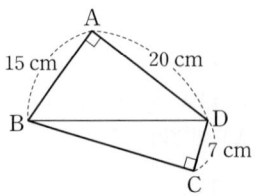

8 .ıl 중요

오른쪽 그림과 같이 세로의 길이가
5 cm이고 대각선의 길이가 13 cm
인 직사각형 ABCD의 넓이를 구하
시오.

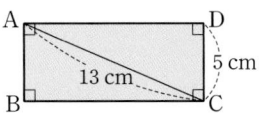

9 .ıl 중요

오른쪽 그림과 같이 $\angle A = 90°$인 직각삼
각형 ABC의 꼭짓점 A에서 빗변 BC에
내린 수선의 발을 D라 하자.
$\overline{AC}=20$ cm, $\overline{CD}=16$ cm일 때,
△ABC의 넓이는?

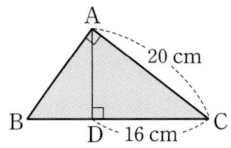

① 130 cm²   ② 135 cm²   ③ 140 cm²

④ 145 cm²   ⑤ 150 cm²

10 .ıl

오른쪽 그림은 $\angle A = 90°$인 직각삼각형
ABC의 세 변을 각각 한 변으로 하는 세
정사각형을 그린 것이다. $\overline{AJ} \perp \overline{BC}$,
$\overline{AK} \perp \overline{FG}$이고 $\overline{AC}=6$ cm,
$\overline{BC}=10$ cm일 때, △ABF의 넓이는?

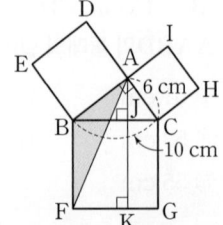

① 28 cm²   ② 32 cm²

③ 36 cm²   ④ 40 cm²

⑤ 44 cm²

11 .ıl

오른쪽 그림에서 □ABCD는 정사각형
이고 $\overline{AE}=\overline{BF}=\overline{CG}=\overline{DH}=3$ cm이
다. □EFGH의 넓이가 25 cm²일 때,
□ABCD의 넓이를 구하시오.

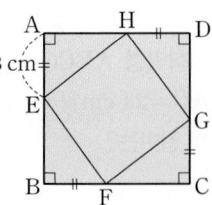

12 .ıl 신유형

길이가 각각 6, 7, 8, 9, 10, 11, 12, 13,
14, 15인 10개의 막대 중에서 3개를 골
라 세 막대를 변의 길이로 하는 직각삼각
형을 만들려고 한다. 이때 만들 수 있는
직각삼각형의 개수를 구하시오.

    (단, 막대의 두께는 생각하지 않는다.)

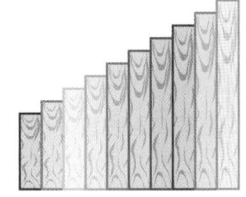

13 .ıl

△ABC의 세 변의 길이가 각각 $\overline{AB}=8$ cm, $\overline{BC}=6$ cm,
$\overline{CA}=5$ cm일 때, △ABC는 어떤 삼각형인가?

① 예각삼각형

② $\angle A = 90°$인 직각삼각형

③ $\angle B > 90°$인 둔각삼각형

④ $\angle B = 90°$인 직각삼각형

⑤ $\angle C > 90°$인 둔각삼각형

14 .ıl 중요

세 변의 길이가 각각 4 cm, 7 cm, x cm$(x>7)$인 삼각형이 있다.
이 삼각형이 예각삼각형일 때, 자연수 x의 값을 구하시오.

15 ﹒ıl

오른쪽 그림과 같이 ∠A=90°인 직각 삼각형 ABC에서 $\overline{BE}=8$, $\overline{DE}=4$일 때, $\overline{BC}^2-\overline{CD}^2$의 값은?

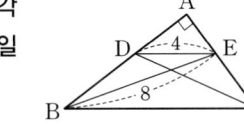

① 46 ② 47

③ 48 ④ 49

⑤ 50

16 ﹒ıl

오른쪽 그림과 같은 □ABCD에서 두 대각선이 직교한다. $\overline{AD}=\overline{BC}=9$, $\overline{AO}=6$이고 $\overline{CD}^2=62$일 때, $\overline{BO}$의 길이는? (단, 점 O는 두 대각선의 교점)

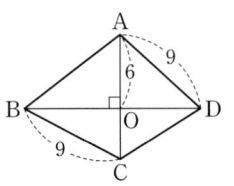

① 5 ② 6

③ 7 ④ 8

⑤ 9

17 ﹒ıl 중요

오른쪽 그림과 같이 ∠A=90°인 직각삼각형 ABC의 세 변 AB, AC, BC를 각각 지름으로 하는 세 반원의 넓이를 P, Q, R라 하자. $\overline{BC}=8$ cm이고 $P:Q=5:3$일 때, $\overline{AB}$를 지름으로 하는 반원의 넓이 P는?

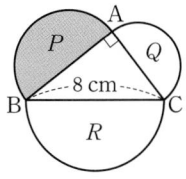

① 2π cm^2 ② 3π cm^2 ③ 4π cm^2

④ 5π cm^2 ⑤ 6π cm^2

기출 서술형

18 ﹒ıl

오른쪽 그림과 같은 정사각형 ABCD에서 4개의 직각삼각형은 모두 합동이다. $\overline{AB}=15$ cm, $\overline{AF}=12$ cm일 때, 다음 물음에 답하시오.

(단, 풀이 과정을 자세히 쓰시오.)

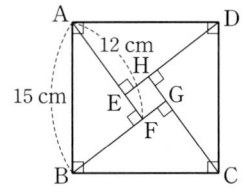

(1) □EFGH는 어떤 사각형인가?

(2) $\overline{EF}$의 길이를 구하시오.

(3) □EFGH의 둘레의 길이를 구하시오.

풀이 과정

(1)

(2)

(3)

답 | (1)　　　　(2)　　　　(3)

19 ﹒ıl

오른쪽 그림은 ∠A=90°인 직각삼각형 ABC의 세 변을 각각 지름으로 하는 세 반원을 그린 것이다. $\overline{AB}=12$ cm이고 색칠한 부분의 넓이가 30 cm^{2}일 때, 다음을 구하시오. (단, 풀이 과정을 자세히 쓰시오.)

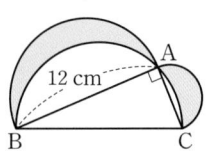

(1) △ABC의 넓이

(2) $\overline{AC}$의 길이

(3) $\overline{BC}$의 길이

풀이 과정

(1)

(2)

(3)

답 | (1)　　　　(2)　　　　(3)

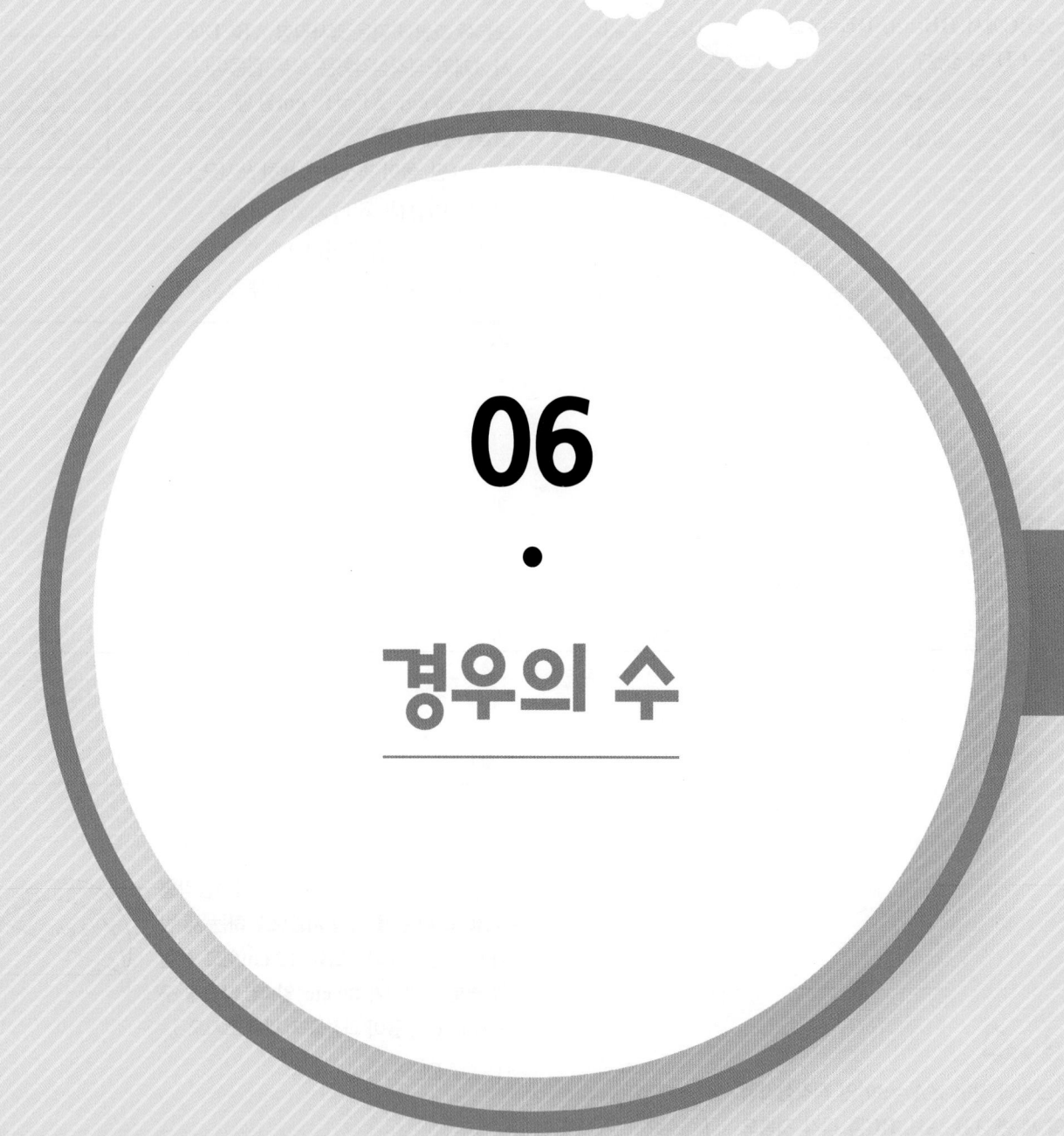

06

·

경우의 수

이 단원의 학습 계통

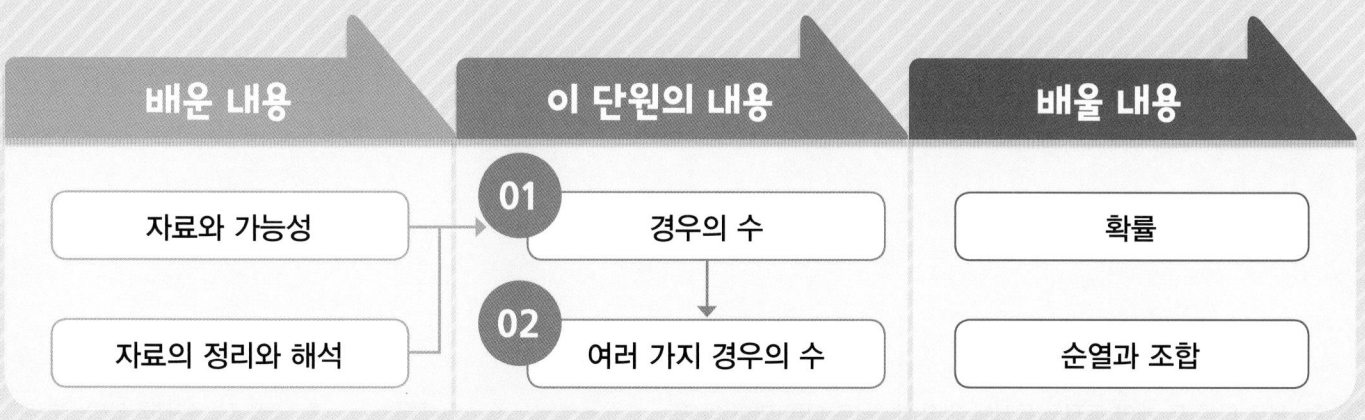

배운 내용	이 단원의 내용	배울 내용
자료와 가능성	01 경우의 수	확률
자료의 정리와 해석	02 여러 가지 경우의 수	순열과 조합

01 경우의 수

1 사건과 경우의 수

실험이나 관찰에서 일어날 수 있는 모든 결과 중의 일부 또는 전부

(1) **사건**: 같은 조건에서 반복할 수 있는 실험이나 관찰에서 나타나는 결과

(2) **경우의 수**: 어떤 사건이 일어나는 가짓수

실험(관찰)	사건	사건이 일어나는 경우	경우의 수
한 개의 주사위를 던진다. 일어날 수 있는 사건은 1, 2, 3, 4, 5, 6의 눈이 나오는 경우이므로 이때의 모든 경우의 수는 6이다.	홀수의 눈이 나온다.	· , ·.· , ·.·.·	3
	3의 배수의 눈이 나온다.	·.·, ·.·.·	2

주의 경우의 수를 구할 때는 모든 경우를 중복되지 않게 빠짐없이 구해야 한다.

핵심예제 1 1부터 10까지의 자연수가 각각 하나씩 적힌 10장의 카드 중에서 한 장을 뽑을 때, 9의 약수가 적힌 카드가 나오는 경우의 수를 구하시오.

● **사건이 일어나는 경우의 수 구하기**
문제에서 요구하는 수를 나열한 후 그 개수를 센다.

1-1 1부터 15까지의 자연수가 각각 하나씩 적힌 15개의 공이 들어 있는 주머니가 있다. 이 주머니에서 한 개의 공을 꺼낼 때, 다음 사건이 일어나는 경우의 수를 구하시오.

(1) 12의 약수가 적힌 공이 나온다.
(2) 5의 배수가 적힌 공이 나온다.

핵심예제 2 서로 다른 두 개의 동전을 동시에 던질 때, 서로 다른 면이 나오는 경우의 수를 구하시오.

● **동전 또는 주사위를 던지는 경우의 수 구하기**
나올 수 있는 모든 경우를 순서쌍으로 나타낸 후 그 개수를 센다.

2-1 서로 다른 두 개의 주사위를 동시에 던질 때, 다음을 구하시오.

(1) 나오는 두 눈의 수의 합이 6인 경우의 수
(2) 나오는 두 눈의 수가 같은 경우의 수

2 사건 A 또는 사건 B가 일어나는 경우의 수

사건 A와 사건 B가 동시에 일어나지 않을 때, 사건 A가 일어나는 경우의 수를 m, 사건 B가 일어나는 경우의 수를 n이라 하면

(사건 A 또는 사건 B가 일어나는 경우의 수)$=m+n$

> **플러스톡**
>
> 일반적으로 동시에 일어나지 않는 두 사건에 대하여 '또는', '~이거나'와 같은 표현이 있으면 두 사건이 일어나는 각 경우의 수의 합을 이용한다.

예 한 개의 주사위를 던질 때, 3 미만의 눈이 나오는 경우는 1, 2의 2가지, 5 이상의 눈이 나오는 경우는 5, 6의 2가지이므로

(3 미만 또는 5 이상의 눈이 나오는 경우의 수)＝(3 미만의 눈이 나오는 경우의 수)＋(5 이상의 눈이 나오는 경우의 수)
　└ 동시에 일어날 수 없다.　　　　　　　　　＝2＋2＝4

참고 사건 A와 사건 B가 동시에 일어나지 않는다는 것은 사건 A가 일어나면 사건 B가 일어날 수 없고, 사건 B가 일어나면 사건 A가 일어날 수 없다는 뜻이다.

예제 3 오른쪽 그림과 같이 희수네 집에서 영화관까지 가는 지하철 노선은 2가지, 버스 노선은 4가지이다. 희수가 지하철이나 버스를 타고 집에서 영화관까지 가는 경우의 수를 구하시오.

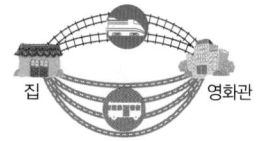

● 사건 A 또는 사건 B가 일어나는 경우의 수 구하기

두 사건이 동시에 일어나지 않으면

사건 A	또는	사건 B
↓	↓	↓
m	＋	n

3-1 어느 분식점의 차림표에는 밥 종류가 3가지, 면 종류가 5가지가 있다. 이때 밥 종류 또는 면 종류 중에서 하나만 주문하는 경우의 수를 구하시오.

차림표	
밥	면
	잔치국수
김치볶음밥	라면
비빔밥	우동
오징어덮밥	쫄면
	냉면

예제 4 1부터 10까지의 자연수가 각각 하나씩 적힌 10개의 공이 들어 있는 주머니가 있다. 이 주머니에서 한 개의 공을 꺼낼 때, 3의 배수 또는 10의 약수가 적힌 공이 나오는 경우의 수를 구하시오.

● 수를 뽑는 경우의 수의 합 구하기

3의 배수가 적힌 공과 10의 약수가 적힌 공은 동시에 나올 수 없다.

4-1 오른쪽 그림과 같은 1부터 12까지의 자연수가 각각 적혀 있는 12등분된 원판을 돌린 다음 멈추는 순간 바늘이 가리키는 수를 읽을 때, 다음을 구하시오.

(단, 바늘이 경계선을 가리키는 경우는 생각하지 않는다.)

(1) 바늘이 가리키는 수가 소수인 경우의 수

(2) 바늘이 가리키는 수가 4의 배수인 경우의 수

(3) 바늘이 가리키는 수가 소수 또는 4의 배수인 경우의 수

3 사건 A와 사건 B가 동시에 일어나는 경우의 수

(1) 사건 A가 일어나는 경우의 수를 m, 그 각각에 대하여 사건 B가 일어나는 경우의 수를 n이라 하면

$$(\text{사건 } A \text{와 사건 } B \text{가 동시에 일어나는 경우의 수}) = m \times n$$

> **플러스톡**
> 일반적으로 '동시에', '~와', '그리고' 와 같은 표현이 있으면 두 사건이 일어나는 각 경우의 수의 곱을 이용한다.

예 A 지점에서 B 지점까지 가는 길이 2가지, B 지점에서 C 지점까지 가는 길이 3가지일 때, A 지점에서 B 지점을 거쳐 C 지점까지 가는 경우의 수를 구해 보자.

방법1 그림을 이용하여 구하기	**방법2** 곱셈을 이용하여 구하기
A 지점에서 B 지점을 거쳐 C 지점까지 가는 경우는 오른쪽 그림에서 $a-c, a-d, a-e, b-c, b-d, b-e$ 따라서 구하는 경우의 수는 6이다.	$2 \times 3 = 6$

참고 사건 A와 사건 B가 동시에 일어난다는 것은 두 사건이 같은 시간에 일어나는 것만을 뜻하는 것이 아니라 사건 A가 일어나는 각각의 경우에 대하여 사건 B가 일어난다는 뜻이다. 즉, 사건 A와 사건 B가 모두 일어난다는 뜻이다.

(2) 여러 개의 동전 또는 주사위를 동시에 던지는 경우

① 여러 개의 동전을 동시에 던지는 경우: 한 개의 동전을 던질 때 일어나는 경우의 수는 2이므로
  서로 다른 m개의 동전을 동시에 던질 때 일어나는 모든 경우의 수는 $\underbrace{2 \times 2 \times \cdots \times 2}_{m\text{개}} = 2^m$

② 여러 개의 주사위를 동시에 던지는 경우: 한 개의 주사위를 던질 때 일어나는 경우의 수는 6이므로
  서로 다른 n개의 주사위를 동시에 던질 때 일어나는 모든 경우의 수는 $\underbrace{6 \times 6 \times \cdots \times 6}_{n\text{개}} = 6^n$

③ 여러 개의 동전과 주사위를 동시에 던지는 경우:
  서로 다른 m개의 동전과 n개의 주사위를 동시에 던질 때, 일어나는 모든 경우의 수는 $2^m \times 6^n$

핵심예제 5 진희는 서로 다른 모자 3개와 서로 다른 가방 2개를 가지고 있다. 모자, 가방을 각각 하나씩 골라 외출하는 방법의 수를 구하시오.

> 사건 A와 사건 B가 동시에 일어나는 경우의 수 구하기
>
> | 사건 A | 그리고 | 사건 B |
> |---|---|---|
> | ↓ | | ↓ |
> | m | $\times$ | n |

5-1 어느 가게에서 딸기, 키위, 수박, 오렌지 주스를 각각 레귤러, 라지 사이즈로 판매하고 있다. 다음을 구하시오.

(1) 주스 중에서 하나를 선택하는 경우의 수

(2) 사이즈 중에서 하나를 선택하는 경우의 수

(3) 이 가게에서 음료를 주문하는 경우의 수

핵심예제 6 서로 다른 두 개의 동전과 한 개의 주사위를 동시에 던질 때, 다음을 구하시오.

(1) 서로 다른 두 개의 동전을 동시에 던질 때, 서로 같은 면이 나오는 경우의 수

(2) 한 개의 주사위를 던질 때, 5의 약수의 눈이 나오는 경우의 수

(3) 동전은 서로 같은 면이 나오고 주사위는 5의 약수의 눈이 나오는 경우의 수

> 여러 개의 동전과 주사위를 동시에 던지는 경우의 수 구하기

소단원 핵심문제

1 경우의 수 – 원판 돌리기

오른쪽 그림과 같은 1부터 8까지의 자연수가 각각 적혀 있는 8등분된 원판을 돌린 다음 멈추는 순간 바늘이 가리키는 수를 읽을 때, 8의 약수가 나오는 경우의 수는? (단, 바늘이 경계선을 가리키는 경우는 생각하지 않는다.)

① 4   ② 5

③ 6   ④ 7

⑤ 8

2 경우의 수 – 물건값 지불 방법

진우는 1000원짜리 지폐 2장과 500원짜리 동전 4개, 100원짜리 동전 3개를 가지고 있다. 이 돈으로 2300원짜리 빵을 한 개 살 때, 거스름돈 없이 그 값을 지불하는 방법의 수는?

① 1   ② 2   ③ 3

④ 4   ⑤ 5

> 금액이 큰 지폐의 개수를 먼저 정한다.

3 사건 A 또는 사건 B가 일어나는 경우의 수

주원이네 가족은 방학 때 여행을 가기로 하고 숙소는 강원도 지역 3곳, 제주도 지역 4곳, 부산 지역 2곳을 알아보았다. 주원이네 가족이 방학 때 강원도 지역 또는 부산 지역 중에서 한 곳을 숙소로 선택하는 경우의 수를 구하시오.

> '또는', '~이거나'와 같은 표현이 있는 경우에는 두 사건이 일어나는 경우의 수를 더한다.

4 사건 A와 사건 B가 동시에 일어나는 경우의 수 – 숫자 택하기

오른쪽 그림과 같이 각 면에 1부터 12까지의 자연수가 각각 하나씩 적힌 정십이면체 모양의 주사위 한 개를 두 번 던질 때, 윗면에 보이는 수가 첫 번째는 3의 배수이고 두 번째는 5의 배수인 경우의 수는?

① 6   ② 7

③ 8   ④ 9

⑤ 10

> '동시에', '~와', '그리고'와 같은 표현이 있는 경우에는 두 사건이 일어나는 경우의 수를 곱한다.

5 사건 A와 사건 B가 동시에 일어나는 경우의 수 – 가위바위보

민주, 하준, 지우 3명이 가위바위보를 할 때, 일어날 수 있는 모든 경우의 수를 구하시오.

> 한 사람이 낼 수 있는 경우는 가위, 바위, 보이다.

02 여러 가지 경우의 수

4 한 줄로 세우는 경우의 수

(1) n명을 한 줄로 세우는 경우의 수:

$$\underline{n} \times \underline{(n-1)} \times \underline{(n-2)} \times \cdots \times 2 \times 1$$

└─ 2명을 뽑고 남은 $(n-2)$명 중에서 1명을 뽑는 경우의 수

└─ 1명을 뽑고 남은 $(n-1)$명 중에서 1명을 뽑는 경우의 수

└─ n명 중에서 1명을 뽑는 경우의 수

(2) n명 중에서 2명을 뽑아 한 줄로 세우는 경우의 수: $n \times (n-1)$

(3) n명 중에서 3명을 뽑아 한 줄로 세우는 경우의 수: $n \times (n-1) \times (n-2)$

예 A, B, C, D, E 5명에 대하여

　(1) 5명을 한 줄로 세우는 경우의 수는 $5 \times 4 \times 3 \times 2 \times 1 = 120$

　(2) 5명 중에서 2명을 뽑아 한 줄로 세우는 경우의 수는 $5 \times 4 = 20$

　(3) 5명 중에서 3명을 뽑아 한 줄로 세우는 경우의 수는 $5 \times 4 \times 3 = 60$

참고 n명 중에서 r명을 뽑아 한 줄로 세우는 경우의 수: $n \times (n-1) \times (n-2) \times \cdots \times (n-r+1)$ (단, $n \geq r$)

> **플러스 톡**
>
> **색칠하는 경우의 수**
> 오른쪽 그림과 같은 도형의 한 부분에는 한 가지 색만 칠하고 A, B, C 세 영역에 모두 다른 색을 칠하는 경우의 수는
>
> | A | B | C |
> |---|---|---|
>
> $3 \times 2 \times 1 = 6$

핵심예제 7 A, B, C 3명을 한 줄로 세우는 경우의 수를 구하시오.

> ● **한 줄로 세우는 경우의 수 구하기**
> n명을 한 줄로 세우는 경우의 수는 n부터 1씩 작아지면서 1까지 곱한다.

7-1 혜영, 우진, 성환, 서현 4명을 오른쪽 그림의 4가지 색의 발판에 각각 한 명씩 세우는 경우의 수를 구하시오.

7-2 서로 다른 6개의 빵 중에서 4개의 빵을 골라 접시에 한 줄로 담는 경우의 수를 구하시오.

핵심예제 8 경원, 지훈, 유주, 채희 4명을 한 줄로 세울 때, 유주를 맨 앞 또는 맨 뒤에 세우는 경우의 수를 구하시오.

> ● **특정한 사람의 자리를 정하고 한 줄로 세우는 경우의 수 구하기**
> ① 자리가 정해진 A를 먼저 고정한다.
> ② A를 제외한 나머지를 한 줄로 세우는 경우의 수를 구한다.

8-1 빨간색, 주황색, 노란색, 초록색, 파란색, 남색 6개의 모자를 한 줄로 나열할 때, 빨간색 모자가 세 번째 놓이는 경우의 수를 구하시오.

5 이웃하게 한 줄로 세우는 경우의 수

한 줄로 세울 때, 이웃하게 세우는 경우의 수는 다음과 같은 순서로 구한다.

① 이웃하는 것을 하나로 묶어서 한 줄로 세우는 경우의 수를 구한다.

② 묶음 안에서 자리를 바꾸는 경우의 수를 구한다.

③ ①에서 구한 경우의 수와 ②에서 구한 경우의 수를 곱한다.

$$\left(\begin{array}{c}\text{이웃하는 것을 하나로 묶어}\\ \text{한 줄로 세우는 경우의 수}\end{array}\right)\times\left(\begin{array}{c}\text{묶음 안에서 자리를}\\ \text{바꾸는 경우의 수}\end{array}\right)$$

┌ 묶음 안에서 한 줄로 세우는 경우의 수

예 A, B, C, D 4명을 한 줄로 세울 때, A, B를 이웃하게 세우는 경우의 수를 구해 보자.

① A, B를 묶어서 한 명으로 생각하여 3명을 한 줄로 세우는 경우의 수를 구한다.

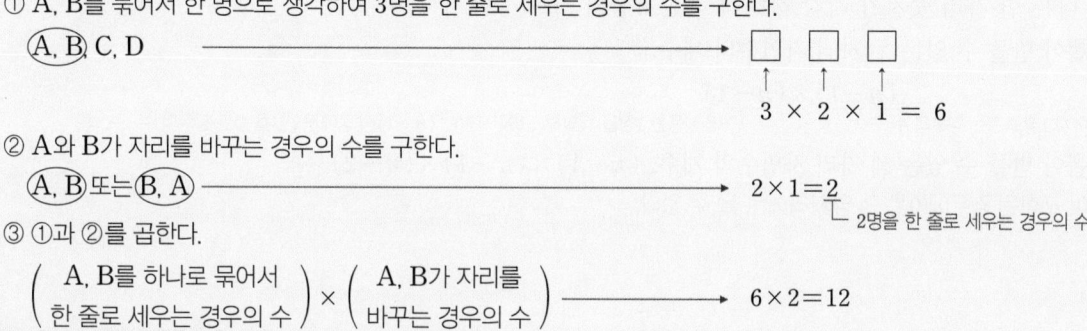

Ⓐ Ⓑ C, D ⟶ ☐ ☐ ☐

$3 \times 2 \times 1 = 6$

② A와 B가 자리를 바꾸는 경우의 수를 구한다.

Ⓐ, Ⓑ 또는 Ⓑ, Ⓐ ⟶ $2 \times 1 = 2$

└ 2명을 한 줄로 세우는 경우의 수

③ ①과 ②를 곱한다.

$$\left(\begin{array}{c}\text{A, B를 하나로 묶어서}\\ \text{한 줄로 세우는 경우의 수}\end{array}\right)\times\left(\begin{array}{c}\text{A, B가 자리를}\\ \text{바꾸는 경우의 수}\end{array}\right) \longrightarrow 6 \times 2 = 12$$

참고 2명끼리 자리를 바꾸는 경우의 수: $2 \times 1 = 2$

3명끼리 자리를 바꾸는 경우의 수: $3 \times 2 \times 1 = 6$

심예제 9 부모님, 언니, 오빠, 채영이가 나란히 서서 가족사진을 찍으려고 한다. 채영이와 언니가 이웃하게 서서 가족사진을 찍게 되는 경우의 수를 구하시오.

● 한 줄로 세울 때, 이웃하게 세우는 경우의 수 구하기
이웃하는 것을 하나로 묶어서 생각한다.

9-1 남학생 3명과 여학생 2명을 한 줄로 세울 때, 남학생끼리 이웃하게 세우는 경우의 수를 구하시오.

9-2 서로 다른 2권의 수필집, 서로 다른 2권의 판타지 소설책, 서로 다른 2권의 시집을 책꽂이에 한 줄로 나란히 꽂을 때, 판타지 소설책끼리 이웃하게 꽂는 경우의 수는?

① 120 ② 160

③ 200 ④ 240

⑤ 280

6 자연수를 만드는 경우의 수

(1) 0을 포함하지 않는 경우

0이 아닌 서로 다른 한 자리 숫자가 각각 하나씩 적힌 n장의 카드 중에서

① 2장을 동시에 뽑아 만들 수 있는 두 자리 자연수의 개수:

$$n \times (n-1)$$

n장 중에서 1장을 뽑는 경우의 수 ┘　└ 사용한 1장을 제외한 $(n-1)$장 중에서 1장을 뽑는 경우의 수

② 3장을 동시에 뽑아 만들 수 있는 세 자리 자연수의 개수: $n \times (n-1) \times (n-2)$

(2) 0을 포함하는 경우

0을 포함한 서로 다른 한 자리 숫자가 각각 하나씩 적힌 n장의 카드 중에서

① 2장을 동시에 뽑아 만들 수 있는 두 자리 자연수의 개수:

$$(n-1) \times (n-1)$$

0을 제외한 $(n-1)$장 중에서 1장을 뽑는 경우의 수 ┘　└ 사용한 1장을 제외하고 0을 포함한 $(n-1)$장 중에서 1장을 뽑는 경우의 수

② 3장을 동시에 뽑아 만들 수 있는 세 자리 자연수의 개수: $(n-1) \times (n-1) \times (n-2)$

> **주의** 숫자 중에 0이 포함된 경우에 0은 맨 앞자리에는 올 수 없다.

핵심예제 10 1부터 5까지의 자연수가 각각 하나씩 적힌 5장의 카드가 있다. 이 중에서 3장을 동시에 뽑아 만들 수 있는 세 자리 자연수의 개수를 구하시오.

| 1 | 2 | 3 | 4 | 5 |

● **0을 포함하지 않을 때 만들 수 있는 자연수의 개수 구하기**
0을 포함하지 않는 경우의 수는 한 줄로 세우는 경우의 수와 같다.

10-1 1부터 4까지의 자연수가 각각 하나씩 적힌 4장의 카드가 있다. 다음을 구하시오.

(1) 2장을 동시에 뽑아 만들 수 있는 두 자리 자연수의 개수

(2) 3장을 동시에 뽑아 만들 수 있는 세 자리 자연수의 개수

핵심예제 11 0, 1, 2, 3, 4의 숫자가 각각 하나씩 적힌 5장의 카드가 있다. 이 중에서 3장을 동시에 뽑아 만들 수 있는 세 자리 자연수의 개수를 구하시오.

| 0 | 1 | 2 | 3 | 4 |

● **0을 포함할 때 만들 수 있는 자연수의 개수 구하기**
세 자리 자연수에서 0은 백의 자리에 올 수 없다.

11-1 0, 1, 2, 3의 숫자가 각각 하나씩 적힌 4장의 카드가 있다. 다음을 구하시오.

(1) 2장을 동시에 뽑아 만들 수 있는 두 자리 자연수의 개수

(2) 3장을 동시에 뽑아 만들 수 있는 세 자리 자연수의 개수

7 대표를 뽑는 경우의 수

(1) 자격이 다른 대표를 뽑는 경우 – 뽑는 순서와 관계가 있는 경우

n명 중에서 자격이 다른 2명의 대표를 뽑는 경우의 수: $\underbrace{n}\times\underbrace{(n-1)}$

n명 중에서 1명을 뽑는 경우의 수 ┘ └ 자격이 다른 대표 1명을 뽑고 남은 $(n-1)$명 중에서 1명을 뽑는 경우의 수

(2) 자격이 같은 대표를 뽑는 경우 – 뽑는 순서와 관계가 없는 경우

n명 중에서 자격이 같은 2명의 대표를 뽑는 경우의 수: $\dfrac{n\times(n-1)}{2}$

예 A, B, C 3명의 학생 중에서

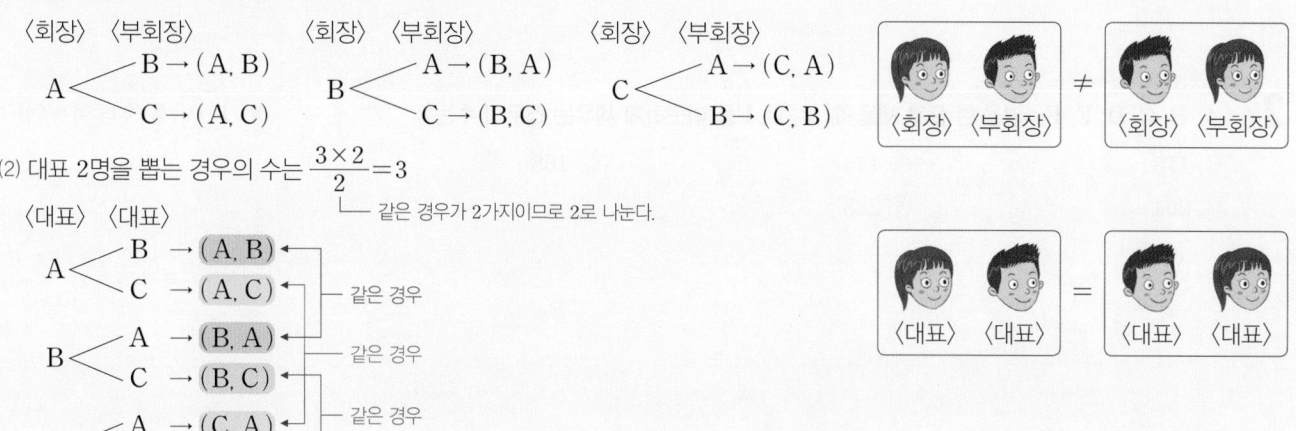

(1) 회장 1명, 부회장 1명을 뽑는 경우의 수는 $3\times2=6$

〈회장〉〈부회장〉　　〈회장〉〈부회장〉　　〈회장〉〈부회장〉

$A\big\langle\begin{matrix}B\to(A,B)\\C\to(A,C)\end{matrix}$　$B\big\langle\begin{matrix}A\to(B,A)\\C\to(B,C)\end{matrix}$　$C\big\langle\begin{matrix}A\to(C,A)\\B\to(C,B)\end{matrix}$

(2) 대표 2명을 뽑는 경우의 수는 $\dfrac{3\times2}{2}=3$

└ 같은 경우가 2가지이므로 2로 나눈다.

〈대표〉〈대표〉

$A\big\langle\begin{matrix}B\to(A,B)\\C\to(A,C)\end{matrix}$ ─ 같은 경우

$B\big\langle\begin{matrix}A\to(B,A)\\C\to(B,C)\end{matrix}$ ─ 같은 경우

$C\big\langle\begin{matrix}A\to(C,A)\\B\to(C,B)\end{matrix}$ ─ 같은 경우

참고 A, B, C, D 4명의 학생 중에서 자격이 같은 대표 3명을 뽑는 경우의 수는 뽑힌 대표 3명이 A, B, C라 하면

$(A, B, C)=(A, C, B)=(B, A, C)=(B, C, A)=(C, A, B)=(C, B, A)$

이므로 6가지씩 중복된다. 이때 중복되는 경우의 수 6은 A, B, C를 한 줄로 세우는 경우의 수 $3\times2\times1=6$과 같다.

따라서 구하는 경우의 수는 $\dfrac{4\times3\times2}{6}=4$이다.

예제 12 직업 체험 프로그램에 참여한 6명의 학생 중에서 항공기 조종사, 응급 구조사, 여행 상품 개발원을 체험할 학생을 각각 1명씩 뽑는 경우의 수를 구하시오.

> 자격이 다른 대표를 뽑는 경우의 수 구하기
>
> n명 중에서 자격이 다른 대표 r명을 뽑는 경우의 수는 n명 중에서 r명을 뽑아 한 줄로 세우는 경우의 수와 같다.

12-1 A, B, C, D 4명 중에서 대표를 뽑을 때, 다음을 구하시오.

(1) 회장 1명, 부회장 1명을 뽑는 경우의 수

(2) 회장 1명, 부회장 1명, 서기 1명을 뽑는 경우의 수

예제 13 서로 다른 숲 6곳 중에서 3곳을 선택하여 체험 활동을 하려고 한다. 체험 활동을 할 숲을 선택하는 경우의 수를 구하시오.

> 자격이 같은 대표를 뽑는 경우의 수 구하기
>
> 자격이 같은 대표를 뽑는 것은 뽑는 순서와 관계없으므로 중복되는 경우의 수로 나눈다.

13-1 A, B, C, D, E 5명 중에서 대표를 뽑을 때, 다음을 구하시오.

(1) 대표 2명을 뽑는 경우의 수

(2) 대표 3명을 뽑는 경우의 수

소단원 핵심문제

특정한 사람의 자리를 정하고 한 줄로 세우는 경우의 수

1 민희, 동우, 태연, 시완, 지영 5명이 영화관 좌석에 나란히 앉아서 영화를 관람할 때, 태연이가 한가운데에 앉는 경우의 수는?

① 16   ② 20

③ 24   ④ 28

⑤ 32

이웃하게 한 줄로 세우는 경우의 수

2 A, B, C, D, E, F 6명을 한 줄로 세울 때, B, D, F를 이웃하게 세우는 경우의 수는?

① 118   ② 144   ③ 168

④ 204   ⑤ 228

● B, D, F를 하나로 묶어서 생각한다.

0을 포함하지 않는 경우의 자연수 만들기

3 1부터 5까지의 자연수가 각각 하나씩 적힌 5장의 카드가 있다. 이 중에서 2장을 동시에 뽑아 만들 수 있는 두 자리 자연수 중 홀수의 개수는?

① 4   ② 6   ③ 8

④ 10   ⑤ 12

● 홀수는 일의 자리의 수가 홀수임을 이용한다.

0을 포함하는 경우의 자연수 만들기

4 0, 1, 2, 3, 4의 숫자가 각각 하나씩 적힌 5개의 공이 들어 있는 주머니가 있다. 이 주머니에서 2개의 공을 동시에 꺼내어 만들 수 있는 두 자리 자연수 중 짝수의 개수는?

① 7   ② 8   ③ 9

④ 10   ⑤ 11

● 짝수가 되려면 일의 자리의 숫자가 0, 2, 4이어야 한다.

자격이 다른 대표를 뽑는 경우의 수

기출 **5** 어느 가죽 공예 동아리 회원 8명 중에서 재단 담당 1명, 염색 담당 1명을 뽑는 경우의 수를 구하시오.

● 자격이 다른 경우이므로 뽑는 순서를 생각해야 한다.

중단원 마무리 테스트

정답과 풀이 ★ 49쪽

1 .ıl 중요🔔

서로 다른 두 개의 주사위를 동시에 던질 때, 나오는 두 눈의 수의 합이 8인 경우의 수는?

① 2   ② 3   ③ 4
④ 5   ⑤ 6

2 .ıl

500원짜리 동전 6개, 1000원짜리 지폐 3장으로 3000원짜리 떡볶이 값을 지불하는 방법의 수는?

① 1   ② 2   ③ 3
④ 4   ⑤ 5

3 .ıl

다음 그림과 같이 수직선 위의 원점에 점 P가 놓여 있다. 동전 한 개를 한 번 던져서 앞면이 나오면 오른쪽으로 2만큼, 뒷면이 나오면 왼쪽으로 1만큼 점 P를 이동시킨다. 동전을 3번 던질 때, 점 P에 대응하는 수가 3인 경우의 수는?

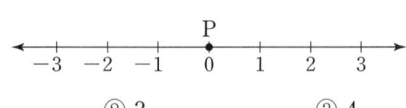

① 2   ② 3   ③ 4
④ 5   ⑤ 6

4 .ıl 신유형↩

1부터 15까지의 자연수가 각각 하나씩 적힌 15장의 카드 중에서 3장을 동시에 뽑을 때, 나오는 카드에 적힌 세 수를 각각 a, b, c라 하자. a, b, c를 세 변의 길이로 하는 삼각형이 직각삼각형이 되는 경우의 수를 구하시오.

5 .ıl

다음 그림과 같이 원 모양의 서로 다른 두 개의 돌림판에 각각 1부터 8까지, 1부터 4까지의 자연수가 적혀 있다. 두 돌림판이 동시에 돌다가 멈출 때, 각 바늘이 가리키는 수의 합이 6 또는 9인 경우의 수는? (단, 바늘이 경계선을 가리키는 경우는 생각하지 않는다.)

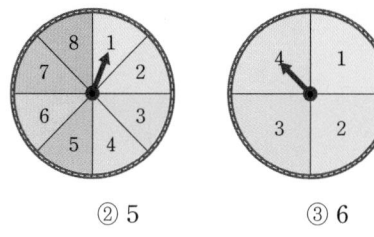

① 4   ② 5   ③ 6
④ 7   ⑤ 8

6 .ıl

다음 그림은 어느 해 8월의 달력이다. 이 달력에서 한 날짜를 선택할 때, 수요일 또는 8의 배수를 선택하는 경우의 수는?

8월						
일	월	화	수	목	금	토
1	2	3	4	5	6	7
8	9	10	11	12	13	14
15	16	17	18	19	20	21
22	23	24	25	26	27	28
29	30	31				

① 1   ② 3   ③ 5
④ 7   ⑤ 9

7 .ıl 중요🔔

어느 피자 가게의 차림표에 피자는 5종류, 도우는 3종류, 크기는 3종류가 있다. 이 가게에서 피자, 도우, 크기를 각각 하나씩 골라 피자 1판을 주문하는 경우의 수는?

① 39   ② 42   ③ 45
④ 48   ⑤ 51

8 ▪▫▫

2개의 자음 ㄹ, ㅋ과 3개의 모음 ㅏ, ㅠ, ㅣ가 각각 하나씩 적힌 카드 5장이 있다. 자음과 모음이 적힌 카드를 각각 한 장씩 짝지어 만들 수 있는 글자의 개수를 구하시오.

9 ▪▫▫

오른쪽 그림은 A, B, C 세 지점 사이의 길을 나타낸 것이다. 한 번 지나간 지점은 다시 지나가지 않는다고 할 때, A 지점에서 B 지점을 거쳐 C 지점까지 가는 경우의 수는?

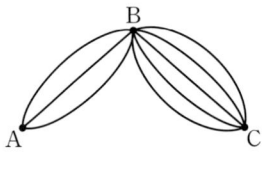

① 3   ② 6   ③ 9

④ 12   ⑤ 15

10 ▪▫▫ 중요🔔

서로 다른 두 개의 동전과 한 개의 주사위를 동시에 던질 때, 동전은 모두 앞면이 나오고 주사위는 홀수의 눈이 나오는 경우의 수는?

① 1   ② 2   ③ 3

④ 4   ⑤ 5

11 ▪▫▫

이어달리기 후보 선수 6명 중에서 3명을 뽑아 이어달리는 순서를 정하는 방법의 수는?

① 40   ② 60   ③ 80

④ 100   ⑤ 120

12 ▪▫▫

놀이 기구를 타기 위해서 4명의 학생 A, B, C, D를 한 줄로 세울 때, A, D를 이웃하게 세우는 경우의 수를 구하시오.

13 ▪▫▫ 신유형↻

정세는 현관문 잠금 장치의 비밀번호 6자리를 정하려고 한다. 오른쪽과 같이 첫 번째, 네 번째, 여섯 번째 자리의 숫자는 각각 3, 8, 0이고, ☐ 안에는 0부터 9까지의 숫자를 넣을 수 있다고 한다. 이때 비밀번호로 가능한 모든 경우의 수는?

① 600   ② 700   ③ 800

④ 900   ⑤ 1000

14 ▪▫▫ 중요🔔

주황색, 초록색, 보라색을 이용하여 오른쪽 그림과 같은 도형을 칠하려고 한다. A, B, C 세 영역에 모두 다른 색을 칠하는 경우의 수는?

	A	
B		C

① 4   ② 5   ③ 6

④ 7   ⑤ 8

15 ▪▫▫

0부터 7까지의 숫자가 각각 하나씩 적힌 8장의 카드가 있다. 이 중에서 2장을 동시에 뽑아 만들 수 있는 두 자리 자연수 중 5의 배수의 개수는?

① 11   ② 13   ③ 15

④ 17   ⑤ 19

16

0, 2, 4, 6의 숫자가 각각 하나씩 적힌 4개의 공이 들어 있는 주머니가 있다. 이 주머니에서 3개의 공을 동시에 꺼내어 만들 수 있는 세 자리 자연수의 개수는?

① 18   ② 21

③ 24   ④ 27

⑤ 30

17 중요

어느 독서 동아리에서 문학의 밤 행사를 하기로 하였다. 10명의 회원 중에서 조명 담당 1명, 안내 담당 1명을 뽑는 경우의 수를 a, 10명의 회원 중에서 진행자 2명을 뽑는 경우의 수를 b라 할 때, $a+b$의 값을 구하시오.

18

8개 팀이 참가한 컬링 대회에서 예선전 경기를 하려고 한다. 어느 팀도 빠짐없이 서로 한 번씩 경기를 할 때, 모두 몇 번의 경기를 해야 하는가?

① 16번   ② 20번   ③ 24번

④ 28번   ⑤ 32번

19

오른쪽 그림과 같이 원 위에 있는 5개의 점 A, B, C, D, E 중에서 세 점을 이어 만들 수 있는 삼각형의 개수는?

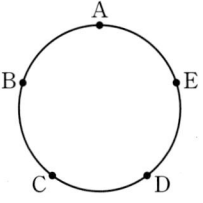

① 10   ② 25

③ 40   ④ 55

⑤ 60

 기출 서술형

20

서로 다른 두 개의 주사위를 동시에 던져서 나오는 눈의 수를 각각 a, b라 할 때, 다음을 구하시오.

(단, 풀이 과정을 자세히 쓰시오.)

(1) 방정식 $ax-b=0$의 해가 1인 경우의 수

(2) 방정식 $ax-b=0$의 해가 3인 경우의 수

(3) 방정식 $ax-b=0$의 해가 1 또는 3인 경우의 수

풀이 과정

(1)

(2)

(3)

답 | (1)   (2)   (3)

21

1부터 6까지의 자연수가 각각 하나씩 적힌 6장의 카드가 있다. 이 중에서 2장을 동시에 뽑아 만들 수 있는 두 자리 자연수 중 40 미만의 수의 개수를 구하려고 한다. 다음을 구하시오.

(단, 풀이 과정을 자세히 쓰시오.)

(1) 십의 자리에 올 수 있는 숫자의 경우의 수

(2) 각 십의 자리의 숫자에 대하여 일의 자리에 올 수 있는 숫자의 경우의 수

(3) 40 미만의 두 자리 자연수의 개수

풀이 과정

(1)

(2)

(3)

답 | (1)   (2)   (3)

07

확률

이 단원의 학습 계통

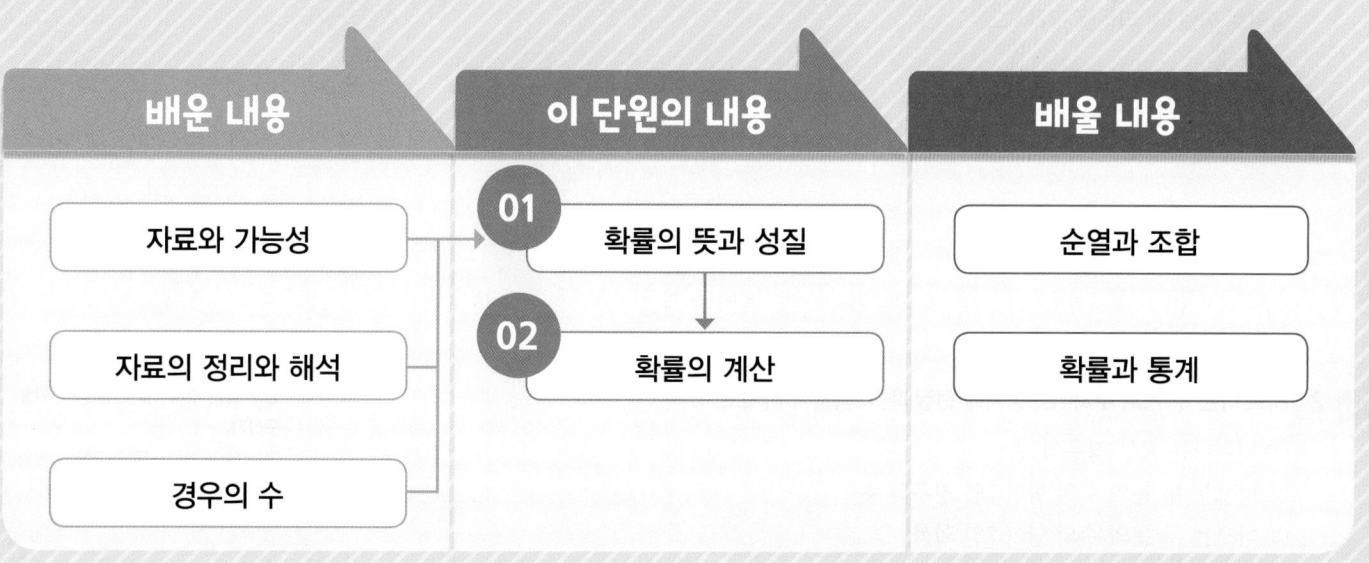

배운 내용	이 단원의 내용	배울 내용
자료와 가능성	01 확률의 뜻과 성질	순열과 조합
자료의 정리와 해석	02 확률의 계산	확률과 통계
경우의 수		

01 확률의 뜻과 성질

1 확률의 뜻

(1) **확률:** 같은 조건에서 실험이나 관찰을 여러 번 반복할 때, 어떤 사건 A가 일어나는 상대도수가 일정한 값에 가까워지면 이 일정한 값을 사건 A가 일어날 확률이라 한다.

(2) **사건 A가 일어날 확률:** 어떤 실험이나 관찰에서 각각의 경우가 일어날 가능성이 모두 같을 때, 일어나는 모든 경우의 수를 n, 사건 A가 일어나는 경우의 수를 a라 하면 사건 A가 일어날 확률 p는

$$p = \frac{(\text{사건 } A\text{가 일어나는 경우의 수})}{(\text{일어나는 모든 경우의 수})} = \frac{a}{n}$$

확률 p: 확률을 뜻하는 영어 probability의 첫 글자를 의미한다.

배운내용특

상대도수: 전체 도수에 대한 각 계급의 도수의 비율

[예] 한 개의 주사위를 던질 때, 소수의 눈이 나올 확률을 구해 보자.

모든 경우	소수의 눈이 나오는 경우	확률
1, 2, 3, 4, 5, 6의 6가지	2, 3, 5의 3가지	$\frac{3}{6} = \frac{1}{2}$

(참고) 확률은 보통 분수, 소수, 백분율(%) 등으로 나타낸다.

핵심예제 1 모양과 크기가 같은 흰 공 2개, 노란 공 4개, 검은 공 3개가 들어 있는 주머니에서 한 개의 공을 임의로 꺼낼 때, 검은 공이 나올 확률을 구하시오.

● **확률의 뜻**
사건 A가 일어날 확률 구하는 순서
① 모든 경우의 수 구하기
② 사건 A가 일어나는 경우의 수 구하기
③ (사건 A가 일어날 확률) $= \dfrac{②}{①}$

1-1 모양과 크기가 같은 사과 맛 사탕 6개, 레몬 맛 사탕 8개가 들어 있는 통에서 한 개의 사탕을 임의로 꺼낼 때, 다음을 구하시오.

(1) 사과 맛 사탕이 나올 확률
(2) 레몬 맛 사탕이 나올 확률

핵심예제 2 서로 다른 두 개의 주사위를 동시에 던질 때, 다음을 구하시오.

(1) 일어나는 모든 경우의 수
(2) 나오는 두 눈의 수의 합이 7인 경우의 수
(3) 나오는 두 눈의 수의 합이 7일 확률

● **동전 또는 주사위를 던질 때의 확률 구하기**
먼저 일어나는 모든 경우를 순서쌍으로 나타내어 경우의 수를 구한다.

2-1 서로 다른 두 개의 동전을 동시에 던질 때, 다음을 구하시오.

(1) 일어나는 모든 경우의 수
(2) 서로 다른 면이 나오는 경우의 수
(3) 서로 다른 면이 나올 확률

2 확률의 성질

(1) 어떤 사건이 일어날 확률을 p라 하면 $0 \leq p \leq 1$이다.
    └ 확률이 음수이거나 1보다 큰 경우는 없다.

(2) 반드시 일어나는 사건의 확률은 1이다.

  설명 사건이 반드시 일어나므로 경우의 수는 일어나는 모든 경우의 수와 같다.

      즉, 일어나는 모든 경우의 수를 n이라 하면 반드시 일어나는 사건의 확률 p는 $p = \dfrac{n}{n} = 1$

(3) 절대로 일어나지 않는 사건의 확률은 0이다.

  설명 사건이 절대로 일어나지 않으므로 경우의 수는 0이다.

      즉, 일어나는 모든 경우의 수를 n이라 하면 절대로 일어나지 않는 사건의 확률 p는 $p = \dfrac{0}{n} = 0$

예 한 개의 주사위를 던질 때

(1) 6의 약수가 나오는 경우는 1, 2, 3, 6의 4가지이다.

    즉, 6의 약수의 눈이 나올 확률 p는 $p = \dfrac{4}{6} = \dfrac{2}{3}$이므로 $0 \leq p \leq 1$이다.

(2) 1 이상 6 이하의 눈이 나올 확률은 1이다.

(3) 1 미만의 눈이 나올 확률은 0이다.

참고 확률이 커질수록 그 사건이 일어날 가능성은 커지고, 확률이 작아질수록 그 사건이 일어날 가능성은 작아진다.

심예제 **3** A 주머니에는 빨간 공 5개, 파란 공 3개가 들어 있고, B 주머니에는 빨간 공 8개가 들어 있다. 다음을 구하시오.

                     (단, 공은 모양과 크기가 모두 같다.)

(1) A 주머니에서 한 개의 공을 임의로 꺼낼 때, 빨간 공이 나올 확률

(2) B 주머니에서 한 개의 공을 임의로 꺼낼 때, 빨간 공이 나올 확률

(3) B 주머니에서 한 개의 공을 임의로 꺼낼 때, 파란 공이 나올 확률

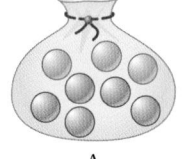 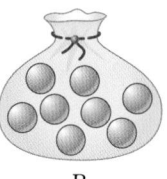

        A   B

● 확률의 성질 이해하기
사건 A가 일어날 확률 p는
$p = \dfrac{(\text{사건 } A \text{가 일어나는 경우의 수})}{(\text{일어나는 모든 경우의 수})}$

3-1 상자 속에 모양과 크기가 같은 보라색 마카롱 3개, 연두색 마카롱 2개가 들어 있다. 이 상자에서 한 개의 마카롱을 임의로 꺼낼 때, 다음을 구하시오.

(1) 보라색 마카롱이 나올 확률

(2) 노란색 마카롱이 나올 확률

(3) 마카롱이 나올 확률

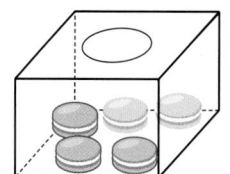

3-2 1부터 7까지의 자연수가 각각 하나씩 적힌 7장의 카드 중에서 한 장을 임의로 뽑을 때, 다음을 구하시오.

(1) 7 이하의 수가 적힌 카드가 나올 확률

(2) 짝수가 적힌 카드가 나올 확률

(3) 10 이상의 수가 적힌 카드가 나올 확률

3 어떤 사건이 일어나지 않을 확률

사건 A가 일어날 확률을 p라 하면

$$(\text{사건 } A \text{가 일어나지 않을 확률}) = 1 - p$$

예 한 개의 주사위를 던질 때, 6의 눈이 나오지 않을 확률은

$$1 - (6\text{의 눈이 나올 확률}) = 1 - \frac{1}{6} = \frac{5}{6}$$

참고 • 사건 A가 일어날 확률을 p, 사건 A가 일어나지 않을 확률을 q라 하면 $p + q = 1$이다. ⌐$q = 1 - p$

• 일반적으로 '적어도', '최소한', '~이 아닐', '~ 못할' 등의 표현이 있으면 어떤 사건이 일어나지 않을 확률을 이용한다.

핵심예제 4 1부터 16까지의 자연수가 각각 하나씩 적힌 16장의 카드가 있다. 이 중에서 한 장을 임의로 뽑을 때, 5의 배수가 적힌 카드가 나오지 않을 확률을 구하시오.

> **어떤 사건이 일어나지 않을 확률 구하기**
> 어떤 사건이 일어나는 경우의 수가 많으면 그 사건이 일어나지 않을 확률을 이용하는 것이 편리하다.

4-1 20명의 학생 중에서 안경을 쓴 학생이 8명이다. 이 20명의 학생 중에서 한 명을 임의로 뽑을 때, 다음을 구하시오.

(1) 안경을 쓴 학생을 뽑을 확률
(2) 안경을 쓰지 않은 학생을 뽑을 확률

핵심예제 5 남학생 5명과 여학생 4명 중에서 대표 2명을 임의로 뽑을 때, 다음을 구하시오.

(1) 일어나는 모든 경우의 수
(2) 모두 남학생을 뽑는 경우의 수
(3) 모두 남학생을 뽑을 확률
(4) 적어도 한 명은 여학생을 뽑을 확률

> **적어도 하나는 ~일 확률 구하기**
> (적어도 하나는 ~일 확률)
> $= 1 - (\text{모두 } \sim \text{가 아닐 확률})$

5-1 색연필 3자루와 볼펜 2자루가 꽂혀 있는 연필꽂이에서 임의로 두 자루를 동시에 꺼낼 때, 다음을 구하시오.

(1) 일어나는 모든 경우의 수
(2) 모두 볼펜이 나오는 경우의 수
(3) 모두 볼펜이 나올 확률
(4) 적어도 한 자루는 색연필이 나올 확률

1 확률의 뜻

30개의 제비가 들어 있는 상자에서 한 개의 제비를 임의로 뽑으려고 한다. 당첨 제비가 6개 들어 있을 때, 당첨 제비를 뽑을 확률을 구하시오.

2 확률의 뜻

지현, 재진, 채원, 우혁 4명을 임의로 한 줄로 세울 때, 재진이와 채원이를 이웃하게 세울 확률은?

① $\dfrac{1}{5}$ ② $\dfrac{1}{4}$ ③ $\dfrac{1}{3}$

④ $\dfrac{1}{2}$ ⑤ $\dfrac{2}{3}$

● (재진, 채원)을 한 명으로 생각한다.

3 확률의 성질

다음 중에서 옳지 <u>않은</u> 것은?

① (사건 A가 일어날 확률)$=\dfrac{(\,\text{사건 }A\text{가 일어나는 경우의 수}\,)}{(\,\text{일어나는 모든 경우의 수}\,)}$

② 어떤 사건이 일어날 확률을 p라 하면 $0<p<1$이다.

③ 반드시 일어나는 사건의 확률은 1이다.

④ 절대로 일어나지 않는 사건의 확률은 0이다.

⑤ 어떤 사건이 일어날 확률은 1보다 클 수 없다.

4 어떤 사건이 일어나지 않을 확률

서로 다른 두 개의 주사위를 동시에 던질 때, 나오는 두 눈의 수가 서로 다를 확률은?

① $\dfrac{1}{6}$ ② $\dfrac{1}{3}$ ③ $\dfrac{1}{2}$

④ $\dfrac{2}{3}$ ⑤ $\dfrac{5}{6}$

● 먼저 나오는 두 눈의 수가 서로 같을 확률을 구한다.

5 적어도 하나는 ~일 확률

어느 사이트에서 4개의 ○, × 문제를 풀어 적어도 한 문제를 맞히면 상품을 받을 수 있는 이벤트를 진행하고 있다. 현아가 이 이벤트에 참가하여 상품을 받을 수 있는 확률을 구하시오.

● 적어도 하나는 ~일 확률은 어떤 사건이 일어나지 않을 확률을 이용하면 편리하다.

02 확률의 계산

4 사건 A 또는 사건 B가 일어날 확률 – 확률의 덧셈

동일한 실험이나 관찰에서 사건 A와 사건 B가 동시에 일어나지 않을 때, 사건 A가 일어날 확률을 p, 사건 B가 일어날 확률을 q라 하면

$$(\text{사건 } A \text{ 또는 사건 } B \text{가 일어날 확률})=p+q$$

플러스톡

일반적으로 동시에 일어나지 않는 두 사건에 대하여 '또는', '~이거나' 와 같은 표현이 있으면 확률의 덧셈을 이용한다.

예 한 개의 주사위를 던질 때, 3 미만 또는 5 이상의 눈이 나올 확률은 다음과 같이 구할 수 있다.

방법 1 경우의 수를 모두 더하여 확률 구하기	방법 2 확률의 덧셈을 이용하여 확률 구하기
일어나는 모든 경우의 수는 6 3 미만의 눈이 나오는 경우의 수는 2 5 이상의 눈이 나오는 경우의 수는 2 따라서 구하는 확률은 $\dfrac{2+2}{6}=\dfrac{4}{6}=\dfrac{2}{3}$	3 미만의 눈이 나올 확률은 $\dfrac{2}{6}=\dfrac{1}{3}$ 5 이상의 눈이 나올 확률은 $\dfrac{2}{6}=\dfrac{1}{3}$ 따라서 구하는 확률은 $\dfrac{1}{3}+\dfrac{1}{3}=\dfrac{2}{3}$

참고 각 사건이 일어나는 경우의 수를 모두 더하여 확률을 구하는 것과 확률의 덧셈을 이용하여 확률을 계산하는 것은 그 결과가 같다.

핵심예제 **6** 다음은 현우네 반 학생들의 혈액형을 조사하여 표로 나타낸 것이다. 현우네 반 학생 중에서 한 명을 임의로 선택할 때, 그 학생의 혈액형이 A형 또는 B형일 확률을 구하시오.

혈액형	A형	B형	O형	AB형	합계
학생 수(명)	12	6	10	2	30

사건 A 또는 사건 B가 일어날 확률 구하기①

혈액형이 A형인 사건과 B형인 사건은 동시에 일어나지 않는다.

6-1 오른쪽 그래프는 어느 중학교 학생 100명을 대상으로 교내 텃밭 설치에 대한 의견을 조사하여 나타낸 것이다. 설문에 답한 학생 중에서 한 명을 임의로 선택할 때, 그 학생이 찬성 또는 적극 찬성으로 응답했을 확률을 구하시오.

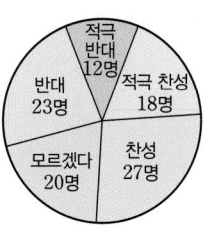

핵심예제 **7** 서로 다른 두 개의 주사위를 동시에 던질 때, 나오는 두 눈의 수의 합이 5 또는 10일 확률을 구하시오.

사건 A 또는 사건 B가 일어날 확률 구하기②

각 사건이 일어날 확률을 구하여 더한다.

7-1 서로 다른 두 개의 주사위를 동시에 던질 때, 나오는 두 눈의 수의 합이 6의 배수일 확률을 구하려고 한다. ☐ 안에 알맞은 수를 써넣으시오.

(1) 나오는 두 눈의 수의 합이 6의 배수인 경우는 두 눈의 수의 합이 ☐ 또는 ☐ 인 경우이다.

(2) 나오는 두 눈의 수의 합이 6의 배수일 확률은 ☐ 이다.

5 사건 A와 사건 B가 동시에 일어날 확률 – 확률의 곱셈

사건 A와 사건 B가 서로 영향을 끼치지 않을 때, 사건 A가 일어날 확률을 p, 사건 B가 일어날 확률을 q라 하면

$$(\text{사건 } A\text{와 사건 } B\text{가 동시에 일어날 확률})=p\times q$$

예 동전 한 개와 주사위 한 개를 동시에 던질 때, 동전은 앞면이 나오고 주사위는 3의 약수의 눈이 나올 확률을 구해 보자.

동전의 앞면이 나올 확률은 $\dfrac{1}{2}$, 주사위에서 3의 약수의 눈이 나올 확률은 $\dfrac{1}{3}$이므로

$$(\text{동전은 앞면이 나오고 주사위는 3의 약수의 눈이 나올 확률})=\dfrac{1}{2}\times\dfrac{1}{3}=\dfrac{1}{6}$$

> **플러스톡**
>
> 일반적으로 서로 영향을 끼치지 않는 두 사건에 대하여 '동시에', '~와', '그리고'와 같은 표현이 있으면 확률의 곱셈을 이용한다.

예제 8 타율이 0.3인 야구 선수가 있다. 이 야구 선수가 세 번의 타석에서 모두 안타를 칠 확률을 구하시오.
(단, 각 타석에서의 결과는 서로 영향을 끼치지 않는다.)

> ● 사건 A와 사건 B가 동시에 일어날 확률 구하기①
>
> 각 사건이 일어날 확률을 구하여 곱한다.

8-1 어떤 시험에 응시하여 영지가 합격할 확률이 $\dfrac{1}{2}$, 호준이가 합격할 확률이 $\dfrac{1}{3}$일 때, 두 사람 모두 합격할 확률은?

① $\dfrac{1}{6}$ ② $\dfrac{1}{3}$ ③ $\dfrac{1}{2}$

④ $\dfrac{2}{3}$ ⑤ $\dfrac{5}{6}$

예제 9 A 주머니에는 파란 구슬 2개, 노란 구슬 4개가 들어 있고, B 주머니에는 파란 구슬 4개, 노란 구슬 3개가 들어 있다. 두 주머니 A, B에서 구슬을 각각 한 개씩 임의로 꺼낼 때, A 주머니에서 파란 구슬이 나오고 B 주머니에서 노란 구슬이 나올 확률을 구하시오. (단, 구슬은 모양과 크기가 모두 같다.)

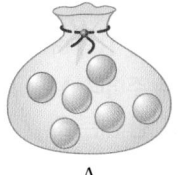

A   B

> ● 사건 A와 사건 B가 동시에 일어날 확률 구하기②

9-1 두 개의 주사위 A, B를 동시에 던질 때, 다음을 구하시오.

(1) A 주사위에서 6의 약수의 눈이 나올 확률

(2) B 주사위에서 4 이하의 눈이 나올 확률

(3) A 주사위에서 6의 약수의 눈이 나오고, B 주사위에서 4 이하의 눈이 나올 확률

6 확률의 곱셈을 이용한 어떤 사건이 일어나지 않을 확률

두 사건 A, B가 서로 영향을 끼치지 않을 때, 사건 A가 일어날 확률을 p, 사건 B가 일어날 확률을 q라 하면

(1) 사건 A가 일어나고 사건 B가 일어나지 않을 확률: $p \times (1-q)$

(2) 사건 A가 일어나지 않고 사건 B가 일어날 확률: $(1-p) \times q$

(3) 두 사건 A, B가 모두 일어나지 않을 확률: $(1-p) \times (1-q)$

7 두 사건 A, B 중에서 적어도 하나가 일어날 확률

두 사건 A, B가 서로 영향을 끼치지 않을 때, 사건 A가 일어날 확률을 p, 사건 B가 일어날 확률을 q라 하면

(두 사건 A, B 중에서 적어도 하나가 일어날 확률)$=1-$(두 사건 A, B가 모두 일어나지 않을 확률)

$=1-(1-p) \times (1-q)$

핵심예제 10 기상청에서 오늘 비가 올 확률이 0.4, 내일 비가 올 확률이 0.7이라고 예보할 때, 다음을 구하시오.

(1) 오늘은 비가 오고 내일은 비가 오지 않을 확률

(2) 오늘은 비가 오지 않고 내일은 비가 올 확률

> 확률의 곱셈을 이용한 어떤 사건이 일어나지 않을 확률 구하기
> (사건 A가 일어나지 않을 확률)
> $=1-$(사건 A가 일어날 확률)

10-1 세영이가 학교에 지각할 확률이 $\dfrac{1}{10}$, 민성이가 학교에 지각할 확률이 $\dfrac{1}{7}$일 때, 어느 날 두 사람 모두 학교에 지각하지 않을 확률은?

① $\dfrac{3}{7}$ ② $\dfrac{18}{35}$ ③ $\dfrac{24}{35}$

④ $\dfrac{27}{35}$ ⑤ $\dfrac{6}{7}$

핵심예제 11 A 주머니에는 빨간 공 3개, 초록 공 2개가 들어 있고, B 주머니에는 빨간 공 4개, 초록 공 6개가 들어 있다. 두 주머니 A, B에서 공을 각각 한 개씩 임의로 꺼낼 때, 적어도 한 개는 초록 공이 나올 확률을 구하시오.

(단, 공은 모양과 크기가 모두 같다.)

> 두 사건 A, B 중에서 적어도 하나가 일어날 확률 구하기

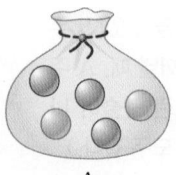 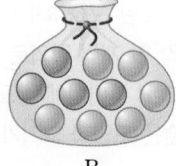

A   B

11-1 완치율이 90 %인 약을 두 명의 환자에게 처방할 때, 적어도 한 명이 완치될 확률은?

① $\dfrac{77}{100}$ ② $\dfrac{81}{100}$ ③ $\dfrac{87}{100}$

④ $\dfrac{93}{100}$ ⑤ $\dfrac{99}{100}$

⑧ 연속하여 뽑는 경우의 확률

(1) **뽑은 것을 다시 넣고 뽑는 경우:** 처음에 뽑은 것을 다시 뽑을 수 있으므로 처음에 일어난 사건이 나중에 일어나는 사건에 영향을 주지 않는다. ➡ 처음과 나중의 조건이 같다.

(2) **뽑은 것을 다시 넣지 않고 뽑는 경우:** 처음에 뽑은 것을 다시 뽑을 수 없으므로 처음에 일어난 사건이 나중에 일어나는 사건에 영향을 준다. ➡ 처음과 나중의 조건이 다르다.

예 모양과 크기가 같은 빨간 공 4개, 파란 공 2개가 들어 있는 주머니에서 첫 번째는 빨간 공, 두 번째도 빨간 공을 꺼낼 확률은 다음과 같은 두 가지로 생각할 수 있다.

	(1) 꺼낸 공을 다시 넣는 경우	(2) 꺼낸 공을 다시 넣지 않는 경우
첫 번째 꺼낼 때 주머니에 들어 있는 공의 전체 개수	6	6
첫 번째 꺼낼 때 주머니에 들어 있는 빨간 공의 개수	4	4
두 번째 꺼낼 때 주머니에 들어 있는 공의 전체 개수	6	5
두 번째 꺼낼 때 주머니에 들어 있는 빨간 공의 개수	4	3
구하는 확률	$\dfrac{2}{3} \times \dfrac{2}{3} = \dfrac{4}{9}$	$\dfrac{2}{3} \times \dfrac{3}{5} = \dfrac{2}{5}$

(1)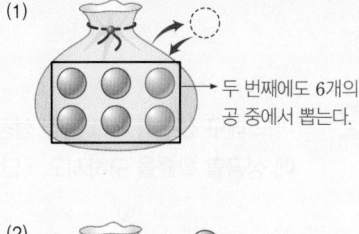
두 번째에도 6개의 공 중에서 뽑는다.

(2)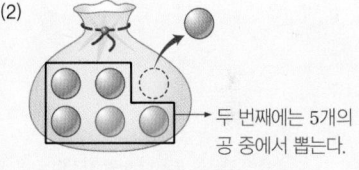
두 번째에는 5개의 공 중에서 뽑는다.

필예제 12 40개의 제비 중에서 5개의 당첨 제비가 들어 있는 상자가 있다. 이 상자에서 동훈이가 먼저 한 개의 제비를 임의로 뽑아 확인하고 다시 넣은 후 지은이가 한 개의 제비를 임의로 뽑을 때, 두 사람 모두 당첨될 확률을 구하시오.

> 뽑은 것을 다시 넣고 뽑는 경우의 확률 구하기
> (처음 뽑을 때의 전체 개수)
> =(다시 뽑을 때의 전체 개수)

12-1 모양과 크기가 같은 흰 바둑돌 4개, 검은 바둑돌 6개가 들어 있는 주머니가 있다. 이 주머니에서 한 개의 바둑돌을 임의로 꺼내서 확인하고 다시 넣은 후 한 개의 바둑돌을 임의로 또 꺼낼 때, 모두 흰 바둑돌이 나올 확률을 구하시오.

필예제 13 1부터 10까지의 자연수가 각각 하나씩 적힌 10장의 카드가 있다. 이 중에서 한 장의 카드를 임의로 뽑아 확인한 후 다시 넣지 않고 한 장의 카드를 임의로 또 뽑을 때, 두 장 모두 짝수가 적힌 카드가 나올 확률을 구하시오.

> 뽑은 것을 다시 넣지 않고 뽑는 경우의 확률 구하기
> (처음 뽑을 때의 전체 개수)
> ≠(다시 뽑을 때의 전체 개수)

13-1 사탕 통에 모양과 크기가 같은 땅콩 맛 사탕 3개, 딸기 맛 사탕 5개, 우유 맛 사탕 4개가 들어 있다. 나라와 동휘가 순서대로 사탕 통에서 사탕을 각각 한 개씩 임의로 꺼내 먹을 때, 두 사람 모두 우유 맛 사탕을 꺼내 먹을 확률을 구하시오.

1 사건 A 또는 사건 B가 일어날 확률

1부터 25까지의 자연수가 각각 하나씩 적힌 25장의 카드가 있다. 이 중에서 한 장을 임의로 뽑을 때, 4의 배수 또는 7의 배수가 적힌 카드가 나올 확률은?

① $\dfrac{3}{25}$ ② $\dfrac{6}{25}$ ③ $\dfrac{9}{25}$

④ $\dfrac{12}{25}$ ⑤ $\dfrac{3}{5}$

● '또는', '~이거나'와 같은 표현이 있으면 확률의 덧셈을 이용한다.

2 사건 A와 사건 B가 동시에 일어날 확률

어느 배구 선수의 서브 득점 성공률이 70 %라 한다. 이 선수가 서브를 두 번 넣을 때, 두 번 모두 득점에 성공할 확률을 구하시오. (단, 첫 번째의 결과는 두 번째의 결과에 영향을 끼치지 않는다.)

● (두 사건 A, B 모두 ~일 확률)
＝(사건 A가 ~일 확률)
　×(사건 B가 ~일 확률)

3 확률의 곱셈을 이용한 어떤 사건이 일어나지 않을 확률

두 사격 선수 A, B가 과녁을 맞힐 확률이 각각 $\dfrac{3}{4}$, $\dfrac{5}{7}$이고 두 선수가 동시에 과녁을 향하여 한 발을 사격할 때, B만 과녁을 맞힐 확률은?

① $\dfrac{1}{28}$ ② $\dfrac{3}{28}$ ③ $\dfrac{5}{28}$

④ $\dfrac{1}{4}$ ⑤ $\dfrac{9}{28}$

4 두 사건 A, B 중에서 적어도 하나가 일어날 확률

장우가 아침 식사를 할 확률이 40 %일 때, 이틀 중에서 적어도 하루는 아침 식사를 할 확률은?

① $\dfrac{4}{25}$ ② $\dfrac{8}{25}$ ③ $\dfrac{12}{25}$

④ $\dfrac{16}{25}$ ⑤ $\dfrac{4}{5}$

● '적어도 ~'라는 표현이 있으면 어떤 사건이 일어나지 않을 확률을 이용한다.

기출 5 뽑은 것을 다시 넣지 않고 뽑는 경우의 확률

4개의 불량품이 섞여 있는 25개의 제품 중에서 한 개의 제품을 연속하여 두 번 임의로 뽑아 검사할 때, 2개 모두 불량품일 확률을 구하시오. (단, 뽑은 제품은 다시 넣지 않는다.)

● 뽑은 제품을 다시 넣지 않으므로 두 번째는 전체 개수가 처음과 다르다.

중단원 마무리 테스트

정답과 풀이 ★ 53쪽

1. 중요

10원, 50원, 100원짜리 동전이 각각 1개씩 있다. 동전 3개를 동시에 던져서 모두 뒷면이 나올 확률은?

① $\dfrac{1}{9}$ ② $\dfrac{1}{8}$ ③ $\dfrac{1}{6}$

④ $\dfrac{1}{4}$ ⑤ $\dfrac{1}{2}$

2.

재석, 종국, 광수가 가위바위보를 할 때, 세 명 모두 다른 것을 낼 확률은?

① $\dfrac{1}{9}$ ② $\dfrac{2}{9}$ ③ $\dfrac{1}{3}$

④ $\dfrac{4}{9}$ ⑤ $\dfrac{5}{9}$

3.

1, 2, 3, 4의 숫자가 각각 하나씩 적힌 4장의 카드가 있다. 이 중에서 임의로 2장을 동시에 뽑아 두 자리 자연수를 만들 때, 만든 자연수가 30 미만일 확률은?

① $\dfrac{1}{5}$ ② $\dfrac{1}{4}$ ③ $\dfrac{1}{3}$

④ $\dfrac{1}{2}$ ⑤ $\dfrac{2}{3}$

4.

세리, 찬호, 정환, 소연, 유리를 임의로 한 줄로 세울 때, 세리를 가운데에 세울 확률은?

① $\dfrac{1}{6}$ ② $\dfrac{1}{5}$ ③ $\dfrac{1}{3}$

④ $\dfrac{2}{5}$ ⑤ $\dfrac{1}{2}$

5.

두 개의 주사위 A, B를 동시에 던져서 A 주사위에서 나오는 눈의 수를 x, B 주사위에서 나오는 눈의 수를 y라 할 때, $x+4y=13$일 확률은?

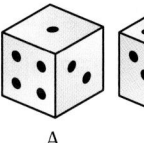 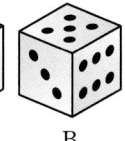

A   B

① $\dfrac{1}{36}$ ② $\dfrac{1}{18}$ ③ $\dfrac{1}{12}$

④ $\dfrac{1}{9}$ ⑤ $\dfrac{5}{36}$

6.

1부터 6까지의 자연수가 각각 하나씩 적힌 6장의 카드가 있다. 이 중에서 연우는 1, 4, 5가 적힌 카드를 가지고 있고, 혜진이는 2, 3, 6이 적힌 카드를 가지고 있다. 두 사람이 카드를 한 장씩 임의로 뽑아 동시에 낼 때, 연우가 낸 카드에 적힌 수가 더 클 확률을 구하시오.

7.

길이가 각각 3 cm, 5 cm, 8 cm, 9 cm인 막대 4개가 있다. 이 중에서 3개의 막대를 임의로 선택할 때, 이 3개의 막대로 삼각형이 만들어질 확률을 구하시오. (단, 막대의 두께는 생각하지 않는다.)

8. 중요

다음 중에서 확률이 1인 사건은?

① 한 개의 동전을 던질 때, 앞면이 나온다.

② 한 개의 주사위를 던질 때, 6 이하의 눈이 나온다.

③ 서로 다른 두 개의 동전을 동시에 던질 때, 모두 앞면이 나온다.

④ 서로 다른 두 개의 주사위를 동시에 던질 때, 나오는 두 눈의 수의 합이 12이다.

⑤ 1부터 8까지의 자연수가 각각 하나씩 적힌 8장의 카드가 들어 있는 상자에서 한 장을 임의로 꺼낼 때, 두 자리 자연수가 적힌 카드가 나온다.

9 .ıl

A 중학교와 B 중학교의 축구 경기에서 A 중학교가 이길 확률이 $\dfrac{1}{6}$ 일 때, B 중학교가 이길 확률은? (단, 무승부는 없다.)

① $\dfrac{1}{2}$ ② $\dfrac{2}{3}$ ③ $\dfrac{3}{4}$

④ $\dfrac{4}{5}$ ⑤ $\dfrac{5}{6}$

10 .ıl

귤, 사과, 딸기, 포도 4개의 과일을 탁자 위에 임의로 나란히 한 줄로 놓을 때, 딸기와 포도를 이웃하게 놓지 않을 확률은?

① $\dfrac{1}{6}$ ② $\dfrac{1}{3}$ ③ $\dfrac{1}{2}$

④ $\dfrac{2}{3}$ ⑤ $\dfrac{5}{6}$

11 .ıl 중요🔔

어느 중학교 댄스 동아리의 회원은 남학생 4명, 여학생 4명이다. 이 중에서 대표 3명을 임의로 뽑을 때, 적어도 한 명은 남학생을 뽑을 확률을 구하시오.

12 .ıl

흰색 티셔츠 5벌, 노란색 티셔츠 2벌, 회색 티셔츠 3벌이 걸려 있는 옷걸이에서 티셔츠 한 벌을 임의로 꺼낼 때, 흰색 또는 노란색 티셔츠를 꺼낼 확률은?

① $\dfrac{1}{2}$ ② $\dfrac{3}{5}$ ③ $\dfrac{7}{10}$

④ $\dfrac{4}{5}$ ⑤ $\dfrac{9}{10}$

13 .ıl 신유형↻

오른쪽 그림과 같이 한 변의 길이가 1인 정육각형 ABCDEF에서 점 P가 꼭짓점 A를 출발하여 한 개의 주사위를 두 번 던져서 나오는 눈의 수의 합만큼 정육각형의 변을 따라 화살표 방향의 꼭짓점으로 이동한다. 이때 점 P가 꼭짓점 D에 놓일 확률은?

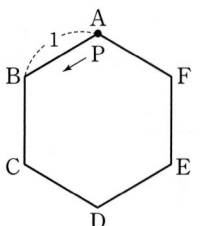

① $\dfrac{1}{36}$ ② $\dfrac{1}{18}$ ③ $\dfrac{1}{9}$

④ $\dfrac{1}{6}$ ⑤ $\dfrac{2}{9}$

14 .ıl

탁구 대회에 참가한 두 선수 A, B가 예선을 통과할 확률이 각각 $\dfrac{5}{6}$, $\dfrac{5}{8}$일 때, 두 선수 모두 예선을 통과할 확률은?

① $\dfrac{25}{48}$ ② $\dfrac{13}{24}$ ③ $\dfrac{9}{16}$

④ $\dfrac{7}{12}$ ⑤ $\dfrac{29}{48}$

15 .ıl 중요🔔

걷기 대회에 참가한 솔이와 현준이가 완주할 확률이 각각 $\dfrac{2}{3}$, $\dfrac{5}{6}$일 때, 두 사람 중에서 한 사람만 완주할 확률을 구하시오.

16 .ıl

나은이가 문제를 읽지 않고 답을 임의로 선택할 때, 정답을 맞힐 확률이 $\dfrac{1}{5}$이라 한다. 나은이가 시간이 부족하여 두 문항을 문제를 읽지 않고 답을 임의로 선택할 때, 두 문항 모두 틀릴 확률을 구하시오.

17 .ıl

준수가 두 분식집 A, B의 아르바이트 모집에 지원했는데 두 분식집 A, B에 합격할 확률이 각각 $\frac{1}{3}$, $\frac{1}{4}$이다. 준수가 두 분식집 A, B 중에서 적어도 한 곳에 합격할 확률을 구하시오.

18 .ıl 신유형

오른쪽 그림과 같이 A, B 두 부분으로 이등분된 도형이 있다. 서로 다른 두 개의 동전을 동시에 던져서 모두 앞면이 나오면 A 부분을, 모두 뒷면이 나오면 B 부분을 칠하기로 할 때, 서로 다른 두 개의 동전을 동시에 던져 세 번째에 주어진 도형을 모두 색칠할 확률을 구하시오.

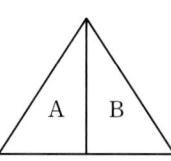

19 .ıl 중요

1부터 9까지의 자연수가 각각 하나씩 적힌 9장의 카드가 들어 있는 상자가 있다. 이 상자에서 한 장을 임의로 뽑아 카드에 적힌 수를 확인하고 다시 상자에 넣은 후 또 한 장을 임의로 뽑을 때, 첫 번째는 8의 약수, 두 번째는 3의 배수가 적힌 카드가 나올 확률은?

① $\frac{1}{9}$ 　　② $\frac{4}{27}$ 　　③ $\frac{5}{27}$

④ $\frac{2}{9}$ 　　⑤ $\frac{7}{27}$

20 .ıl

모양과 크기가 같은 고기만두 6개, 김치만두 8개가 들어 있는 찜통이 있다. 이 찜통에서 한 개의 만두를 연속하여 두 번 임의로 꺼낼 때, 2개 모두 김치만두가 나올 확률을 구하시오.

　　　　　　　　　　(단, 꺼낸 만두는 다시 넣지 않는다.)

기출 서술형

21 .ıl

서로 다른 두 개의 주사위를 동시에 던질 때, 다음을 구하시오.

　　　　　　　　　　(단, 풀이 과정을 자세히 쓰시오.)

(1) 일어나는 모든 경우의 수

(2) 나오는 두 눈의 수의 곱이 홀수인 경우의 수

(3) 나오는 두 눈의 수의 곱이 홀수일 확률

풀이 과정

(1)

(2)

(3)

답 | (1)　　　　　(2)　　　　　(3)

22 .ıl

A 주머니에는 모양과 크기가 같은 빨간 공 5개, 파란 공 2개가 들어 있고, B 주머니에는 모양과 크기가 같은 빨간 공 3개, 파란 공 4개가 들어 있다. 두 주머니 A, B에서 공을 각각 한 개씩 임의로 꺼낼 때, 다음을 구하시오. (단, 풀이 과정을 자세히 쓰시오.)

A　　　　B

(1) 두 공 모두 빨간 공이 나올 확률

(2) 두 공 모두 파란 공이 나올 확률

(3) 같은 색 공이 나올 확률

풀이 과정

(1)

(2)

(3)

답 | (1)　　　　　(2)　　　　　(3)

필독

중학 국어로 수능 잡기

✦ **필독** 중학 국어로 수능 잡기 시리즈

문학 — 비문학 독해 — 문법 — 교과서 시 — 교과서 소설

수학 마스터

중학 수학의 첫 개념 학습

개념 α (알파)

중학 수학 **2·2**

워크북

교재 내용 문의	교재 정오표 공지	교재 정정 신청
교재 내용 문의는 EBS 중학사이트 (mid.ebs.co.kr)의 교재 Q&A 서비스를 활용하시기 바랍니다.	발행 이후 발견된 정오 사항을 EBS 중학사이트 정오표 코너에서 알려 드립니다. 교재학습자료 → 교재 → 교재 정오표	공지된 정오 내용 외에 발견된 정오 사항이 있다면 EBS 중학사이트를 통해 알려 주세요. 교재학습자료 → 교재 → 교재 선택 → 교재 Q&A

개념북

개념 학습과 예제&유제 자세한 설명과 한눈에 보이는 개념 정리
소단원 핵심문제 소단원별 대표 문제 및 필수 유형 문제
중단원 마무리 테스트 교과서와 기출문제로 구성한 실전 문제

워크북

소단원 드릴문제 개념 사용을 익숙하게 하기 위한 반복 연습 문제
소단원 핵심문제 개념북의 소단원 핵심문제와 연동한 유사 및 보충

**정답과
풀이**

Contents

01 이등변삼각형의 성질

이등변삼각형의 성질 (1)

이등변삼각형의 두 ❶⬚ 의 크기는 같다.

➡ △ABC에서 $\overline{AB}=\overline{AC}$이면 ∠B=∠C

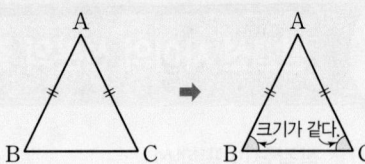

크기가 같다.

다음 그림과 같이 $\overline{AB}=\overline{AC}$인 이등변삼각형 ABC에서 ∠$x$의 크기를 구하시오.

1

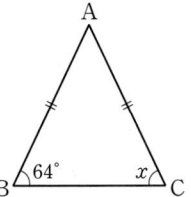

2

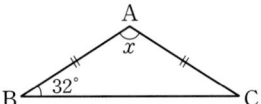

3

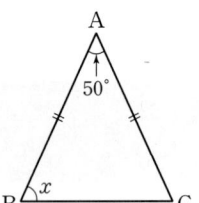

4

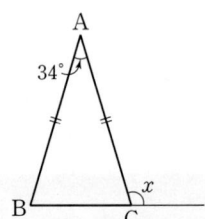

5

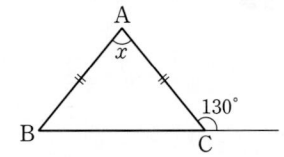

이등변삼각형의 성질 (2)

이등변삼각형의 꼭지각의 이등분선은 밑변을 ❷⬚ 한다.

➡ △ABC에서 $\overline{AB}=\overline{AC}$, ∠BAD=∠CAD이면 $\overline{AD}\perp\overline{BC}$, ❸⬚

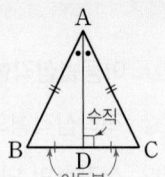

꼭지각의 이등분선 / 수직 / 이등분

다음 그림과 같이 $\overline{AB}=\overline{AC}$인 이등변삼각형 ABC에서 $\overline{AD}$는 ∠A의 이등분선일 때, x, y의 값을 각각 구하시오.

6

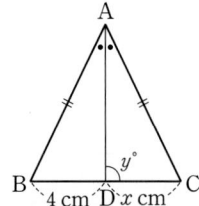

7

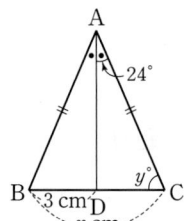

8

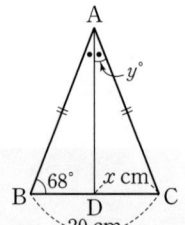

9

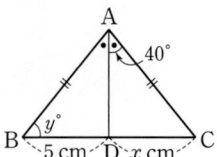

이등변삼각형이 되는 조건

두 ❹ ☐ 의 크기가 같은 삼각형은 이등변삼각형이다.

➡ △ABC에서 ∠B=∠C이면 ❺ ☐

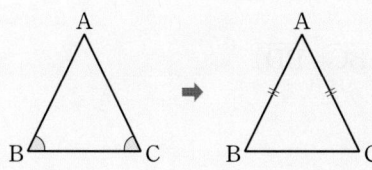

💧 다음 그림과 같은 △ABC에서 x의 값을 구하시오.

10
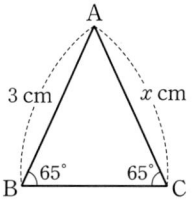

11
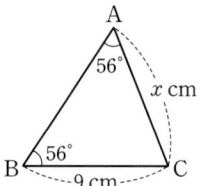

12
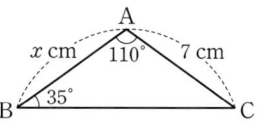

13
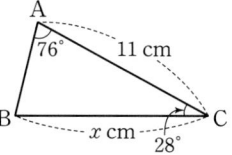

14
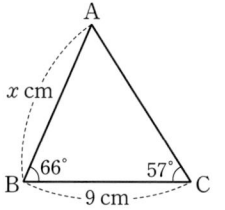

15
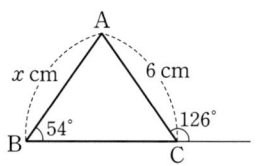

16
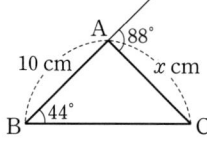

17
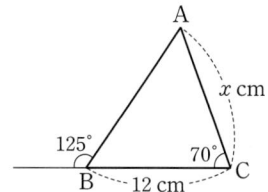

18
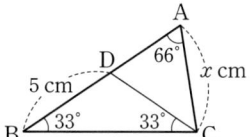

19
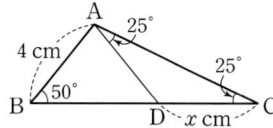

20
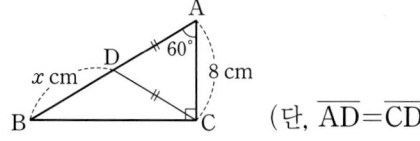

(단, $\overline{AD}=\overline{CD}$)

개념 ② 이등변삼각형의 성질(1)

1 다음 그림과 같이 $\overline{AB}=\overline{AC}$인 이등변삼각형 ABC에서 $\angle x$의 크기를 구하시오.

(1)

(단, $\angle ACD=\angle BCD$)

(2)

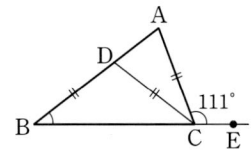

(단, $\overline{BC}=\overline{BD}$)

● $\triangle ABC$에서 $\overline{AB}=\overline{AC}$이면 $\angle B=\angle C$이다.

개념 ② 이등변삼각형의 성질(1)

2 오른쪽 그림과 같은 $\triangle ABC$에서 $\overline{BD}=\overline{DC}=\overline{CA}$이고 점 E는 $\overline{BC}$의 연장선 위의 점이다. $\angle ACE=111°$일 때, $\angle B$의 크기를 구하시오.

개념 ③ 이등변삼각형의 성질(2)

3 오른쪽 그림과 같이 $\overline{AB}=\overline{AC}$인 이등변삼각형 ABC에서 $\overline{AD}$는 $\angle A$의 이등분선이다. $\angle BAD=32°$, $\overline{BC}=16$ cm일 때, $x+y-z$의 값은?

① 32
② 34
③ 36
④ 38
⑤ 40

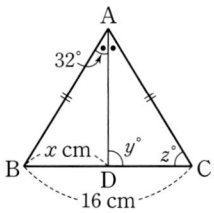

● 이등변삼각형의 꼭지각의 이등분선은 밑변을 수직이등분한다.

개념 ④ 이등변삼각형이 되는 조건

 기출 **4** 오른쪽 그림과 같이 $\overline{CA}=\overline{CB}$인 이등변삼각형 ABC에서 $\overline{AD}$는 $\angle A$의 이등분선이다. $\angle B=72°$, $\overline{AB}=11$ cm일 때, $\overline{CD}$의 길이는?

① 11 cm
② 12 cm
③ 13 cm
④ 14 cm
⑤ 15 cm

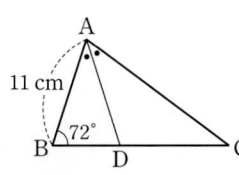

● 두 내각의 크기가 같은 삼각형은 이등변삼각형이다.

5 개념 ② 이등변삼각형의 성질(1)

오른쪽 그림과 같이 $\overline{AB}=\overline{AC}$인 이등변삼각형 ABC에서 꼭짓점 A를 지나고 $\overline{BC}$에 평행한 반직선 AD를 그었다. $\overline{AB}$의 연장선 위의 점 E에 대하여 ∠BAC=48°일 때, ∠EAD의 크기는?

① 62°　　　　② 64°

③ 66°　　　　④ 68°

⑤ 70°

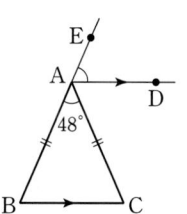

평행한 두 직선이 다른 한 직선과 만날 때, 동위각의 크기는 서로 같다.

6 개념 ③ 이등변삼각형의 성질(2)

오른쪽 그림과 같이 $\overline{AB}=\overline{AC}$인 이등변삼각형 ABC에서 ∠A의 이등분선과 $\overline{BC}$의 교점을 D라 하자. $\overline{BC}=18$ cm이고 △ABC의 넓이가 90 cm²일 때, $\overline{AD}$의 길이를 구하시오.

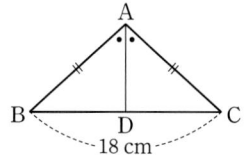

△ABC $=\dfrac{1}{2}\times$(밑변의 길이)×(높이)

7 개념 ④ 이등변삼각형이 되는 조건

오른쪽 그림과 같이 $\overline{AB}=\overline{AC}$인 이등변삼각형 ABC에서 ∠B와 ∠C의 이등분선의 교점을 D라 할 때, 다음 물음에 답하시오.

⑴ △DBC는 어떤 삼각형인지 말하시오.

⑵ $\overline{BD}=6$ cm일 때, $\overline{CD}$의 길이를 구하시오.

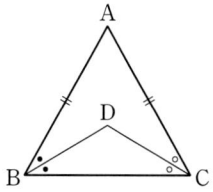

8 개념 ④ 이등변삼각형이 되는 조건

오른쪽 그림과 같이 $\overline{AC}$를 접는 선으로 하여 직사각형 모양의 종이를 접었을 때, 다음 보기 에서 옳지 <u>않은</u> 것을 모두 고르시오.

> 보기
>
> ㄱ. ∠DAC=∠BAC　　　ㄴ. ∠DAC=∠BCA
>
> ㄷ. ∠DAC=∠ABC　　　ㄹ. $\overline{AB}=\overline{BC}$
>
> ㅁ. $\overline{AB}=\overline{AC}$

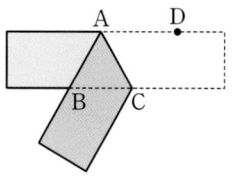

평행한 두 직선이 다른 한 직선과 만날 때, 엇각의 크기는 서로 같다.

02 직각삼각형의 합동

직각삼각형의 합동 조건

(1) RHA 합동: 두 직각삼각형의 빗변의 길이와 한 **❶** 의 크기가 각각 같으면 두 삼각형은 합동이다.

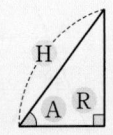 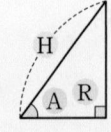

(2) **RHS** 합동: 두 직각삼각형의 빗변의 길이와 다른 한 **❷** 의 길이가 각각 같으면 두 삼각형은 합동이다.

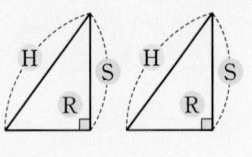

○ 다음 그림과 같은 두 직각삼각형이 서로 합동임을 기호 ≡를 사용하여 나타내고, 합동 조건을 말하시오.

1

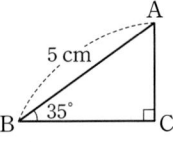 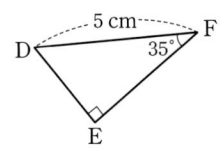

➡ △ABC와 △DFE에서
∠C=∠E=□°, $\overline{AB}$=□, ∠B=□이므로
△ABC≡□(□ 합동)

2

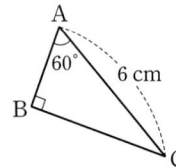 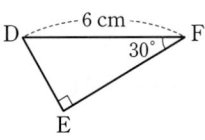

3

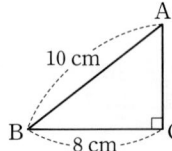 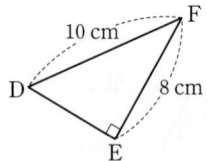

4

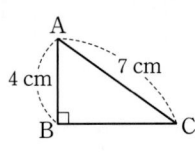 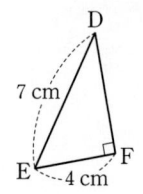

○ 오른쪽 그림과 같이 ∠C=∠F=90°인 두 직각삼각형 ABC와 DEF에 대하여 다음 중 △ABC와 △DEF가 합동이 되기 위한 조건인 것은 ○표, 합동이 되기 위한 조건이 아닌 것은 ×표를 ( ) 안에 써넣으시오.

5 $\overline{AB}=\overline{DE}$, $\overline{BC}=\overline{EF}$ ( )

6 $\overline{BC}=\overline{EF}$, ∠B=∠E ( )

7 $\overline{AB}=\overline{DE}$, ∠A=∠D ( )

8 ∠A=∠D, ∠B=∠E ( )

○ 다음 그림에서 x의 값을 구하시오.

9

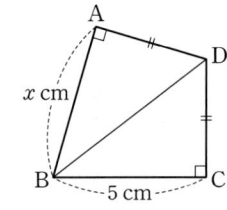

(단, $\overline{AD}=\overline{CD}$)

➡ △ABD와 △CBD에서
∠A=∠C=□°, $\overline{BD}$는 공통, $\overline{AD}$=□이므로
△ABD≡□(□ 합동)
따라서 $\overline{AB}$=□=□ cm이므로 x=□

10

(단, ∠ABD=∠CBD)

11

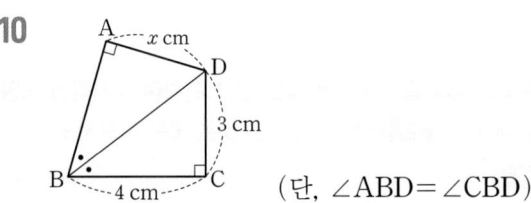

(단, 점 B는 $\overline{AD}$와 $\overline{CE}$의 교점, $\overline{AB}=\overline{DB}$)

각의 이등분선의 성질

(1) 각의 이등분선 위의 한 점에서 그 각의 두 **❸**〔　　〕까지의 거리는 같다.

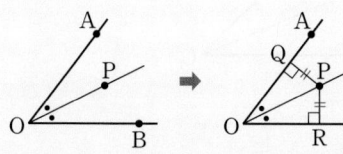

$$\angle AOP = \angle BOP이면 \overline{PQ} = ❹〔\quad〕$$

(2) 각의 두 변에서 같은 거리에 있는 점은 그 각의 **❺**〔　　〕 위에 있다.

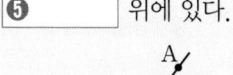

$$\overline{PQ} = \overline{PR}이면 \angle AOP = ❻〔\quad〕$$

▶ 다음 그림에서 x의 값을 구하시오.

12

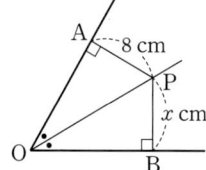

➡ $\angle AOP = \angle BOP$이므로
$$〔\quad〕 = \overline{PA} = 8\ cm$$
따라서 $x = 〔\quad〕$

13

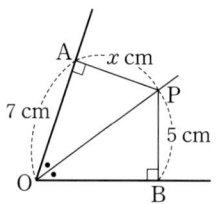

(단, $\angle AOP = \angle BOP$)

14

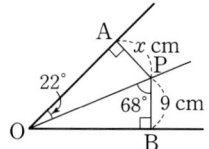

15

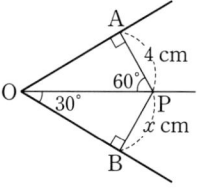

▶ 다음 그림에서 $\overline{PA} = \overline{PB}$일 때, $\angle x$의 크기를 구하시오.

16

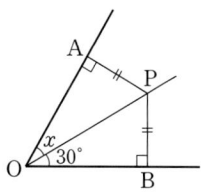

17

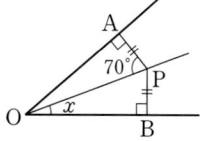

18

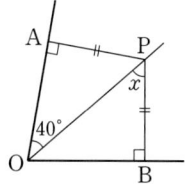

▶ 다음 그림에서 $\angle x$의 크기를 구하시오.

19

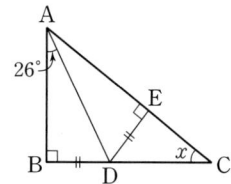

➡ $\overline{BD} = \overline{DE}$이므로 $\angle DAE = 〔\quad〕 = 〔\quad〕°$
따라서 $\angle BAC = 〔\quad〕° + 〔\quad〕° = 〔\quad〕°$
$\triangle ABC$에서 $\angle x = 90° - 〔\quad〕° = 〔\quad〕°$

20

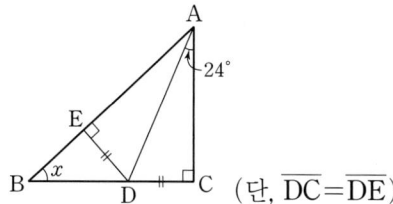

(단, $\overline{DC} = \overline{DE}$)

21

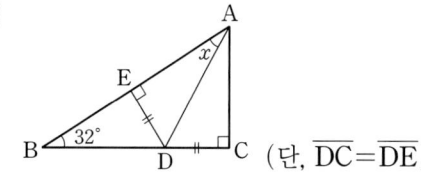

(단, $\overline{DC} = \overline{DE}$)

개념 **5** 직각삼각형의 합동 조건

1 오른쪽 그림과 같이 ∠B=90°인 직각삼각형 ABC에서 $\overline{CB}=\overline{CD}$이고 ∠CDE=90°이다. ∠A=46°일 때, ∠DCE의 크기는?

① 21°　　　　　　　② 22°

③ 23°　　　　　　　④ 24°

⑤ 25°

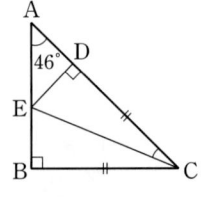

● 먼저 ∠ACB의 크기를 구한 다음 직각삼각형의 합동 조건을 이용한다.

개념 **5** 직각삼각형의 합동 조건

2 오른쪽 그림과 같이 ∠C=∠F=90°인 두 직각삼각형 ABC, DEF에서 $\overline{AC}=\overline{DF}$이다. 다음 보기 에서 두 직각삼각형이 합동이 되는 조건이 아닌 것을 고르시오.

> 보기
> ㄱ. $\overline{AB}=\overline{DE}$　　　　ㄴ. ∠A=∠D
> ㄷ. ∠B=∠D　　　　ㄹ. $\overline{BC}=\overline{EF}$
> ㅁ. ∠B=∠E

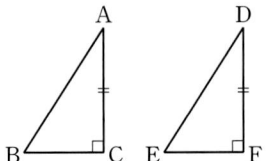

● 직각삼각형의 합동 조건과 일반삼각형의 합동 조건을 모두 확인한다.

개념 **5** 직각삼각형의 합동 조건

기출 3 오른쪽 그림에서 $\overline{DC}=\overline{CE}$, ∠A=∠DCE=∠B=90°이고, $\overline{AD}=a$, $\overline{BE}=b$일 때, 다음 중에서 옳지 않은 것은?

① $\overline{AC}=\overline{BE}$　　　　　② ∠ADC=∠BCE

③ ∠DCA=∠CED　　　④ △DAC≡△CBE

⑤ $\overline{AB}=a+b$

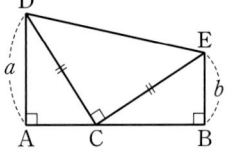

개념 **5** 직각삼각형의 합동 조건

4 오른쪽 그림과 같이 $\overline{AB}=\overline{AC}$인 이등변삼각형 ABC에서 $\overline{BC}$의 중점을 M이라 하고, 점 M에서 $\overline{AB}$, $\overline{AC}$에 내린 수선의 발을 각각 D, E라 하자. $\overline{AB}=12\,cm$, $\overline{CE}=4\,cm$일 때, $\overline{AD}$의 길이를 구하시오.

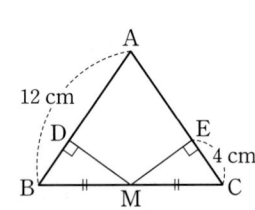

개념 **6** 각의 이등분선의 성질

5 오른쪽 그림과 같이 ∠C=90°인 직각삼각형 ABC에서 ∠A의 이등분선과 $\overline{BC}$의 교점을 D, 점 D에서 $\overline{AB}$에 내린 수선의 발을 E라 하자. $\overline{DC}=6\,cm$, ∠B=45°일 때, △EBD의 넓이를 구하시오.

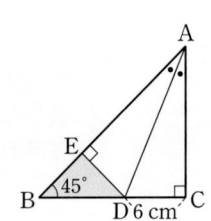

● 각의 이등분선 위의 한 점에서 그 각의 두 변까지의 거리는 같다.

개념 ⑤ 직각삼각형의 합동 조건

6 다음 중에서 보기의 삼각형과 합동인 것은?

①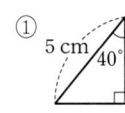
5 cm 40°

②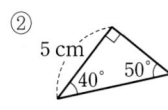
5 cm 40° 50°

③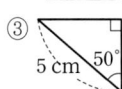
5 cm 50°

④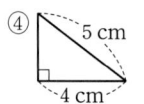
5 cm 4 cm

⑤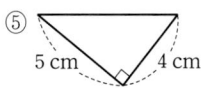
5 cm 4 cm

보기
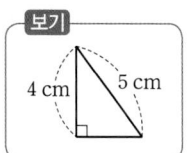
4 cm 5 cm

● 직각삼각형의 합동 조건을 이용할 때는 반드시 두 직각삼각형의 빗변의 길이가 같은지 확인해야 한다.

개념 ⑤ 직각삼각형의 합동 조건

7 오른쪽 그림과 같이 ∠A=90°이고 $\overline{AB}=\overline{AC}$인 직각이등변삼각형 ABC의 꼭짓점 A를 지나는 직선 l을 긋고, 두 꼭짓점 B, C에서 직선 l에 내린 수선의 발을 각각 D, E라 하자. $\overline{BD}=3$ cm, $\overline{CE}=9$ cm일 때, 다음을 구하시오.

(1) △ABD와 합동인 삼각형
(2) $\overline{DE}$의 길이

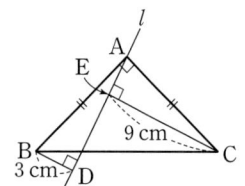

● 직각삼각형에서 직각을 제외한 나머지 두 내각의 크기의 합은 90°이다.

개념 ⑤ 직각삼각형의 합동 조건

8 오른쪽 그림과 같은 △ABC에서 $\overline{BC}$의 중점을 D라 하고, 점 D에서 $\overline{AB}$, $\overline{AC}$에 내린 수선의 발을 각각 E, F라 하자. $\overline{BE}=\overline{CF}$이고 ∠A=106°일 때, ∠B의 크기를 구하시오.

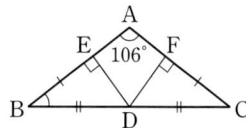

개념 ⑥ 각의 이등분선의 성질

9 오른쪽 그림과 같이 ∠AOB의 이등분선 위의 점 P에서 $\overline{OA}$, $\overline{OB}$에 내린 수선의 발을 각각 Q, R라 할 때, 다음 보기에서 옳은 것을 모두 고르시오.

보기
ㄱ. ∠OPQ=∠OPR   ㄴ. $\overline{PR}=\overline{BR}$
ㄷ. △POQ≡△POR   ㄹ. $\overline{PQ}=\overline{PR}$
ㅁ. $\overline{OQ}=\overline{OP}=\overline{OR}$

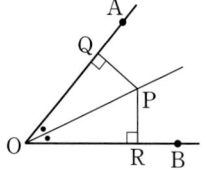

● 먼저 서로 합동이 되는 두 개의 직각삼각형을 찾는다.

03 삼각형의 외심

삼각형의 외심의 뜻과 성질

(1) 삼각형의 외심: 삼각형의
　①□ 의 중심

(2) 삼각형의 외심의 성질
　① 삼각형의 세 변의
　②□ 은 한 점
　(외심)에서 만난다.
　➡ $\overline{AD}=\overline{BD}$, $\overline{BE}=\overline{CE}$, $\overline{AF}=\overline{CF}$
　② 삼각형의 외심에서 세 ③□ 에 이르는 거리는
　같다.
　➡ $\overline{OA}=\overline{OB}=\overline{OC}=$(외접원 O의 반지름의 길이)

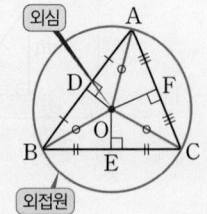
(외심, 외접원)

오른쪽 그림에서 점 O가 △ABC
의 외심일 때, 다음 중 옳은 것은 ○표,
옳지 않은 것은 ×표를 ( ) 안에
써넣으시오.

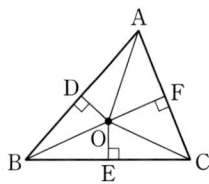

1 $\overline{OA}=\overline{OB}=\overline{OC}$ ( )

2 $\overline{OD}=\overline{OE}=\overline{OF}$ ( )

3 $\overline{AD}=\overline{AF}$ ( )

4 $\overline{AD}=\overline{BD}$ ( )

5 $\overline{BE}=\dfrac{1}{2}\overline{BC}$ ( )

6 $\angle OAB=\angle OBA$ ( )

7 $\angle OBD=\angle OBE$ ( )

8 $\triangle OCF\equiv\triangle OAF$ ( )

9 $\triangle OCE\equiv\triangle OCF$ ( )

다음 그림에서 점 O가 △ABC의 외심일 때, x의 값을 구하
시오.

10
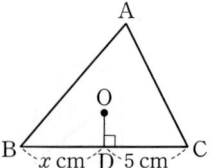

➡ 삼각형의 외심은 삼각형의 세 변의 □ 의 교점
이므로
$\overline{BD}=\overline{CD}=$□ cm
따라서 $x=$□

11
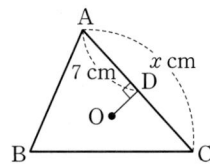

12
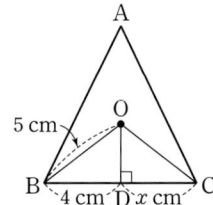

13
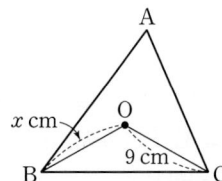

➡ 삼각형의 외심에서 세 □ 에 이르는 거리는 같으므로
$\overline{OB}=\overline{OC}=$□ cm
따라서 $x=$□

14
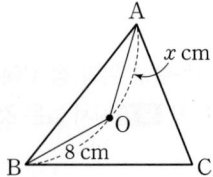

15
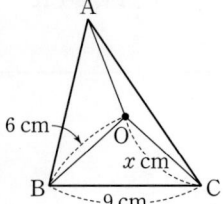

다음 그림에서 점 O가 △ABC의 외심일 때, ∠x의 크기를 구하시오.

16

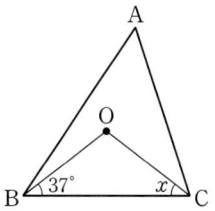

➡ △OBC는 $\overline{\text{OB}}=\boxed{}$인 이등변삼각형이므로

  ∠$x=\boxed{}°$

17

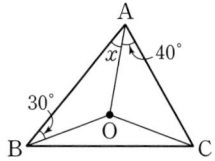

18

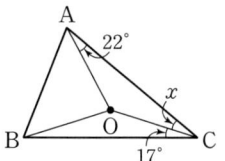

19

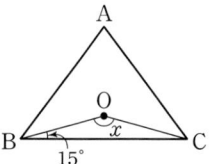

20

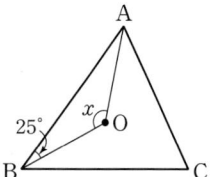

21

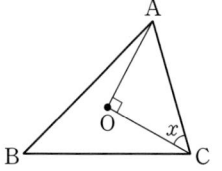

삼각형의 외심의 위치

외심은 삼각형의 모양에 따라 그 위치가 달라진다.

(1) 예각삼각형: 삼각형의 내부

(2) 직각삼각형: 빗변의 ❹ $\boxed{}$

➡ (외접원 O의 ❺ $\boxed{}$의 길이)

  $=\dfrac{1}{2}\times$ (빗변의 길이)

(3) 둔각삼각형: 삼각형의 ❻ $\boxed{}$

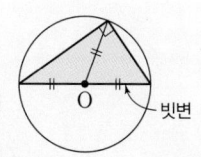

다음 그림과 같은 직각삼각형 ABC에서 점 M이 빗변의 중점일 때, x의 값을 구하시오.

22

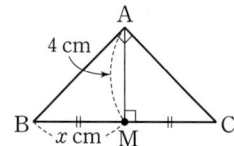

➡ 점 M이 직각삼각형 ABC의 $\boxed{}$이므로

  $\boxed{}=\overline{\text{MB}}=\overline{\text{MC}}$

  따라서 $x=\boxed{}$

23

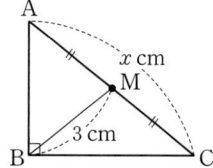

24

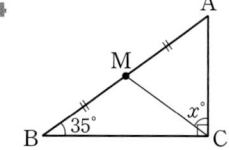

25

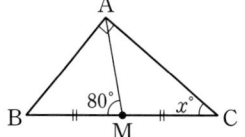

삼각형의 외심의 응용(1)

점 O가 △ABC의 외심일 때

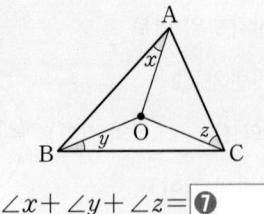

$\angle x + \angle y + \angle z =$ ❼ $\boxed{}$ °

삼각형의 외심의 응용(2)

점 O가 △ABC의 외심일 때

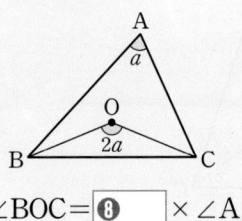

$\angle BOC =$ ❽ $\boxed{}$ × $\angle A$

🏷 다음 그림에서 점 O가 △ABC의 외심일 때, ∠x의 크기를 구하시오.

26

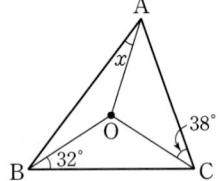

➡ 점 O가 △ABC의 외심이므로

$\angle x + 32° + 38° = \boxed{}$ °

따라서 $\angle x = \boxed{}$ °

27

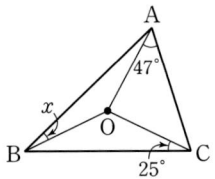

28

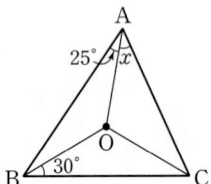

29

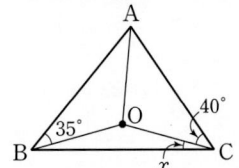

🏷 다음 그림에서 점 O가 △ABC의 외심일 때, ∠x의 크기를 구하시오.

30

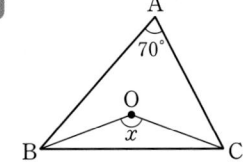

➡ 점 O가 △ABC의 외심이므로

$\angle x = 2\angle A = 2 \times \boxed{}° = \boxed{}$ °

31

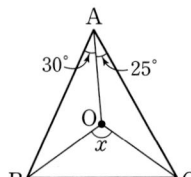

32

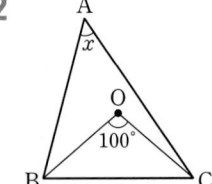

33

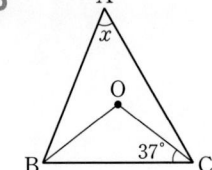

1 개념 **7** 삼각형의 외심의 뜻과 성질

오른쪽 그림에서 점 O는 △ABC의 외심이고, 점 O에서 세 변에 내린 수선의 발을 각각 D, E, F라 하자. $\overline{AD}=6$ cm, $\overline{BE}=7$ cm이고 △ABC의 둘레의 길이가 42 cm일 때, $\overline{CF}$의 길이는?

① 6 cm   ② 7 cm

③ 8 cm   ④ 9 cm

⑤ 10 cm

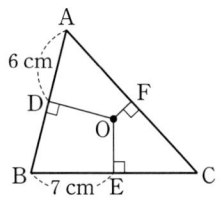

● 삼각형의 외심은 삼각형의 세 변의 수직이등분선의 교점이다.

2 개념 **7** 삼각형의 외심의 뜻과 성질

오른쪽 그림에서 점 O는 △ABC의 외심이다. △ABC의 외접원의 반지름의 길이가 6 cm이고 $\overline{BC}=13$ cm일 때, △OBC의 둘레의 길이를 구하시오.

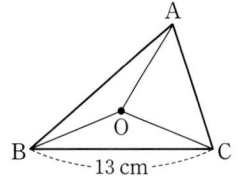

● 삼각형의 외심에서 세 꼭짓점에 이르는 거리는 같다.

3 개념 **8** 삼각형의 외심의 위치

오른쪽 그림과 같이 ∠C=90°인 직각삼각형 ABC에서 $\overline{AB}=5$ cm, $\overline{BC}=4$ cm, $\overline{CA}=3$ cm일 때, △ABC의 외접원의 둘레의 길이는?

① 3π cm   ② 4π cm

③ 5π cm   ④ 6π cm

⑤ 7π cm

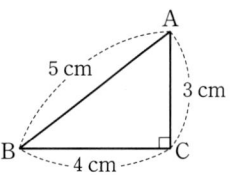

● 직각삼각형의 외심의 위치를 찾아본다.

4 개념 **9** 삼각형의 외심의 응용

오른쪽 그림에서 점 O는 △ABC의 외심이다. ∠OAB=40°, ∠AOC=150°일 때, ∠y-∠x의 크기는?

① 5°   ② 10°

③ 15°   ④ 20°

⑤ 25°

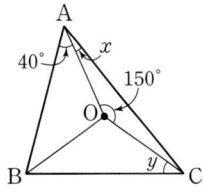

● 점 O가 △ABC의 외심이면

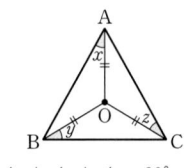

➡ ∠x+∠y+∠z=90°

5 개념 **9** 삼각형의 외심의 응용

오른쪽 그림에서 점 O는 △ABC의 외심이다. ∠OAC=40°, ∠AOB=120°일 때, ∠OCB의 크기는?

① 16°   ② 17°

③ 18°   ④ 19°

⑤ 20°

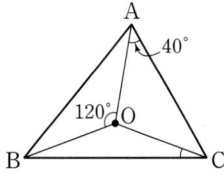

● 점 O가 △ABC의 외심이면

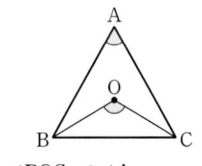

➡ ∠BOC=2∠A

개념 ⑦ 삼각형의 외심의 뜻과 성질

6 오른쪽 그림에서 점 O는 △ABC의 외심이고, 점 O에서 세 변에 내린 수선의 발을 각각 D, E, F라 하자. 다음 보기 에서 옳은 것을 모두 고른 것은?

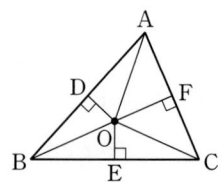

보기
ㄱ. $\overline{OA}=\overline{OB}$ ㄴ. $\overline{OD}=\overline{OE}$
ㄷ. $\overline{AF}=\overline{CF}$ ㄹ. $\overline{BD}=\overline{BE}$
ㅁ. $\angle DOB=\angle EOB$ ㅂ. $\angle OCF=\angle OAF$

① ㄱ, ㄷ   ② ㄴ, ㅂ   ③ ㄹ, ㅁ
④ ㄱ, ㄷ, ㅂ   ⑤ ㄴ, ㄹ, ㅁ

개념 ⑧ 삼각형의 외심의 위치

7 오른쪽 그림과 같이 △ABC의 외심 O가 $\overline{BC}$ 위에 있다. $\angle B=50°$일 때, $\angle OAC$의 크기는?

① 36°   ② 37°
③ 38°   ④ 39°
⑤ 40°

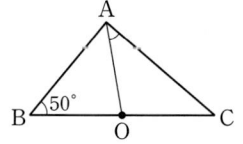

삼각형의 외심이 변 위에 있으면 어떤 삼각형인지 생각해 본다.

개념 ⑨ 삼각형의 외심의 응용

8 오른쪽 그림에서 점 O는 △ABC의 외심이다. $\angle OAB=38°$, $\angle OBC=16°$일 때, $\angle C$의 크기는?

① 48°   ② 50°
③ 52°   ④ 54°
⑤ 56°

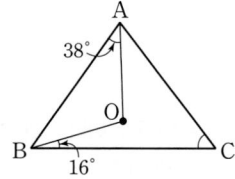

먼저 $\overline{OC}$를 긋는다.

개념 ⑨ 삼각형의 외심의 응용

기출 9 오른쪽 그림에서 점 O는 △ABC의 외심이다.
$\angle AOB : \angle BOC : \angle COA=4:6:5$일 때, $\angle BAC$의 크기는?

① 70°   ② 72°
③ 74°   ④ 76°
⑤ 78°

$\angle AOB+\angle BOC+\angle COA$ $=360°$임을 이용한다.

04 삼각형의 내심

삼각형의 내심의 뜻과 성질

(1) 삼각형의 내심: 삼각형의
❶□□□의 중심

(2) 삼각형의 내심의 성질
① 삼각형의 세 내각의
❷□□□은 한 점(내심)
에서 만난다.
➡ ∠IAD=∠IAF, ∠IBD=∠IBE,
∠ICE=∠ICF
② 삼각형의 내심에서 세 ❸□□에 이르는 거리는 같다.
➡ $\overline{ID}=\overline{IE}=\overline{IF}$=(내접원 I의 반지름의 길이)

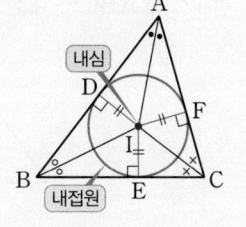

다음 그림에서 직선 l은 원 O의 접선이고 점 A는 그 접점일 때, ∠x의 크기를 구하시오.

1

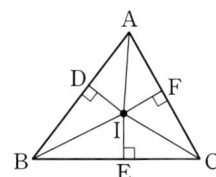

오른쪽 그림에서 점 I가 △ABC의 내심일 때, 다음 중 옳은 것은 ○표, 옳지 않은 것은 ×표를 ( ) 안에 써넣으시오.

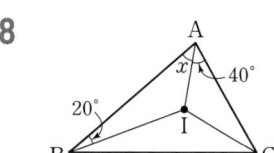

2 $\overline{IA}=\overline{IB}=\overline{IC}$ ( )

3 $\overline{ID}=\overline{IE}=\overline{IF}$ ( )

4 ∠IAD=∠IAF ( )

5 ∠IBE=∠ICE ( )

6 △IBD≡△IBE ( )

다음 그림에서 점 I가 △ABC의 내심일 때, ∠x의 크기를 구하시오.

7

➡ 삼각형의 내심은 삼각형의 세 내각의 □□□의 교점이 므로
∠$x=$□°

8

9

다음 그림에서 점 I가 △ABC의 내심일 때, x의 값을 구하시오.

10

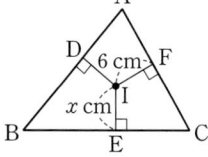

➡ 삼각형의 내심에서 세 □에 이르는 거리는 같으므로
$\overline{IE}=\overline{IF}=$□ cm
따라서 $x=$□

11

삼각형의 내심의 응용(1)

점 I가 △ABC의 내심일 때

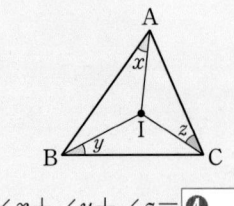

$$\angle x + \angle y + \angle z = \boxed{❹} \,^{\circ}$$

▶ 다음 그림에서 점 I가 △ABC의 내심일 때, $\angle x$의 크기를 구하시오.

12

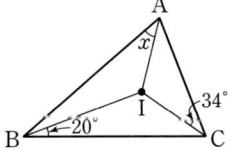

➡ 점 I가 △ABC의 내심이므로

$\angle x + 20° + 34° = \boxed{}°$

따라서 $\angle x = \boxed{}°$

13

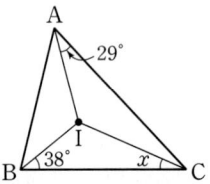

14

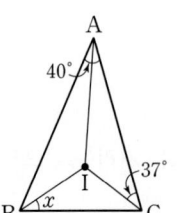

15

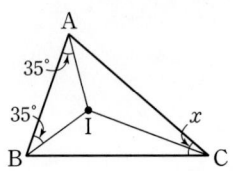

삼각형의 내심의 응용(2)

점 I가 △ABC의 내심일 때

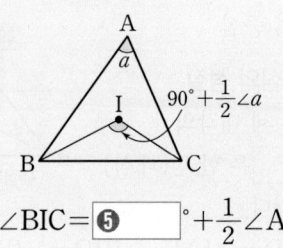

$$\angle BIC = \boxed{❺} \,^{\circ} + \frac{1}{2}\angle A$$

▶ 다음 그림에서 점 I가 △ABC의 내심일 때, $\angle x$의 크기를 구하시오.

16

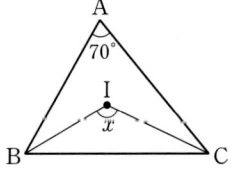

➡ 점 I가 △ABC의 내심이므로

$\angle x = \boxed{}° + \dfrac{1}{2}\angle A$

$\quad = \boxed{}° + \dfrac{1}{2} \times 70° = \boxed{}°$

17

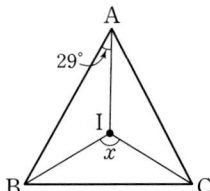

18

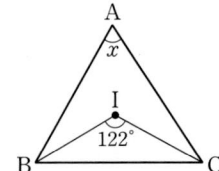

19

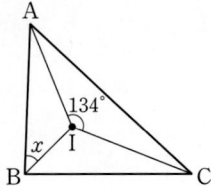

삼각형의 내접원의 응용 ⑴

점 I가 △ABC의 내심이고, △ABC의 내접원의 반지름의 길이를 r라 하면
$$\triangle ABC = \frac{1}{2} \times \boxed{\textbf{⑥}}$$
$$\times (\overline{AB} + \overline{BC} + \overline{CA})$$

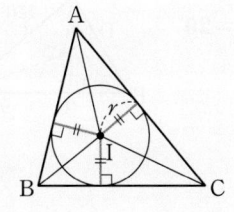

▶ 다음 그림에서 점 I가 △ABC의 내심일 때, △ABC의 넓이를 구하시오.

20

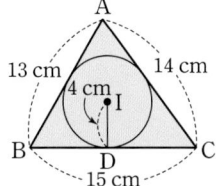

13 cm, 14 cm, 4 cm, I, B, D, C, 15 cm, A

21

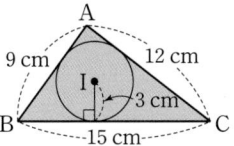

9 cm, 12 cm, 3 cm, I, B, 15 cm, C, A

▶ 다음 그림에서 점 I가 △ABC의 내심이고 △ABC의 넓이가 아래와 같을 때, 내접원의 반지름의 길이를 구하시오.

22

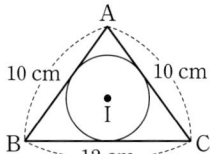

10 cm, 10 cm, 12 cm, A, B, I, C

$\triangle ABC = 32\ \text{cm}^2$

➡ 내접원의 반지름의 길이를 r cm라 하면
$$\frac{1}{2} \times r \times (10 + 12 + \boxed{}) = 32$$
그러므로 $r = \boxed{}$
따라서 내접원의 반지름의 길이는 $\boxed{}$ cm이다.

23

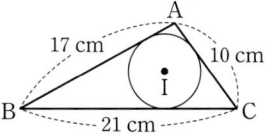

17 cm, 10 cm, B, 21 cm, C, A, I

$\triangle ABC = 72\ \text{cm}^2$

삼각형의 내접원의 응용 ⑵

점 I가 △ABC의 내심이고, △ABC의 내접원과 세 변 AB, BC, CA의 접점을 각각 D, E, F라 하면
$$\overline{AD} = \overline{AF}, \ \overline{BD} = \boxed{\textbf{❼}},$$
$$\overline{CE} = \boxed{\textbf{❽}}$$

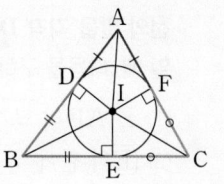

▶ 다음 그림에서 점 I는 △ABC의 내심이고 내접원이 $\overline{AB}$, $\overline{BC}$, $\overline{CA}$와 만나는 점을 각각 D, E, F라 할 때, x의 값을 구하시오.

24

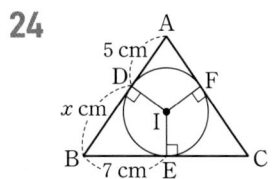

5 cm, x cm, D, F, I, B, 7 cm, E, C, A

25

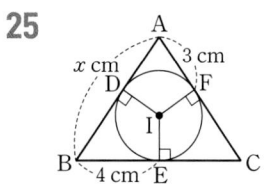

x cm, 3 cm, D, F, I, B, 4 cm, E, C, A

➡ $\overline{AD} = \overline{AF} = \boxed{}$ cm, $\overline{BD} = \overline{BE} = \boxed{}$ cm이므로
$\overline{AB} = \overline{AD} + \overline{BD} = \boxed{} + \boxed{} = \boxed{}$ (cm)
따라서 $x = \boxed{}$

26

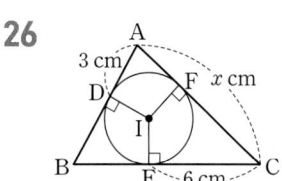

3 cm, D, F, x cm, I, B, E, 6 cm, C, A

27

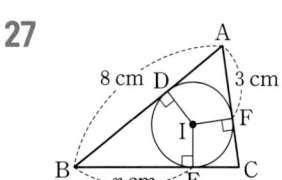

8 cm, D, 3 cm, F, I, B, x cm, E, C, A

개념 ⑩ 삼각형의 내심의 뜻과 성질

1 오른쪽 그림에서 점 I는 △ABC의 내심이고, 점 I에서 $\overline{AB}$, $\overline{BC}$에 내린 수선의 발을 각각 D, E라 하자. $\overline{ID}=7\,cm$, ∠AIC=120°, ∠ICE=20°일 때, 다음을 구하시오.

(1) ∠IAD의 크기
(2) $\overline{IE}$의 길이

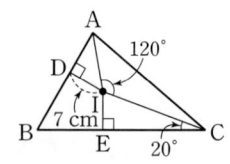

● 삼각형의 내심은 세 내각의 이등분선의 교점이다.

개념 ⑪ 삼각형의 내심의 응용

2 오른쪽 그림에서 점 I는 △ABC의 내심이다. ∠IBC=15°, ∠ICB=40°일 때, ∠A의 크기는?

① 62°　　　　② 64°
③ 66°　　　　④ 68°
⑤ 70°

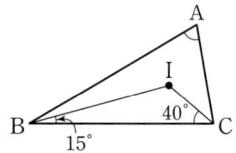

● 먼저 $\overline{IA}$를 긋는다.

개념 ⑪ 삼각형의 내심의 응용

3 오른쪽 그림에서 점 I는 △ABC의 내심이다. ∠AIB=114°일 때, ∠ICA의 크기는?

① 21°　　　　② 22°
③ 23°　　　　④ 24°
⑤ 25°

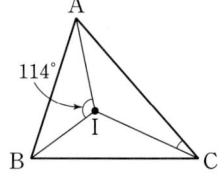

개념 ⑫ 삼각형의 내접원의 응용

4 오른쪽 그림에서 점 I는 △ABC의 내심이다. △ABC의 넓이가 $58\,cm^2$이고, 내접원의 반지름의 길이가 $4\,cm$일 때, △ABC의 둘레의 길이는?

① 20 cm　　　② 23 cm
③ 26 cm　　　④ 29 cm
⑤ 32 cm

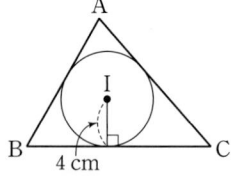

● 점 I가 △ABC의 내심이면

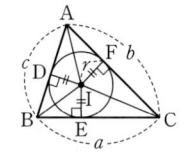

① $△ABC=\dfrac{1}{2}r(a+b+c)$
② $\overline{AD}=\overline{AF}$, $\overline{BD}=\overline{BE}$, $\overline{CE}=\overline{CF}$

개념 ⑫ 삼각형의 내접원의 응용

 5 오른쪽 그림에서 점 I는 △ABC의 내심이고, 세 점 D, E, F는 각각 내접원과 세 변 AB, BC, CA의 접점이다. $\overline{AB}=10\,cm$, $\overline{BC}=12\,cm$, $\overline{CA}=8\,cm$일 때, $\overline{BD}$의 길이를 구하시오.

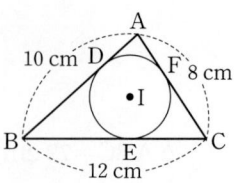

정답과 풀이 ★ 62쪽

6 개념 **10** 삼각형의 내심의 뜻과 성질

오른쪽 그림에서 점 I는 △ABC의 내심이고, 점 I에서 세 변에 내린 수선의 발을 각각 D, E, F라 하자. 다음 보기 에서 옳은 것을 모두 고르시오.

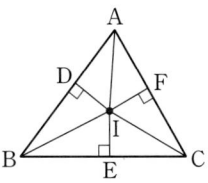

보기
ㄱ. $\overline{IA}=\overline{IB}$ ㄴ. $\overline{ID}=\overline{IE}$
ㄷ. $\overline{AF}=\overline{CF}$ ㄹ. $\overline{BD}=\overline{BE}$
ㅁ. $\angle IBD=\angle IBE$ ㅂ. $\angle ICF=\angle IAF$

7 개념 **11** 삼각형의 내심의 응용

오른쪽 그림에서 점 I는 △ABC의 내심이다. $\angle C=62°$일 때, $\angle x+\angle y$의 크기는?

① 56°   ② 57°
③ 58°   ④ 59°
⑤ 60°

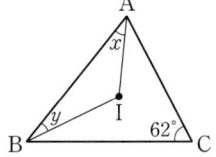

● 먼저 $\overline{IC}$를 긋는다.

8 개념 **11** 삼각형의 내심의 응용

오른쪽 그림에서 점 I는 △ABC의 내심이다.

$\angle A : \angle ABC : \angle ACB=3 : 4 : 2$일 때, $\angle BIC$의 크기는?

① 120°   ② 122°
③ 124°   ④ 126°
⑤ 128°

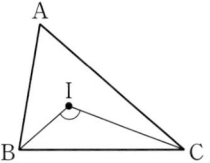

● 삼각형의 세 내각의 크기의 합은 180°임을 이용한다.

9 개념 **12** 삼각형의 내접원의 응용

오른쪽 그림에서 점 I는 △ABC의 내심이다. $\overline{AC}=9$ cm, $\overline{BD}=7$ cm, $\overline{CE}=5$ cm일 때, △ABC의 둘레의 길이는?

① 31 cm   ② 32 cm
③ 33 cm   ④ 34 cm
⑤ 35 cm

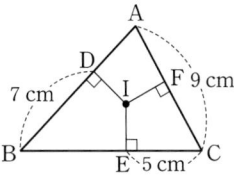

01 평행사변형

평행사변형의 뜻

(1) 사각형 기호: 사각형 ABCD를 기호로 **❶**[　　] 와 같이 나타낸다. 이때 사각형에서 마주 보는 변을 대변, 마주 보는 각을 대각이라 한다.

(2) 평행사변형: 두 쌍의 **❷**[　　] 이 각각 평행한 사각형
➡ □ABCD에서
$\overline{AB}$∥$\overline{DC}$, $\overline{AD}$∥$\overline{BC}$

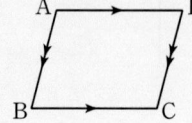

■ 다음 그림과 같은 평행사변형 ABCD에서 ∠x, ∠y의 크기를 각각 구하시오.

1
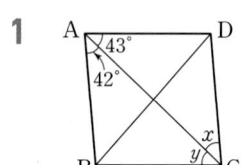

2
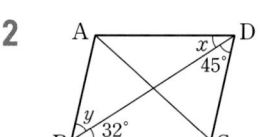

■ 다음 그림과 같은 평행사변형 ABCD에서 ∠x의 크기를 구하시오. (단, 점 O는 두 대각선의 교점)

3
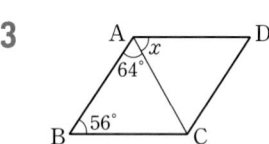

4
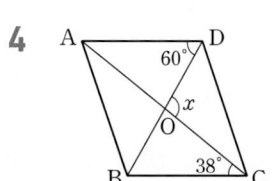

5
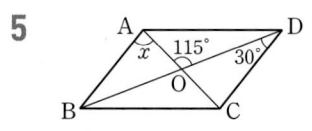

평행사변형의 성질

평행사변형에서

(1) 두 쌍의 **❸**[　　] 의 길이는 각각 같다.
➡ $\overline{AB}$=$\overline{DC}$, $\overline{AD}$=$\overline{BC}$

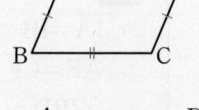

(2) 두 쌍의 **❹**[　　] 의 크기는 각각 같다.
➡ ∠A=∠C, ∠B=∠D

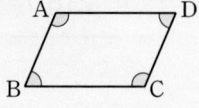

(3) 두 대각선은 서로 다른 것을 **❺**[　　] 한다.
➡ $\overline{OA}$=$\overline{OC}$, $\overline{OB}$=$\overline{OD}$

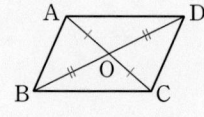

(단, 점 O는 두 대각선의 교점)

■ 오른쪽 그림과 같은 평행사변형 ABCD에 대하여 다음 중 옳은 것은 ○표, 옳지 않은 것은 ×표를 ( ) 안에 써넣으시오.

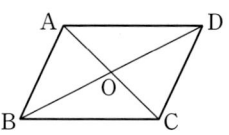

(단, 점 O는 두 대각선의 교점)

6 $\overline{AB}$=$\overline{DC}$　　　　　　(　)

7 $\overline{AD}$=$\overline{BC}$　　　　　　(　)

8 $\overline{OB}$=$\overline{OC}$　　　　　　(　)

9 $\overline{OB}$=$\overline{OD}$　　　　　　(　)

10 ∠DAB=∠ABC　　　　(　)

11 ∠ABC=∠ADC　　　　(　)

12 ∠DAB+∠ABC=180°　(　)

13 ∠DAB+∠BCD=180°　(　)

14 △AOD≡△COB　　　　(　)

다음 그림과 같은 평행사변형 ABCD에서 x, y의 값을 각각 구하시오.

15

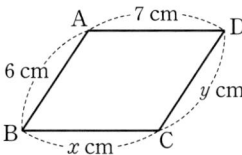

16

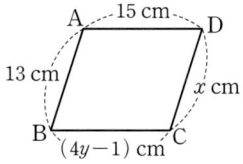

17

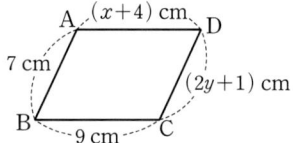

다음 그림과 같은 평행사변형 ABCD에서 $\angle x$, $\angle y$의 크기를 각각 구하시오.

18

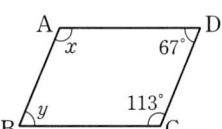

19

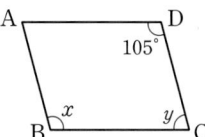

20

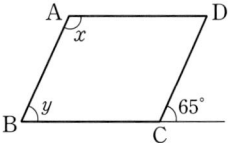

21

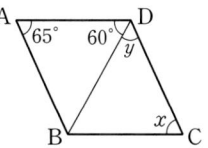

22

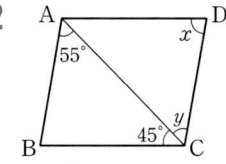

다음 그림과 같은 평행사변형 ABCD에서 x, y의 값을 각각 구하시오. (단, 점 O는 두 대각선의 교점)

23

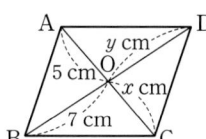

24

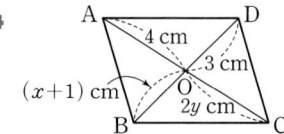

25

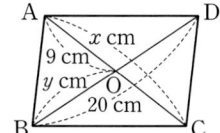

26

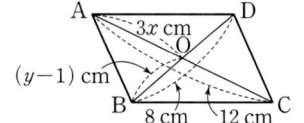

평행사변형이 되는 조건

다음의 어느 한 조건을 만족시키는 사각형은 평행사변형이다. (단, 점 O는 두 대각선의 교점)

(1) 두 쌍의 대변이 각각 평행하다.
➡ $\overline{AB} /\!/ \overline{DC}$, $\overline{AD} /\!/ \overline{BC}$

(2) 두 쌍의 ❻ 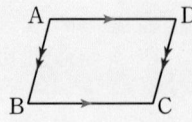의 길이가 각각 같다.
➡ $\overline{AB} = \overline{DC}$, $\overline{AD} = \overline{BC}$

(3) 두 쌍의 ❼ 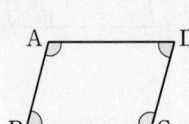의 크기가 각각 같다.
➡ $\angle A = \angle C$, $\angle B = \angle D$

(4) 한 쌍의 대변이 ❽ 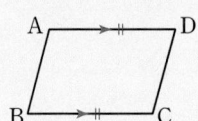하고 그 길이가 같다.
➡ $\overline{AD} /\!/ \overline{BC}$, $\overline{AD} = \overline{BC}$

(5) 두 대각선이 서로 다른 것을 ❾ 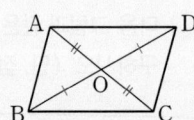한다.
➡ $\overline{OA} = \overline{OC}$, $\overline{OB} = \overline{OD}$

참고 □ABCD가 평행사변형인지 판별하려면 주어진 조건이 평행사변형이 되는 조건 중에서 하나를 만족시키는지 확인한다.

🔖 다음 그림과 같은 □ABCD가 평행사변형이 되지 않는 것은 ×표를, 평행사변형이 되는 것은 그 조건을 보기에서 골라 (　) 안에 써넣으시오. (단, 점 O는 두 대각선의 교점)

보기
ㄱ. 두 쌍의 대변이 각각 평행하다.
ㄴ. 두 쌍의 대변의 길이가 각각 같다.
ㄷ. 두 쌍의 대각의 크기가 각각 같다.
ㄹ. 한 쌍의 대변이 평행하고 그 길이가 같다.
ㅁ. 두 대각선이 서로 다른 것을 이등분한다.

27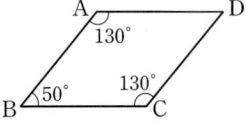
(　　　)

28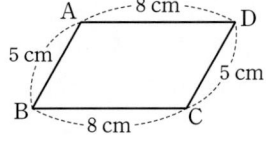
(　　　)

29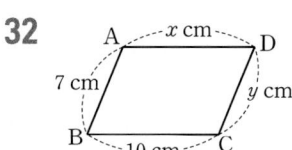
(　　　)

30
A —— 6 cm —— D
B —— 6 cm —— C
(　　　)

🔖 다음 그림과 같은 □ABCD가 평행사변형이 되도록 하는 x, y의 값을 각각 구하시오. (단, 점 O는 두 대각선의 교점)

31
A, 65°, $y°$, D
B, 30°, $x°$, C

32
A —— x cm —— D
7 cm, y cm
B —— 10 cm —— C

33
A, 126°, $y°$, D
B, 54°, $x°$, C

34
A —— 11 cm —— D
27°
$x°$, y cm
B, C

35
A, 2 cm, x cm, D
3 cm, O, y cm
B, C

평행사변형과 넓이(1)

평행사변형 ABCD에서

(1) △ABC＝△CDA

  ＝△ABD＝△CDB

  ＝ ⑩ ×□ABCD

(2) △ABO＝△BCO＝△CDO＝△DAO

  ＝ ⑪ ×□ABCD

（단, 점 O는 두 대각선의 교점）

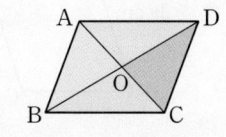

다음 그림과 같은 평행사변형 ABCD의 넓이가 32 cm²일 때, 색칠한 부분의 넓이를 구하시오.

（단, 점 O는 두 대각선의 교점）

36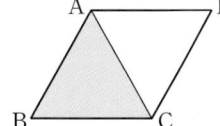

37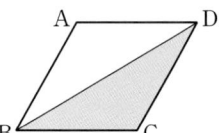

38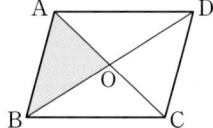

39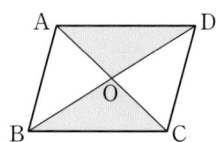

오른쪽 그림과 같은 평행사변형 ABCD에 대하여 다음 도형의 넓이를 구하시오.

（단, 점 O는 두 대각선의 교점）

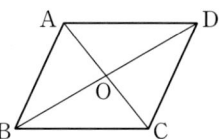

40 △CDA＝18 cm²일 때, □ABCD

41 △DAO＝10 cm²일 때, △ABO

42 △BCO＝9 cm²일 때, △CDA

평행사변형과 넓이(2)

평행사변형의 내부의 한 점 P에 대하여

  △PAB＋△PCD

  ＝△PBC＋ ⑫

  ＝ ⑬ ×□ABCD

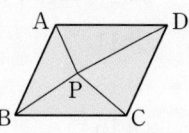

오른쪽 그림은 평행사변형 ABCD의 내부의 한 점 P를 지나고 $\overline{AB}$, $\overline{BC}$에 각각 평행한 $\overline{EF}$, $\overline{GH}$를 그은 것이다.

△PEA＝24 cm²,

△PBF＝12 cm², △PCH＝8 cm², △PHD＝16 cm²일 때, 다음을 구하시오.

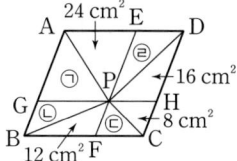

43 ㉠의 넓이

44 ㉡의 넓이

45 ㉢의 넓이

46 ㉣의 넓이

47 △PAB와 △PCD의 넓이의 합

48 △PBC와 △PDA의 넓이의 합

다음 그림과 같은 평행사변형 ABCD의 내부의 한 점 P에 대하여 □ABCD가 주어진 조건을 만족시킬 때, 색칠한 부분의 넓이를 구하시오.

49 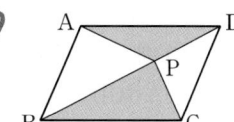 □ABCD＝28 cm²

50 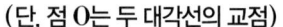 □ABCD＝84 cm²
  △PAB＝20 cm²

1 개념 **2** 평행사변형의 성질

오른쪽 그림과 같은 평행사변형 ABCD에서 $x+y$의 값은?

① 11　　　　　　② 12

③ 13　　　　　　④ 14

⑤ 15

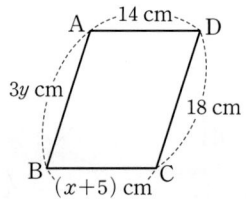

2 개념 **2** 평행사변형의 성질

오른쪽 그림과 같은 평행사변형 ABCD에서 $\angle B=50°$, $\angle ACD=70°$일 때, $\angle y-\angle x$의 크기는?

① 10°　　　　　　② 12°

③ 14°　　　　　　④ 16°

⑤ 18°

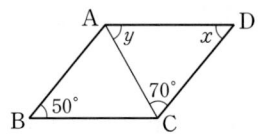

평행사변형은 두 쌍의 대각의 크기가 각각 같고, 삼각형의 세 내각의 크기의 합은 180°이다.

3 개념 **2** 평행사변형의 성질

오른쪽 그림과 같은 평행사변형 ABCD에서 점 O는 두 대각선의 교점이다. $\overline{AB}=9$ cm, $\overline{AO}=7$ cm, $\overline{BD}=12$ cm일 때, △CDO의 둘레의 길이를 구하시오.

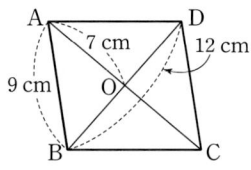

**4** 개념 **3** 평행사변형이 되는 조건

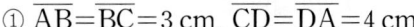

오른쪽 그림과 같은 □ABCD에서 점 O는 두 대각선의 교점이다. 다음 중에서 □ABCD가 평행사변형인 것을 모두 고르면? (정답 2개)

① $\overline{AB}=\overline{BC}=3$ cm, $\overline{CD}=\overline{DA}=4$ cm

② $\angle BAD=105°$, $\angle ABC=75°$, $\angle BCD=105°$

③ $\overline{OA}=\overline{OB}=5$ cm, $\overline{OC}=\overline{OD}=6$ cm

④ $\overline{AD}=\overline{BC}=7$ cm, $\angle DAC=\angle ACB=80°$

⑤ $\overline{AD}\,/\!/\,\overline{BC}$, $\overline{AB}=\overline{DC}=8$ cm

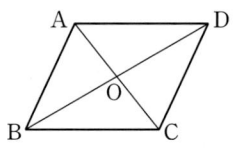

서로 다른 두 직선이 한 직선과 만날 때, 엇각의 크기가 같으면 두 직선은 평행하다.

5 개념 **4** 평행사변형과 넓이

오른쪽 그림과 같은 평행사변형 ABCD에서 점 O는 두 대각선의 교점이다. △ABO의 넓이가 11 cm²일 때, □ABCD의 넓이는?

① 40 cm²　　　　　② 41 cm²

③ 42 cm²　　　　　④ 43 cm²

⑤ 44 cm²

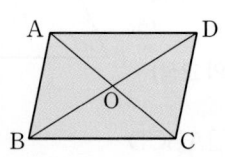

평행사변형의 넓이는 두 대각선에 의하여 사등분된다.

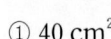

6 개념 ① 평행사변형의 뜻

오른쪽 그림과 같은 평행사변형 ABCD에서 ∠DAC=52°, ∠ADB=32°, ∠ACD=60°일 때, ∠x＋∠y의 크기는?

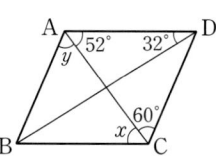

① 112°
② 114°
③ 116°
④ 118°
⑤ 120°

7 개념 ② 평행사변형의 성질

오른쪽 그림과 같은 평행사변형 ABCD에서 $\overline{BD}$=10 cm, $\overline{CD}$=7 cm이고 ∠BAC=60°, ∠CAD=50°일 때, 다음 보기 에서 옳은 것을 모두 고르시오. (단, 점 O는 두 대각선의 교점)

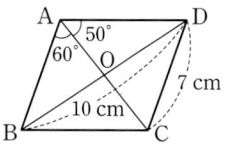

● 평행사변형의 성질을 생각해 본다.

보기

ㄱ. $\overline{AB}$=7 cm   ㄴ. $\overline{OC}$=5 cm

ㄷ. ∠BCD=110°   ㄹ. ∠AOB=90°

 8 개념 ② 평행사변형의 성질

오른쪽 그림과 같은 평행사변형 ABCD에서 ∠A와 ∠B의 크기의 비가 3 : 2일 때, 다음을 구하시오.

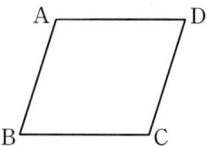

● 평행사변형에서 이웃하는 두 내각의 크기의 합은 180°이다.

(1) ∠A의 크기

(2) ∠C의 크기

9 개념 ③ 평행사변형이 되는 조건

다음 중에서 오른쪽 그림과 같이 $\overline{AB}$=5 cm, $\overline{AD}$=7 cm이고 ∠B=80°인 □ABCD가 평행사변형이 되는 조건을 모두 고르면?

(정답 2개)

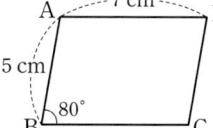

① $\overline{BC}$=7 cm, $\overline{DC}$=5 cm
② $\overline{BC}$=7 cm, ∠A=100°
③ $\overline{DC}$=5 cm, ∠A=100°
④ $\overline{DC}$=5 cm, ∠C=80°
⑤ $\overline{BC}$=5 cm, $\overline{DC}$=7 cm

10 개념 ④ 평행사변형과 넓이

오른쪽 그림과 같은 평행사변형 ABCD의 내부의 한 점 P에 대하여 △PAB=24 cm², △PBC=12 cm², △PCD=13 cm²일 때, △PDA의 넓이는?

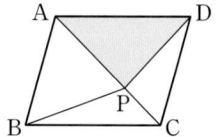

● 마주 보는 삼각형의 넓이의 합을 생각한다.

① 21 cm²
② 22 cm²
③ 23 cm²
④ 24 cm²
⑤ 25 cm²

02 여러 가지 사각형

직사각형의 뜻과 성질

(1) **직사각형**: 네 **❶** 의 크기
가 모두 같은 사각형
➡ □ABCD에서
$\angle A = \angle B = \angle C = \angle D = 90°$

(2) **직사각형의 성질**
① 평행사변형의 모든 성질을 만족시킨다.
② 두 대각선은 길이가 같고, 서로 다른 것을 **❷**
한다.
➡ $\overline{AC} = \overline{BD}$, $\overline{AO} = \overline{BO} = \overline{CO} = \overline{DO}$
(단, 점 O는 두 대각선의 교점)

▸ 다음 그림과 같은 직사각형 ABCD에서 x의 값을 구하시오.
(단, 점 O는 두 대각선의 교점)

1
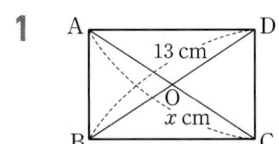

2
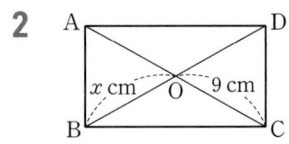

▸ 다음 그림과 같은 직사각형 ABCD에서 $\angle x$의 크기를 구하시오. (단, 점 O는 두 대각선의 교점)

3
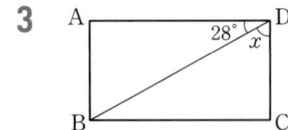

4
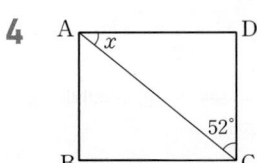

5
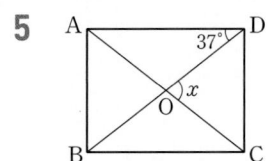

평행사변형이 직사각형이 되는 조건

평행사변형이 다음 중에서 어느 한 조건을 만족시키면 직
사각형이 된다.
(1) 한 내각이 **❸** 이다.
(2) 두 **❹** 의 길이가 같다.

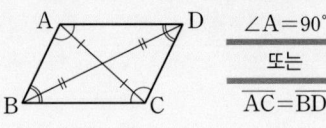 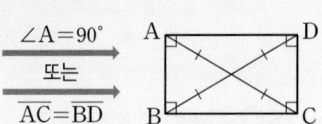

▸ 오른쪽 그림과 같은 평행사변형
ABCD에 대하여 다음 중
□ABCD가 직사각형이 되는 조
건인 것은 ○표, 아닌 것은 ×표
를 ( ) 안에 써넣으시오. (단, 점 O는 두 대각선의 교점)

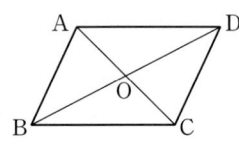

6 $\angle BAD = \angle BCD$ (   )

7 $\angle BAD = \angle ABC$ (   )

8 $\overline{AC} = \overline{BD}$ (   )

9 $\overline{AB} = \overline{BC}$ (   )

10 $\overline{BO} = \overline{CO}$ (   )

▸ 다음 그림과 같은 평행사변형 ABCD가 직사각형이 되도록
하는 x의 값을 구하시오. (단, 점 O는 두 대각선의 교점)

11
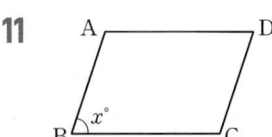

12
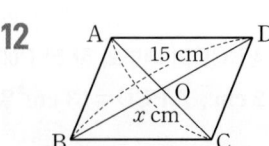

13
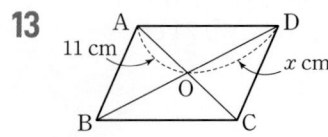

마름모의 뜻과 성질

(1) 마름모: 네 **⑤** [　　] 의 길이가
모두 같은 사각형

➡ □ABCD에서
$\overline{AB}=\overline{BC}=\overline{CD}=\overline{DA}$

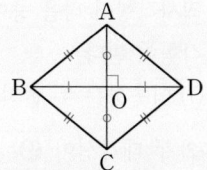

(2) 마름모의 성질
① 평행사변형의 모든 성질을 만족시킨다.
② 두 대각선은 서로 다른 것을 **⑥** [　　] 한다.

➡ $\overline{AC}\perp\overline{BD}$, $\overline{AO}=\overline{CO}$, $\overline{BO}=\overline{DO}$

(단, 점 O는 두 대각선의 교점)

──▶ 다음 그림과 같은 마름모 ABCD에서 x의 값을 구하시오.
(단, 점 O는 두 대각선의 교점)

14
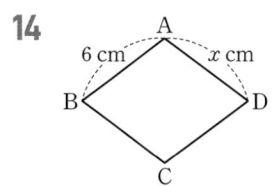

15
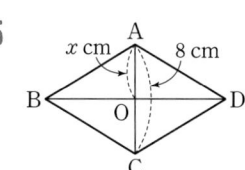

──▶ 다음 그림과 같은 마름모 ABCD에서 $\angle x$의 크기를 구하시오. (단, 점 O는 두 대각선의 교점)

16
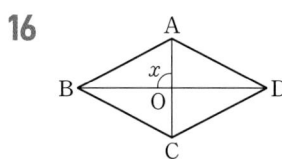

17
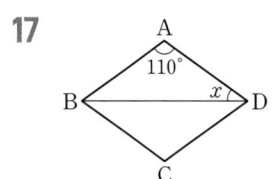

18
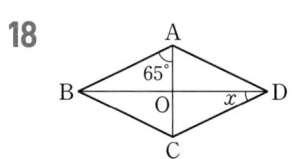

평행사변형이 마름모가 되는 조건

평행사변형이 다음 중에서 어느 한 조건을 만족시키면 마름모가 된다.

(1) 이웃하는 두 변의 길이가 **⑦** [　　] .

(2) 두 대각선이 **⑧** [　　] 한다.

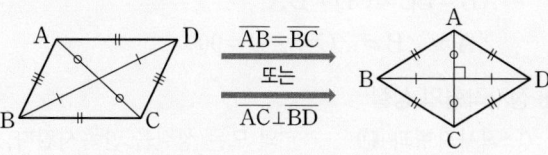

──▶ 오른쪽 그림과 같은 평행사변형 ABCD에 대하여 다음 중 □ABCD가 마름모가 되는 조건인 것은 ○표, 아닌 것은 ×표를 (　　) 안에 써넣으시오. (단, 점 O는 두 대각선의 교점)

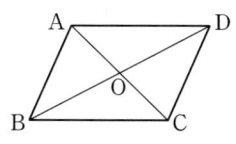

19 $\overline{AB}=\overline{BC}$　　　　　　　(　　)

20 $\overline{AO}=\overline{CO}$　　　　　　　(　　)

21 $\overline{AC}\perp\overline{BD}$　　　　　　　(　　)

22 $\angle ABD=\angle DBC$　　　　(　　)

23 $\angle ABD=\angle BDC$　　　　(　　)

24 $\angle COD=90°$　　　　　　(　　)

──▶ 다음 그림과 같은 평행사변형 ABCD가 마름모가 되도록 하는 x의 값을 구하시오. (단, 점 O는 두 대각선의 교점)

25
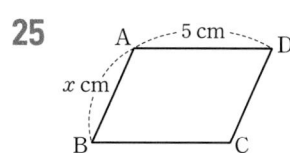

26
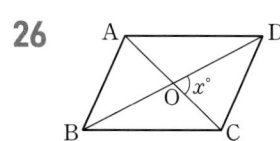

27
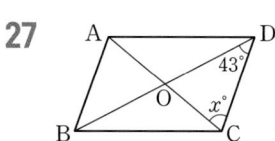

정사각형의 뜻과 성질

(1) **정사각형**: 네 변의 길이가 모두 같고, 네 **⑨**[ ]의 크기가 모두 같은 사각형

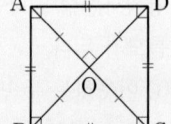

➡ □ABCD에서
$\overline{AB}=\overline{BC}=\overline{CD}=\overline{DA}$,
$\angle A=\angle B=\angle C=\angle D=90°$

(2) **정사각형의 성질**

① 직사각형과 **⑩**[ ]의 모든 성질을 만족시킨다.

② 두 대각선은 길이가 같고, 서로 다른 것을 **⑪**[ ]한다.

➡ $\overline{AC}=\overline{BD}$, $\overline{AC}\perp\overline{BD}$, $\overline{AO}=\overline{BO}=\overline{CO}=\overline{DO}$

(단, 점 O는 두 대각선의 교점)

● 다음 그림과 같은 정사각형 ABCD에서 x의 값을 구하시오. (단, 점 O는 두 대각선의 교점)

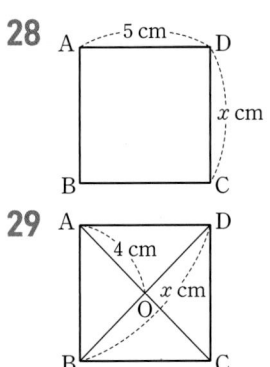

28

29

● 다음 그림과 같은 정사각형 ABCD에서 $\angle x$의 크기를 구하시오. (단, 점 O는 두 대각선의 교점)

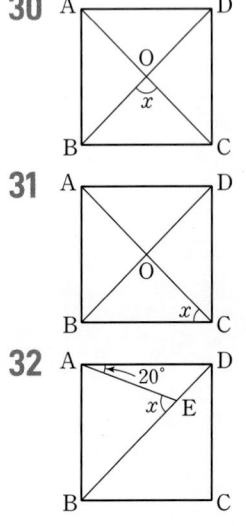

30

31

32

직사각형이 정사각형이 되는 조건

직사각형이 다음 중에서 어느 한 조건을 만족시키면 정사각형이 된다.

(1) 이웃하는 두 변의 길이가 **⑫**[ ].

(2) 두 대각선이 **⑬**[ ]한다.

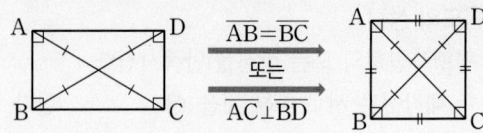

● 오른쪽 그림과 같은 직사각형 ABCD에 대하여 다음 중 □ABCD가 정사각형이 되는 조건인 것은 ○표, 아닌 것은 ×표를 ( ) 안에 써넣으시오. (단, 점 O는 두 대각선의 교점)

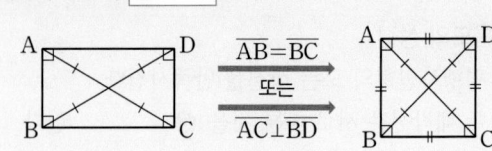

33 $\overline{AB}=\overline{AD}$ ( )

34 $\overline{AO}=\overline{BO}$ ( )

35 $\overline{AC}\perp\overline{BD}$ ( )

36 $\angle AOB=\angle AOD$ ( )

37 $\angle AOD=\angle BOC$ ( )

38 $\angle BAC=\angle BCA$ ( )

● 다음 그림과 같은 직사각형 ABCD가 정사각형이 되도록 하는 x의 값을 구하시오. (단, 점 O는 두 대각선의 교점)

39

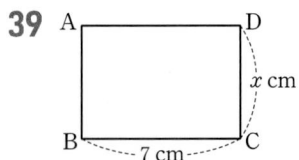

40

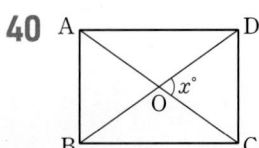

41

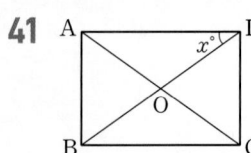

마름모가 정사각형이 되는 조건

마름모가 다음 중에서 어느 한 조건을 만족시키면 정사각
형이 된다.

(1) 한 내각이 ⑭ [   ]이다.

(2) 두 대각선의 길이가 ⑮ [   ].

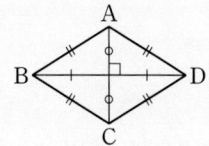 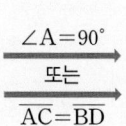 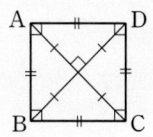

$\angle A = 90°$
또는
$\overline{AC} = \overline{BD}$

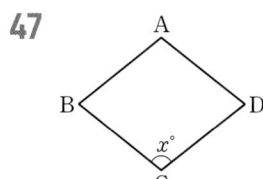 오른쪽 그림과 같은 마름모 ABCD
에 대하여 다음 중 □ABCD가 정
사각형이 되는 조건인 것은 ○표,
아닌 것은 ×표를 (   ) 안에 써넣
으시오.

(단, 점 O는 두 대각선의 교점)

42 $\overline{AO} = \overline{BO}$　　　　　　(　　)

43 $\overline{AC} \perp \overline{BD}$　　　　　　(　　)

44 $\angle BAC = \angle DAC$　　　(　　)

45 $\angle ABC = \angle BCD$　　　(　　)

46 $\angle ADC = 90°$　　　　　(　　)

 다음 그림과 같은 마름모 ABCD가 정사각형이 되도록 하는
x의 값을 구하시오. (단, 점 O는 두 대각선의 교점)

47
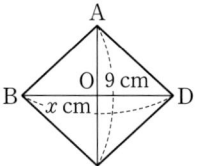

48
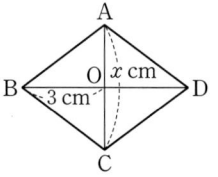

49

등변사다리꼴의 뜻과 성질

(1) 등변사다리꼴: 아랫변의 양 끝 각
의 크기가 같은 사다리꼴

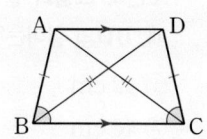

➡ □ABCD에서
$\overline{AD}$ ⑯ [   ] $\overline{BC}$, $\angle B = \angle C$

(2) 등변사다리꼴의 성질

① 평행하지 않은 한 쌍의 대변의 길이가 ⑰ [   ].

➡ $\overline{AB} = \overline{DC}$

② 두 대각선의 길이가 ⑱ [   ].

➡ $\overline{AC} = \overline{BD}$

다음 그림과 같이 $\overline{AD} /\!/ \overline{BC}$인 등변사다리꼴 ABCD에서
x의 값을 구하시오. (단, 점 O는 두 대각선의 교점)

50
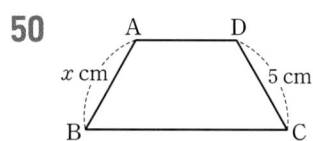

51
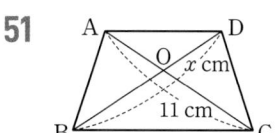

52
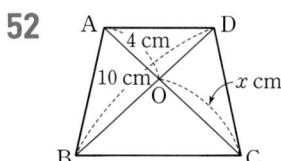

다음 그림과 같이 $\overline{AD} /\!/ \overline{BC}$인 등변사다리꼴 ABCD에서
$\angle x$, $\angle y$의 크기를 각각 구하시오.

53
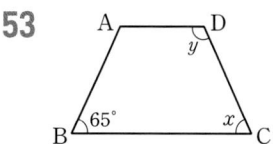

54
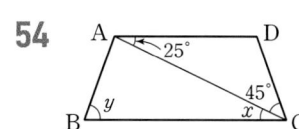

1  개념 **5** 직사각형

오른쪽 그림과 같은 직사각형 ABCD에서 두 대각선의 교점을 O라 할 때, $\overline{BD}$의 길이는?

① 42 cm   ② 44 cm

③ 46 cm   ④ 48 cm

⑤ 50 cm

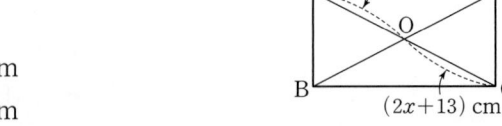

● 직사각형의 두 대각선은 길이가 같고, 서로 다른 것을 이등분한다.

2 개념 **6** 마름모

오른쪽 그림과 같은 마름모 ABCD에서 $\overline{AO}=3$ cm, $\angle ABO=50°$일 때, 다음 중에서 옳지 않은 것은? (단, 점 O는 두 대각선의 교점)

① $\overline{AC}=6$ cm   ② $\overline{BO}=3$ cm

③ $\angle AOD=90°$ ④ $\angle ADO=50°$

⑤ $\angle BCO=40°$

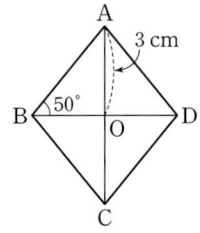

● 마름모의 두 대각선은 서로 다른 것을 수직이등분한다.

3 개념 **7** 정사각형

오른쪽 그림과 같은 정사각형 ABCD의 대각선 BD 위의 한 점 E에 대하여 $\angle DEC=65°$일 때, $\angle BCE$의 크기를 구하시오.

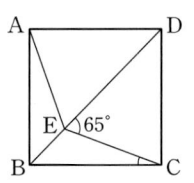

● 정사각형은 네 내각의 크기가 같고, 네 변의 길이가 같은 사각형이다.

4 개념 **7** 정사각형

오른쪽 그림과 같은 마름모 ABCD에서 두 대각선의 교점을 O라 하자. 다음 중에서 □ABCD가 정사각형이 되는 조건을 모두 고르면?

(정답 2개)

① $\overline{AB}=\overline{AD}$ ② $\overline{AC}=\overline{BD}$

③ $\overline{AO}=\overline{CO}$ ④ $\angle BAD=90°$

⑤ $\angle ABD=\angle BDC$

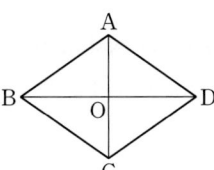

5 기출 개념 **8** 등변사다리꼴

오른쪽 그림과 같이 $\overline{AD} /\!/ \overline{BC}$인 등변사다리꼴 ABCD의 꼭짓점 A에서 $\overline{BC}$에 내린 수선의 발을 E라 하자. $\overline{AD}=6$ cm, $\overline{BC}=16$ cm일 때, $\overline{BE}$의 길이는?

① 3 cm   ② 3.5 cm

③ 4 cm   ④ 4.5 cm

⑤ 5 cm

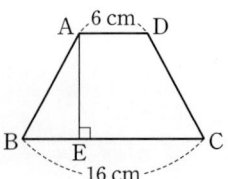

● 등변사다리꼴은 아랫변의 양 끝 각의 크기가 같은 사다리꼴이다.

6 개념 **5** 직사각형

오른쪽 그림과 같은 직사각형 ABCD에서 두 대각선의 교점을 O라 하자.
∠ADB=40°일 때, ∠x+∠y의 크기는?

① 110° ② 120°

③ 130° ④ 140°

⑤ 150°

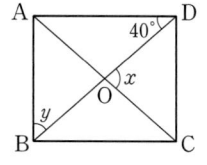

● 직사각형은 네 내각의 크기가 모두 90°이다.

7 개념 **5** 직사각형

오른쪽 그림과 같은 평행사변형 ABCD에서 네 내각의 이등분선의 교점을 각각 E, F, G, H라 할 때, 다음 물음에 답하시오.

(1) ∠AFD의 크기를 구하시오.

(2) □EFGH는 어떤 사각형인지 말하시오.

(3) $\overline{EG}$=4 cm일 때, $\overline{HF}$의 길이를 구하시오.

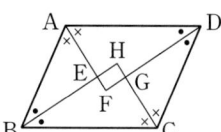

8 개념 **6** 마름모

오른쪽 그림과 같은 마름모 ABCD의 꼭짓점 A에서 $\overline{CD}$에 내린 수선의 발을 E라 하고, $\overline{AE}$와 $\overline{BD}$의 교점을 F라 하자. ∠C=130°일 때, ∠AFB의 크기를 구하시오.

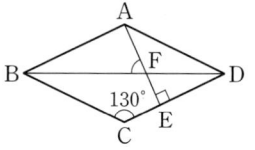

● △BCD는 $\overline{CB}$=$\overline{CD}$인 이등변삼각형이다.

9 개념 **7** 정사각형

오른쪽 그림과 같은 정사각형 ABCD에서 두 대각선의 교점을 O라 하자.
$\overline{AO}$=2 cm일 때, □ABCD의 넓이는?

① 6 cm² ② 7 cm²

③ 8 cm² ④ 9 cm²

⑤ 10 cm²

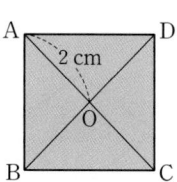

10 개념 **8** 등변사다리꼴

오른쪽 그림에서 □ABCD는 $\overline{AD}$ ∥ $\overline{BC}$인 등변사다리꼴이다.
∠B=60°이고 $\overline{AB}$=8 cm, $\overline{AD}$=6 cm일 때, $\overline{BC}$의 길이는?

① 11 cm ② 12 cm

③ 13 cm ④ 14 cm

⑤ 15 cm

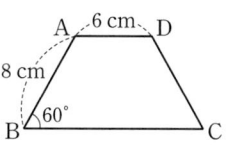

● 두 쌍의 대변이 각각 평행한 사각형은 평행사변형이다.

03 여러 가지 사각형 사이의 관계

여러 가지 사각형 사이의 관계

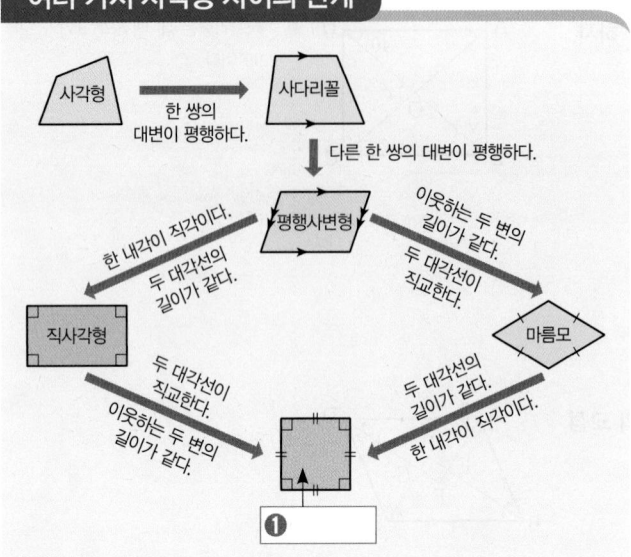

①

다음에 주어진 왼쪽 사각형이 오른쪽 사각형이 되려면 어떤 조건이 추가되어야 하는지 보기에서 그 조건을 모두 찾아 쓰시오.

보기
ㄱ. $\angle A = 90°$　　　　ㄴ. $\overline{AC} \perp \overline{BD}$
ㄷ. $\overline{AC} = \overline{BD}$　　　　ㄹ. $\overline{AB} = \overline{BC}$

1
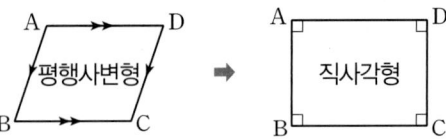

2
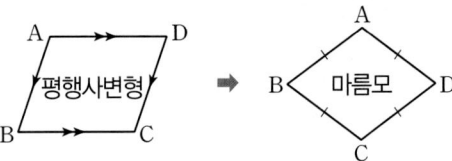

3
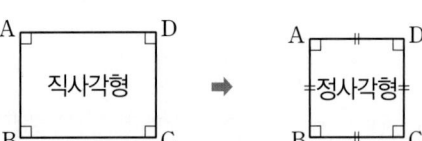

4
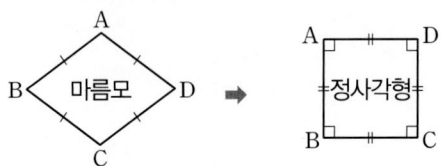

아래 조건 중에서 다음을 만족시키는 □ABCD는 어떤 사각형인지 말하시오.

(가) $\overline{AB} /\!/ \overline{DC}$　　　　(나) $\overline{AD} /\!/ \overline{BC}$
(다) $\angle B = 90°$　　　　(라) $\overline{AB} = \overline{AD}$

5 (가), (나)를 만족시키는 □ABCD

6 (가), (나), (다)를 만족시키는 □ABCD

7 (가), (나), (라)를 만족시키는 □ABCD

8 (가), (나), (다), (라)를 만족시키는 □ABCD

여러 가지 사각형의 대각선의 성질

(1) 평행사변형: 두 대각선이 서로 다른 것을 ② 　　한다.

(2) 직사각형: 두 대각선의 길이가 같고, 서로 다른 것을 이등분한다.

(3) 마름모: 두 대각선이 서로 다른 것을 ③ 　　한다.

(4) 정사각형: 두 대각선의 길이가 같고, 서로 다른 것을 수직이등분한다.

(5) 등변사다리꼴: 두 대각선의 길이가 같다.

다음 주어진 성질을 만족시키는 사각형을 보기에서 모두 고르시오.

보기
ㄱ. 사다리꼴　　ㄴ. 등변사다리꼴　ㄷ. 평행사변형
ㄹ. 직사각형　　ㅁ. 마름모　　　　ㅂ. 정사각형

9 두 쌍의 대변의 길이가 각각 같다.

10 두 쌍의 대각의 크기가 각각 같다.

11 네 내각의 크기가 모두 같다.

12 이웃하는 두 변의 길이가 같다.

13 두 대각선이 서로 다른 것을 이등분한다.

14 두 대각선의 길이가 같다.

15 두 대각선이 서로 수직이다.

사각형의 각 변의 중점을 연결하여 만든 사각형

사각형의 각 변의 중점을 연결하면 다음과 같은 사각형이
만들어진다.

(1) 사각형 ➡ 평행사변형

(2) 평행사변형 ➡ ❹ [　　　]

(3) 직사각형 ➡ 마름모

(4) 마름모 ➡ 직사각형

(5) 정사각형 ➡ ❺ [　　　]

(6) 등변사다리꼴 ➡ ❻ [　　　]

▶ 다음은 사각형과 그 사각형의 각 변의 중점을 연결하여 만든
　사각형을 짝 지은 것이다. 옳은 것은 ○표, 옳지 않은 것은 ×
　표를 ( ) 안에 써넣고, 옳은 답을 쓰시오.

16 평행사변형 ➡ 직사각형　(　　)　_____

17 마름모 ➡ 직사각형　(　　)　_____

18 직사각형 ➡ 정사각형　(　　)　_____

19 사각형 ➡ 직사각형　(　　)　_____

20 등변사다리꼴 ➡ 마름모　(　　)　_____

21 정사각형 ➡ 정사각형　(　　)　_____

평행선과 넓이

(1) 평행선과 삼각형의 넓이

$l /\!/ m$이면

$\triangle ABC = $ ❼ [　　　]

$= \dfrac{1}{2} \times \overline{BC} \times h$

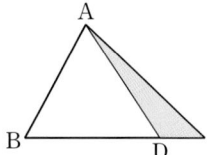

(2) 높이가 같은 삼각형의 넓이의 비

$\overline{BC} : \overline{CD} = m : n$이면

$\triangle ABC : \triangle ACD$

$ = $ ❽ [　] $:$ ❾ [　]

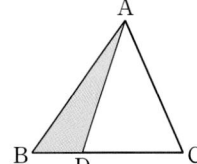

▶ 다음 그림에서 $l /\!/ m$일 때, 색칠한 부분의 넓이를 구하시오.

22

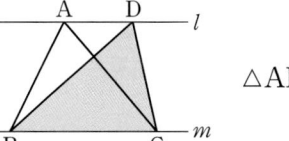

$\triangle ABC = 28 \text{ cm}^2$

23

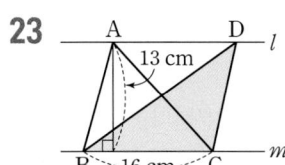

▶ 다음 그림과 같이 $\overline{AD} /\!/ \overline{BC}$인 사다리꼴 ABCD가 주어진
　조건을 만족시킬 때, 색칠한 부분의 넓이를 구하시오.

　(단, 점 O는 두 대각선의 교점)

24

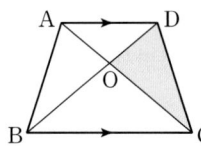

$\triangle ABC = 36 \text{ cm}^2$

$\triangle OBC = 23 \text{ cm}^2$

25

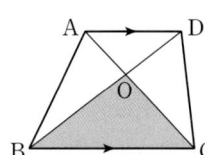

$\triangle DBC = 54 \text{ cm}^2$

$\triangle ABO = 15 \text{ cm}^2$

▶ 다음 그림과 같은 $\triangle ABC$가 주어진 조건을 만족시킬 때,
　색칠한 부분의 넓이를 구하시오.

26

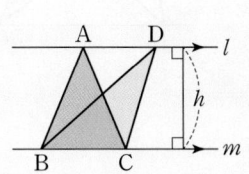

$\triangle ABD = 24 \text{ cm}^2$

$\overline{BD} : \overline{DC} = 3 : 1$

27

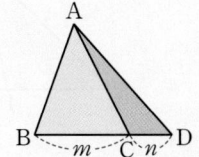

$\triangle ADC = 42 \text{ cm}^2$

$\overline{BD} : \overline{DC} = 1 : 2$

소단원 핵심문제

개념 **9** 여러 가지 사각형 사이의 관계

기출 1 오른쪽 그림은 사다리꼴에 조건이 하나씩 추가되어 여러 가지 사각형이 되는 과정을 나타낸 것이다. 다음 중에서 ①~⑤에 알맞은 조건으로 옳은 것은?

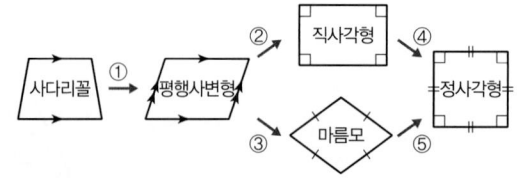

① 한 쌍의 대변의 길이가 같다.

② 이웃하는 두 변의 길이가 같다.

③ 한 내각의 크기가 90°이다.

④ 두 대각선이 직교한다.

⑤ 두 대각선은 서로 다른 것을 이등분한다.

개념 **10** 여러 가지 사각형의 대각선의 성질

2 다음 사각형의 대각선의 성질을 보기에서 모두 고르시오.

> **보기**
> ㄱ. 두 대각선이 서로 다른 것을 이등분한다.
> ㄴ. 두 대각선의 길이가 같다.
> ㄷ. 두 대각선이 서로 수직이다.

(1) 평행사변형   (2) 직사각형   (3) 마름모

(4) 정사각형   (5) 등변사다리꼴

개념 **11** 사각형의 각 변의 중점을 연결하여 만든 사각형

3 오른쪽 그림과 같은 마름모 ABCD의 네 변의 중점을 각각 E, F, G, H라 할 때, 다음 중에서 옳은 것을 모두 고르면? (정답 2개)

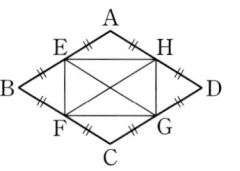

① $\overline{EF}=\overline{FG}$ ② $\overline{EG}=\overline{HF}$

③ $\overline{EG}\perp\overline{HF}$ ④ $\angle EFG=90°$

⑤ $\angle FEG=\angle EHF$

● ∠FEH, ∠EFG, ∠FGH, ∠EHG 사이의 관계를 알아본다.

개념 **12** 평행선과 넓이

4 오른쪽 그림에서 $l /\!/ m$이고 △ABD의 넓이가 23 cm²일 때, △ACD의 넓이를 구하시오.

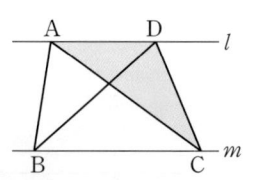

● 평행선 사이에 있는 삼각형은 높이가 같다.

개념 **12** 평행선과 넓이

5 오른쪽 그림과 같은 △ABC에서 $\overline{BD}:\overline{DC}=4:3$이다. △ABC의 넓이가 56 cm²일 때, △ABD의 넓이는?

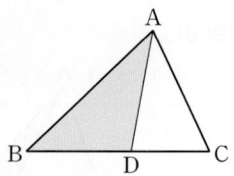

① 31 cm²   ② 32 cm²

③ 33 cm²   ④ 34 cm²

⑤ 35 cm²

● 높이가 같은 두 삼각형의 넓이의 비는 밑변의 길이의 비와 같다.

정답과 풀이 ★ 68쪽

개념 9 여러 가지 사각형 사이의 관계

6 다음 중에서 옳지 <u>않은</u> 것은?

① 두 대각선이 직교하는 평행사변형은 마름모이다.

② 한 내각의 크기가 90°인 평행사변형은 직사각형이다.

③ 이웃하는 두 변의 길이가 같은 평행사변형은 마름모이다.

④ 두 대각선의 길이가 같은 마름모는 정사각형이다.

⑤ 두 대각선이 직교하는 직사각형은 마름모이다.

● 직사각형과 마름모는 평행사변형의 성질을 모두 만족시키고 정사각형은 직사각형과 마름모의 성질을 모두 만족시킨다.

개념 10 여러 가지 사각형의 대각선의 성질

7 다음 보기 의 사각형 중에서 두 대각선이 서로 다른 것을 이등분하는 것은 x개, 두 대각선의 길이가 같은 것은 y개, 두 대각선이 직교하는 것은 z개일 때, $x+y+z$의 값을 구하시오.

> 보기
>
> ㄱ. 사다리꼴　　　　　ㄴ. 등변사다리꼴　　　　　ㄷ. 평행사변형
>
> ㄹ. 직사각형　　　　　ㅁ. 마름모　　　　　　　　ㅂ. 정사각형

● 정사각형은 직사각형, 마름모의 성질을 모두 만족시킨다.

개념 11 사각형의 각 변의 중점을 연결하여 만든 사각형

출 8 다음 중에서 사각형과 그 사각형의 각 변의 중점을 연결하여 만든 사각형을 짝 지은 것으로 옳은 것은?

① 평행사변형 – 마름모　　　　　② 직사각형 – 마름모

③ 마름모 – 정사각형　　　　　　④ 정사각형 – 직사각형

⑤ 등변사다리꼴 – 직사각형

개념 12 평행선과 넓이

9 오른쪽 그림과 같이 ∠B=90°인 □ABCD의 꼭짓점 D를 지나고 $\overline{AC}$에 평행한 직선을 그어 $\overline{BC}$의 연장선과 만나는 점을 E라 하자. $\overline{AB}=3$ cm, $\overline{BC}=\overline{CE}=4$ cm일 때, □ABCD의 넓이는?

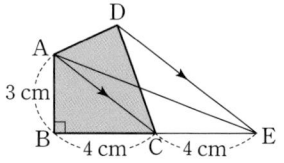

① 10 cm² 　　　　② 12 cm²

③ 14 cm² 　　　　④ 16 cm²

⑤ 18 cm²

● 밑변이 공통이고 높이가 같은 두 삼각형의 넓이는 같다.

개념 12 평행선과 넓이

10 오른쪽 그림과 같이 $\overline{AD}/\!/\overline{BC}$인 사다리꼴 ABCD에서 두 대각선의 교점을 O라 할 때, 다음의 삼각형과 넓이가 같은 삼각형을 구하시오.

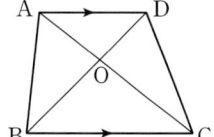

(1) △ABC

(2) △ABD

(3) △ABO

01 닮은 도형

(1) 닮음: 한 도형을 일정한 비율로 확대 또는 축소한 것이 다른 도형과 합동일 때, 이 두 도형은 ❶ ⬚ 인 관계에 있다고 한다.

(2) ❷ ⬚ 도형: 닮음인 관계에 있는 두 도형

(3) △ABC와 △DEF가 닮은 도형일 때, 다음과 같이 나타낸다.

$$△ABC ❸ ⬚ △DEF$$

▶ 아래 그림에서 △ABC∽△DEF일 때, 다음을 구하시오.

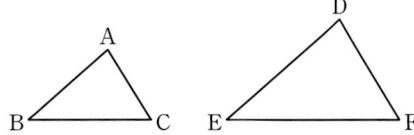

1 점 B의 대응점

2 $\overline{DE}$의 대응변

3 ∠A의 대응각

▶ 아래 그림에서 □ABCD∽□EFGH일 때, 다음을 구하시오.

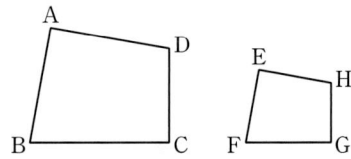

4 점 E의 대응점

5 $\overline{AB}$의 대응변

6 ∠H의 대응각

▶ 아래 그림에서 △ABC∽△DEF일 때, 다음을 구하시오.

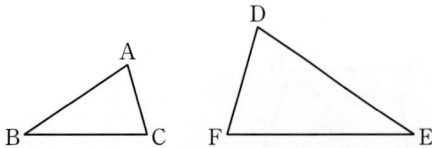

7 점 B의 대응점

8 $\overline{AC}$의 대응변

9 ∠F의 대응각

항상 닮은 도형

(1) 항상 닮은 평면도형: 변의 개수가 같은 모든 정다각형, 모든 원, ❹ ⬚ 의 크기가 같은 모든 부채꼴, 모든 직각이등변삼각형은 항상 닮은 평면도형이다.

(2) 항상 닮은 입체도형: 면의 개수가 같은 모든 정다면체, 모든 구는 항상 닮은 입체도형이다.

▶ 다음 중 옳은 것은 ○표, 옳지 않은 것은 ×표를 ( ) 안에 써넣으시오.

10 두 원은 항상 닮은 도형이다. ( )

11 두 평행사변형은 항상 닮은 도형이다. ( )

12 두 정사각형은 항상 닮은 도형이다. ( )

13 두 예각삼각형은 항상 닮은 도형이다. ( )

14 두 직각이등변삼각형은 항상 닮은 도형이다. ( )

▶ 다음 중 옳은 것은 ○표, 옳지 않은 것은 ×표를 ( ) 안에 써넣으시오.

15 두 구는 항상 닮은 도형이다. ( )

16 두 정사면체는 항상 닮은 도형이다. ( )

17 두 원뿔은 항상 닮은 도형이다. ( )

18 두 직육면체는 항상 닮은 도형이다. ( )

평면도형에서의 닮음의 성질

닮은 두 평면도형에서

(1) 대응변의 길이의 비는 일정하다.

(2) 대응각의 크기는 각각 같다.

(3) 대응변의 길이의 비를 ❺ ⬜ 라 한다.

▶ 아래 그림에서 △ABC∽△DEF일 때, 다음을 구하시오.

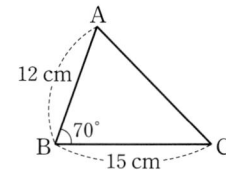 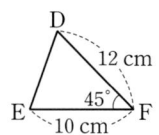

19 △ABC와 △DEF의 닮음비

20 $\overline{AC}$의 길이

21 $\overline{DE}$의 길이

22 ∠C의 크기

23 ∠D의 크기

▶ 아래 그림에서 □ABCD∽□EFGH일 때, 다음을 구하시오.

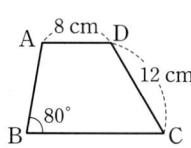 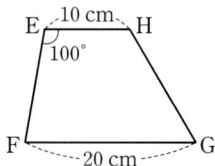

24 □ABCD와 □EFGH의 닮음비

25 $\overline{BC}$의 길이

26 $\overline{HG}$의 길이

27 ∠A의 크기

28 ∠F의 크기

입체도형에서의 닮음의 성질

닮은 두 입체도형에서

(1) 대응하는 모서리의 길이의 비는 일정하다.

(2) 대응하는 면은 닮은 도형이다.

(3) 대응하는 모서리의 길이의 비를 ❻ ⬜ 라 한다.

▶ 아래 그림에서 두 삼각기둥은 닮은 도형이고 △ABC∽△GHI일 때, 다음을 구하시오.

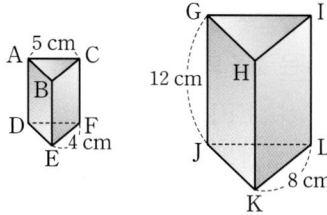

29 면 ADEB에 대응하는 면

30 두 삼각기둥의 닮음비

31 $\overline{AD}$의 길이

32 $\overline{GI}$의 길이

▶ 아래 그림에서 두 직육면체는 닮은 도형이고 면 ABCD에 대응하는 면이 면 IJKL일 때, 다음을 구하시오.

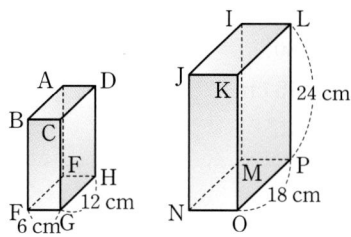

33 면 CGHD에 대응하는 면

34 두 직육면체의 닮음비

35 $\overline{DH}$의 길이

36 $\overline{NO}$의 길이

1 개념 ① 닮은 도형

오른쪽 그림에서 □ABCD∽□EFGH일 때, 다음 □ 안에 알맞은 것을 써넣으시오.

> 점 B의 대응점은 ☐,
> GH의 대응변은 ☐.
> ∠E의 대응각은 ☐이다.

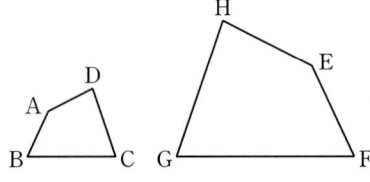

● 닮은 도형을 기호로 나타낼 때, 두 도형의 대응점의 순서대로 쓴다.

2 개념 ① 닮은 도형

다음 중에서 오른쪽 그림의 두 삼각형에 대한 설명으로 옳지 않은 것을 모두 고르면? (정답 2개)

① △ABC∽△EFD이다.
② 점 A의 대응점은 점 E이다.
③ AC의 대응변은 EF이다.
④ ∠B의 대응각은 ∠E이다.
⑤ △ABC를 확대하면 △EFD와 합동이다.

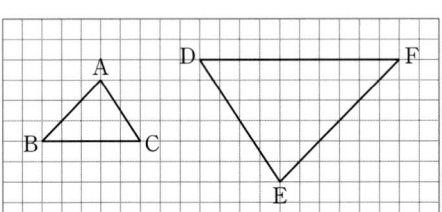

● 먼저 닮은 도형인지 살펴보고 닮은 도형이면 기호 ∽를 사용하여 나타낸다.

3 개념 ① 닮은 도형

두 구와 같이 항상 닮음인 입체도형을 말하시오.

4 개념 ② 평면도형에서의 닮음의 성질

오른쪽 그림에서 □ABCD∽□EFGH일 때, 다음 보기 에서 옳은 것을 모두 고르시오.

> 보기
> ㄱ. □ABCD와 □EFGH의 닮음비는 6 : 5 이다.
> ㄴ. ∠B=80°
> ㄷ. AD=15 cm
> ㄹ. ∠E=75°

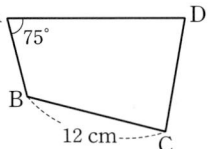 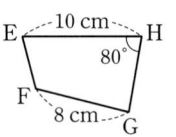

● 닮은 두 평면도형에서 대응변의 길이의 비가 닮음비이다.

5 개념 ③ 입체도형에서의 닮음의 성질

오른쪽 그림에서 두 원뿔 A, B가 닮은 도형일 때, 원뿔 B의 높이를 구하시오.

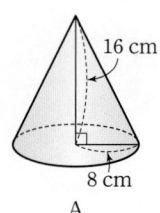 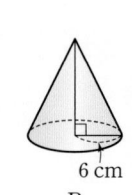

● 닮은 두 원뿔에서
(닮음비)
=(높이의 비)
=(모선의 길이의 비)
=(밑면인 원의 반지름의 길이의 비)

정답과 풀이 ★ 69쪽

6 개념 **1** 닮은 도형

다음 그림에서 닮은 도형을 모두 찾아 기호 ∽를 사용하여 나타내시오.

일정한 비율로 확대 또는 축소하여 합동인 두 도형을 찾는다.

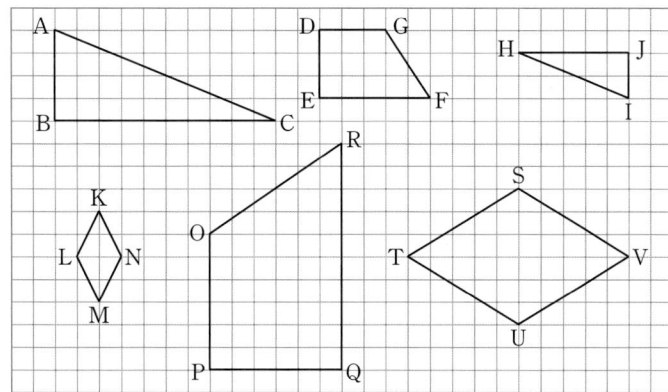

7 개념 **2** 평면도형에서의 닮음의 성질

오른쪽 그림에서 △ABC∽△DEF일 때, △ABC의 세 변의 길이의 합을 구하시오.

두 삼각형의 닮음비를 먼저 구한 후, 닮음비를 이용하여 나머지 변의 길이를 각각 구한다.

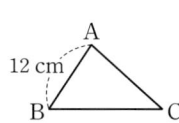
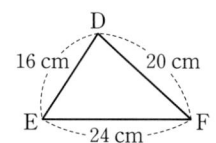

8 개념 **2** 평면도형에서의 닮음의 성질

두 정사각형 ABCD, EFGH는 닮음비가 3 : 5인 닮은 도형이다. 정사각형 ABCD의 한 변의 길이가 6 cm일 때, 정사각형 EFGH의 네 변의 길이의 합을 구하시오.

9 개념 **3** 입체도형에서의 닮음의 성질

오른쪽 그림에서 두 삼각뿔은 닮은 도형이고 △ABC∽△EFG일 때, $x+y$의 값은?

① 6 　　　　② 12

③ 18 　　　　④ 24

⑤ 30

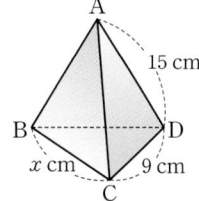
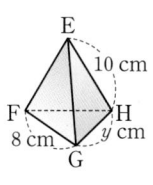

10 개념 **3** 입체도형에서의 닮음의 성질

다음 보기 에서 옳지 <u>않은</u> 것을 고르시오.

닮은 두 입체도형에서 대응하는 모서리의 길이의 비는 닮음비이다.

보기

ㄱ. 닮은 두 입체도형에서 대응하는 면은 닮은 도형이다.

ㄴ. 두 구의 지름의 길이의 비는 닮음비와 같다.

ㄷ. 두 정팔면체의 한 모서리의 길이의 비는 닮음비와 같다.

ㄹ. 닮은 두 원뿔에서 모선의 길이의 비와 높이의 비는 같지 않다.

02 삼각형의 닮음 조건

두 삼각형은 다음의 각 조건을 만족시킬 때, 닮은 도형이다.

(1) 세 쌍의 ❶□□□의 길이의 비가 같다.

   ➡ SSS 닮음

(2) 두 쌍의 대응변의 길이의 비가 같고, 그 ❷□□□의 크기가 같다. ➡ SAS 닮음

(3) 두 쌍의 ❸□□의 크기가 각각 같다. ➡ AA 닮음

▶ 다음은 주어진 두 삼각형 ABC와 DEF에 대하여
△ABC∽△DEF임을 설명하는 과정이다. □ 안에 알맞은
것을 써넣으시오.

1

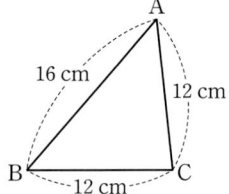 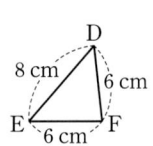

△ABC와 △DEF에서
$\overline{AB} : \overline{DE} = 16 : 8 = \square : 1$,
$\overline{BC} : \overline{EF} = 12 : \square = \square : 1$,
$\overline{CA} : \overline{FD} = 12 : \square = \square : 1$
따라서 세 쌍의 대응변의 길이의 비가 같으므로
△ABC∽△DEF(□ 닮음)

2

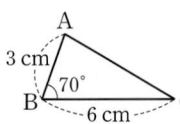 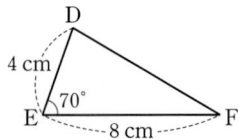

△ABC와 △DEF에서
$\overline{AB} : \overline{DE} = 3 : \square$,
$\overline{BC} : \overline{EF} = 6 : \square = 3 : \square$,
$\angle B = \square = \square °$
따라서 두 쌍의 대응변의 길이의 비가 같고, 그 끼인각의
크기가 같으므로
△ABC∽△DEF(□ 닮음)

3

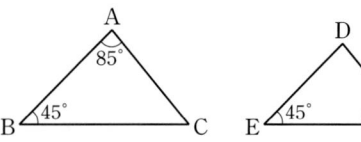

△DEF에서
$\angle D = 180° - (45° + 50°) = \square °$
△ABC와 △DEF에서
$\angle A = \square = 85°$,
$\angle B = \square = 45°$
따라서 두 쌍의 대응각의 크기가 각각 같으므로
△ABC∽△DEF(□ 닮음)

▶ 다음 두 삼각형이 닮은 도형일 때, 기호 ∽를 사용하여 나타
내고, 닮음 조건을 말하시오.

4

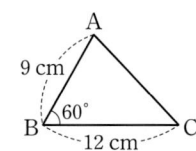 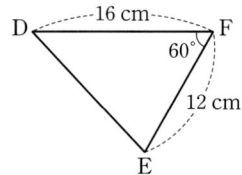

5

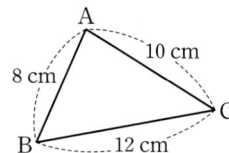 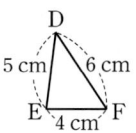

6

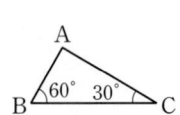 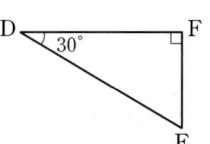

7

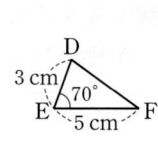

삼각형의 닮음 조건의 응용

(1) **④** 〔　〕 닮음을 이용하는 경우
➡ 두 쌍의 내각(공통인 각과 다른 한 내각)의 크기가 각각 같은 두 삼각형을 찾는다.

(2) **⑤** 〔　〕 닮음을 이용하는 경우
➡ 두 쌍의 대응변의 길이의 비가 같고, 그 끼인각의 크기가 같은 두 삼각형을 찾는다.

직각삼각형의 닮음의 응용

$\angle A = 90°$인 직각삼각형 ABC의 꼭짓점 A에서 빗변 BC에 내린 수선의 발을 D라 하자.

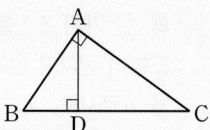

(1) $\triangle ABC \sim \triangle DBA$(AA 닮음)이므로
$\overline{AB} : \overline{DB} = \overline{BC} : \overline{BA} \Rightarrow \overline{AB}^2 = \overline{BD} \times$ **⑥**

(2) $\triangle ABC \sim \triangle DAC$(AA 닮음)이므로
$\overline{AC} : \overline{DC} = \overline{BC} : \overline{AC} \Rightarrow \overline{AC}^2 = \overline{CD} \times$ **⑦**

(3) $\triangle DBA \sim \triangle DAC$(AA 닮음)이므로
$\overline{DB} : \overline{DA} = \overline{DA} : \overline{DC} \Rightarrow \overline{AD}^2 = \overline{DB} \times$ **⑧**

다음 그림에서 닮은 두 삼각형을 찾아 기호 $\sim$를 사용하여 나타내고, 닮음 조건을 말하시오.

8
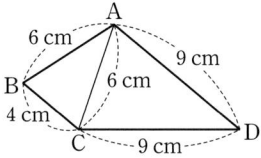

9
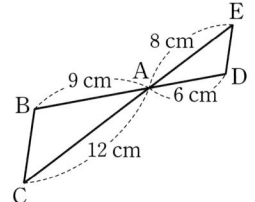

10
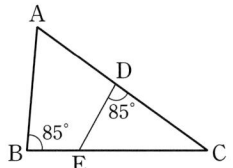

11
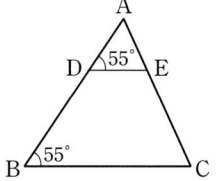

다음 그림에서 x의 값을 구하시오.

12
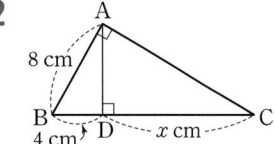

13
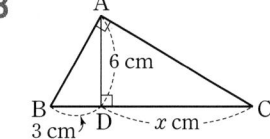

14
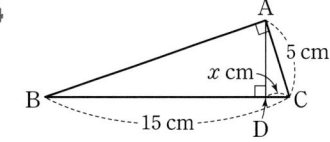

15
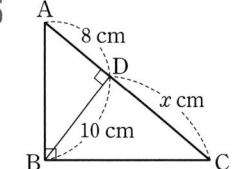

개념 ④ 삼각형의 닮음 조건

1 오른쪽 그림의 △ABC와 △DEF에서 $a:d=b:e$일 때, 한 가지 조건을 추가하면 △ABC와 △DEF가 닮은 도형이 된다고 한다. 다음 보기 에서 추가할 수 있는 조건을 고르시오.

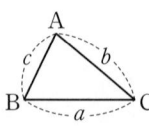
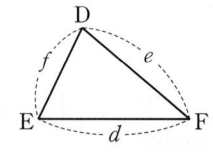

• 두 쌍의 대응변의 길이의 비가 같으므로 SSS 닮음 또는 SAS 닮음이 될 수 있는 조건을 생각해 본다.

보기
ㄱ. ∠B=∠E   ㄴ. ∠C=∠F
ㄷ. $c=f$ ㄹ. $a:d=c:e$

개념 ⑤ 삼각형의 닮음 조건의 응용

2 오른쪽 그림과 같이 ∠C=90°인 직각삼각형 ABC에서 $\overline{AB}\perp\overline{DE}$이고 $\overline{BC}=12$ cm, $\overline{BE}=8$ cm, $\overline{DE}=6$ cm일 때, $\overline{AC}$의 길이를 구하시오.

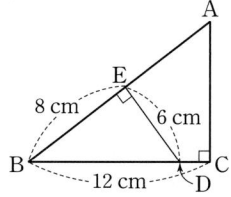

개념 ⑤ 삼각형의 닮음 조건의 응용

기출 **3** 오른쪽 그림과 같은 △ABC에서 ∠A=∠DEB이고 $\overline{AD}=2$ cm, $\overline{BD}=6$ cm, $\overline{BE}=4$ cm일 때, $\overline{EC}$의 길이를 구하시오.

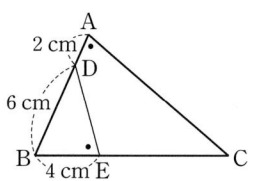

• 두 쌍의 내각의 크기가 각각 같은 두 삼각형을 찾은 다음 대응변의 길이의 비를 이용한다.

개념 ⑥ 직각삼각형의 닮음의 응용

4 오른쪽 그림과 같이 ∠A=90°인 직각삼각형 ABC의 꼭짓점 A에서 빗변 BC에 내린 수선의 발을 D라 할 때, 다음 중에서 옳지 <u>않은</u> 것은?

① △ABC∽△DBA   ② $c^2=ax$
③ $b^2=ay$ ④ $h^2=xy$
⑤ $ah=\dfrac{1}{2}bc$

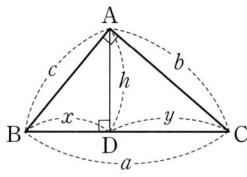

개념 ⑥ 직각삼각형의 닮음의 응용

5 오른쪽 그림과 같이 ∠A=90°인 직각삼각형 ABC의 꼭짓점 A에서 빗변 BC에 내린 수선의 발을 D라 하자. $\overline{AB}=6$ cm, $\overline{BC}=8$ cm일 때, $\overline{BD}$의 길이는?

① 3.5 cm   ② 4 cm
③ 4.5 cm   ④ 5 cm
⑤ 5.5 cm

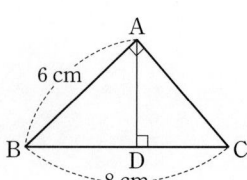

개념 ④ 삼각형의 닮음 조건

6 다음 중에서 오른쪽 보기 의 삼각형과 닮음인 것은?

①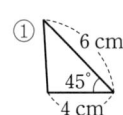
6 cm
45°
4 cm

②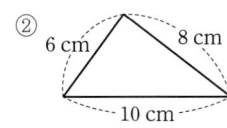
6 cm
8 cm
10 cm

③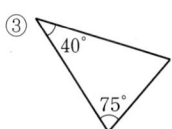
40°
75°

④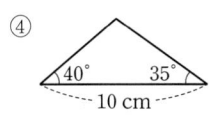
40°
35°
10 cm

⑤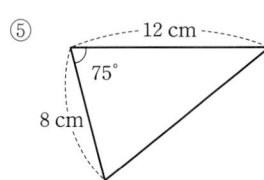
12 cm
75°
8 cm

보기

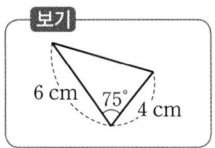
6 cm
75°
4 cm

● 보기 의 삼각형은 두 변의 길이와 한 각의 크기가 주어진 삼각형이다.

개념 ④ 삼각형의 닮음 조건

출 7 오른쪽 그림의 △ABC와 △DEF가 닮은 도형이 되려면 다음 중에서 어느 조건을 추가해야 하는가?

① $\overline{AB}=20$ cm, $\overline{DE}=12$ cm
② $\overline{AC}=20$ cm, $\overline{DE}=12$ cm
③ $\overline{AB}=20$ cm, $\overline{DF}=12$ cm
④ ∠A=45°, ∠D=45°
⑤ ∠E=45°, $\overline{AB}=20$ cm

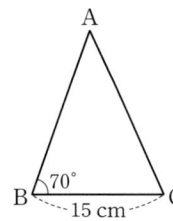
A
B 70°
15 cm
C

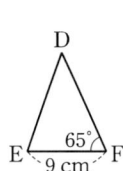
D
E 65°
9 cm
F

● 삼각형의 닮음 조건
(ⅰ) SSS 닮음
(ⅱ) SAS 닮음
(ⅲ) AA 닮음

개념 ⑤ 삼각형의 닮음 조건의 응용

8 오른쪽 그림의 △ABC에서 $\overline{AB}=12$ cm, $\overline{AC}=6$ cm, $\overline{BD}=5$ cm, $\overline{CD}=4$ cm일 때, $\overline{DA}$의 길이는?

① 5 cm
② 6 cm
③ 7 cm
④ 8 cm
⑤ 9 cm

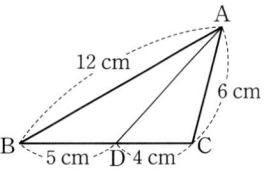
A
12 cm
6 cm
B
5 cm
D
4 cm
C

개념 ⑥ 직각삼각형의 닮음의 응용

9 오른쪽 그림과 같이 ∠A=90°인 직각삼각형 ABC의 꼭짓점 A에서 빗변 BC에 내린 수선의 발을 D라 하자. $\overline{AD}=8$ cm, $\overline{BD}=6$ cm일 때, $x+y$의 값을 구하시오.

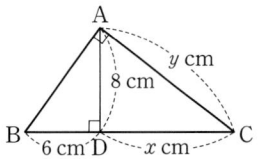
A
8 cm
y cm
B
6 cm
D
x cm
C

03 닮음의 활용

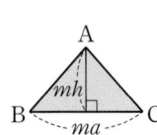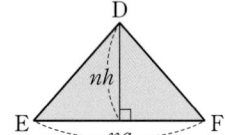 **닮은 두 평면도형의 둘레의 길이의 비와 넓이의 비**

닮은 두 평면도형의 닮음비가 $m:n$일 때
(1) 둘레의 길이의 비 ➡ $m:n$
(2) 넓이의 비 ➡ ❶ □ : ❷ □

닮은 두 입체도형의 겉넓이의 비와 부피의 비

닮은 두 입체도형의 닮음비가 $m:n$일 때
(1) 겉넓이의 비 ➡ $m^2:n^2$
(2) 부피의 비 ➡ ❸ □ : ❹ □

🔖 아래 그림에서 △ABC∽△DEF일 때, 다음 □ 안에 알맞은 것을 써넣으시오.

1

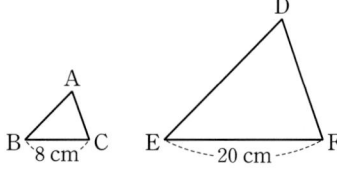

> △ABC와 △DEF의 닮음비는
> $\overline{BC}:\overline{EF}=m:$ □ 이고,
> △ABC와 △DEF의 넓이의 비는
> $\dfrac{1}{2}\times ma\times mh:\dfrac{1}{2}\times na\times nh=$ □ : □

🔖 아래 그림에서 △ABC∽△DEF일 때, 다음을 구하시오.

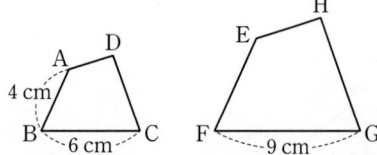

2 △ABC와 △DEF의 닮음비

3 △ABC와 △DEF의 둘레의 길이의 비

4 △ABC와 △DEF의 넓이의 비

🔖 아래 그림에서 □ABCD∽□EFGH일 때, 다음을 구하시오.

5 □ABCD와 □EFGH의 닮음비

6 □ABCD와 □EFGH의 둘레의 길이의 비

7 □ABCD와 □EFGH의 넓이의 비

🔖 아래 그림에서 두 원뿔 A, B가 닮은 도형일 때, 다음을 구하시오.

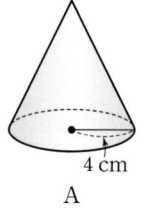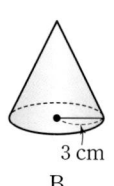

8 두 원뿔 A, B의 닮음비

9 두 원뿔 A, B의 높이의 비

10 두 원뿔 A, B의 밑면인 원의 둘레의 길이의 비

11 두 원뿔 A, B의 옆넓이의 비

12 두 원뿔 A, B의 부피의 비

🔖 아래 그림의 직육면체 B는 직육면체 A의 각 모서리의 길이를 일정한 비율로 확대한 것일 때, 다음을 구하시오.

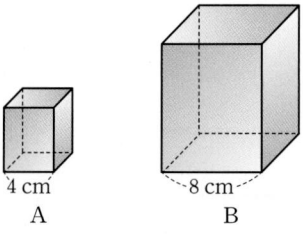

13 두 직육면체 A, B의 닮음비

14 두 직육면체 A, B의 옆넓이의 비

15 두 직육면체 A, B의 겉넓이의 비

16 두 직육면체 A, B의 부피의 비

축도와 축척

(1) ⑤[　　] : 어떤 도형을 일정한 비율로 줄여 그린 그림

(2) 축척: 축도에서의 길이와 실제 길이의 비율

$$(⑥[　　]) = \frac{(축도에서의\ 길이)}{(실제\ 길이)}$$

▶ 다음과 같이 나타낸 지도에서 축척을 구하시오.

17 실제 거리가 1 km인 두 지점 A, B 사이의 거리를 지도에 2 cm로 나타내었다.

➡ (축척) $= \frac{(축도에서의\ 길이)}{(실제\ 길이)}$

$= \dfrac{2\ \text{cm}}{\square\ \text{km}}$

$= \dfrac{2\ \text{cm}}{\square\ \text{cm}} = \dfrac{1}{\square}$

18 실제 거리가 500 m인 두 지점 A, B 사이의 거리를 지도에 5 cm로 나타내었다.

▶ $\dfrac{1}{5000}$의 축척으로 그린 축도에 대하여 다음 물음에 답하시오.

19 실제 거리가 1 km인 두 지점 사이의 거리는 축도에서 몇 cm인지 구하시오.

20 축도에서의 길이가 2 cm인 두 지점 사이의 실제 거리는 몇 m인지 구하시오.

▶ $\dfrac{1}{100000}$의 축척으로 그린 지도에 대하여 다음 물음에 답하시오.

21 실제 거리가 2 km인 두 지점 사이의 지도에서의 길이는 몇 cm인지 구하시오.

22 지도에서의 길이가 3 cm인 두 지점 사이의 실제 거리는 몇 km인지 구하시오.

실생활에서 길이의 측정

① 닮은 두 도형을 찾는다.

② 대응변의 길이의 비를 이용하여 ⑦[　　]를 구한다.

③ 비례식을 이용하여 구하고자 하는 길이를 구한다.

▶ 다음 물음에 답하시오.

23 아래 그림과 같이 길이가 1.3 m인 막대를 지면에 수직으로 세운 후 어느 날 같은 시각에 나무와 막대의 그림자의 길이를 재었더니 각각 8 m, 2 m일 때, 나무의 높이는 몇 m인지 구하시오.

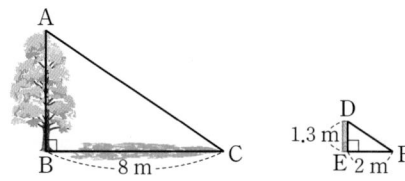

24 아래 그림과 같이 키가 1.5 m인 민지가 자기 그림자의 끝과 농구대 그림자의 끝이 일치하도록 섰더니 민지의 그림자의 길이가 2 m이고 민지와 농구대 사이의 거리가 2 m이었을 때, 농구대의 높이는 몇 m인지 구하시오.

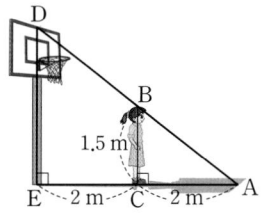

25 아래 그림과 같이 강의 폭을 구하기 위해 필요한 거리와 각을 측정하였다. 점 C는 $\overline{AD}$와 $\overline{BE}$의 교점이고 $\overline{BC}=50$ m, $\overline{CE}=10$ m, $\overline{DE}=8$ m일 때, 강의 폭은 몇 m인지 구하시오.

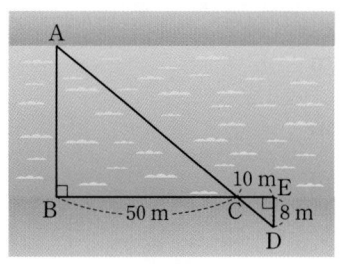

1 개념 **7** 닮은 두 평면도형의 둘레의 길이의 비와 넓이의 비

오른쪽 그림에서 △ABC∽△DEF이고 $\overline{BC}=9$ cm, $\overline{EF}=12$ cm이다. △ABC의 넓이가 36 cm²일 때, △DEF의 넓이를 구하시오.

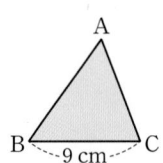
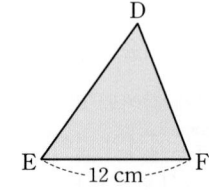

● 닮은 도형에서 대응변을 찾아 닮음비를 먼저 구한다.

2 개념 **7** 닮은 두 평면도형의 둘레의 길이의 비와 넓이의 비

원 O와 원 O′의 반지름의 길이의 비는 7 : 5이고 둘레의 길이의 비는 $a : b$일 때, $a+b$의 값은?

① 5　　　　　　② 7　　　　　　③ 12

④ 26　　　　　　⑤ 35

기출 **3** 개념 **8** 닮은 두 입체도형의 겉넓이의 비와 부피의 비

오른쪽 그림에서 두 원기둥 A, B가 닮은 도형일 때, 두 원기둥 A, B의 겉넓이의 비와 부피의 비를 차례로 구하시오.

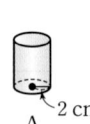
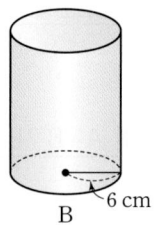

4 개념 **9** 축도와 축척

다음 그림과 같이 강의 폭 $\overline{AB}$의 길이를 구하기 위하여 △ABC의 축도 △A′B′C′을 그렸다. 실제 강의 폭은 몇 m인지 구하시오.

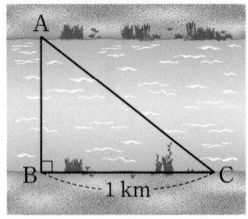
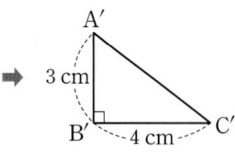

● 축척을 먼저 구한 후 이를 이용하여 강의 폭을 구한다.

5 개념 **10** 접은 도형에서의 닮음

오른쪽 그림과 같이 정삼각형 ABC를 $\overline{DF}$를 접는 선으로 하여 꼭짓점 A가 $\overline{BC}$ 위의 점 E에 오도록 접었다. $\overline{AC}=12$ cm, $\overline{AF}=7$ cm, $\overline{BE}=4$ cm일 때, $\overline{AD}$의 길이는?

① 4 cm　　　　　② $\dfrac{30}{7}$ cm

③ 5 cm　　　　　④ $\dfrac{28}{5}$ cm

⑤ 6 cm

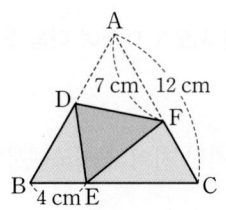

● 접은 각의 크기는 같음을 이용하여 닮음인 두 삼각형을 찾는다.

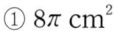

정답과 풀이 ★ 72쪽

개념 7 닮은 두 평면도형의 둘레의 길이의 비와 넓이의 비

6 오른쪽 그림의 원 O와 원 O′의 닮음비가 4 : 7이고 원 O′의 둘레의
길이가 14π cm일 때, 원 O의 넓이는?

① 8π cm² ② 10π cm²

③ 16π cm² ④ 32π cm²

⑤ 64π cm²

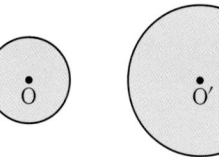

● 원 O와 원 O′의 닮음비를 이용하여
원 O의 반지름의 길이를 구한다.

개념 8 닮은 두 입체도형의 겉넓이의 비와 부피의 비

7 오른쪽 그림과 같이 높이가 20 cm인 원뿔 모양의 그릇에 수면의 높이가
16 cm가 될 때까지 물을 부었다. 이 그릇의 부피가 250 cm³일 때, 그릇
에 부은 물의 부피는? (단, 그릇의 두께는 생각하지 않는다.)

① 128 cm³ ② 135 cm³

③ 160 cm³ ④ 188 cm³

⑤ 200 cm³

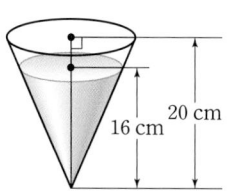

16 cm 20 cm

● 그릇에 부은 물과 그릇의 닮음비를
먼저 구한다.

개념 9 축도와 축척

8 축척이 $\dfrac{1}{50000}$인 지도에서 두 지점 A, B 사이의 거리가 5 cm일 때, 두 지점 A, B 사이의 실제 거
리는 몇 km인가?

① 1 km ② 2 km ③ 2.5 km

④ 4 km ⑤ 4.5 km

● 축척이 $\dfrac{1}{50000}$인 지도는 실제 거리
를 $\dfrac{1}{50000}$배로 줄여서 그린 것이다.

개념 10 접은 도형에서의 닮음

9 오른쪽 그림과 같이 직사각형 ABCD를 $\overline{BF}$를 접는 선으로 하여
꼭짓점 C가 $\overline{AD}$ 위의 점 E에 오도록 접었다. $\overline{BC}=30$ cm,
$\overline{DF}=8$ cm, $\overline{CF}=10$ cm일 때, $\overline{DE}$의 길이를 구하시오.

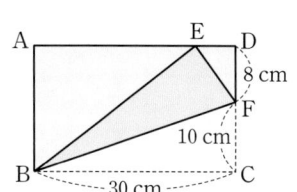

A E D
8 cm
F
10 cm
B 30 cm C

● 서로 닮은 삼각형이 있는지 찾아본다.

01 삼각형과 평행선

△ABC에서 $\overline{AB}$, $\overline{AC}$ 또는 그 연장선 위에 각각 점 D, E가 있을 때, $\overline{BC}/\!/\overline{DE}$이면

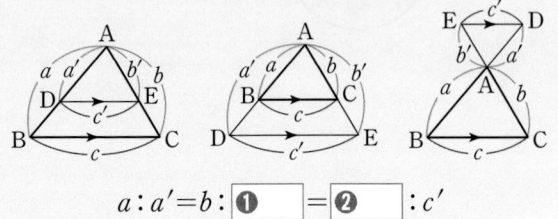

$$a : a' = b : \boxed{❶} = \boxed{❷} : c'$$

△ABC에서 $\overline{AB}$, $\overline{AC}$ 또는 그 연장선 위에 각각 점 D, E가 있을 때, $\overline{BC}/\!/\overline{DE}$이면

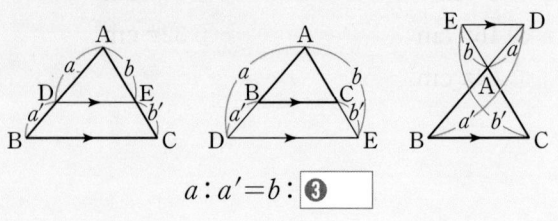

$$a : a' = b : \boxed{❸}$$

▶ 다음 그림에서 $\overline{BC}/\!/\overline{DE}$일 때, x의 값을 구하시오.

1

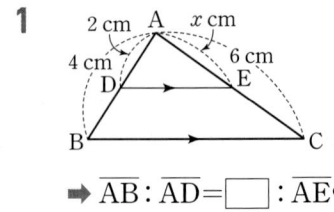

➡ $\overline{AB} : \overline{AD} = \boxed{} : \overline{AE}$이므로

$4 : 2 = \boxed{} : x$

따라서 $x = \boxed{}$

2

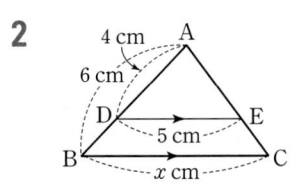

3

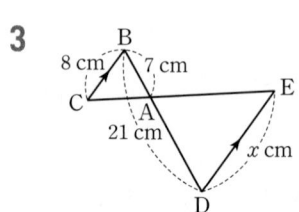

4

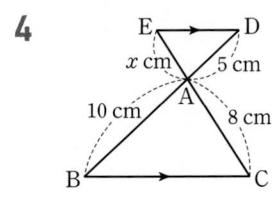

▶ 다음 그림에서 $\overline{BC}/\!/\overline{DE}$일 때, x의 값을 구하시오.

5

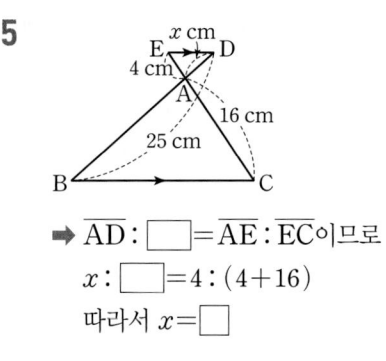

➡ $\overline{AD} : \boxed{} = \overline{AE} : \overline{EC}$이므로

$x : \boxed{} = 4 : (4+16)$

따라서 $x = \boxed{}$

6

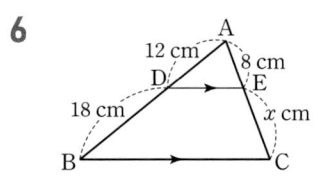

7

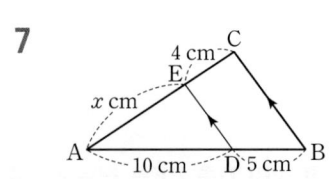

8

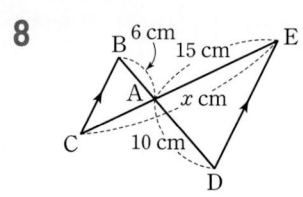

삼각형의 내각의 이등분선

△ABC에서 ∠A의 이등분선이 $\overline{BC}$와 만나는 점을 D라 하면

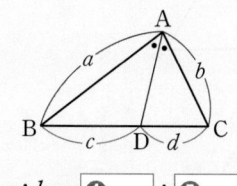

$a : b =$ ❹ $\boxed{}$: ❺ $\boxed{}$

삼각형의 외각의 이등분선

△ABC에서 ∠A의 외각의 이등분선이 $\overline{BC}$의 연장선과 만나는 점을 D라 하면

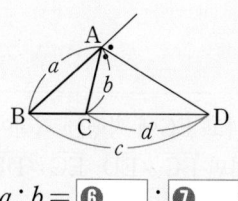

$a : b =$ ❻ $\boxed{}$: ❼ $\boxed{}$

▶ 다음 그림과 같은 △ABC에서 $\overline{AD}$가 ∠A의 이등분선일 때, x의 값을 구하시오.

9

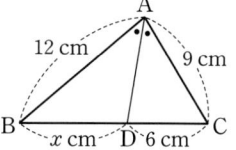

➡ $\overline{AB} : \overline{AC} = \overline{BD} : \boxed{}$ 이므로

12 : 9 = x : $\boxed{}$

따라서 $x = \boxed{}$

10

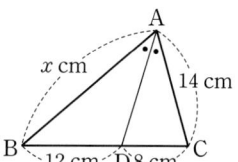

11

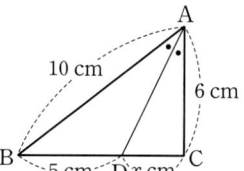

12

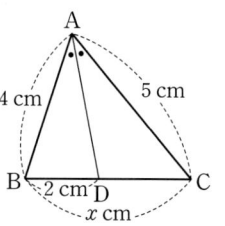

▶ 다음 그림과 같은 △ABC에서 $\overline{AD}$가 ∠A의 외각의 이등분선일 때, x의 값을 구하시오.

13

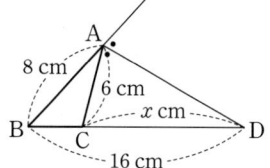

➡ $\overline{AB} : \overline{AC} = \boxed{} : \overline{CD}$ 이므로

8 : 6 = $\boxed{}$: x

따라서 $x = \boxed{}$

14

15

16

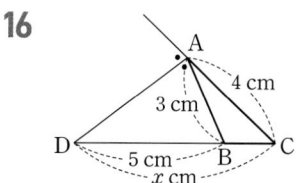

개념 1 삼각형에서 평행선과 선분의 길이의 비(1)

1 다음은 오른쪽 그림과 같은 △ABC에서 $\overline{BC}$에 평행한 직선이 $\overline{AB}$, $\overline{AC}$의 연장선과 만나는 점을 각각 D, E라 할 때, $\overline{AD}:\overline{DB}=\overline{AE}:\overline{EC}$임을 설명하는 과정이다. (가)~(다)에 알맞은 것을 써넣으시오.

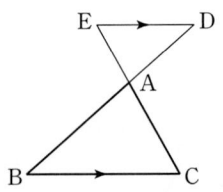

서로 다른 두 직선이 다른 한 직선과 만날 때, 두 직선이 평행하면
① 동위각의 크기는 서로 같다.
② 엇각의 크기는 서로 같다.

점 D를 지나고 $\overline{EC}$에 평행한 직선이 $\overline{BC}$의 연장선과 만나는 점을 F라 하면 $\overline{BC}\,/\!/\,\overline{ED}$, $\overline{EC}\,/\!/\,\overline{DF}$이므로 평행선에서 엇각과 동위각의 성질에 의하여
$\angle B=\angle ADE$, $\angle F=\angle ECB=\angle AED$
즉, $\triangle ADE\backsim$ 〔(가)〕 (〔(나)〕 닮음)
이때 닮은 두 삼각형에서 대응변의 길이의 비는 같으므로
$\overline{AD}:\overline{DB}=\overline{AE}:$ 〔(다)〕
그런데 〔(다)〕$=\overline{EC}$이므로 $\overline{AD}:\overline{DB}=\overline{AE}:\overline{EC}$

개념 1 삼각형에서 평행선과 선분의 길이의 비(1)

기출 2 오른쪽 그림과 같은 △ABC에서 $\overline{BC}\,/\!/\,\overline{DE}$이다. $\overline{AD}=2$ cm, $\overline{AE}=4$ cm, $\overline{ED}=3$ cm, $\overline{BC}=9$ cm일 때, $x-y$의 값은?

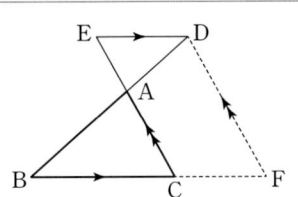

닮은 두 삼각형에서 대응변의 길이의 비는 같다.

① 4
② 6
③ 8
④ 10
⑤ 12

개념 2 삼각형에서 평행선과 선분의 길이의 비(2)

3 오른쪽 그림과 같은 △ABC에서 $\overline{AD}:\overline{DB}=\overline{AE}:\overline{EC}$이다. $\overline{AD}=14$ cm, $\overline{DB}=6$ cm일 때, 다음 중에서 옳지 않은 것은?

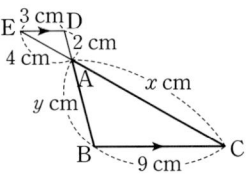

① $\overline{BC}\,/\!/\,\overline{DE}$
② $\angle ACB=\angle AED$
③ $\triangle ABC\backsim\triangle ADE$
④ $\overline{AD}:\overline{AB}=\overline{AE}:\overline{AC}$
⑤ $\overline{DE}:\overline{BC}=3:7$

개념 3 삼각형의 각의 이등분선

4 오른쪽 그림과 같은 △ABC에서 $\overline{AD}$는 ∠A의 이등분선이다. $\overline{AB}=15$ cm, $\overline{AC}=21$ cm이고 △ABD의 넓이가 20 cm²일 때, △ADC의 넓이를 구하시오.

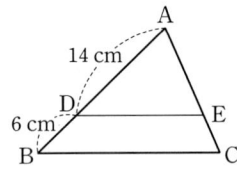

높이가 같은 두 삼각형의 넓이의 비는 밑변의 길이의 비와 같다.

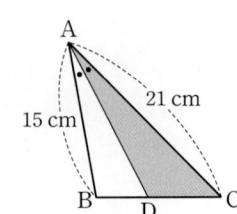

5 개념 ① 삼각형에서 평행선과 선분의 길이의 비(1)

오른쪽 그림에서 $\overline{BC}\,/\!/\,\overline{DE}\,/\!/\,\overline{FG}$이다. $\overline{AF}=6$ cm, $\overline{AB}=12$ cm, $\overline{AC}=9$ cm, $\overline{BD}=4$ cm일 때, $x+y$의 값은?

① 5 ② 7
③ 9 ④ 11
⑤ 13

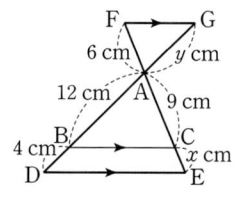

6 개념 ① 삼각형에서 평행선과 선분의 길이의 비(1)

오른쪽 그림에서 $\overline{BC}\,/\!/\,\overline{DE}$, $\overline{AB}\,/\!/\,\overline{FC}$이다. $\overline{AD}=4$ cm, $\overline{DB}=2$ cm, $\overline{BC}=12$ cm일 때, $\overline{EF}$의 길이는?

① 3 cm ② 4 cm
③ 5 cm ④ 6 cm
⑤ 7 cm

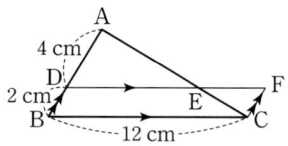

● 평행사변형에서 두 쌍의 대변의 길이는 각각 같다.

7 개념 ② 삼각형에서 평행선과 선분의 길이의 비(2)

오른쪽 그림과 같은 △ABC에서 $\overline{AD}=3$ cm, $\overline{AE}=4$ cm, $\overline{EC}=8$ cm 이다. 이때 □DBCE가 사다리꼴이 되도록 하는 $\overline{DB}$의 길이는?

① 6 cm ② 7 cm
③ 8 cm ④ 9 cm
⑤ 10 cm

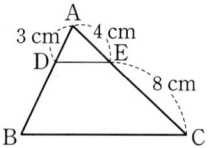

● 사다리꼴은 한 쌍의 대변이 서로 평행한 사각형이다.

8 개념 ② 삼각형에서 평행선과 선분의 길이의 비(2)

오른쪽 그림에서 서로 평행한 선분을 모두 찾아 기호로 나타내시오.

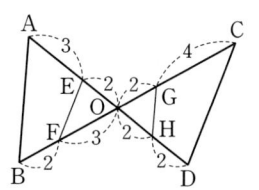

● 각 선분의 길이의 비를 구하여 비교한다.

9 개념 ③ 삼각형의 각의 이등분선

오른쪽 그림과 같은 △ABC에서 $\overline{AD}$는 ∠A의 외각의 이등분선이다. $\overline{AB}=5$ cm, $\overline{AC}=3$ cm일 때, △ABC와 △ACD의 넓이의 비를 가장 간단한 자연수의 비로 나타내시오.

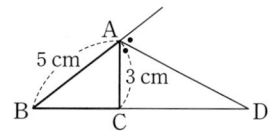

02 평행선 사이의 선분의 길이의 비

평행선 사이의 선분의 길이의 비

$l /\!/ m /\!/ n$일 때

(1) △ACC′에서

$\overline{BB'} /\!/ \overline{CC'}$이므로

$a : b = $ ❶ $: $ ❷

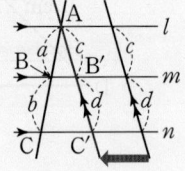

(2) △ACC′에서

$\overline{BB'} /\!/ \overline{CC'}$이므로

$c : d = $ ❸ $: $ ❹

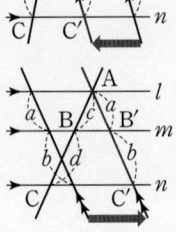

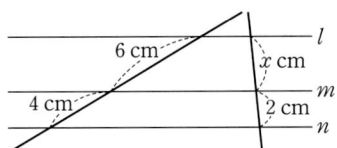 다음 그림에서 $l /\!/ m /\!/ n$일 때, x의 값을 구하시오.

1

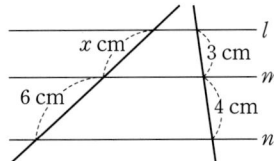

➡ ☐ $: 4 = x :$ ☐ 이므로

$4x = $ ☐

따라서 $x = $ ☐

2

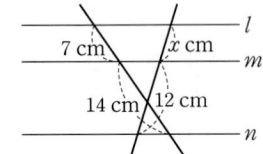

3

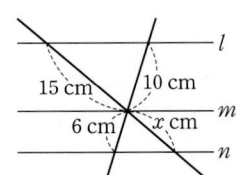

4

사다리꼴에서 평행선과 선분의 길이의 비 – 평행선 이용

사다리꼴 ABCD에서

$\overline{AD} /\!/ \overline{EF} /\!/ \overline{BC}$일 때

① 평행사변형 AHCD에서

$\overline{GF} = \overline{HC} = \overline{AD} = a$

② △ABH에서

$\overline{EG} : (b-a) = m : (m+n)$

③ $\overline{EF} = \overline{EG} + $ ❺

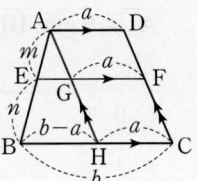

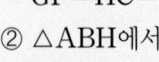 다음 그림과 같은 사다리꼴 ABCD에서 $\overline{AD} /\!/ \overline{EF} /\!/ \overline{BC}$, $\overline{AH} /\!/ \overline{DC}$이고 점 G는 $\overline{AH}$와 $\overline{EF}$가 만나는 점일 때, $\overline{EF}$의 길이를 구하시오.

5

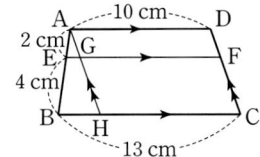

➡ ☐AHCD는 평행사변형이므로

$\overline{HC} = \overline{GF} = \overline{AD} = $ ☐ cm

그러므로 $\overline{BH} = 13 - $ ☐ $ = $ ☐ (cm)

△ABH에서 $2 : (2+4) = \overline{EG} :$ ☐

즉, $\overline{EG} = $ ☐ (cm)

따라서 $\overline{EF} = \overline{EG} + \overline{GF} = $ ☐ (cm)

6

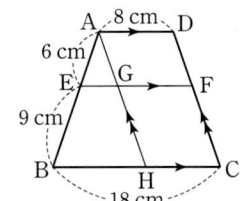

7

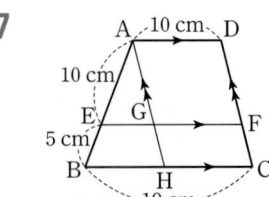

8

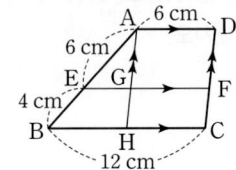

사다리꼴에서 평행선과 선분의 길이의 비 – 대각선 이용

사다리꼴 ABCD에서
$\overline{AD} /\!/ \overline{EF} /\!/ \overline{BC}$일 때
① △ABC에서
　$\overline{EG} : b = m : (m+n)$
② △CDA에서
　$\overline{GF} : a = n : (m+n)$
③ $\overline{EF} = \overline{EG} + $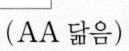

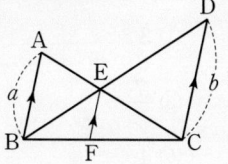

다음 그림과 같은 사다리꼴 ABCD에서 $\overline{AD} /\!/ \overline{EF} /\!/ \overline{BC}$이고 점 G는 $\overline{AC}$와 $\overline{EF}$가 만나는 점일 때, $\overline{EF}$의 길이를 구하시오.

9

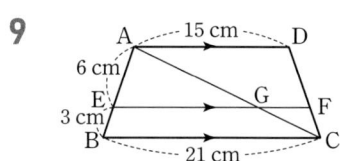

➡ △ABC에서 $\overline{AE} : \overline{AB} = 6 : (6+3) = 2 : 3$이므로
　$2 : 3 = \overline{EG} : \boxed{}$, $\overline{EG} = \boxed{}$ (cm)
　$\overline{CF} : \overline{FD} = \overline{BE} : \overline{EA} = 3 : 6 = 1 : 2$
　△CDA에서 $1 : 3 = \overline{GF} : \boxed{}$이므로
　$\overline{GF} = \boxed{}$ (cm)
　따라서 $\overline{EF} = \overline{EG} + \overline{GF} = \boxed{}$ (cm)

10

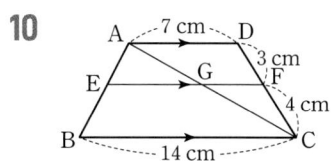

11

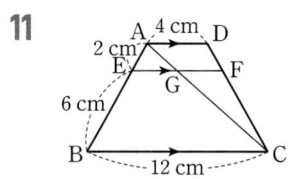

12

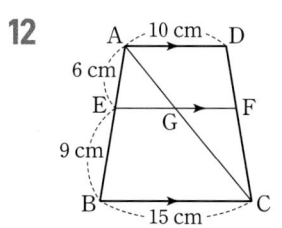

평행선 사이의 선분의 길이의 비의 응용

$\overline{AC}$와 $\overline{BD}$가 만나는 점 E에 대하여 $\overline{AB} /\!/ \overline{EF} /\!/ \overline{DC}$일 때
(1) △ABE ∽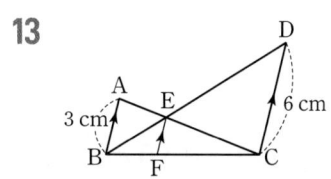
　　　　　（AA 닮음）
　➡ 닮음비는 $a : b$
(2) △ABC ∽ 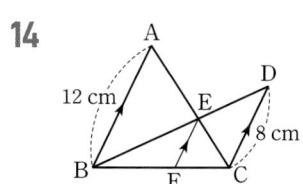 （AA 닮음）
　➡ 닮음비는 $(a+b) : b$
(3) △BCD ∽ 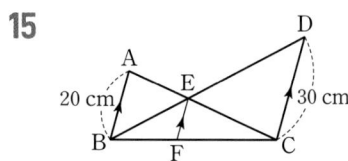（AA 닮음）
　➡ 닮음비는 $(a+b) : a$

다음 그림에서 $\overline{AB} /\!/ \overline{EF} /\!/ \overline{DC}$일 때, $\overline{EF}$의 길이를 구하시오.

13

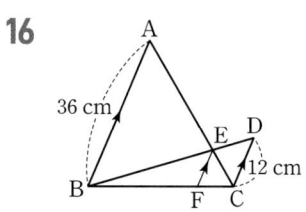

➡ △ABE ∽ △CDE(AA 닮음)이므로
　$\overline{BE} : \overline{DE} = \overline{AB} : \overline{CD} = 3 : \boxed{} = 1 : \boxed{}$
　△BCD에서 $\overline{EF} : \overline{DC} = \overline{BE} : \overline{BD}$이므로
　$\overline{EF} : 6 = 1 : \boxed{}$
　따라서 $\overline{EF} = \boxed{}$ (cm)

14

15

16

개념 ④ 평행선 사이의 선분의 길이의 비

1 오른쪽 그림에서 $l /\!/ m /\!/ n$일 때, x의 값은?

① 3

② $\dfrac{13}{4}$

③ $\dfrac{7}{2}$

④ $\dfrac{15}{4}$

⑤ 4

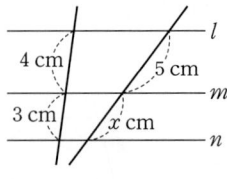

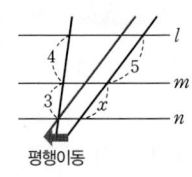

평행이동

개념 ④ 평행선 사이의 선분의 길이의 비

2 오른쪽 그림에서 $l /\!/ m /\!/ n$일 때, x의 값은?

① 1

② 2

③ 3

④ 4

⑤ 5

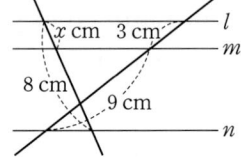

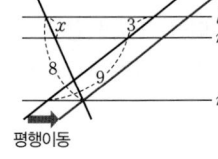

평행이동

개념 ⑤ 사다리꼴에서 평행선과 선분의 길이의 비

3 오른쪽 그림과 같은 사다리꼴 ABCD에서 $\overline{AD} /\!/ \overline{EF} /\!/ \overline{BC}$이다.
$\overline{AD}=6\,cm$, $\overline{AE}=4\,cm$, $\overline{EB}=10\,cm$, $\overline{BC}=13\,cm$일 때, $\overline{EF}$의
길이는?

① 6 cm

② 7 cm

③ 8 cm

④ 9 cm

⑤ 10 cm

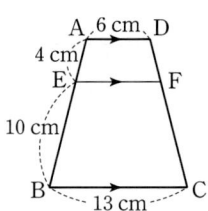

평행선 또는 대각선을 그어 닮은 삼각형을 찾는다.

개념 ⑤ 사다리꼴에서 평행선과 선분의 길이의 비

기출 **4** 오른쪽 그림과 같은 사다리꼴 ABCD에서 $\overline{AD} /\!/ \overline{EF} /\!/ \overline{BC}$이고 점 G는
$\overline{DB}$와 $\overline{EF}$가 만나는 점이다. $\overline{AD}=6\,cm$, $\overline{AE}=5\,cm$, $\overline{EB}=10\,cm$,
$\overline{GF}=4\,cm$일 때, $x+y$의 값을 구하시오.

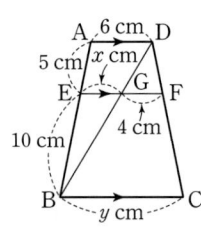

삼각형에서 평행선과 선분의 길이의 비를 이용한다.

개념 ⑥ 평행선 사이의 선분의 길이의 비의 응용

5 오른쪽 그림에서 점 E는 $\overline{AC}$와 $\overline{BD}$가 만나는 점이고 $\overline{AB}$, $\overline{EF}$,
$\overline{DC}$는 모두 $\overline{BC}$에 수직이다. $\overline{AB}=4\,cm$, $\overline{DC}=12\,cm$일 때, $\overline{EF}$
의 길이를 구하시오.

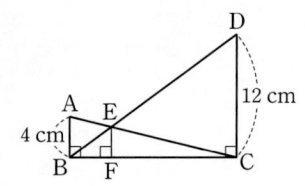

서로 다른 두 직선이 다른 한 직선과 만날 때, 동위각의 크기가 같으면 두 직선은 서로 평행하다.

개념 4 평행선 사이의 선분의 길이의 비

6 다음은 오른쪽 그림과 같이 평행한 세 직선 l, m, n이 두 직선 p, q와 만나는 점을 각각 A, B, C, D, E, F라 할 때, $\overline{AB}:\overline{BC}=\overline{DE}:\overline{EF}$임을 설명하는 과정이다. (가), (나)에 알맞은 것을 써넣으시오.

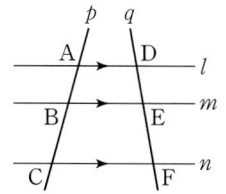

● 직선 AF를 그어 △ACF와 △FDA로 나누어 생각한다.

직선 AF와 직선 m이 만나는 점을 G라 하면
△ACF에서 $\overline{BG}\,/\!/\,\overline{CF}$이므로
$\overline{AB}:\overline{BC}=$ [(가)] $:\overline{GF}$ ‥‥‥ ㉠
△FDA에서 $\overline{GE}\,/\!/\,\overline{AD}$이므로
$\overline{AG}:\overline{GF}=\overline{DE}:$ [(나)]   ‥‥‥ ㉡
㉠, ㉡에서 $\overline{AB}:\overline{BC}=\overline{DE}:\overline{EF}$

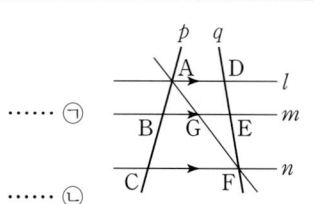

개념 4 평행선 사이의 선분의 길이의 비

7 오른쪽 그림에서 $k\,/\!/\,l\,/\!/\,m\,/\!/\,n$일 때, $x+y$의 값은?

① 6 　　　　　　 ② 7

③ 8 　　　　　　 ④ 9

⑤ 10

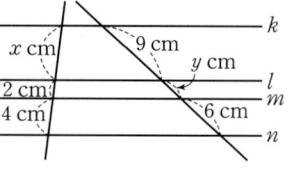

● 네 개의 평행선과 다른 두 직선이 만날 때, 평행선 사이에 생기는 선분의 길이의 비는 같다.

개념 5 사다리꼴에서 평행선과 선분의 길이의 비

8 오른쪽 그림과 같은 사다리꼴 ABCD에서 $\overline{AD}\,/\!/\,\overline{EF}\,/\!/\,\overline{BC}$이고 점 G는 $\overline{AC}$와 $\overline{EF}$가 만나는 점이다. $\overline{AE}:\overline{EB}=3:1$이고 $\overline{BC}=20$ cm, $\overline{DF}=12$ cm일 때, x, y의 값을 각각 구하시오.

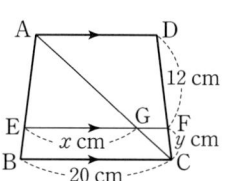

개념 6 평행선 사이의 선분의 길이의 비의 응용

9 오른쪽 그림에서 $\overline{AB}$, $\overline{DC}$는 모두 $\overline{BC}$에 수직이고 점 E는 $\overline{AC}$와 $\overline{BD}$가 만나는 점이다. $\overline{AB}=6$ cm, $\overline{BC}=18$ cm, $\overline{DC}=12$ cm일 때, △EBC의 넓이는?

① 36 cm² 　　　　 ② 37 cm²

③ 38 cm² 　　　　 ④ 39 cm²

⑤ 40 cm²

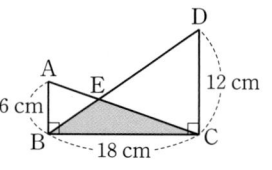

● 점 E에서 $\overline{BC}$에 내린 수선의 발을 F라 하면 $\triangle EBC=\dfrac{1}{2}\times\overline{BC}\times\overline{EF}$이다.

03 삼각형의 두 변의 중점을 연결한 선분의 성질

삼각형의 두 변의 중점을 연결한 선분의 성질(1)

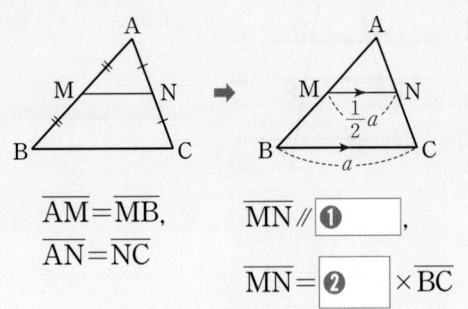

$$\overline{AM}=\overline{MB},$$
$$\overline{AN}=\overline{NC}$$

$$\overline{MN} /\!/ ❶\ \boxed{},$$

$$\overline{MN}=❷\ \boxed{}\times\overline{BC}$$

▶ 다음 그림과 같은 △ABC에서 두 점 M, N이 각각 $\overline{AB}$, $\overline{AC}$의 중점일 때, x의 값을 구하시오.

1

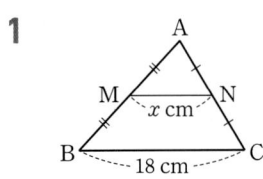

➡ $\overline{AM}=\overline{MB}$, $\overline{AN}=\overline{NC}$이므로

$\overline{MN}=\boxed{}\times\overline{BC}$

따라서 $x=\boxed{}$

2

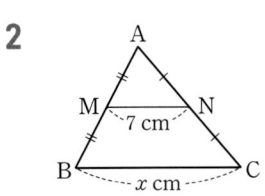

3

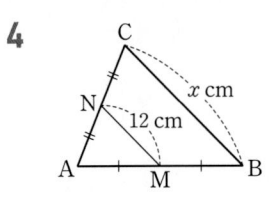

4

삼각형의 두 변의 중점을 연결한 선분의 성질(2)

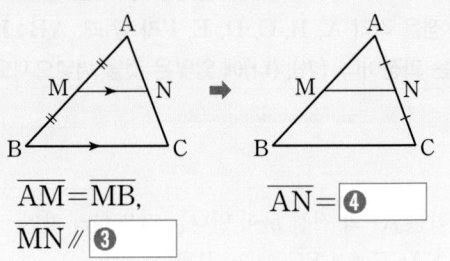

$$\overline{AM}=\overline{MB},$$
$$\overline{MN} /\!/ ❸\ \boxed{}$$

$$\overline{AN}=❹\ \boxed{}$$

▶ 다음 그림과 같은 △ABC에서 점 M이 $\overline{AB}$의 중점이고 $\overline{MN} /\!/ \overline{BC}$일 때, x, y의 값을 각각 구하시오.

5

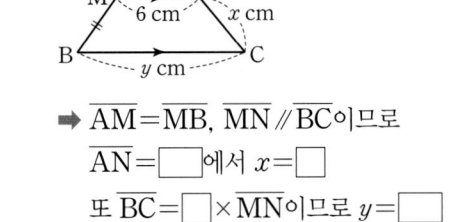

➡ $\overline{AM}=\overline{MB}$, $\overline{MN} /\!/ \overline{BC}$이므로

$\overline{AN}=\boxed{}$에서 $x=\boxed{}$

또 $\overline{BC}=\boxed{}\times\overline{MN}$이므로 $y=\boxed{}$

6

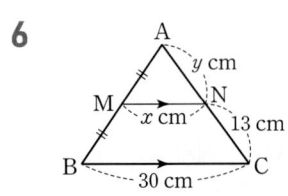

7

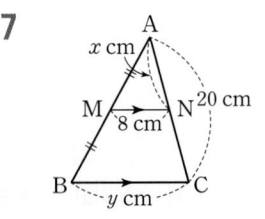

8

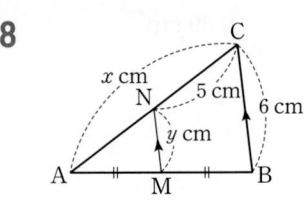

삼각형의 각 변의 중점을 연결한 삼각형

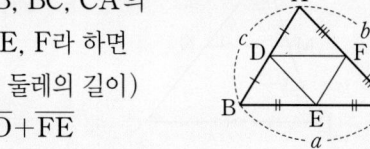

$\triangle ABC$에서 $\overline{AB}$, $\overline{BC}$, $\overline{CA}$의
중점을 각각 D, E, F라 하면
($\triangle DEF$의 둘레의 길이)
$= \overline{DF} + \overline{ED} + \overline{FE}$
$= \boxed{❺} \times (a+b+c)$
$= \boxed{❻} \times (\triangle ABC$의 둘레의 길이$)$

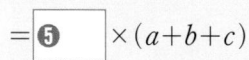

다음 그림과 같은 $\triangle ABC$에서 $\overline{AB}$, $\overline{BC}$, $\overline{CA}$의 중점을 각각 D, E, F라 할 때, $\triangle DEF$의 둘레의 길이를 구하시오.

9

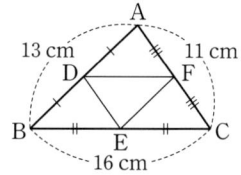

➡ $\overline{AD} = \overline{DB}$, $\overline{AF} = \overline{FC}$이므로
$\overline{DF} = \dfrac{1}{2}\overline{BC} = \boxed{}$ (cm)

$\overline{BD} = \overline{DA}$, $\overline{BE} = \overline{EC}$이므로
$\overline{ED} = \dfrac{1}{2}\overline{CA} = \boxed{}$ (cm)

$\overline{CF} = \overline{FA}$, $\overline{CE} = \overline{EB}$이므로
$\overline{FE} = \dfrac{1}{2}\overline{AB} = \boxed{}$ (cm)

따라서 $\triangle DEF$의 둘레의 길이는 $\boxed{}$ cm이다.

10

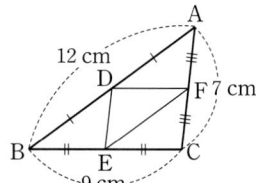

11

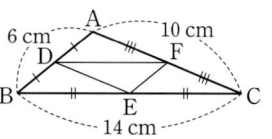

사다리꼴에서 두 변의 중점을 연결한 선분의 성질

$\overline{AD} /\!/ \overline{BC}$인 사다리꼴 ABCD에서 $\overline{AB}$, $\overline{DC}$의 중점을
각각 M, N이라 하면 $\overline{AD} /\!/ \overline{MN} /\!/ \overline{BC}$

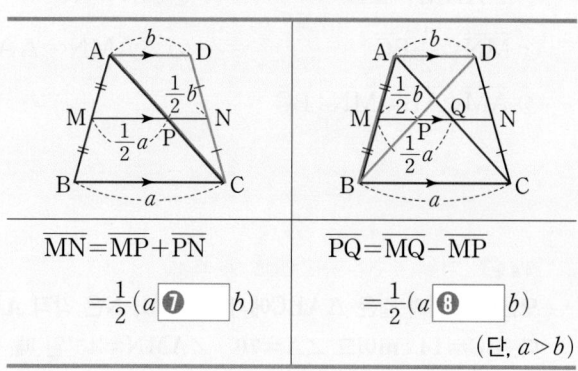

$\overline{MN} = \overline{MP} + \overline{PN}$	$\overline{PQ} = \overline{MQ} - \overline{MP}$
$= \dfrac{1}{2}(a \boxed{❼} b)$	$= \dfrac{1}{2}(a \boxed{❽} b)$
	(단, $a > b$)

다음 그림과 같이 $\overline{AD} /\!/ \overline{BC}$인 사다리꼴 ABCD에서 $\overline{AB}$, $\overline{DC}$의 중점을 각각 M, N이라 하고, $\overline{MN}$과 $\overline{AC}$가 만나는 점을 P라 할 때, x의 값을 구하시오.

12

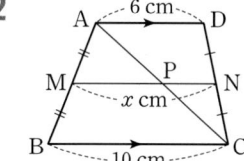

➡ $\overline{AD} /\!/ \overline{BC}$, $\overline{AM} = \overline{MB}$, $\overline{DN} = \overline{NC}$이므로
$\overline{AD} /\!/ \boxed{} /\!/ \overline{BC}$

$\triangle ABC$에서 $\overline{MP} = \dfrac{1}{2}\overline{BC} = \boxed{}$ (cm)

$\triangle CDA$에서 $\overline{PN} = \dfrac{1}{2}\overline{AD} = \boxed{}$ (cm)

따라서 $\overline{MN} = \overline{MP} + \overline{PN}$이므로 $x = \boxed{}$

13

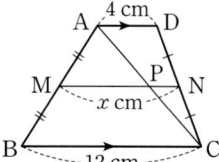

14

소단원 핵심문제

1 개념 **7** 삼각형의 두 변의 중점을 연결한 선분의 성질

오른쪽 그림과 같은 $\triangle ABC$에서 점 M이 $\overline{AB}$의 중점이고 $\overline{MN} /\!/ \overline{BC}$일 때, 다음 중에서 옳지 <u>않은</u> 것은?

① $\angle ANM = \angle B$ ② $\overline{AN} = \overline{NC}$

③ $\overline{MN} = \dfrac{1}{2}\overline{BC}$ ④ $\triangle AMN \backsim \triangle ABC$

⑤ $\overline{AM} : \overline{AB} = \overline{MN} : \overline{BC}$

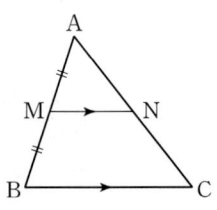

● 평행한 두 직선이 다른 한 직선과 만날 때, 동위각의 크기는 서로 같다.

2 개념 **7** 삼각형의 두 변의 중점을 연결한 선분의 성질

오른쪽 그림과 같은 $\triangle ABC$에서 두 점 M, N은 각각 $\overline{AB}$, $\overline{AC}$의 중점이다. $\overline{BC} = 14 \text{ cm}$이고 $\angle A = 70°$, $\angle AMN = 45°$일 때, $x+y$의 값을 구하시오.

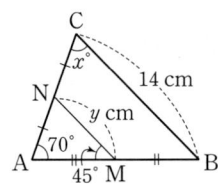

3 개념 **7** 삼각형의 두 변의 중점을 연결한 선분의 성질

오른쪽 그림과 같은 $\triangle ABC$에서 $\overline{AB}$의 연장선 위에 $\overline{AB} = \overline{AD}$가 되도록 점 D를 잡고, $\overline{AC}$의 중점을 E, $\overline{DE}$의 연장선과 $\overline{BC}$가 만나는 점을 F, 꼭짓점 A를 지나고 $\overline{BC}$에 평행한 직선과 $\overline{DF}$가 만나는 점을 G라 하자. $\overline{BF} = 12 \text{ cm}$일 때, $\overline{CF}$의 길이를 구하시오.

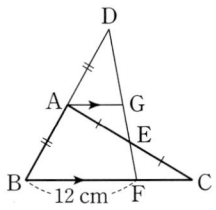

● 삼각형의 한 변의 중점을 지나고 다른 한 변에 평행한 직선은 나머지 변의 중점을 지난다.

4 개념 **8** 다각형의 각 변의 중점을 연결한 도형의 성질

오른쪽 그림과 같은 $\triangle ABC$에서 $\overline{AB}$, $\overline{BC}$, $\overline{CA}$의 중점을 각각 D, E, F라 하자. $\triangle DEF$의 둘레의 길이가 18 cm일 때, $\triangle ABC$의 둘레의 길이를 구하시오.

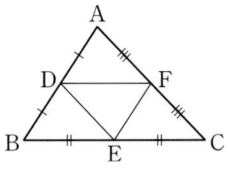

5 개념 **9** 사다리꼴에서 두 변의 중점을 연결한 선분의 성질

오른쪽 그림과 같이 $\overline{AD} /\!/ \overline{BC}$인 사다리꼴 ABCD에서 $\overline{AB}$, $\overline{DC}$의 중점을 각각 M, N이라 하고, $\overline{MN}$과 $\overline{AC}$가 만나는 점을 P라 하자. $\overline{BC} = 18 \text{ cm}$, $\overline{PN} = 4 \text{ cm}$일 때, $\overline{AD} + \overline{MP}$의 길이는?

① 16 cm ② 17 cm

③ 18 cm ④ 19 cm

⑤ 20 cm

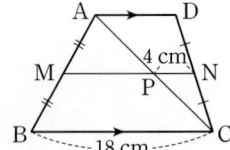

● $\triangle ABC$와 $\triangle CDA$로 나누어 생각한다.

6 개념 **7** 삼각형의 두 변의 중점을 연결한 선분의 성질

오른쪽 그림에서 네 점 M, N, P, Q는 각각 $\overline{AB}$, $\overline{AC}$, $\overline{DB}$, $\overline{DC}$의 중점이다. $\overline{PQ}=3$ cm일 때, $\overline{MN}$의 길이는?

① 1 cm   ② 2 cm

③ 3 cm   ④ 4 cm

⑤ 5 cm

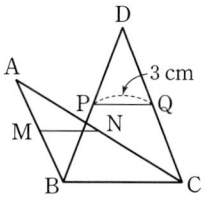

● △ABC와 △DBC로 나누어 생각한다.

7 개념 **7** 삼각형의 두 변의 중점을 연결한 선분의 성질

다음은 오른쪽 그림과 같은 △ABC에서 $\overline{AB}$의 중점 M을 지나고 $\overline{BC}$에 평행한 직선이 $\overline{AC}$와 만나는 점을 N이라 할 때, $\overline{AN}=\overline{NC}$임을 설명하는 과정이다. (가), (나)에 알맞은 것을 써넣으시오.

> △ABC에서 $\overline{MN} /\!/ \overline{BC}$이므로
> $\overline{AN} : \overline{NC}=$ ☐(가)☐ $: \overline{MB}$
> 이때 $\overline{AM}=\overline{MB}$이므로 $\overline{AN} : \overline{NC}=$ ☐(나)☐ $: 1$
> 따라서 $\overline{AN}=\overline{NC}$

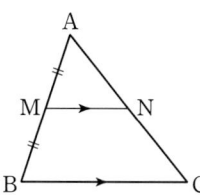

8 개념 **7** 삼각형의 두 변의 중점을 연결한 선분의 성질

오른쪽 그림과 같은 △ABC에서 $\overline{AM}=\overline{MB}$, $\overline{MN} /\!/ \overline{BC}$이다. $\overline{BC}=26$ cm, $\overline{BE}=18$ cm일 때, $\overline{DN}$의 길이는?

① 2 cm   ② 4 cm

③ 6 cm   ④ 8 cm

⑤ 10 cm

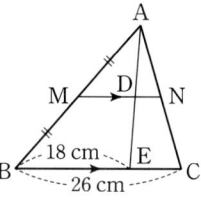

● △ABE와 △AEC로 나누어 생각한다.

9 개념 **8** 다각형의 각 변의 중점을 연결한 도형의 성질

오른쪽 그림과 같은 직사각형 ABCD에서 네 변의 중점을 각각 E, F, G, H라 하자. $\overline{AC}=18$ cm일 때, $\square$EFGH의 둘레의 길이를 구하시오.

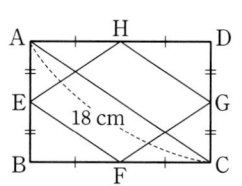

● 직사각형의 두 대각선은 길이가 같다.

10 개념 **9** 사다리꼴에서 두 변의 중점을 연결한 선분의 성질

오른쪽 그림과 같이 $\overline{AD} /\!/ \overline{BC}$인 사다리꼴 ABCD에서 $\overline{AB}$, $\overline{DC}$의 중점을 각각 M, N이라 하고, $\overline{MN}$과 $\overline{DB}$가 만나는 점을 P, $\overline{MN}$과 $\overline{AC}$가 만나는 점을 Q라 하자. $\overline{AD}=10$ cm, $\overline{PQ}=2$ cm일 때, $\overline{BC}$의 길이는?

① 11 cm   ② 12 cm

③ 13 cm   ④ 14 cm

⑤ 15 cm

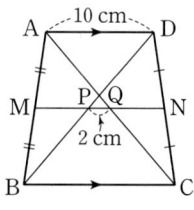

● $\overline{PQ}=\overline{MQ}-\overline{MP}$
또는 $\overline{PQ}=\overline{PN}-\overline{QN}$

04 삼각형의 무게중심

$\overline{AD}$가 $\triangle ABC$의 중선일 때

(1) $\overline{BD}=$ ❶ ☐

(2) $\triangle ABD=\triangle ADC$

$\quad =$ ❷ ☐ $\times \triangle ABC$

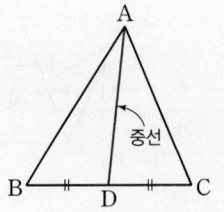

점 G가 $\triangle ABC$의 무게중심일 때

(1) $\overline{AG}:\overline{GD}=$ ❸ ☐ $:1$

(2) $\overline{AG}=$ ❹ ☐ $\times \overline{AD}$,

$\quad \overline{GD}=$ ❺ ☐ $\times \overline{AD}$

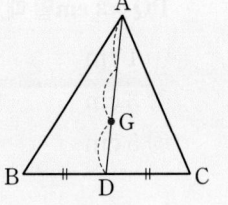

● 다음 그림에서 $\overline{AD}$가 $\triangle ABC$의 중선이고 삼각형의 넓이가 아래와 같을 때, 색칠한 부분의 넓이를 구하시오.

1

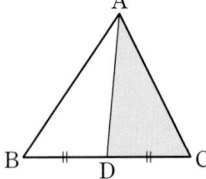

$\triangle ABC=36 \text{ cm}^2$

➡ $\overline{AD}$가 $\triangle ABC$의 중선이므로 $\overline{BD}=$☐

따라서 $\triangle ADC=$☐$\times \triangle ABC=$☐(cm^2)

2

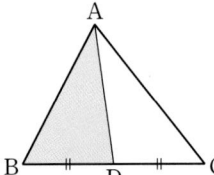

$\triangle ABC=28 \text{ cm}^2$

3

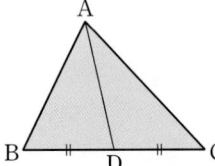

$\triangle ABD=17 \text{ cm}^2$

4

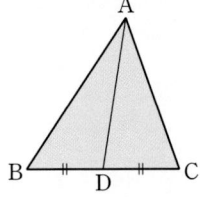

$\triangle ADC=15 \text{ cm}^2$

● 다음 그림에서 점 G가 $\triangle ABC$의 무게중심일 때, x의 값을 구하시오.

5

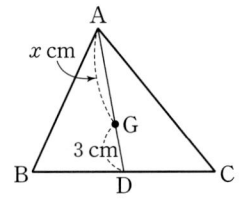

➡ 점 G가 $\triangle ABC$의 무게중심이므로

$\overline{AG}:\overline{GD}=$☐$:1$, $\overline{AG}=$☐$\times \overline{GD}$

따라서 $x=$☐$\times 3=$☐

6

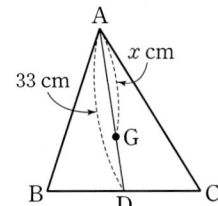

7

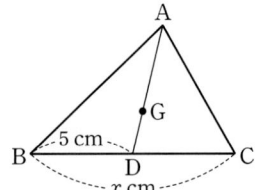

8

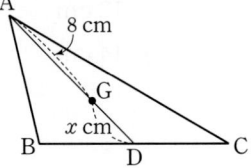

다음 그림에서 점 G가 △ABC의 무게중심일 때, x, y의 값을 각각 구하시오.

9

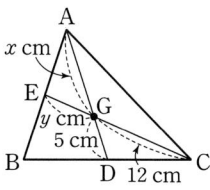

➡ 점 G가 △ABC의 무게중심이므로
$$\overline{AG} : \overline{GD} = \boxed{} : 1, \quad \overline{AG} = \boxed{} \times \overline{GD}$$
즉, $x = \boxed{}$

$$\overline{CG} : \overline{GE} = \boxed{} : 1, \quad \overline{GE} = \boxed{} \times \overline{CG}$$
즉, $y = \boxed{}$

10

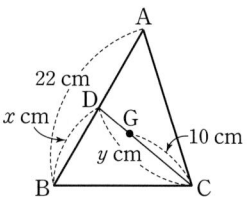

11

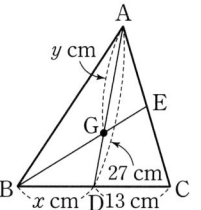

12

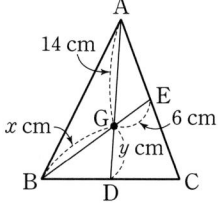

13

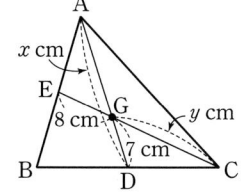

삼각형의 무게중심과 넓이

점 G가 △ABC의 무게중심일 때

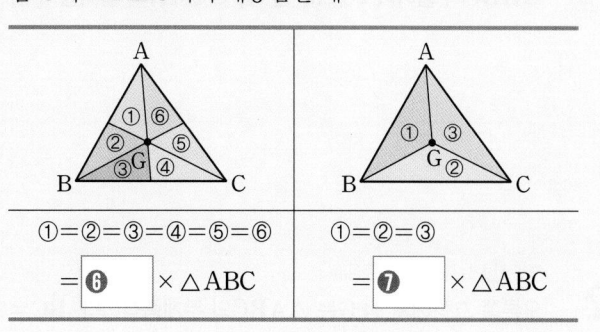

①=②=③=④=⑤=⑥	①=②=③
$= \boxed{❻} \times △ABC$	$= \boxed{❼} \times △ABC$

다음 그림에서 점 G가 △ABC의 무게중심이고 △ABC의 넓이가 48 cm²일 때, 색칠한 부분의 넓이를 구하시오.

14

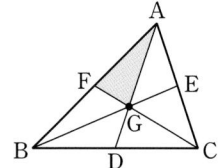

➡ 점 G가 △ABC의 무게중심이므로
$$△AFG = \boxed{} \times △ABC$$
$$= \boxed{} \ (\text{cm}^2)$$

15

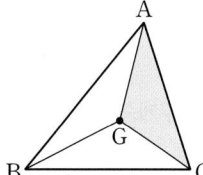

16

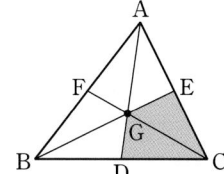

17

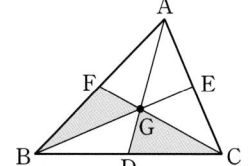

1 개념 ⑩ 삼각형의 무게중심

오른쪽 그림에서 $\overline{BM}$은 △ABC의 중선이고 점 N은 $\overline{BM}$의 중점이다.
△ABC의 넓이가 28 cm²일 때, △CMN의 넓이를 구하시오.

삼각형의 중선은 그 삼각형의 넓이를 이등분한다.

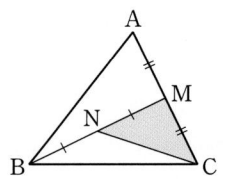

2 개념 ⑩ 삼각형의 무게중심

오른쪽 그림에서 점 G는 △ABC의 무게중심이다. $\overline{BC}=26$ cm,
$\overline{BE}=24$ cm일 때, $x+y$의 값은?

① 21 ② 22
③ 23 ④ 24
⑤ 25

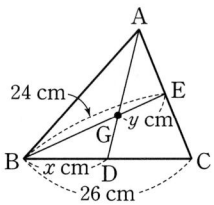

3 기출 개념 ⑩ 삼각형의 무게중심

오른쪽 그림에서 점 G는 △ABC의 무게중심이다. $\overline{EF} /\!/ \overline{BC}$이고
$\overline{BD}=12$ cm일 때, $\overline{GF}$의 길이는?

① 6 cm ② 7 cm
③ 8 cm ④ 9 cm
⑤ 10 cm

△ADC에서 평행선과 선분의 길이의 비를 이용한다.

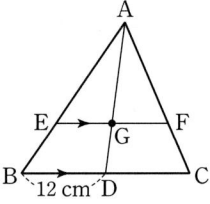

4 개념 ⑪ 삼각형의 무게중심과 넓이

오른쪽 그림에서 점 G는 △ABC의 무게중심이다. △AGC의 넓이가
10 cm²일 때, △BDG의 넓이는?

① 3 cm² ② 5 cm²
③ 7 cm² ④ 9 cm²
⑤ 11 cm²

삼각형의 무게중심과 세 꼭짓점을 이어서 생기는 3개의 삼각형의 넓이는 모두 같다.

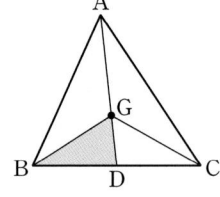

5 개념 ⑪ 삼각형의 무게중심과 넓이

오른쪽 그림에서 점 G는 △ABC의 무게중심이다. △AEG의 넓이가
15 cm²일 때, □BDGE의 넓이를 구하시오.

$\overline{BG}$를 그으면
□BDGE=△BDG+△BEG

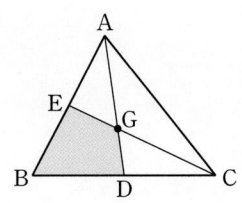

6 개념 ⑩ 삼각형의 무게중심

오른쪽 그림에서 $\overline{AD}$는 $\triangle ABC$의 중선이고 꼭짓점 A에서 $\overline{BC}$에 내린 수선의 발을 H라 하자. $\overline{AH}=6\,cm$이고 $\triangle ABC$의 넓이가 $30\,cm^2$일 때, $\overline{BD}$의 길이를 구하시오.

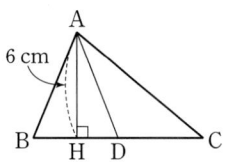

● $\triangle ABC = \dfrac{1}{2} \times \overline{BC} \times \overline{AH}$

7 개념 ⑩ 삼각형의 무게중심

오른쪽 그림에서 점 G는 $\triangle ABC$의 무게중심이다. $\overline{EF} /\!/ \overline{AD}$이고 $\overline{AG}=12\,cm$일 때, $\overline{EF}$의 길이는?

① 6 cm ② 7 cm
③ 8 cm ④ 9 cm
⑤ 10 cm

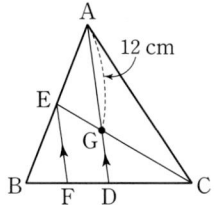

● 삼각형의 무게중심은 세 중선의 길이를 각 꼭짓점으로부터 각각 $2:1$로 나눈다.

8 개념 ⑩ 삼각형의 무게중심

오른쪽 그림에서 점 G는 $\triangle ABC$의 무게중심이고 점 M은 $\overline{AD}$의 중점이다. $\overline{AD}=30\,cm$일 때, $\overline{MG}$의 길이는?

① 1 cm ② 2 cm
③ 3 cm ④ 4 cm
⑤ 5 cm

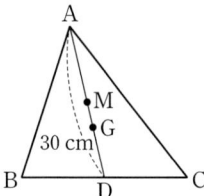

9 개념 ⑪ 삼각형의 무게중심과 넓이

오른쪽 그림에서 점 G가 $\triangle ABC$의 무게중심일 때, 다음 중에서 옳지 <u>않은</u> 것은?

① $\overline{AG}:\overline{GD}=2:1$ ② $\overline{AG}=\overline{BG}=\overline{CG}$
③ $\triangle ABD=\triangle ADC$ ④ $\triangle BCG=\dfrac{1}{3}\triangle ABC$
⑤ $\triangle ABC=6\triangle CEG$

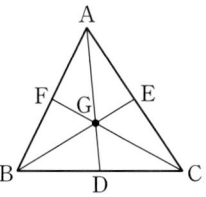

● 삼각형의 무게중심은 삼각형의 세 중선이 만나는 점이다.

10 개념 ⑪ 삼각형의 무게중심과 넓이

오른쪽 그림에서 점 G는 $\triangle ABC$의 무게중심이다. $\triangle ABC$의 넓이가 $27\,cm^2$일 때, 색칠한 부분의 넓이는?

① $16\,cm^2$ ② $18\,cm^2$
③ $20\,cm^2$ ④ $22\,cm^2$
⑤ $24\,cm^2$

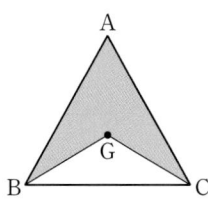

01 피타고라스 정리(1)

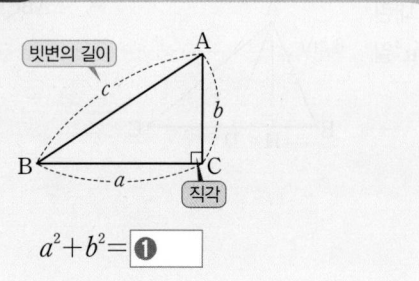

$a^2+b^2=$ ❶

다음 직각삼각형에서 x의 값을 구하시오.

1

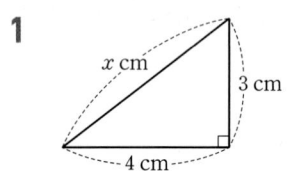

2

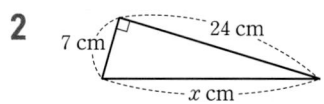

3

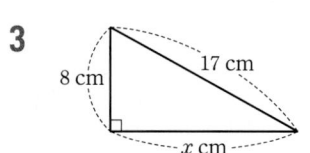

4

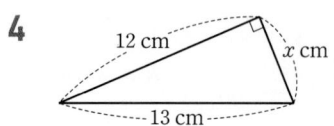

5

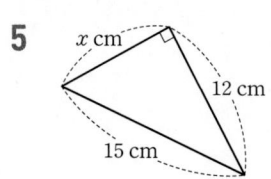

다음 그림과 같은 △ABC에서 x, y의 값을 각각 구하시오.

6

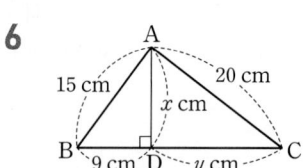

➡ 직각삼각형 ABD에서 $x^2=\square^2-\square^2=\square$

이때 $x>0$이므로 $x=\square$

직각삼각형 ADC에서 $y^2=\square^2-\square^2=\square$

이때 $y>0$이므로 $y=\square$

7

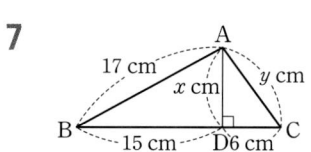

8

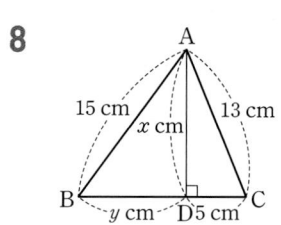

9

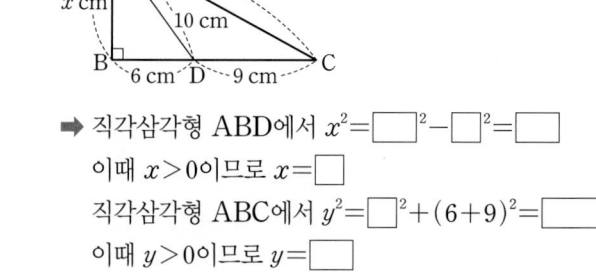

➡ 직각삼각형 ABD에서 $x^2=\square^2-\square^2=\square$

이때 $x>0$이므로 $x=\square$

직각삼각형 ABC에서 $y^2=\square^2+(6+9)^2=\square$

이때 $y>0$이므로 $y=\square$

10

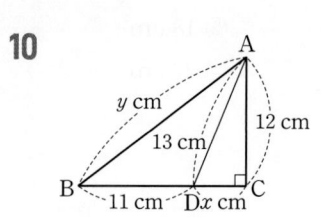

피타고라스 정리의 설명 – 유클리드

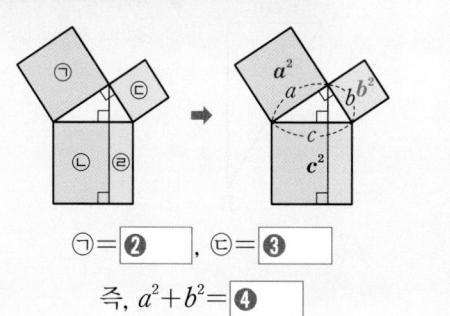

㉠=**❷**⬚ , ㉢=**❸**⬚

즉, $a^2+b^2=$ **❹**⬚

직각삼각형이 되는 조건

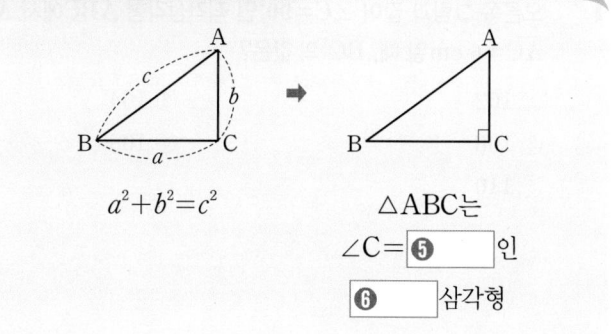

$a^2+b^2=c^2$

△ABC는

∠C=**❺**⬚ 인

❻⬚ 삼각형

다음 그림은 ∠C=90°인 직각삼각형 ABC의 세 변을 각각 한 변으로 하는 세 정사각형을 그린 것이다. 색칠한 부분의 넓이를 구하시오.

11

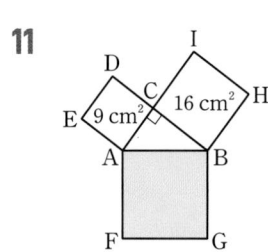

➡ □AFGB=□ACDE+□BHIC
　　　　　 =⬚+⬚=⬚ (cm²)

12

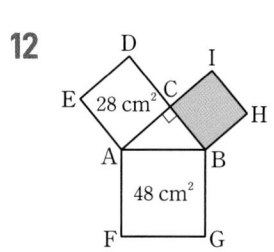

13

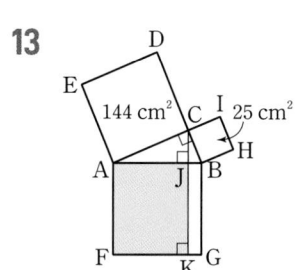

14

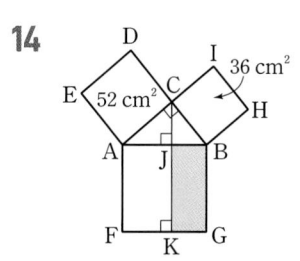

삼각형의 세 변의 길이가 각각 다음과 같을 때, 직각삼각형인 것은 ○표, 직각삼각형이 아닌 것은 ×표를 ( ) 안에 써넣으시오.

15 3 cm, 4 cm, 5 cm　　　　(　)

➡ 가장 긴 변의 길이가 5 cm이므로 3^2+4^2⬚5^2
　 따라서 주어진 삼각형은 ⬚⬚⬚⬚⬚⬚ .

16 4 cm, 5 cm, 7 cm　　　　(　)

17 5 cm, 12 cm, 13 cm　　　(　)

18 6 cm, 8 cm, 10 cm　　　(　)

19 8 cm, 10 cm, 12 cm　　　(　)

개념 ① 피타고라스 정리

1 오른쪽 그림과 같이 ∠C=90°인 직각삼각형 ABC에서 $\overline{AB}$=12 cm, $\overline{AC}$=6 cm일 때, $\overline{BC}^2$의 값은?

① 102   ② 104

③ 106   ④ 108

⑤ 110

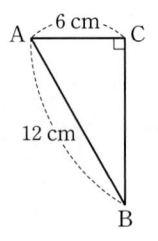

● 직각삼각형에서 직각을 낀 두 변의 길이의 제곱의 합은 빗변의 길이의 제곱과 같다.

개념 ① 피타고라스 정리

기출 **2** 오른쪽 그림과 같이 △ABC의 꼭짓점 A에서 $\overline{BC}$에 내린 수선의 발을 D라 하자. $\overline{AB}$=20 cm, $\overline{AC}$=13 cm, $\overline{BD}$=16 cm일 때, $\overline{CD}$의 길이를 구하시오.

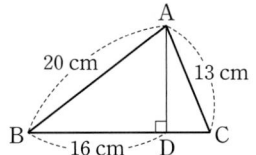

● △ABD와 △ADC는 모두 직각삼각형이다.

개념 ② 피타고라스 정리의 여러 가지 설명 방법

3 오른쪽 그림은 ∠C=90°인 직각삼각형 ABC의 세 변을 각각 한 변으로 하는 세 정사각형을 그린 것이다. □AFGB의 넓이가 225 cm², □ACDE의 넓이가 81 cm²일 때, $\overline{BC}$의 길이를 구하시오.

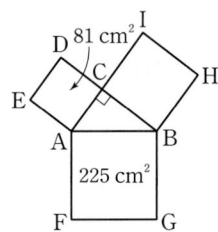

● □BHIC=$\overline{BC}^2$

개념 ② 피타고라스 정리의 여러 가지 설명 방법

4 오른쪽 그림과 같은 정사각형 ABCD에서 $\overline{AE}$=$\overline{BF}$=$\overline{CG}$=$\overline{DH}$=a이고 $\overline{AH}$=b이다. a^2+b^2=64일 때, □EFGH의 둘레의 길이는?

① 31 cm   ② 32 cm

③ 33 cm   ④ 34 cm

⑤ 35 cm

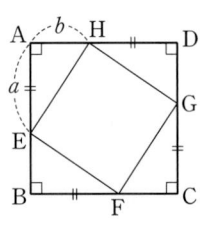

개념 ③ 직각삼각형이 되는 조건

5 다음 중에서 직각삼각형의 세 변의 길이가 될 수 있는 세 수를 고르시오.

> 3,   5,   6,   8,   12,   13,   15

● 가장 긴 변의 길이의 제곱이 나머지 두 변의 길이의 제곱의 합과 같은 삼각형은 직각삼각형이다.

6 개념 **1** 피타고라스 정리

오른쪽 그림과 같이 ∠A=∠B=90°인 □ABCD에서 $\overline{AB}$=4 cm, $\overline{BC}$=6 cm, $\overline{AD}$=3 cm일 때, $\overline{CD}$의 길이는?

① 3 cm　　　　② 4 cm

③ 5 cm　　　　④ 6 cm

⑤ 7 cm

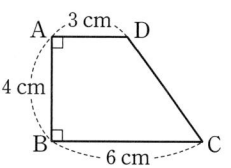

● 꼭짓점 D에서 $\overline{BC}$에 수선의 발을 내려 직각삼각형을 만든 후 피타고라스 정리를 이용한다.

---

7 개념 **1** 피타고라스 정리

오른쪽 그림과 같이 ∠C=90°인 직각삼각형 ABC에서 $\overline{DE}/\!/\overline{AC}$이다. $\overline{BE}$=8 cm, $\overline{BC}$=12 cm, $\overline{AC}$=9 cm일 때, $\overline{BD}$의 길이는?

① 8 cm　　　　② 10 cm

③ 12 cm　　　　④ 14 cm

⑤ 16 cm

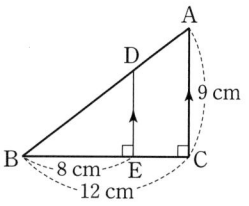

● △ABC에서 $\overline{DE}/\!/\overline{AC}$이므로 $\overline{BD}:\overline{BA}=\overline{BE}:\overline{BC}$임을 이용한다.

---

8 개념 **1** 피타고라스 정리

오른쪽 그림은 한 변의 길이가 5 cm인 정사각형 ABCD와 한 변의 길이가 15 cm인 정사각형 CEFG를 세 점 B, C, E가 한 직선 위에 있도록 겹치지 않게 이어 붙인 것이다. 이때 $\overline{BF}$의 길이를 구하시오.

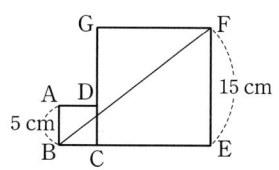

● 정사각형은 네 변의 길이가 모두 같고, 네 내각의 크기가 모두 같다.

---

9 개념 **3** 직각삼각형이 되는 조건

세 변의 길이가 각각 15 cm, 8 cm, x cm인 삼각형이 직각삼각형이 되도록 하는 x의 값을 구하시오. (단, $x>15$)

● 세 변의 길이가 각각 a, b, c인 삼각형에서 가장 긴 변의 길이가 c일 때, c^2과 a^2+b^2을 비교한다.

---

10 개념 **4** 삼각형의 변의 길이와 각의 크기 사이의 관계

△ABC에서 $\overline{BC}=a$, $\overline{AC}=b$, $\overline{AB}=c$이고 $c^2>a^2+b^2$일 때, 다음 중에서 옳은 것은?

① ∠A>90°　　　　② ∠B>90°　　　　③ ∠C>90°

④ ∠A>∠C　　　　⑤ ∠B>∠C

● 주어진 조건에 맞게 △ABC를 그려 본다.

02 피타고라스 정리(2)

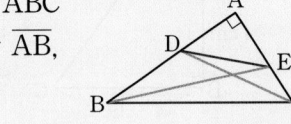

$\angle A = 90°$인 직각삼각형 ABC에서 두 점 D, E가 각각 $\overline{AB}$, $\overline{AC}$ 위에 있을 때,

$$\overline{BC}^2 + ❶\ \boxed{}$$
$$= \overline{BE}^2 + ❷\ \boxed{}$$

두 대각선이 직교하는 사각형의 성질

$\square ABCD$에서 두 대각선이 직교할 때,

$$\overline{AB}^2 + ❸\ \boxed{}$$
$$= \overline{AD}^2 + ❹\ \boxed{}$$

다음 그림과 같이 $\angle A = 90°$인 직각삼각형 ABC에서 $x^2 + y^2$의 값을 구하시오.

1

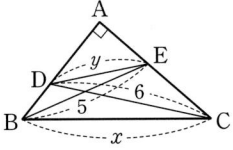

➡ $\overline{BC}^2 + \overline{DE}^2 = \overline{BE}^2 + \boxed{}$ 이므로

$x^2 + y^2 = 5^2 + \boxed{}^2 = \boxed{}$

2

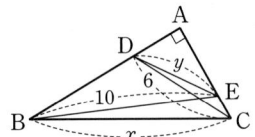

3

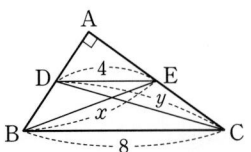

4

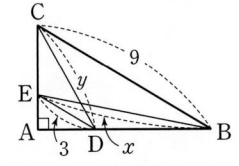

다음 그림과 같은 $\square ABCD$에서 두 대각선이 직교할 때, x^2의 값을 구하시오.

5

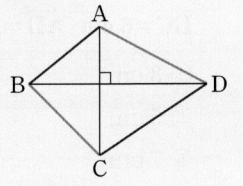

➡ $\overline{AB}^2 + \overline{CD}^2 = \overline{AD}^2 + \boxed{}$ 이므로

$\boxed{}^2 + 8^2 = x^2 + \boxed{}^2$

따라서 $x^2 = \boxed{}$

6

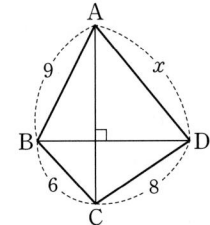

7

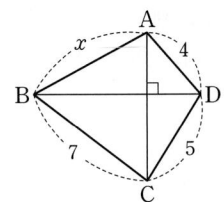

8

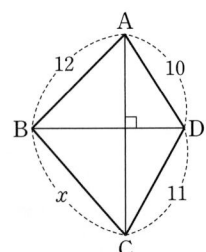
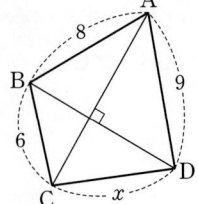

직각삼각형과 세 반원 사이의 관계

직각삼각형 ABC에서 직각을 낀 두 변을 각각 지름으로 하는 두 반원의 넓이를 P, Q라 하고, 빗변을 지름으로 하는 반원의 넓이를 R라 할 때,

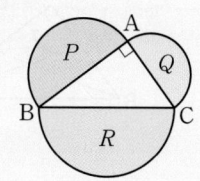

$$P + \boxed{\text{❺}} = R$$

▶ 다음 그림은 ∠A=90°인 직각삼각형 ABC의 세 변을 각각 지름으로 하는 세 반원을 그린 것이다. 색칠한 부분의 넓이를 구하시오.

9

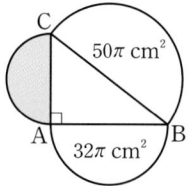

50π cm^2

32π cm^2

➡ (색칠한 부분의 넓이)$=50\pi-\boxed{}=\boxed{}$ (cm^2)

10

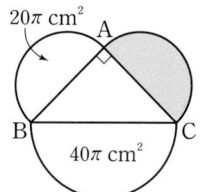

20π cm^2

40π cm^2

11

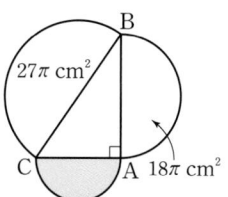

27π cm^2

18π cm^2

12

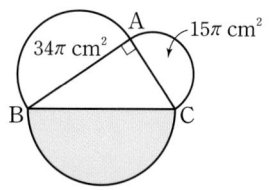

34π cm^2

15π cm^2

히포크라테스의 원의 넓이

∠A=90°인 직각삼각형 ABC의 세 변을 각각 지름으로 하는 세 반원에서

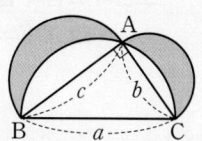

(색칠한 부분의 넓이)$=\triangle$ABC

$$=\frac{1}{2}\times\boxed{\text{❻}}$$

▶ 다음 그림은 ∠A=90°인 직각삼각형 ABC의 세 변을 각각 지름으로 하는 세 반원을 그린 것이다. 색칠한 부분의 넓이를 구하시오.

13

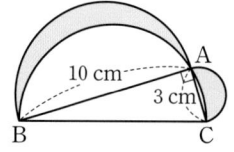

10 cm

3 cm

➡ (색칠한 부분의 넓이)$=\triangle$ABC$=\boxed{}$ (cm^2)

14

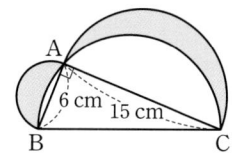

6 cm 15 cm

15

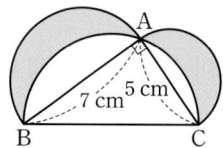

7 cm 5 cm

16

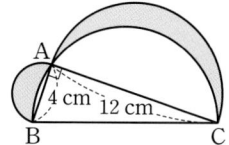

4 cm 12 cm

17

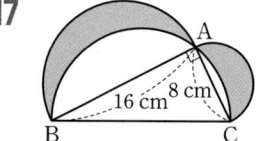

16 cm 8 cm

1 개념 **5** 피타고라스 정리를 이용한 직각삼각형의 성질

오른쪽 그림과 같이 $\angle A=90°$인 직각삼각형 ABC에서 $\overline{AB}=9$, $\overline{AC}=12$, $\overline{DE}=7$일 때, $\overline{BE}^2+\overline{CD}^2$의 값을 구하시오.

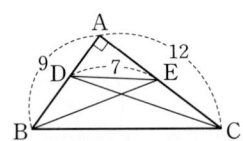

2 개념 **6** 두 대각선이 직교하는 사각형의 성질

오른쪽 그림과 같은 □ABCD에서 $\overline{AC}\perp\overline{BD}$이다. $\overline{AD}=4$, $\overline{CD}=9$일 때, $\overline{BC}^2-\overline{AB}^2$의 값은?

① 61 ② 62
③ 63 ④ 64
⑤ 65

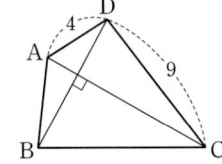

● □ABCD에서 두 대각선이 직교할 때, 두 대변의 길이의 제곱의 합은 서로 같다.

3 개념 **6** 두 대각선이 직교하는 사각형의 성질

오른쪽 그림과 같은 □ABCD에서 두 대각선이 직교한다. $\overline{AB}=6$, $\overline{BC}=5$, $\overline{CD}=4$일 때, x^2+y^2의 값은? (단, 점 O는 두 대각선의 교점)

① 26 ② 27
③ 28 ④ 29
⑤ 30

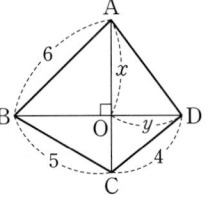

4 개념 **7** 직각삼각형과 세 반원 사이의 관계

오른쪽 그림은 $\angle A=90°$인 직각삼각형 ABC의 두 변 AB, AC를 각각 지름으로 하는 두 반원을 그린 것이다. $\overline{BC}=8$ cm일 때, 색칠한 부분의 넓이는?

① 6π cm^2 ② 7π cm^2
③ 8π cm^2 ④ 9π cm^2
⑤ 10π cm^2

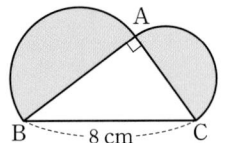

● 직각삼각형에서 직각을 낀 두 변을 각각 지름으로 하는 두 반원의 넓이의 합은 빗변을 지름으로 하는 반원의 넓이와 같다.

5 개념 **8** 히포크라테스의 원의 넓이

오른쪽 그림은 $\angle A=90°$인 직각삼각형 ABC의 세 변을 각각 지름으로 하는 세 반원을 그린 것이다. $\overline{AB}=12$ cm이고 색칠한 부분의 넓이가 60 cm^{2}일 때, $\overline{AC}$의 길이를 구하시오.

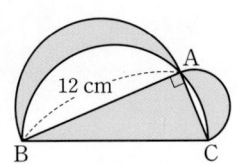

개념 ⑤ 피타고라스 정리를 이용한 직각삼각형의 성질

6 다음은 오른쪽 그림과 같은 직각삼각형 ABC에서 $\overline{BC}^2+\overline{DE}^2=\overline{BE}^2+\overline{CD}^2$이 성립함을 설명하는 과정이다. (가)~(다)에 알맞은 것을 써넣으시오.

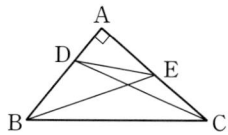

● 직각삼각형에서 직각을 낀 두 변의 길이를 각각 a, b라 하고, 빗변의 길이를 c라 하면 $a^2+b^2=c^2$이다.

직각삼각형 ABC에서 $\overline{AB}^2+\overline{AC}^2=$ (가) ⋯⋯ ㉠

직각삼각형 ADE에서 $\overline{AD}^2+\overline{AE}^2=$ (나) ⋯⋯ ㉡

㉠+㉡을 하면

$$\boxed{(가)}+\boxed{(나)}=(\overline{AB}^2+\overline{AC}^2)+(\overline{AD}^2+\overline{AE}^2)$$
$$=(\overline{AB}^2+\overline{AE}^2)+(\overline{AC}^2+\overline{AD}^2)$$
$$=\overline{BE}^2+\boxed{(다)}$$

개념 ⑥ 두 대각선이 직교하는 사각형의 성질

7 오른쪽 그림과 같은 □ABCD에서 두 대각선이 직교한다. $\overline{AD}=10$, $\overline{BC}=20$, $\overline{AO}=8$, $\overline{BO}=15$일 때, $\overline{CD}^2$의 값은?

(단, 점 O는 두 대각선의 교점)

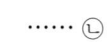

① 211 ② 212

③ 213 ④ 214

⑤ 215

● 먼저 직각삼각형 ABO에서 피타고라스 정리를 이용하여 $\overline{AB}^2$의 값을 구한다.

개념 ⑦ 직각삼각형과 세 반원 사이의 관계

8 오른쪽 그림은 ∠A=90°인 직각삼각형 ABC의 세 변을 각각 지름으로 하는 세 반원을 그린 것이다. $\overline{AB}$를 지름으로 하는 반원의 넓이가 8π cm²이고 $\overline{BC}=12$ cm일 때, $\overline{AC}$를 지름으로 하는 반원의 넓이는?

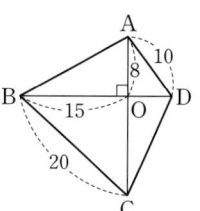

● 먼저 $\overline{BC}$를 지름으로 하는 반원의 넓이를 구한다.

① 6π cm² ② 8π cm²

③ 10π cm² ④ 12π cm²

⑤ 14π cm²

개념 ⑧ 히포크라테스의 원의 넓이

9 오른쪽 그림은 ∠A=90°인 직각삼각형 ABC의 세 변을 각각 지름으로 하는 세 반원을 그린 것이다. P, Q의 넓이가 각각 18 cm², 14 cm²일 때, △ABC의 넓이를 구하시오.

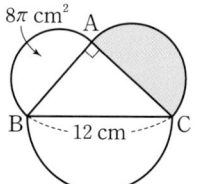

01 경우의 수

사건과 경우의 수

(1) ❶ ⬚ : 같은 조건에서 반복할 수 있는 실험이나 관찰에서 나타나는 결과

(2) ❷ ⬚ : 어떤 사건이 일어나는 가짓수

▶ 500원짜리, 100원짜리, 50원짜리 동전이 각각 5개씩 있을 때, 다음 사건이 일어나는 경우의 수를 구하시오.

1 500원을 지불한다.

➡ 500원을 지불하는 경우를 표로 나타내면 다음과 같다.

500원(개)	1	0	0	0
100원(개)	0	5	(1)	3
50원(개)	0	(2)	2	(3)

따라서 구하는 경우의 수는 ⬚(4) 이다.

2 600원을 지불한다.

3 850원을 거스름돈 없이 지불한다.

4 1000원을 지불한다.

5 2000원을 지불한다.

6 3250원을 지불한다.

▶ 한 개의 주사위를 던질 때, 다음 사건이 일어나는 경우의 수를 구하시오.

7 짝수의 눈이 나온다.

8 소수의 눈이 나온다.

9 3의 약수의 눈이 나온다.

10 5 이하의 눈이 나온다.

▶ 서로 다른 세 개의 동전을 동시에 던질 때, 다음을 구하시오.

11 일어나는 모든 경우의 수

➡ 앞면을 H, 뒷면을 T라 할 때,

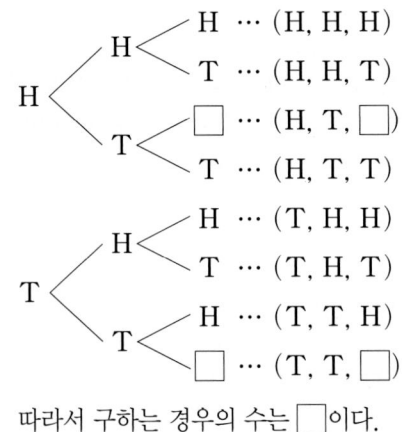

따라서 구하는 경우의 수는 ⬚이다.

12 모두 같은 면이 나오는 경우의 수

13 앞면이 한 개만 나오는 경우의 수

사건 A 또는 사건 B가 일어나는 경우의 수

사건 A와 사건 B가 동시에 일어나지 않을 때, 사건 A가 일어나는 경우의 수를 m, 사건 B가 일어나는 경우의 수를 n이라 하면

　(사건 A 또는 사건 B가 일어나는 경우의 수)

　$= \boxed{③}$

▶ 다음 각 경우에 대하여 간선 버스 또는 지선 버스를 타고 학교에서 연극 공연장까지 가는 경우의 수를 구하시오.

14 학교에서 연극 공연장까지 간선 버스를 타고 가는 방법은 3가지, 지선 버스를 타고 가는 방법은 2가지이다.

15 학교에서 연극 공연장까지 간선 버스를 타고 가는 방법은 4가지, 지선 버스를 타고 가는 방법은 3가지이다.

▶ 1부터 20까지의 자연수가 각각 하나씩 적힌 20개의 공이 들어 있는 주머니가 있다. 이 주머니에서 한 개의 공을 꺼낼 때, 다음 사건이 일어나는 경우의 수를 구하시오.

16 6의 배수 또는 7의 약수가 적힌 공이 나온다.

17 3 이하 또는 17 초과의 수가 적힌 공이 나온다.

18 7 미만의 홀수 또는 14 이상의 짝수가 적힌 공이 나온다.

19 소수 또는 4의 배수가 적힌 공이 나온다.

사건 A와 사건 B가 동시에 일어나는 경우의 수

사건 A가 일어나는 경우의 수를 m, 그 각각에 대하여 사건 B가 일어나는 경우의 수를 n이라 하면

　(사건 A와 사건 B가 동시에 일어나는 경우의 수)

　$= \boxed{④}$

▶ 동전 한 개와 주사위 한 개를 동시에 던질 때, 다음을 구하시오.

20 일어나는 모든 경우의 수

21 동전은 앞면, 주사위는 3의 배수의 눈이 나오는 경우의 수

22 동전은 뒷면, 주사위는 4 이하의 눈이 나오는 경우의 수

▶ 두 개의 주사위 A, B를 동시에 던질 때, 다음을 구하시오.

23 일어나는 모든 경우의 수

24 A 주사위는 짝수의 눈, B 주사위는 홀수의 눈이 나오는 경우의 수

25 A 주사위는 합성수의 눈, B 주사위는 소수의 눈이 나오는 경우의 수

26 A 주사위는 4의 약수의 눈, B 주사위는 2 초과의 눈이 나오는 경우의 수

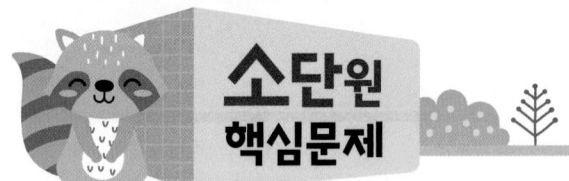

소단원 핵심문제

개념 1 사건과 경우의 수

1 각 면에 1부터 12까지의 자연수가 각각 하나씩 적힌 정십이면체 모양의 주사위 한 개를 던질 때, 윗면에 보이는 수가 15의 약수인 경우의 수는?

① 1　　　　　② 2　　　　　③ 3

④ 4　　　　　⑤ 5

● 12 이하의 수 중에서 15의 약수를 구한다.

개념 1 사건과 경우의 수

2 서현이는 500원짜리, 100원짜리 동전을 각각 6개씩 가지고 있다. 이 돈으로 2600원짜리 물건값을 거스름돈 없이 지불하는 방법의 수를 구하시오.

● 금액이 큰 동전의 개수를 먼저 정한다.

개념 2 사건 A 또는 사건 B가 일어나는 경우의 수

3 지우는 애니메이션 2편, SF 영화 4편, 액션 영화 3편을 상영하는 영화관에서 영화 관람을 하려고 한다. 지우가 이 영화관에서 애니메이션 또는 SF 영화 중에서 한 편을 관람하는 경우의 수를 구하시오.

● '또는', '~이거나'와 같은 표현이 있는 경우에는 두 사건이 일어나는 경우의 수를 더한다.

개념 3 사건 A와 사건 B가 동시에 일어나는 경우의 수

_{기출} **4** 1부터 30까지의 자연수가 각각 하나씩 적힌 30개의 공이 들어 있는 주머니가 있다. 이 주머니에서 한 개의 공을 꺼내어 확인하고 다시 넣은 후 또 한 개의 공을 꺼낼 때, 첫 번째는 7의 배수가 적힌 공이 나오고, 두 번째는 30의 약수가 적힌 공이 나오는 경우의 수를 구하시오.

● '동시에', '그리고', '~와', '~이고'와 같은 표현이 있는 경우에는 두 사건이 일어나는 경우의 수를 곱한다.

개념 3 사건 A와 사건 B가 동시에 일어나는 경우의 수

5 민서네 집 책꽂이에는 추리 소설 4권과 여행 안내서 5권이 꽂혀 있다. 민서가 책꽂이에서 추리 소설 1권과 여행 안내서 1권을 고르는 경우의 수는?

① 5　　　　　② 10

③ 15　　　　　④ 20

⑤ 25

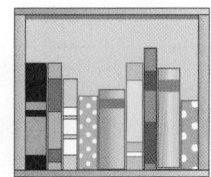

개념 ❶ 사건과 경우의 수

6 한 개의 주사위를 던질 때, 다음 중에서 사건이 일어나는 경우의 수가 가장 큰 것은?

① 홀수의 눈이 나온다.　　　　　② 2의 약수의 눈이 나온다.

③ 4 미만의 눈이 나온다.　　　　④ 소수의 눈이 나온다.

⑤ 3 이상의 눈이 나온다.

● 각 사건의 경우의 수를 구한 다음 대소를 비교한다.

개념 ❶ 사건과 경우의 수

7 알파벳 W, A, K, E, U, P 중에서 하나를 선택할 때, 자음을 선택하는 경우의 수를 구하시오.

개념 ❷ 사건 A 또는 사건 B가 일어나는 경우의 수

8 빨간 구슬 6개, 노란 구슬 4개, 파란 구슬 5개가 들어 있는 주머니에서 구슬 한 개를 꺼낼 때, 빨간 구슬 또는 파란 구슬이 나오는 경우의 수는?

① 9　　　　　　　　　　　② 10

③ 11　　　　　　　　　　　④ 15

⑤ 18

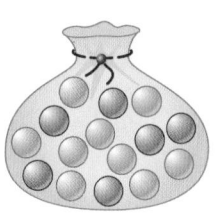

● 한 개의 구슬을 꺼낼 때, 빨간 구슬을 꺼내는 사건과 파란 구슬을 꺼내는 사건은 동시에 일어나지 않는다.

개념 ❸ 사건 A와 사건 B가 동시에 일어나는 경우의 수

9 남학생 4명과 여학생 3명으로 이루어진 테니스 동아리에서 남학생과 여학생을 각각 한 명씩 뽑아 혼합 복식 팀을 만드는 경우의 수를 구하시오.

개념 ❸ 사건 A와 사건 B가 동시에 일어나는 경우의 수

10 어느 샌드위치 가게는 주문할 때, 빵 3종류, 속 재료 6종류, 드레싱 2종류 중에서 각각 하나씩 선택하여야 한다. 이 가게에서 샌드위치를 주문하는 경우의 수를 구하시오.

● 세 사건이 일어나는 경우의 수를 각각 k, m, n이라 하면 세 사건이 동시에 일어나는 경우의 수는 $k \times m \times n$이다.

02 여러 가지 경우의 수

한 줄로 세우는 경우의 수

(1) n명을 한 줄로 세우는 경우의 수:
$$n \times (n-1) \times (n-2) \times \cdots \times 2 \times 1$$

(2) n명 중에서 2명을 뽑아 한 줄로 세우는 경우의 수:
$$n \times (\boxed{❶} \quad)$$

(3) n명 중에서 3명을 뽑아 한 줄로 세우는 경우의 수:
$$n \times (n-1) \times (\boxed{❷} \quad)$$

▶ **다음을 구하시오.**

1 3명을 한 줄로 세우는 경우의 수

➡ $\boxed{} \times \boxed{} \times \boxed{} = \boxed{}$

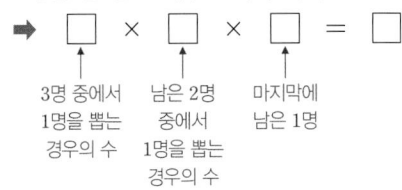

3명 중에서   남은 2명   마지막에
1명을 뽑는   중에서   남은 1명
경우의 수   1명을 뽑는
         경우의 수

2 서로 다른 4개의 의자를 한 줄로 나열하는 경우의 수

3 4명 중에서 2명을 뽑아 한 줄로 세우는 경우의 수

➡ $\boxed{} \times \boxed{} = \boxed{}$

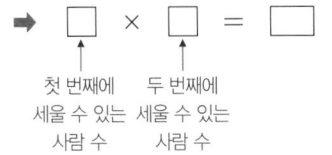

첫 번째에   두 번째에
세울 수 있는   세울 수 있는
사람 수   사람 수

4 5명 중에서 3명을 뽑아 한 줄로 세우는 경우의 수

5 3개의 알파벳 A, B, C를 한 줄로 나열할 때, B를 맨 앞에 놓는 경우의 수

➡ B를 맨 앞에 놓고 나머지 2개의 알파벳을 한 줄로 나열하면 되므로 구하는 경우의 수는
$$\boxed{} \times 1 = \boxed{}$$

6 지현, 재진, 서영, 이준 4명이 나란히 서서 사진을 찍으려고 할 때, 서영이가 가장 오른쪽에 서서 찍는 경우의 수

이웃하게 한 줄로 세우는 경우의 수

한 줄로 세울 때, 이웃하게 세우는 경우의 수는 다음과 같은 순서로 구한다.
① 이웃하는 것을 하나로 묶어서 한 줄로 세우는 경우의 수를 구한다.
② 묶음 안에서 자리를 바꾸는 경우의 수를 구한다.
③ ①과 ②에서 구한 경우의 수를 $\boxed{❸}$ 한다.

▶ **A, B, C, D, E 5명을 한 줄로 세울 때, 다음을 구하시오.**

7 A, B를 이웃하게 세우는 경우의 수
➡ A, B를 묶어서 한 명으로 생각하여
(A, B), C, D, E를 한 줄로 세우는 경우의 수는
$$4 \times 3 \times 2 \times 1 = 24$$
이때 A, B가 자리를 바꾸는 경우의 수는
$$\boxed{} \times \boxed{} = \boxed{}$$
따라서 구하는 경우의 수는
$$24 \times \boxed{} = \boxed{}$$

8 B, C를 이웃하게 세우는 경우의 수

9 B, C, D를 이웃하게 세우는 경우의 수

▶ **다음을 구하시오.**

10 잡지 2권, 시집 2권을 책꽂이에 한 줄로 나란히 꽂을 때, 잡지끼리 이웃하게 꽂는 경우의 수

11 마루운동 선수 3명과 리듬체조 선수 3명을 한 줄로 세울 때, 리듬체조 선수끼리 이웃하게 세우는 경우의 수

자연수를 만드는 경우의 수

서로 다른 한 자리 숫자가 각각 하나씩 적힌 n장의 카드 중에서 2장을 동시에 뽑아 만들 수 있는 두 자리 자연수의 개수는

(1) 0을 포함하지 않는 경우: $n \times ($ ❹ ⬚ $)$

(2) 0을 포함하는 경우: $(n-1) \times ($ ❺ ⬚ $)$

▶ **1부터 6까지의 자연수가 각각 하나씩 적힌 6장의 카드가 있을 때, 다음을 구하시오.**

12 2장을 동시에 뽑아 만들 수 있는 두 자리 자연수의 개수

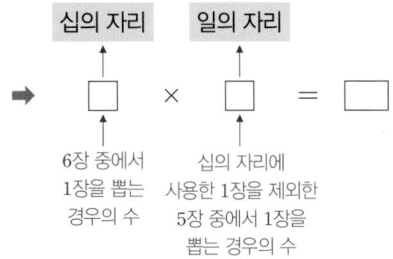

13 3장을 동시에 뽑아 만들 수 있는 세 자리 자연수의 개수

▶ **0, 1, 2, 3, 4, 5의 숫자가 각각 하나씩 적힌 6장의 카드가 있을 때, 다음을 구하시오.**

14 2장을 동시에 뽑아 만들 수 있는 두 자리 자연수의 개수

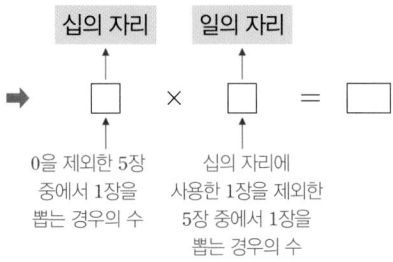

15 3장을 동시에 뽑아 만들 수 있는 세 자리 자연수의 개수

대표를 뽑는 경우의 수

n명 중에서 2명의 대표를 뽑는 경우의 수는

(1) 자격이 다른 대표를 뽑는 경우: $n \times ($ ❻ ⬚ $)$

(2) 자격이 같은 대표를 뽑는 경우: $\dfrac{n \times (n-1)}{⬚❼}$

▶ **A, B, C, D, E 5명 중에서 대표를 뽑을 때, 다음을 구하시오.**

16 회장 1명, 부회장 1명을 뽑는 경우의 수

➡ 5명 중에서 회장 1명을 뽑는 경우의 수는 ⬚
회장 1명을 뽑고 남은 4명 중에서 부회장 1명을 뽑는 경우의 수는 ⬚
따라서 구하는 경우의 수는
⬚ × ⬚ = ⬚

17 회장 1명, 부회장 1명, 부장 1명을 뽑는 경우의 수

▶ **A, B, C, D, E, F 6명 중에서 대표를 뽑을 때, 다음을 구하시오.**

18 대표 2명을 뽑는 경우의 수

➡ 대표 2명이 A, B이면 (A, B), (B, ⬚)가 같은 경우이므로 2 × 1로 나눈다.
따라서 구하는 경우의 수는
$\dfrac{6 \times 5}{⬚} = $ ⬚

19 대표 3명을 뽑는 경우의 수

개념 ④ 한 줄로 세우는 경우의 수

1 5개의 알파벳 A, B, C, D, E를 한 줄로 나열할 때, A, B를 양 끝에 놓는 경우의 수는?

① 10 ② 12 ③ 14

④ 16 ⑤ 18

개념 ⑤ 이웃하게 한 줄로 세우는 경우의 수

2 7명으로 구성된 걸 그룹이 한 줄로 서서 무대 인사를 할 때, 보컬 라인 3명끼리 이웃하여 서는 경우의 수는?

① 240 ② 560 ③ 720

④ 1200 ⑤ 1440

● 보컬 라인을 하나로 묶어서 생각한다.

개념 ⑥ 자연수를 만드는 경우의 수

3 6, 7, 8, 9의 숫자가 각각 하나씩 적힌 4장의 카드가 있다. 이 중에서 3장을 동시에 뽑아 만들 수 있는 세 자리 자연수 중 일의 자리의 숫자가 7인 수의 개수는?

[6] [7] [8] [9]

① 4 ② 6 ③ 8

④ 10 ⑤ 12

● 일의 자리의 숫자가 7로 정해졌으므로 백의 자리와 십의 자리에 올 수 있는 숫자의 개수를 센다.

개념 ⑥ 자연수를 만드는 경우의 수

4 0, 2, 5, 6, 9의 숫자가 각각 하나씩 적힌 5개의 공이 들어 있는 주머니가 있다. 이 주머니에서 2개의 공을 동시에 꺼내어 만들 수 있는 두 자리 자연수 중 5의 배수의 개수는?

① 5 ② 6 ③ 7

④ 8 ⑤ 9

● 5의 배수가 되려면 일의 자리의 숫자가 0, 5이어야 한다.

개념 ⑦ 대표를 뽑는 경우의 수

기출 **5** 어느 연극 체험 활동에 참여한 7명의 학생 중에서 분장 팀원 1명, 무대 장치 팀원 1명을 뽑는 경우의 수를 구하시오.

● 자격이 다른 경우이므로 뽑는 순서를 생각해야 한다.

정답과 풀이 ★ 83쪽

6 개념 4 한 줄로 세우는 경우의 수

서로 다른 종류의 과일 6개 중에서 2개를 골라 미영이와 세진이에게 각각 한 개씩 주는 경우의 수는?

① 22 ② 24 ③ 26
④ 28 ⑤ 30

7 개념 5 이웃하게 한 줄로 세우는 경우의 수

우진, 서현, 소빈, 민하, 영석, 태호 6명을 한 줄로 세울 때, 우진이와 서현이를 이웃하게 세우고 서현이를 우진이 뒤에 세우는 경우의 수는?

① 80 ② 120 ③ 160
④ 200 ⑤ 240

● 우진이와 서현이의 자리는 바꿀 수 없다.

8 개념 6 자연수를 만드는 경우의 수

0, 1, 4, 5, 7의 숫자가 각각 하나씩 적힌 5장의 카드가 있다. 이 중에서 3장을 동시에 뽑아 만들 수 있는 세 자리 자연수 중 500 미만의 수의 개수는?

$\boxed{0}$ $\boxed{1}$ $\boxed{4}$ $\boxed{5}$ $\boxed{7}$

① 12 ② 15 ③ 18
④ 21 ⑤ 24

● 500 미만의 자연수가 되려면 백의 자리의 숫자가 5 미만이어야 한다.

9 개념 7 대표를 뽑는 경우의 수

지호가 가입한 바둑 동아리의 회원은 6명이다. 이 동아리에서 회장 1명, 계시원 2명을 뽑을 때, 지호가 계시원으로 뽑히는 경우의 수를 구하시오.

● 지호가 계시원이므로 계시원은 1명을 더 뽑는다.

10 개념 7 대표를 뽑는 경우의 수

요가 수업에 참여한 10명이 수업이 끝난 후 한 사람도 빠짐없이 서로 한 번씩 악수를 하려면 모두 몇 번의 악수를 해야 하는가?

① 30번 ② 45번 ③ 60번
④ 75번 ⑤ 90번

● A와 B가 악수하는 경우와 B와 A가 악수하는 경우는 같다.

01 확률의 뜻과 성질

확률의 뜻

$$(\text{사건 } A \text{가 일어날 } \boxed{❶})$$
$$= \frac{(\text{사건 } A \text{가 일어나는 경우의 수})}{(\text{일어나는 모든 경우의 수})}$$

▶ 모양과 크기가 같은 야채호빵 5개, 피자호빵 3개, 통팥호빵 4개가 들어 있는 찜통에서 한 개의 호빵을 임의로 꺼낼 때, 다음을 구하시오.

1 야채호빵이 나올 확률

2 피자호빵이 나올 확률

3 통팥호빵이 나올 확률

▶ 1부터 15까지의 자연수가 각각 하나씩 적힌 15장의 카드 중에서 한 장을 임의로 뽑을 때, 다음을 구하시오.

4 10 이상의 수가 적힌 카드가 나올 확률

5 5의 배수가 적힌 카드가 나올 확률

6 6 미만의 수가 적힌 카드가 나올 확률

7 15의 약수가 적힌 카드가 나올 확률

▶ 서로 다른 두 개의 주사위를 동시에 던질 때, 다음을 구하시오.

8 나오는 두 눈의 수의 합이 8일 확률
➡ 일어나는 모든 경우의 수는 ☐
서로 다른 두 개의 주사위를 동시에 던질 때 나오는 눈의 수를 순서쌍으로 나타내면 두 눈의 수의 합이 8인 경우는
$(2, 6)$, $(3, 5)$, $(4, 4)$, $(5, \boxed{\ })$, $(6, \boxed{\ })$의 ☐가지
따라서 구하는 확률은 ☐이다.

9 나오는 두 눈의 수의 차가 1일 확률

10 나오는 두 눈의 수의 곱이 12일 확률

▶ 한 개의 주사위를 두 번 던져서 첫 번째에 나오는 눈의 수를 a, 두 번째에 나오는 눈의 수를 b라 할 때, 다음을 구하시오.

11 일어나는 모든 경우의 수

12 방정식 $ax=b$의 해 (단, a, b의 식으로)

13 방정식 $ax=b$의 해가 자연수인 경우의 수

14 방정식 $ax=b$의 해가 자연수일 확률

확률의 성질

(1) 어떤 사건이 일어날 확률을 p라 하면 $0 \leq p \leq 1$이다.

(2) 반드시 일어나는 사건의 확률은 ❷ [　] 이다.

(3) 절대로 일어나지 않는 사건의 확률은 ❸ [　] 이다.

상자에 들어 있는 20개의 제비 중에 당첨 제비가 다음과 같이 들어 있다. 이 상자에서 한 개의 제비를 임의로 뽑을 때, 당첨 제비가 나올 확률을 구하시오.

15 당첨 제비가 4개인 경우

16 당첨 제비가 하나도 없는 경우

17 당첨 제비가 20개인 경우

1부터 5까지의 자연수가 각각 하나씩 적힌 5장의 카드 중에서 한 장을 임의로 뽑을 때, 다음을 구하시오.

18 짝수가 적힌 카드가 나올 확률

19 음의 정수가 적힌 카드가 나올 확률

20 양의 정수가 적힌 카드가 나올 확률

21 0이 적힌 카드가 나올 확률

22 5 이하의 자연수가 적힌 카드가 나올 확률

어떤 사건이 일어나지 않을 확률

사건 A가 일어날 확률을 p라 하면

　　(사건 A가 일어나지 않을 확률) = ❹ [　]

다음을 구하시오.

23 소라가 어떤 시험에 합격할 확률이 $\dfrac{5}{7}$일 때, 그 시험에 불합격할 확률

24 어떤 사격 선수가 과녁을 명중시킬 확률이 0.95일 때, 이 선수가 과녁을 명중시키지 못할 확률

25 오늘 눈이 올 확률이 0.3일 때, 오늘 눈이 오지 않을 확률

26 5개의 불량품이 섞여 있는 30개의 제품 중에서 한 개를 임의로 뽑아 검사할 때, 불량품이 나오지 않을 확률

다음을 구하시오.

27 100원짜리 동전 한 개와 500원짜리 동전 한 개를 동시에 던질 때, 적어도 한 개는 뒷면이 나올 확률

28 서로 다른 두 개의 주사위를 동시에 던질 때, 적어도 한 개는 소수의 눈이 나올 확률

29 강아지 4마리와 고양이 3마리 중에서 2마리를 임의로 선택할 때, 적어도 한 마리는 고양이일 확률

소단원 핵심문제

1 개념 **1** 확률의 뜻

흰 바둑돌 4개, 검은 바둑돌 10개가 들어 있는 상자에서 한 개의 바둑돌을 임의로 꺼낼 때, 흰 바둑돌이 나올 확률은?

① $\frac{1}{7}$ ② $\frac{1}{6}$ ③ $\frac{2}{7}$

④ $\frac{1}{3}$ ⑤ $\frac{3}{7}$

2 개념 **1** 확률의 뜻

민영, 선주, 진호, 우주, 현지 5명의 학생이 현장 학습을 가기 위해 한 줄로 서서 버스에 탑승할 때, 선주가 맨 마지막에 탈 확률을 구하시오.

> 선주가 맨 마지막에 타는 경우의 수는 나머지 4명을 한 줄로 세우는 경우의 수와 같다.

3 개념 **2** 확률의 성질

한 개의 주사위를 던질 때, 다음 중에서 옳지 <u>않은</u> 것은?

① 1의 눈이 나올 확률은 0이다.

② 3의 눈이 나올 확률은 $\frac{1}{6}$이다.

③ 4 미만의 눈이 나올 확률은 $\frac{1}{2}$이다.

④ 짝수의 눈이 나올 확률은 $\frac{1}{2}$이다.

⑤ 6 이하의 눈이 나올 확률은 1이다.

> 어떤 사건이 반드시 일어날 확률은 1, 절대로 일어나지 않을 확률은 0이다.

4 개념 **3** 어떤 사건이 일어나지 않을 확률

선우를 포함한 5명의 후보 중에서 대표 2명을 임의로 뽑을 때, 선우가 뽑히지 않을 확률은?

① $\frac{1}{5}$ ② $\frac{1}{4}$ ③ $\frac{2}{5}$

④ $\frac{1}{2}$ ⑤ $\frac{3}{5}$

> (사건 A가 일어나지 않을 확률)
> $=1-$(사건 A가 일어날 확률)

기출 5 개념 **3** 어떤 사건이 일어나지 않을 확률

서로 다른 세 개의 동전을 동시에 던질 때, 적어도 한 개는 앞면이 나올 확률을 구하시오.

> (적어도 한 개는 ∼일 확률)
> $=1-$(모두 ∼가 아닐 확률)

6 개념 ❶ 확률의 뜻

등과 배가 나올 확률이 같은 윷짝 4개를 동시에 던질 때, 개가 나올 확률은?

① $\dfrac{3}{16}$ 　　　　　② $\dfrac{1}{4}$ 　　　　　③ $\dfrac{5}{16}$

④ $\dfrac{3}{8}$ 　　　　　⑤ $\dfrac{7}{16}$

● 개는 등이 2개, 배가 2개 나오는 경우이다.

7 개념 ❶ 확률의 뜻

한 개의 주사위를 두 번 던져서 첫 번째에 나오는 눈의 수를 x, 두 번째에 나오는 눈의 수를 y라 할 때, $3x-y=2$일 확률은?

① $\dfrac{1}{18}$ 　　　　　② $\dfrac{1}{9}$ 　　　　　③ $\dfrac{1}{6}$

④ $\dfrac{2}{9}$ 　　　　　⑤ $\dfrac{5}{18}$

먼저 주어진 방정식을 만족시키는 순서쌍 (x, y)를 구한다.

8 개념 ❷ 확률의 성질

오른쪽 그림과 같은 정사각형 ABCD의 네 꼭짓점 중에서 세 꼭짓점을 이어 만든 삼각형이 직각삼각형일 확률을 a, 정삼각형일 확률을 b라 할 때, $a+b$의 값을 구하시오.

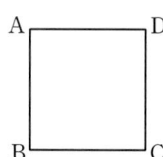

9 개념 ❸ 어떤 사건이 일어나지 않을 확률

수혁이와 진희가 가위바위보를 한 번 할 때, 승부가 결정될 확률을 구하시오.

● 먼저 승부가 결정되지 않는 경우의 수를 구한다.

10 개념 ❸ 어떤 사건이 일어나지 않을 확률

오른쪽 그림과 같이 각 면에 1부터 12까지의 자연수가 각각 하나씩 적힌 정십이면체 모양의 주사위가 있다. 이 주사위를 두 번 던져서 윗면에 보이는 수를 읽을 때, 두 수의 합이 21이 아닐 확률은?

① $\dfrac{5}{12}$ 　　　　　② $\dfrac{5}{9}$

③ $\dfrac{25}{36}$ 　　　　　④ $\dfrac{5}{6}$

⑤ $\dfrac{35}{36}$

02 확률의 계산

사건 A 또는 사건 B가 일어날 확률

동일한 실험이나 관찰에서 사건 A와 사건 B가 동시에 일어나지 않을 때, 사건 A가 일어날 확률을 p, 사건 B가 일어날 확률을 q라 하면
　(사건 A 또는 사건 B가 일어날 확률)$=p$ ❶ ☐ q

▶ 모양과 크기가 같은 빨간 공 4개, 흰 공 5개, 파란 공 3개가 들어 있는 주머니에서 한 개의 공을 임의로 꺼낼 때, 다음을 구하시오.

1 빨간 공 또는 흰 공이 나올 확률

2 흰 공 또는 파란 공이 나올 확률

3 빨간 공 또는 파란 공이 나올 확률

▶ 서로 다른 두 개의 주사위를 동시에 던질 때, 다음을 구하시오.

4 나오는 두 눈의 수의 합이 4 또는 9일 확률

5 나오는 두 눈의 수의 차가 2 또는 3일 확률

6 나오는 두 눈의 수의 합이 4의 배수일 확률

7 나오는 두 눈의 수의 차가 5의 약수일 확률

사건 A와 사건 B가 동시에 일어날 확률

사건 A와 사건 B가 서로 영향을 끼치지 않을 때, 사건 A가 일어날 확률을 p, 사건 B가 일어날 확률을 q라 하면
　(사건 A와 사건 B가 동시에 일어날 확률)$=p$ ❷ ☐ q

▶ 다음을 구하시오.

8 50원짜리 동전 한 개와 100원짜리 동전 한 개를 동시에 던질 때, 두 개의 동전 모두 앞면이 나올 확률

9 민정이와 상혁이가 가위바위보를 할 때, 두 사람 모두 가위를 낼 확률

10 어떤 문제를 은서와 세윤이가 맞힐 확률이 각각 $\dfrac{3}{5}$, $\dfrac{5}{6}$일 때, 두 사람 모두 문제를 맞힐 확률

11 강우와 소진이가 내일 패스트푸드점에 갈 확률이 각각 $\dfrac{1}{4}$, $\dfrac{1}{3}$일 때, 두 사람 모두 내일 패스트푸드점에 갈 확률

12 어떤 야구 대회에 참가한 A, B 두 팀이 8강에 올라갈 확률이 각각 $\dfrac{7}{10}$, $\dfrac{5}{7}$일 때, 두 팀 모두 8강에 올라갈 확률

13 자유투 성공률이 60 %인 농구 선수가 자유투를 두 번 시도할 때, 두 번 모두 성공할 확률 (단, 첫 번째의 결과는 두 번째의 결과에 영향을 끼치지 않는다.)

확률의 곱셈을 이용한 어떤 사건이 일어나지 않을 확률

두 사건 A, B가 서로 영향을 끼치지 않을 때, 두 사건 A, B가 일어날 확률을 각각 p, q라 하면

(1) 사건 A가 일어나고 사건 B가 일어나지 않을 확률:

$p \times ($ **❸** $)$

(2) 사건 A가 일어나지 않고 사건 B가 일어날 확률:

$(1-p) \times$ **❹**

(3) 두 사건 A, B가 모두 일어나지 않을 확률:

$(1-p)$ **❺** $(1-q)$

▸ 어떤 시험에서 A, B가 합격할 확률이 각각 $\dfrac{6}{7}$, $\dfrac{5}{9}$일 때, 다음을 구하시오.

14 A만 합격할 확률

15 두 사람 모두 불합격할 확률

16 적어도 한 사람은 합격할 확률

▸ A 주머니에는 흰 바둑돌 2개, 검은 바둑돌 5개가 들어 있고, B 주머니에는 흰 바둑돌 3개, 검은 바둑돌 6개가 들어 있다. 두 주머니 A, B에서 바둑돌을 각각 한 개씩 임의로 꺼낼 때, 다음을 구하시오. (단, 바둑돌은 모양과 크기가 모두 같다.)

17 A 주머니에서 검은 바둑돌이 나오고, B 주머니에서 흰 바둑돌이 나올 확률

18 두 개 모두 흰 바둑돌이 나올 확률

19 적어도 한 개는 검은 바둑돌이 나올 확률

연속하여 뽑는 경우의 확률

(1) 뽑은 것을 다시 넣고 뽑는 경우

➡ 처음과 나중의 조건이 **❻** .

(2) 뽑은 것을 다시 넣지 않고 뽑는 경우

➡ 처음과 나중의 조건이 **❼** .

▸ 모양과 크기가 같은 노란 구슬 5개, 빨간 구슬 3개가 들어 있는 주머니에서 한 개의 구슬을 임의로 꺼내 확인하고 다시 넣은 후 한 개의 구슬을 임의로 또 꺼낼 때, 다음을 구하시오.

20 두 구슬 모두 노란 구슬이 나올 확률

21 두 구슬 모두 빨간 구슬이 나올 확률

22 첫 번째는 노란 구슬, 두 번째는 빨간 구슬이 나올 확률

▸ 모양과 크기가 같은 노란 구슬 5개, 빨간 구슬 3개가 들어 있는 주머니에서 한 개의 구슬을 연속하여 두 번 임의로 꺼낼 때, 다음을 구하시오. (단, 꺼낸 구슬은 다시 넣지 않는다.)

23 두 구슬 모두 노란 구슬이 나올 확률

24 두 구슬 모두 빨간 구슬이 나올 확률

25 첫 번째는 노란 구슬, 두 번째는 빨간 구슬이 나올 확률

1 개념 ④ 사건 A 또는 사건 B가 일어날 확률 – 확률의 덧셈

1부터 20까지의 자연수가 각각 하나씩 적힌 20장의 카드가 있다. 이 중에서 한 장을 임의로 뽑을 때, 18의 약수 또는 8의 배수가 적힌 카드가 나올 확률은?

● 두 사건은 동시에 일어나지 않는다.

① $\dfrac{1}{10}$　　　　② $\dfrac{1}{5}$　　　　③ $\dfrac{3}{10}$

④ $\dfrac{2}{5}$　　　　⑤ $\dfrac{1}{2}$

2 개념 ⑤ 사건 A와 사건 B가 동시에 일어날 확률 – 확률의 곱셈

어느 야구팀의 두 선수 A, B의 타율이 각각 0.3, 0.25일 때, 두 선수가 모두 안타를 칠 확률은?

● 두 사건은 서로 영향을 끼치지 않는다.

① 0.06　　　　② 0.065　　　　③ 0.07

④ 0.075　　　　⑤ 0.08

3 개념 ⑥ 확률의 곱셈을 이용한 어떤 사건이 일어나지 않을 확률

준혁이가 탁구 경기에서 이길 확률이 $\dfrac{2}{5}$일 때, 두 번의 경기에서 한 번도 이기지 못할 확률을 구하시오. (단, 무승부인 경기는 없다.)

● (두 사건 A, B가 모두 일어나지 않을 확률)
= (사건 A가 일어나지 않을 확률)
× (사건 B가 일어나지 않을 확률)

4 개념 ⑦ 두 사건 A, B 중에서 적어도 하나가 일어날 확률

어느 오디션 프로그램에서 민준이가 본선에 진출할 확률이 $\dfrac{2}{3}$, 보미가 본선에 진출할 확률이 $\dfrac{1}{2}$일 때, 민준이와 보미 중에서 적어도 한 명이 본선에 진출할 확률은?

① $\dfrac{1}{6}$　　　　② $\dfrac{1}{3}$　　　　③ $\dfrac{1}{2}$

④ $\dfrac{2}{3}$　　　　⑤ $\dfrac{5}{6}$

5 개념 ⑧ 연속하여 뽑는 경우의 확률

15개의 제비 중에서 5개의 당첨 제비가 들어 있는 상자가 있다. 이 상자에서 한 개의 제비를 연속하여 두 번 임의로 뽑을 때, 2개 모두 당첨 제비일 확률을 구하시오. (단, 뽑은 제비는 다시 넣지 않는다.)

● 연속하여 뽑는 경우의 확률은 두 사건이 동시에 일어나므로 확률의 곱셈을 이용한다.

개념 ④ 사건 A 또는 사건 B가 일어날 확률–확률의 덧셈

6 한 개의 주사위를 두 번 던져서 첫 번째 나오는 눈의 수를 x, 두 번째 나오는 눈의 수를 y라 할 때, xy의 값이 8의 배수일 확률은?

① $\dfrac{1}{36}$ ② $\dfrac{1}{12}$ ③ $\dfrac{5}{36}$

④ $\dfrac{7}{36}$ ⑤ $\dfrac{1}{4}$

개념 ⑤ 사건 A와 사건 B가 동시에 일어날 확률–확률의 곱셈

7 소은이와 형우가 가위바위보를 두 번 할 때, 첫 번째는 비기고 두 번째는 형우가 이길 확률은?

① $\dfrac{1}{9}$ ② $\dfrac{2}{9}$ ③ $\dfrac{1}{3}$

④ $\dfrac{4}{9}$ ⑤ $\dfrac{5}{9}$

> 비기는 경우를 순서쌍으로 나타내면 (가위, 가위), (바위, 바위), (보, 보)의 3가지이다.

개념 ⑥ 확률의 곱셈을 이용한 어떤 사건이 일어나지 않을 확률

8 과녁의 10점을 맞힐 확률이 각각 $\dfrac{3}{10}$, $\dfrac{4}{7}$인 두 양궁 선수 A, B가 동시에 과녁을 향하여 한 발씩 쏠 때, 두 사람 모두 과녁의 10점을 맞히지 못할 확률을 구하시오.

> '～가 아닐', '～하지 못할'과 같은 표현이 있는 확률은 어떤 사건이 일어나지 않을 확률을 이용하는 것이 편리하다.

개념 ⑥ 확률의 곱셈을 이용한 어떤 사건이 일어나지 않을 확률

9 영재와 지연이는 내일 학교 정문에서 만나기로 하였다. 영재가 약속 장소에 나갈 확률이 $\dfrac{1}{4}$, 지연이가 약속 장소에 나갈 확률이 $\dfrac{4}{9}$일 때, 두 사람이 약속 장소에서 만나지 못할 확률을 구하시오.

개념 ⑧ 연속하여 뽑는 경우의 확률

10 1부터 24까지의 자연수가 각각 하나씩 적힌 24장의 카드가 있다. 이 중에서 한 장의 카드를 임의로 뽑아 확인한 후 다시 넣고 한 장의 카드를 임의로 또 뽑을 때, 두 장 모두 6의 배수가 적힌 카드가 나올 확률은?

① $\dfrac{1}{36}$ ② $\dfrac{1}{9}$ ③ $\dfrac{2}{9}$

④ $\dfrac{1}{3}$ ⑤ $\dfrac{4}{9}$

> 뽑은 것을 다시 넣고 뽑는 경우에 처음에 일어난 사건이 나중에 일어나는 사건에 영향을 주지 않는다.

메모

✦ 원리 학습을 기반으로 한
   중학 과학의 새로운 패러다임

✦ 학교 시험 족보 분석으로
   내신 시험도 완벽 대비

원 리 학 습 으 로 완 성 하 는 과 학

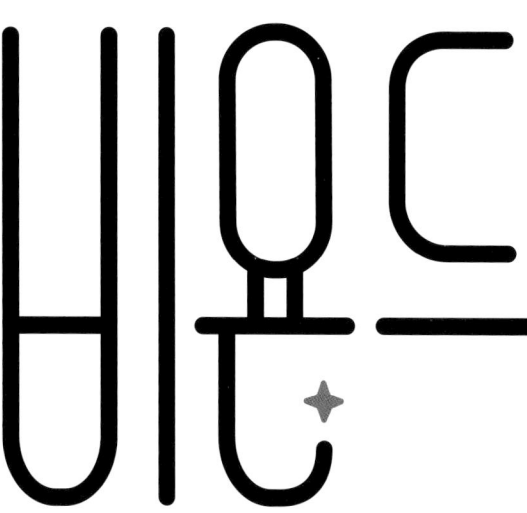

비욘드

개념 탐구 적용 실전   **체계적인 실험 분석 + 모든 유형 적용**

✦ **시리즈 구성** ✦

중학 과학 1-1	중학 과학 1-2
중학 과학 2-1	중학 과학 2-2
중학 과학 3-1	중학 과학 3-2

수학 마스터

중학 수학의 첫 개념 학습

개념 α
알파

중 | 학 | 도 | 역 | 시 **EBS**

중학 수학의 첫 개념 학습

개념 α_{알파}

정답과 풀이

중학 수학

2·2

개념북

개념 학습과 예제&유제 자세한 설명과 한눈에 보이는 개념 정리
소단원 핵심문제 소단원별 대표 문제 및 필수 유형 문제
중단원 마무리 테스트 교과서와 기출문제로 구성한 실전 문제

워크북

소단원 드릴문제 개념 사용을 익숙하게 하기 위한 반복 연습 문제
소단원 핵심문제 개념북의 소단원 핵심문제와 연동한 유사 및 보충

정답과 풀이

Contents

빠른 정답  개념북

1. 삼각형의 성질

01. 이등변삼각형의 성질 | 8~10쪽 |

1 (1) 40° (2) 44°

1-1 (1) ∠x=55°, ∠y=70°
　　　(2) ∠x=70°, ∠y=110°

2 (1) 102° (2) 45°

3 (1) 65° (2) 10 cm

3-1 (1) x=90, y=4 (2) x=28, y=12

4 70 cm^2

4-1 6 cm

5 (1) 9 (2) 5

5-1 (1) 10 (2) 6

6 28°

6-1 8 cm

소단원 핵심문제 | 11쪽 |

1 (1) 75° (2) 113°　　2 ②　　3 ㄴ, ㄹ, ㅁ, ㅂ
4 ③

02. 직각삼각형의 합동 | 12~13쪽 |

7 △ABC≡△OMN(RHS 합동),
　　△DEF≡△PQR(RHA 합동)

7-1 (1) 4 (2) 40

8 (1) 6 (2) 62

8-1 (1) 5 (2) 35

9 (1) 5 cm (2) 12 cm

소단원 핵심문제 | 14쪽 |

1 33　　2 ③　　3 ④　　4 9 cm　　5 ⑤

03. 삼각형의 외심 | 15~17쪽 |

10 (1) x=7, y=6 (2) x−6, y−30

10-1 (1) x=4, y=3 (2) x=8, y=28

11 55°

12 (1) 8 cm (2) 48°

12-1 (1) 5 (2) 84

13 7 cm

13-1 9 cm

14 (1) 29° (2) 56°

14-1 (1) 35° (2) 100°

15 28°

15-1 63°

소단원 핵심문제 | 18쪽 |

1 ④　　2 ③　　3 ①　　4 ②　　5 ⑤

04. 삼각형의 내심 | 19~21쪽 |

16 (1) 34° (2) 3 cm

16-1 (1) x=25, y=30 (2) x=4, y=4

17 (1) 30° (2) 40°

17-1 (1) 32° (2) 115°

18 40°

18-1 53°

19 2 cm

19-1 4 cm

20 14 cm

20-1 8 cm

소단원 핵심문제 | 22쪽 |

1 (1) 70° (2) 5 cm	2 ⑤	3 ①	4 60 cm²
5 ③			

중단원 마무리 테스트 | 23~25쪽 |

1 ③	2 ③	3 ①	4 ②	5 ①
6 ②	7 8 cm	8 ③	9 ②	10 10 cm
11 ②	12 ②	13 ③	14 160°	15 ⑤
16 ㄴ	17 ④	18 ①	19 ④	20 ④

21 (1) 50°, 65°, 65° (2) 80°, 50°, 50°

22 (1) 3 cm (2) $(60-9\pi)$ cm²

2. 사각형의 성질

01. 평행사변형 | 28~31쪽 |

1 (1) $x=3$, $y=5$ (2) $x=60$, $y=120$

1-1 (1) $x=4$, $y=4$ (2) $x=130$, $y=50$

2 5 cm

2-1 3 cm

3 77°

3-1 100°

4 (1) $x=6$, $y=4$ (2) $x=7$, $y=16$

4-1 (1) $x=3$, $y=5$ (2) $x=10$, $y=6$

5 ㄴ, ㄷ, ㄹ

6 (1) $x=110$, $y=5$ (2) $x=4$, $y=7$

6-1 (1) $x=9$, $y=6$ (2) $x=40$, $y=30$

7 (1) 10 cm² (2) 15 cm² (3) 14 cm²

7-1 (1) 72 cm² (2) 18 cm² (3) 18 cm²

8 24 cm²

소단원 핵심문제 | 32쪽 |

1 ④	2 ⑤	3 28 cm	4 ④	5 ④

02. 여러 가지 사각형 | 33~36쪽 |

9 (1) $x=8$, $y=62$ (2) $x=7$, $y=112$

9-1 (1) $x=12$, $y=55$ (2) $x=5$, $y=50$

10 ㄱ, ㄹ

11 (1) $x=4$, $y=52$ (2) $x=6$, $y=30$

11-1 (1) $x=7$, $y=65$ (2) $x=3$, $y=36$

12 ①, ④

13 (1) $x=5$, $y=90$ (2) $x=7$, $y=45$

13-1 (1) $x=3$, $y=90$ (2) $x=4$, $y=45$

14 ㄱ, ㄹ

15 (1) 14 (2) 30

15-1 (1) 2 (2) 68

16 33°

16-1 50°

소단원 핵심문제 | 37쪽 |

1 ②	2 ③	3 25°	4 ①, ④	5 ④

03. 여러 가지 사각형 사이의 관계 |38~39쪽|

17 (1) 마름모 (2) 직사각형 (3) 정사각형

17-1 ㄱ, ㄹ, ㅁ

18

사각형 대각선의 성질	등변 사다리꼴	평행 사변형	직사각형	마름모	정사각형
두 대각선이 서로 다른 것을 이등분한다.	×	○	○	○	○
두 대각선의 길이가 같다.	○	×	○	×	○
두 대각선이 서로 다른 것을 수직이등분한다.	×	×	×	○	○

19 (1) △CGF (2) △DHG (3) 평행사변형

20 45 cm²

20-1 34 cm²

소단원 핵심문제 |40쪽|

1 (1) ㄷ, ㄹ, ㅁ, ㅂ (2) ㄱ, ㄴ (3) ㄱ, ㄴ (4) ㄷ, ㄹ, ㅁ, ㅂ
2 (1) ㄷ, ㄹ, ㅁ, ㅂ (2) ㄴ, ㄹ, ㅂ (3) ㅁ, ㅂ
3 ①, ③   4 14 cm²   5 ④

중단원 마무리 테스트 |41~43쪽|

1 ③   2 ④   3 ③   4 ②   5 19 cm
6 ④, ⑤   7 ③   8 ④
9 (1) 마름모 (2) 수직이등분   10 ②, ④   11 ④
12 (가) 마름모 (나) $\overline{AF}$ (다) ∠FAE (라) $\overline{BE}$ (마) 평행사변형
13 ④
14 (1) (나), (다), (라), (마) (2) (가), (다), (마) (3) (라), (마)
15 200 cm²   16 ①   17 ②
18 (1) 24° (2) 114° (3) 33°
19 (1) △DEA (2) △ABE (3) 42 cm²

3. 도형의 닮음

01. 닮은 도형 |46~48쪽|

1 (1) 점 E (2) $\overline{FG}$ (3) ∠H

1-1 (1) 점 D (2) $\overline{DE}$ (3) ∠F

2 ③

2-1 ㄷ, ㄹ

3 (1) 1 : 2 (2) 8 cm (3) 60°

3-1 (1) 4 : 3 (2) $\frac{9}{2}$ cm (3) 100°

4 2 : 3

4-1 15 cm

5 (1) 2 : 3 (2) $x=8$, $y=\frac{15}{2}$

5-1 (1) 3 : 2 (2) 4 cm

6 (1) 4 : 3 (2) 9

6-1 (1) 3 : 1 (2) 15

소단원 핵심문제 |49쪽|

1 점 F, $\overline{AC}$, ∠B   2 ㄴ   3 ①, ⑤
4 3 : 2, 40°   5 ①

02. 삼각형의 닮음 조건 |50~52쪽|

7 ㄱ과 ㅁ, ㄴ과 ㄷ, ㄹ과 ㅂ

7-1 △ABC∽△KLJ(SAS 닮음),
△DEF∽△HIG(AA 닮음)

8 (1) △ABC∽△AED(AA 닮음) (2) 3 : 1

8-1 (1) △ABC∽△AED(SAS 닮음) (2) 18 cm

8-2 (1) $\frac{32}{3}$ (2) 18

9 ∠BDA, ∠B, AA, $\overline{\text{BA}}$

9-1 ∠ADC, ∠DAB, AA, $\overline{\text{DA}}$

10 (1) 8　(2) 9

소단원 핵심문제 | 53쪽 |

1 ②　　2 $\frac{21}{2}$ cm　3 ③　　4 ⑤　　5 16 cm

03. 닮음의 활용 | 54~55쪽 |

11 (1) 3 : 4　(2) 9 : 16

11-1 (1) 2 : 3　(2) 2 : 3

12 (1) 4 : 25　(2) 8 : 125

12-1 (1) 4, 3　(2) 3, 3, 54, 54

13 (1) 5　(2) 40

13-1 50 cm

14 5 m

15 (1) △ABF∽△DFE(AA 닮음)　(2) 6 cm

소단원 핵심문제 | 56쪽 |

1 ①　　2 5 : 6　3 32 cm³　4 1.2 km　5 $\frac{35}{4}$ cm

중단원 마무리 테스트 | 57~59쪽 |

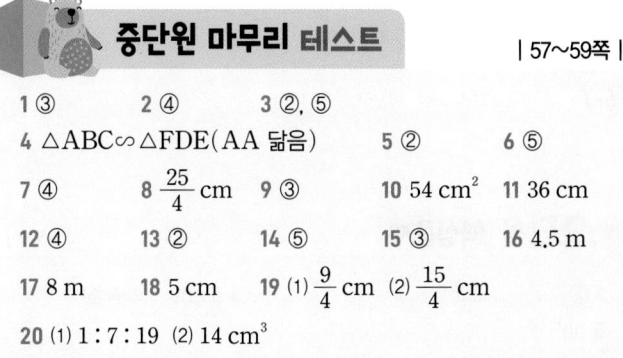

1 ③　　2 ④　　3 ②, ⑤

4 △ABC∽△FDE(AA 닮음)　5 ②　　6 ⑤

7 ④　　8 $\frac{25}{4}$ cm　9 ③　　10 54 cm²　11 36 cm

12 ④　　13 ②　　14 ⑤　　15 ③　　16 4.5 m

17 8 m　18 5 cm　19 (1) $\frac{9}{4}$ cm　(2) $\frac{15}{4}$ cm

20 (1) 1 : 7 : 19　(2) 14 cm³

4. 평행선 사이의 선분의 길이의 비

01. 삼각형과 평행선 | 62~64쪽 |

1 (1) 6　(2) 12　(3) 10　(4) 24

1-1 (1) $x=9$, $y=6$　(2) $x=6$, $y=7$
　　　(3) $x=9$, $y=20$　(4) $x=8$, $y=15$

2 ㄱ

2-1 ①, ⑤　　**2-2** (1) ×　(2) ○　(3) ×

3 3 cm

3-1 (1) 6　(2) 5

4 8 cm

4-1 (1) 5　(2) 9

소단원 핵심문제 | 65쪽 |

1 (가) ∠FEC　(나) ∠ECF　(다) AA　(라) $\overline{\text{DB}}$　2 ④
3 ⑤　　4 ⑤

02. 평행선 사이의 선분의 길이의 비 | 66~68쪽 |

5 (1) 2　(2) 15　(3) 6　(4) 16

5-1 (1) 3　(2) 8　(3) 15　(4) 9

6 (1) $x=2$, $y=8$　(2) $x=15$, $y=4$

6-1 (1) 13 cm　(2) 13 cm　(3) 서로 같다.　**6-2** 12 cm

7 (1) 4　(2) 6

7-1 (1) △CDE　(2) △EFC　(3) 6 cm　(4) 12 cm

7-2 ㄱ, ㄷ

소단원 핵심문제 | 69쪽 |

1 ⑤　　2 ④　　3 18 cm　4 ④　　5 $\frac{9}{2}$ cm

03. 삼각형의 두 변의 중점을 연결한 선분의 성질 | 70~72쪽 |

8 55

8-1 (1) 3 (2) 18

9 $x=5$, $y=8$

9-1 20

10 15 cm

10-1 (1) 8 cm (2) 9 cm (3) 10 cm (4) 27 cm

11 39 cm

11-1 (1) 10 cm (2) 12 cm (3) 44 cm

12 25 cm

12-1 $x=10$, $y=14$

13 2 cm

13-1 (1) 7 cm (2) 3 cm (3) 4 cm

소단원 핵심문제 | 73쪽 |

1 ⑤   2 ④   3 16 cm   4 ②   5 27 cm

04. 삼각형의 무게중심 | 74~75쪽 |

14 12 cm²

15 (1) $x=7$, $y=8$ (2) $x=27$, $y=8$

15-1 (1) $\overline{DC}$ (2) 10 cm (3) 3 : 2 (4) 14 cm (5) 2 : 1 (6) 6 cm

16 (1) 8 cm² (2) 16 cm²

16-1 (1) 2 : 1 (2) 12 cm² (3) 2 : 1 (4) 12 cm² (5) 2 : 1 (6) 12 cm²

16-2 10 cm²

소단원 핵심문제 | 76쪽 |

1 5 cm²   2 ②   3 ①   4 36 cm²   5 ③

중단원 마무리 테스트 | 77~79쪽 |

1 ③   2 ④   3 ④   4 ②   5 2 cm
6 $x=12$, $y=18$ 7 ②   8 ⑤   9 15 cm
10 ⑤   11 ③   12 ①   13 ④   14 ③
15 ⑤   16 ③   17 ④   18 3 cm²
19 (1) △CEF (2) $\frac{1}{2}x$ cm (3) 14 cm
20 (1) 2 : 1 (2) 2 : 1 (3) 5 cm

5. 피타고라스 정리

01. 피타고라스 정리(1) | 82~84쪽 |

1 6

1-1 (가) 6 (나) 5 (다) 17

2 25

2-1 (1) 12 cm (2) 5 cm (3) 14 cm (4) 84 cm²

3 20 cm²

3-1 (1) 64 cm² (2) 36 cm² (3) 100 cm²

4 52 cm²

5 ㄴ, ㄹ

5-1 (1) ≠ (2) =

6 (1) 예각삼각형 (2) 둔각삼각형

6-1 (1) ㄷ (2) ㄴ, ㄹ (3) ㄱ

소단원 핵심문제 | 85쪽 |

1 ②   2 $x=5$, $y=15$ 3 6 cm²   4 ③
5 90°

02. 피타고라스 정리(2) | 86~87쪽 |

7 12

7-1 52

8 25

8-1 21

9 $\dfrac{25}{2}\pi \text{ cm}^2$

9-1 $26\pi \text{ cm}^2$

10 54 cm^2

10-1 18 cm^2

소단원 핵심문제 | 88쪽 |

1 51	2 ④	3 ⑤	4 ④	5 120 cm^2

중단원 마무리 테스트 | 89~91쪽 |

1 ③	2 ⑤	3 ③	4 ②	5 ②
6 ④	7 24 cm	8 60 cm^2	9 ⑤	10 ②
11 49 cm^2	12 2	13 ⑤	14 8	15 ③
16 ④	17 ④	18 (1) 정사각형 (2) 3 cm (3) 12 cm		
19 (1) 30 cm^2 (2) 5 cm (3) 13 cm				

6. 경우의 수

01. 경우의 수 | 94~96쪽 |

1 3

1-1 (1) 6 (2) 3

2 2

2-1 (1) 5 (2) 6

3 6

3-1 8

4 7

4-1 (1) 5 (2) 3 (3) 8

5 6

5-1 (1) 4 (2) 2 (3) 8

6 (1) 2 (2) 2 (3) 4

소단원 핵심문제 | 97쪽 |

1 ①	2 ③	3 5	4 ③	5 27

02. 여러 가지 경우의 수 | 98~101쪽 |

7 6

7-1 24 **7-2** 360

8 12

8-1 120

9 48

9-1 36 **9-2** ④

10 60

10-1 (1) 12 (2) 24

11 48

11-1 (1) 9 (2) 18

12 120

12-1 (1) 12 (2) 24

13 20

13-1 (1) 10 (2) 10

소단원 핵심문제 | 102쪽 |

1 ③   2 ②   3 ⑤   4 ④   5 56

중단원 마무리 테스트 | 103~105쪽 |

1 ④   2 ④   3 ②   4 4   5 ⑤
6 ④   7 ③   8 6   9 ⑤   10 ③
11 ⑤   12 12   13 ⑤   14 ③   15 ②
16 ①   17 135   18 ④   19 ①
20 (1) 6 (2) 2 (3) 8   21 (1) 3 (2) 5 (3) 15

7. 확률

01. 확률의 뜻과 성질 | 108~110쪽 |

1 $\dfrac{1}{3}$

1-1 (1) $\dfrac{3}{7}$ (2) $\dfrac{4}{7}$

2 (1) 36 (2) 6 (3) $\dfrac{1}{6}$

2-1 (1) 4 (2) 2 (3) $\dfrac{1}{2}$

3 (1) $\dfrac{5}{8}$ (2) 1 (3) 0

3-1 (1) $\dfrac{3}{5}$ (2) 0 (3) 1   3-2 (1) 1 (2) $\dfrac{3}{7}$ (3) 0

4 $\dfrac{13}{16}$

4-1 (1) $\dfrac{2}{5}$ (2) $\dfrac{3}{5}$

5 (1) 36 (2) 10 (3) $\dfrac{5}{18}$ (4) $\dfrac{13}{18}$

5-1 (1) 10 (2) 1 (3) $\dfrac{1}{10}$ (4) $\dfrac{9}{10}$

소단원 핵심문제 | 111쪽 |

1 $\dfrac{1}{5}$ 2 ④   3 ②   4 ⑤   5 $\dfrac{15}{16}$

02. 확률의 계산 | 112~115쪽 |

6 $\dfrac{3}{5}$

6-1 $\dfrac{9}{20}$

7 $\dfrac{7}{36}$

7-1 (1) 6, 12 (2) $\dfrac{1}{6}$

8 0.027

8-1 ①

9 $\dfrac{1}{7}$

9-1 (1) $\dfrac{2}{3}$ (2) $\dfrac{2}{3}$ (3) $\dfrac{4}{9}$

10 (1) 0.12 (2) 0.42

10-1 ④

11 $\dfrac{19}{25}$

11-1 ⑤

12 $\dfrac{1}{64}$

12-1 $\dfrac{4}{25}$

13 $\dfrac{2}{9}$

13-1 $\dfrac{1}{11}$

소단원 핵심문제 | 116쪽 |

1 ③   2 $\dfrac{49}{100}$ 3 ③   4 ④   5 $\dfrac{1}{50}$

중단원 마무리 테스트 | 117~119쪽 |

1 ②   2 ②   3 ④   4 ②   5 ②
6 $\dfrac{4}{9}$ 7 $\dfrac{1}{2}$ 8 ②   9 ⑤   10 ③
11 $\dfrac{13}{14}$ 12 ③   13 ④   14 ①   15 $\dfrac{7}{18}$
16 $\dfrac{16}{25}$ 17 $\dfrac{1}{2}$ 18 $\dfrac{1}{32}$ 19 ②   20 $\dfrac{4}{13}$
21 (1) 36 (2) 9 (3) $\dfrac{1}{4}$ 22 (1) $\dfrac{15}{49}$ (2) $\dfrac{8}{49}$ (3) $\dfrac{23}{49}$

빠른 정답

1. 삼각형의 성질

01. 이등변삼각형의 성질 | 2~3쪽 |

이등변삼각형의 성질(1)

❶ 밑각
1 64°   2 116°   3 65°   4 107°   5 80°

이등변삼각형의 성질(2)

❷ 수직이등분   **❸** $\overline{BD}=\overline{CD}$
6 $x=4, y=90$ 7 $x=6, y=66$ 8 $x=10, y=22$
9 $x=5, y=50$

이등변삼각형이 되는 조건

❹ 내각   **❺** $\overline{AB}=\overline{AC}$
10 3   11 9   12 7   13 11   14 9
15 6   16 10   17 12   18 5   19 4
20 8

소단원 핵심문제 | 4~5쪽 |

1 (1) 69° (2) 30°   2 37°   3 ⑤   4 ①
5 ③   6 10 cm   7 (1) 이등변삼각형 (2) 6 cm
8 ㄷ, ㅁ

02. 직각삼각형의 합동 | 6~7쪽 |

직각삼각형의 합동 조건

❶ 예각   **❷** 변
1 △ABC≡△DFE(RHA 합동) (ℓ 90, $\overline{DF}$, ∠F, △DFE, RHA)
2 △ABC≡△DEF(RHA 합동)
3 △ABC≡△DFE(RHS 합동)
4 △ABC≡△EFD(RHS 합동)
5 ○   6 ○   7 ○   8 ×
9 5 (ℓ 90, $\overline{CD}$, △CBD, RHS, $\overline{CB}$, 5, 5)   10 3   11 33

각의 이등분선의 성질

❸ 변   **❹** $\overline{PR}$ **❺** 이등분선   **❻** ∠BOP
12 8 (ℓ $\overline{PB}$, 8)   13 5   14 9   15 4
16 30°   17 20°   18 50°
19 38° (ℓ ∠DAB, 26, 26, 26, 52, 52, 38)   20 42°
21 29°

소단원 핵심문제 | 8~9쪽 |

1 ②   2 ㄷ   3 ③   4 8 cm   5 18 cm²
6 ④   7 (1) △CAE (2) 6 cm   8 37°   9 ㄱ, ㄷ, ㄹ

03. 삼각형의 외심 | 10~12쪽 |

삼각형의 외심의 뜻과 성질

❶ 외접원   **❷** 수직이등분선   **❸** 꼭짓점
1 ○   2 ×   3 ×   4 ○   5 ○
6 ○   7 ×   8 ○   9 ×
10 5 (ℓ 수직이등분선, 5, 5)   11 14   12 4
13 9 (ℓ 꼭짓점, 9, 9)   14 8   15 6
16 37° (ℓ $\overline{OC}$, 37)   17 30°   18 22°   19 150°
20 130°   21 45°

삼각형의 외심의 위치

❹ 중점   **❺** 반지름   **❻** 외부
22 4 (ℓ 외심, $\overline{MA}$, 4)   23 6   24 55   25 40

삼각형의 외심의 응용(1)

❼ 90
26 20° (ℓ 90, 20)   27 18°   28 35°   29 15°

삼각형의 외심의 응용(2)

❽ 2
30 140° (ℓ 70, 140)   31 110°   32 50°   33 53°

소단원 핵심문제

| 13~14쪽 |

1 ③　　　2 25 cm　　　3 ③　　　4 ④　　　5 ⑤
6 ④　　　7 ⑤　　　8 ③　　　9 ②

04. 삼각형의 내심

| 15~17쪽 |

삼각형의 내심의 뜻과 성질

❶ 내접원　❷ 이등분선　❸ 변
1 55°　　　2 ×　　　3 ○　　　4 ○　　　5 ×
6 ○　　　7 26° (✎이등분선, 26)　　8 40°　　9 35°
10 6 (✎변, 6, 6)　　11 3

삼각형의 내심의 응용 (1)

❹ 90
12 36° (✎90, 36)　　13 23°　　14 33°　　15 40°

삼각형의 내심의 응용 (2)

❺ 90
16 125° (✎90, 90, 125)　　17 119°　　18 64°　　19 44°

삼각형의 내접원의 응용 (1)

❻ r
20 84 cm²　　21 54 cm²　　22 2 cm (✎10, 2, 2)　　23 3 cm

삼각형의 내접원의 응용 (2)

❼ $\overline{BE}$　❽ $\overline{CF}$
24 7　　25 7 (✎3, 4, 3, 4, 7, 7)　　26 9　　27 5

소단원 핵심문제

| 18~19쪽 |

1 (1) 40° (2) 7 cm　　　2 ⑤　　　3 ④　　　4 ④
5 7 cm　　　6 ㄴ, ㄹ, ㅁ　　7 ④　　　8 ①　　　9 ②

2. 사각형의 성질

01. 평행사변형

| 20~23쪽 |

평행사변형의 뜻

❶ □ABCD　❷ 대변
1 ∠x=42°, ∠y=43°　2 ∠x=32°, ∠y=45°　3 60°
4 98°　　5 85°

평행사변형의 성질

❸ 대변　❹ 대각　❺ 이등분
6 ○　　7 ○　　8 ×　　9 ○　　10 ×
11 ○　　12 ○　　13 ×　　14 ○　　15 x=7, y=6
16 x=13, y=4　　　17 x=5, y=3
18 ∠x=113°, ∠y=67°　　　19 ∠x=105°, ∠y=75°
20 ∠x=115°, ∠y=65°　　　21 ∠x=65°, ∠y=55°
22 ∠x=80°, ∠y=55°　　　23 x=5, y=7
24 x=2, y=2　　　25 x=18, y=10　　　26 x=2, y=5

평행사변형이 되는 조건

❻ 대변　❼ 대각　❽ 평행　❾ 이등분
27 ㄷ　　28 ㄴ　　29 ㅁ　　30 ㄹ
31 x=65, y=30　　　32 x=10, y=7
33 x=126, y=54　　　34 x=27, y=11
35 x=3, y=2

평행사변형과 넓이 (1)

❿ $\frac{1}{2}$　⓫ $\frac{1}{4}$
36 16 cm²　37 16 cm²　38 8 cm²　39 16 cm²　40 36 cm²
41 10 cm²　42 18 cm²

평행사변형과 넓이 (2)

⓬ △PDA　⓭ $\frac{1}{2}$
43 24 cm²　44 12 cm²　45 8 cm²　46 16 cm²　47 60 cm²
48 60 cm²　49 14 cm²　50 22 cm²

소단원 핵심문제

| 24~25쪽 |

1 ⑤   2 ①   3 22 cm   4 ②, ④   5 ⑤
6 ①   7 ㄱ, ㄷ   8 (1) 108° (2) 108°   9 ①, ②
10 ⑤

02. 여러 가지 사각형

| 26~29쪽 |

직사각형의 뜻과 성질

❶ 내각   ❷ 이등분
1 13   2 9   3 62°   4 38°   5 74°

평행사변형이 직사각형이 되는 조건

❸ 직각   ❹ 대각선
6 ×   7 ○   8 ○   9 ×   10 ○
11 90   12 15   13 11

마름모의 뜻과 성질

❺ 변   ❻ 수직이등분
14 6   15 4   16 90°   17 35°   18 25°

평행사변형이 마름모가 되는 조건

❼ 같다   ❽ 직교
19 ○   20 ×   21 ○   22 ○   23 ×
24 ○   25 5   26 90   27 47

정사각형의 뜻과 성질

❾ 내각   ❿ 마름모   ⓫ 수직이등분
28 5   29 8   30 90°   31 45°   32 65°

직사각형이 정사각형이 되는 조건

⓬ 같다   ⓭ 직교
33 ○   34 ×   35 ○   36 ○   37 ×
38 ○   39 7   40 90   41 45

마름모가 정사각형이 되는 조건

⓮ 직각   ⓯ 같다
42 ○   43 ×   44 ×   45 ○   46 ○
47 90   48 9   49 6

등변사다리꼴의 뜻과 성질

⓰ //   ⓱ 같다   ⓲ 같다
50 5   51 11   52 6   53 $\angle x=65°$, $\angle y=115°$
54 $\angle x=25°$, $\angle y=70°$

소단원 핵심문제

| 30~31쪽 |

1 ③   2 ②   3 20°   4 ②, ④   5 ⑤
6 ③   7 (1) 90° (2) 직사각형 (3) 4 cm   8 65°
9 ③   10 ④

03. 여러 가지 사각형 사이의 관계

| 32~33쪽 |

여러 가지 사각형 사이의 관계

❶ 정사각형
1 ㄱ, ㄷ   2 ㄴ, ㄹ   3 ㄴ, ㄹ   4 ㄱ, ㄷ   5 평행사변형
6 직사각형   7 마름모   8 정사각형

여러 가지 사각형의 대각선의 성질

❷ 이등분   ❸ 수직이등분
9 ㄷ, ㄹ, ㅁ, ㅂ   10 ㄷ, ㄹ, ㅁ, ㅂ   11 ㄹ, ㅂ   12 ㅁ, ㅂ
13 ㄷ, ㄹ, ㅁ, ㅂ   14 ㄴ, ㄹ, ㅂ   15 ㅁ, ㅂ

사각형의 각 변의 중점을 연결하여 만든 사각형

❹ 평행사변형　❺ 정사각형　❻ 마름모
16 ×, 평행사변형　　17 ○　　18 ×, 마름모
19 ×, 평행사변형　　20 ○　　21 ○

평행선과 넓이

❼ △DBC　❽ m　❾ n
22 28 cm²　23 104 cm²　24 13 cm²　25 39 cm²　26 8 cm²
27 21 cm²

소단원 핵심문제 | 34~35쪽 |

1 ④　　2 (1) ㄱ (2) ㄱ, ㄴ (3) ㄱ, ㄷ (4) ㄱ, ㄴ, ㄷ (5) ㄴ
3 ②, ④　4 23 cm²　5 ②　　6 ⑤　　7 9
8 ②　　9 ②
10 (1) △DBC (2) △ACD (3) △DOC

3. 도형의 닮음

01. 닮은 도형 | 36~37쪽 |

닮은 도형

❶ 닮음　❷ 닮은　❸ ∽
1 점 E　2 $\overline{AB}$　3 ∠D　4 점 A　5 $\overline{EF}$
6 ∠D　7 점 E　8 $\overline{DF}$　9 ∠C

항상 닮은 도형

❹ 중심각
10 ○　11 ×　12 ○　13 ×　14 ○
15 ○　16 ○　17 ×　18 ×

평면도형에서의 닮음의 성질

❺ 닮음비
19 3 : 2　20 18 cm　21 8 cm　22 45°　23 65°
24 4 : 5　25 16 cm　26 15 cm　27 100°　28 80°

입체도형에서의 닮음의 성질

❻ 닮음비
29 면 GJKH　　30 1 : 2　31 6 cm　32 10 cm
33 면 KOPL　　34 2 : 3　35 16 cm　36 9 cm

소단원 핵심문제 | 38~39쪽 |

1 점 F, $\overline{CD}$, ∠A　　2 ③, ④
3 예 면의 개수가 같은 두 정다면체　4 ㄷ, ㄹ　5 12 cm
6 △ABC∽△IJH, □DEFG∽□PQRO　　7 45 cm
8 40 cm　9 ③　　10 ㄹ

02. 삼각형의 닮음 조건 | 40~41쪽 |

삼각형의 닮음 조건

❶ 대응변　❷ 끼인각　❸ 대응각
1 2, 6, 2, 6, 2, SSS　　2 4, 8, 4, ∠E, 70, SAS
3 85, ∠D, ∠E, AA　　4 △ABC∽△EFD(SAS 닮음)
5 △ABC∽△EFD(SSS 닮음)
6 △ABC∽△FED(AA 닮음)
7 △ABC∽△FDE(SAS 닮음)

삼각형의 닮음 조건의 응용

❹ AA　❺ SAS
8 △ABC∽△DAC(SSS 닮음)
9 △ABC∽△ADE(SAS 닮음)
10 △ABC∽△EDC(AA 닮음)
11 △ABC∽△ADE(AA 닮음)

직각삼각형의 닮음의 응용

❻ $\overline{BC}$ ❼ $\overline{CB}$ ❽ $\overline{DC}$

12 12   13 12   14 $\frac{5}{3}$ 15 $\frac{25}{2}$

소단원 핵심문제 | 42~43쪽 |

1 ㄴ	2 9 cm	3 8 cm	4 ⑤	5 ③
6 ⑤	7 ④	8 ④	9 24	

03. 닮음의 활용 | 44~45쪽 |

닮은 두 평면도형의 둘레의 길이의 비와 넓이의 비

❶ m^2 ❷ n^2

1 n, m^2, n^2	2 2 : 5	3 2 : 5	4 4 : 25
5 2 : 3	6 2 : 3	7 4 : 9	

닮은 두 입체도형의 겉넓이의 비와 부피의 비

❸ m^3 ❹ n^3

8 4 : 3	9 4 : 3	10 4 : 3	11 16 : 9	12 64 : 27
13 1 : 2	14 1 : 4	15 1 : 4	16 1 : 8	

축도와 축척

❺ 축도 ❻ 축척

17 $\frac{1}{50000}$ (✏ 1, 100000, 50000)   18 $\frac{1}{10000}$ 19 20 cm

20 100 m   21 2 cm   22 3 km

실생활에서 길이의 측정

❼ 닮음비

23 5.2 m   24 3 m   25 40 m

소단원 핵심문제 | 46~47쪽 |

1 64 cm²	2 ③	3 1 : 9, 1 : 27	4 750 m
5 ④	6 ③	7 ①	8 ③	9 6 cm

4. 평행선 사이의 선분의 길이의 비

01. 삼각형과 평행선 | 48~49쪽 |

삼각형에서 평행선과 선분의 길이의 비 (1)−1

❶ b' ❷ c

1 3 (✏ $\overline{AC}$, 6, 3)   2 $\frac{15}{2}$ 3 16   4 4

삼각형에서 평행선과 선분의 길이의 비 (1)−2

❸ b'

5 5 (✏ $\overline{DB}$, 25, 5)   6 12   7 8   8 24

삼각형의 내각의 이등분선

❹ c ❺ d

9 8 (✏ $\overline{CD}$, 6, 8)   10 21   11 3   12 $\frac{9}{2}$

삼각형의 외각의 이등분선

❻ c ❼ d

13 12 (✏ $\overline{BD}$, 16, 12)   14 2   15 12   16 $\frac{20}{3}$

소단원 핵심문제 | 50~51쪽 |

1 (가) △DBF (나) AA (다) $\overline{DF}$		2 ②	3 ⑤
4 28 cm²	5 ④	6 ②	7 ①
8 $\overline{AB}$ ∥ $\overline{GH}$, $\overline{EF}$ ∥ $\overline{CD}$	9 2 : 3		

02. 평행선 사이의 선분의 길이의 비 | 52~53쪽 |

평행선 사이의 선분의 길이의 비

❶ c ❷ d ❸ a ❹ b

1 3 (ℓ 6, 2, 12, 3)   2 $\dfrac{9}{2}$ 3 6   4 9

사다리꼴에서 평행선과 선분의 길이의 비 – 평행선 이용

❺ $\overline{GF}$

5 11 cm (ℓ 10, 10, 3, 3, 1, 11)   6 12 cm

7 16 cm   8 $\dfrac{48}{5}$ cm

사다리꼴에서 평행선과 선분의 길이의 비 – 대각선 이용

❻ $\overline{GF}$

9 19 cm (ℓ 21, 14, 15, 5, 19)   10 10 cm

11 6 cm   12 12 cm

평행선 사이의 선분의 길이의 비의 응용

❼ △CDE ❽ △EFC ❾ △BFE

13 2 cm (ℓ 6, 2, 3, 2)   14 $\dfrac{24}{5}$ cm 15 12 cm 16 9 cm

소단원 핵심문제 | 54~55쪽 |

1 ④   2 ②   3 ③   4 16   5 3 cm

6 (가) $\overline{AG}$ (나) $\overline{EF}$ 7 ④   8 $x=15$, $y=4$

9 ①

03. 삼각형의 두 변의 중점을 연결한 선분의 성질 | 56~57쪽 |

삼각형의 두 변의 중점을 연결한 선분의 성질(1)

❶ $\overline{BC}$ ❷ $\dfrac{1}{2}$

1 9 (ℓ $\dfrac{1}{2}$, 9)   2 14   3 14   4 24

삼각형의 두 변의 중점을 연결한 선분의 성질(2)

❸ $\overline{BC}$ ❹ $\overline{NC}$

5 $x=5$, $y=12$ (ℓ $\overline{NC}$, 5, 2, 12)   6 $x=15$, $y=13$

7 $x=10$, $y=16$ 8 $x=10$, $y=3$

삼각형의 각 변의 중점을 연결한 삼각형

❺ $\dfrac{1}{2}$ ❻ $\dfrac{1}{2}$

9 20 cm (ℓ 8, $\dfrac{11}{2}$, $\dfrac{13}{2}$, 20)   10 14 cm   11 15 cm

사다리꼴에서 두 변의 중점을 연결한 선분의 성질

❼ + ❽ −

12 8 (ℓ $\overline{MN}$, 5, 3, 8)   13 8   14 10

소단원 핵심문제 | 58~59쪽 |

1 ①   2 72   3 6 cm   4 36 cm   5 ②

6 ③   7 (가) $\overline{AM}$ (나) 1   8 ②   9 36 cm

10 ④

04. 삼각형의 무게중심 | 60~61쪽 |

삼각형의 중선의 성질

❶ $\overline{DC}$ ❷ $\dfrac{1}{2}$

1 18 cm² (ℓ $\overline{DC}$, $\dfrac{1}{2}$, 18)   2 14 cm²

3 34 cm²   4 30 cm²

삼각형의 무게중심의 성질

❸ 2 ❹ $\frac{2}{3}$ ❺ $\frac{1}{3}$

5 6 ($\mathscr{O}$ 2, 2, 2, 6) 6 22 7 10 8 4

9 $x=10$, $y=6$ ($\mathscr{O}$ 2, 2, 10, 2, $\frac{1}{2}$, 6)

10 $x=11$, $y=15$ 11 $x=13$, $y=18$

12 $x=12$, $y=7$ 13 $x=21$, $y=16$

삼각형의 무게중심과 넓이

❻ $\frac{1}{6}$ ❼ $\frac{1}{3}$

14 8 cm² ($\mathscr{O}$ $\frac{1}{6}$, 8) 15 16 cm² 16 16 cm² 17 16 cm²

소단원 핵심문제

| 62~63쪽 |

1 7 cm²	2 ①	3 ③	4 ②	5 30 cm²
6 5 cm	7 ④	8 ⑤	9 ②	10 ②

5. 피타고라스 정리

01. 피타고라스 정리(1)

| 64~65쪽 |

피타고라스 정리

❶ c^2

1 5 2 25 3 15 4 5 5 9

6 $x=12$, $y=16$ ($\mathscr{O}$ 15, 9, 144, 12, 20, 12, 256, 16)

7 $x=8$, $y=10$ 8 $x=12$, $y=9$

9 $x=8$, $y=17$ ($\mathscr{O}$ 10, 6, 64, 8, 8, 289, 17)

10 $x=5$, $y=20$

피타고라스 정리의 설명 – 유클리드

❷ ㉡ ❸ ㉣ ❹ c^2

11 25 cm² ($\mathscr{O}$ 9, 16, 25) 12 20 cm²

13 144 cm² 14 36 cm²

직각삼각형이 되는 조건

❺ 90° ❻ 직각

15 ○ ($\mathscr{O}$ =, 직각삼각형이다) 16 × 17 ○

18 ○ 19 ×

소단원 핵심문제

| 66~67쪽 |

1 ④	2 5 cm	3 12 cm	4 ②	5 5, 12, 13
6 ③	7 ②	8 25 cm	9 17	10 ③

02. 피타고라스 정리(2)

| 68~69쪽 |

피타고라스 정리를 이용한 직각삼각형의 성질

❶ $\overline{DE}^2$ ❷ $\overline{CD}^2$

1 61 ($\mathscr{O}$ $\overline{CD}^2$, 6, 61) 2 136 3 80 4 90

두 대각선이 직교하는 사각형의 성질

❸ $\overline{CD}^2$ ❹ $\overline{BC}^2$

5 109 ($\mathscr{O}$ $\overline{BC}^2$, 9, 6, 109) 6 40 7 165 8 53

직각삼각형과 세 반원 사이의 관계

❺ Q

9 18π cm² ($\mathscr{O}$ 32π, 18π) 10 20π cm²

11 9π cm² 12 49π cm²

히포크라테스의 원의 넓이

❻ bc

13 15 cm² ($\mathscr{O}$ 15) 14 45 cm² 15 $\frac{35}{2}$ cm²

16 24 cm² 17 64 cm²

소단원 핵심문제 | 70~71쪽 |

1 274 2 ⑤ 3 ② 4 ③ 5 5 cm
6 (가) $\overline{BC}^2$ (나) $\overline{DE}^2$ (다) $\overline{CD}^2$ 7 ① 8 ③
9 32 cm²

6. 경우의 수

01. 경우의 수 | 72~73쪽 |

사건과 경우의 수

❶ 사건 ❷ 경우의 수
1 (1) 4 (2) 0 (3) 4 (4) 4 2 4 3 3 4 4
5 4 6 1 7 3 8 3 9 2
10 5 11 8 (H, H, T, T, 8) 12 2 13 3

사건 A 또는 사건 B가 일어나는 경우의 수

❸ $m+n$
14 5 15 7 16 5 17 6 18 7
19 13

사건 A와 사건 B가 동시에 일어나는 경우의 수

❹ $m \times n$
20 12 21 2 22 4 23 36 24 9
25 6 26 12

소단원 핵심문제 | 74~75쪽 |

1 ③ 2 2 3 6 4 32 5 ④
6 ⑤ 7 3 8 ③ 9 12 10 36

02. 여러 가지 경우의 수 | 76~77쪽 |

한 줄로 세우는 경우의 수

❶ $n-1$ ❷ $n-2$
1 6 (3, 2, 1, 6) 2 24 3 12 (4, 3, 12)
4 60 5 2 (2, 2) 6 6

이웃하게 한 줄로 세우는 경우의 수

❸ 곱
7 48 (2, 1, 2, 2, 48) 8 48 9 36 10 12 11 144

자연수를 만드는 경우의 수

❹ $n-1$ ❺ $n-1$
12 30 (6, 5, 30) 13 120
14 25 (5, 5, 25) 15 100

대표를 뽑는 경우의 수

❻ $n-1$ ❼ 2
16 20 (5, 4, 5, 4, 20) 17 60
18 15 (A, 2, 15) 19 20

소단원 핵심문제 | 78~79쪽 |

1 ② 2 ③ 3 ② 4 ③ 5 42
6 ⑤ 7 ② 8 ⑤ 9 20 10 ②

7. 확률

확률의 뜻

❶ 확률

1 $\dfrac{5}{12}$　　2 $\dfrac{1}{4}$　　3 $\dfrac{1}{3}$　　4 $\dfrac{2}{5}$　　5 $\dfrac{1}{5}$

6 $\dfrac{1}{3}$　　7 $\dfrac{4}{15}$　　8 $\dfrac{5}{36}\left(\text{✐ } 36, 3, 2, 5, \dfrac{5}{36}\right)$

9 $\dfrac{5}{18}$　　10 $\dfrac{1}{9}$　　11 36　　12 $x=\dfrac{b}{a}$　　13 14

14 $\dfrac{7}{18}$

확률의 성질

❷ 1　　❸ 0

15 $\dfrac{1}{5}$　　16 0　　17 1　　18 $\dfrac{2}{5}$　　19 0

20 1　　21 0　　22 1

어떤 사건이 일어나지 않을 확률

❹ $1-p$

23 $\dfrac{2}{7}$　　24 0.05　　25 0.7　　26 $\dfrac{5}{6}$　　27 $\dfrac{3}{4}$

28 $\dfrac{3}{4}$　　29 $\dfrac{5}{7}$

02. 확률의 계산 | 84~85쪽 |

사건 A 또는 사건 B가 일어날 확률

❶ $+$

1 $\dfrac{3}{4}$　　2 $\dfrac{2}{3}$　　3 $\dfrac{7}{12}$　　4 $\dfrac{7}{36}$　　5 $\dfrac{7}{18}$

6 $\dfrac{1}{4}$　　7 $\dfrac{1}{3}$

사건 A와 사건 B가 동시에 일어날 확률

❷ $\times$

8 $\dfrac{1}{4}$　　9 $\dfrac{1}{9}$　　10 $\dfrac{1}{2}$　　11 $\dfrac{1}{12}$　　12 $\dfrac{1}{2}$

13 0.36

확률의 곱셈을 이용한 어떤 사건이 일어나지 않을 확률

❸ $1-q$　　❹ q　　❺ $\times$

14 $\dfrac{8}{21}$　　15 $\dfrac{4}{63}$　　16 $\dfrac{59}{63}$　　17 $\dfrac{5}{21}$　　18 $\dfrac{2}{21}$

19 $\dfrac{19}{21}$

연속하여 뽑는 경우의 확률

❻ 같다　　❼ 다르다

20 $\dfrac{25}{64}$　　21 $\dfrac{9}{64}$　　22 $\dfrac{15}{64}$　　23 $\dfrac{5}{14}$　　24 $\dfrac{3}{28}$

25 $\dfrac{15}{56}$

소단원 핵심문제 | 82~83쪽 |

1 ③　　2 $\dfrac{1}{5}$　　3 ①　　4 ⑤　　5 $\dfrac{7}{8}$

6 ④　　7 ①　　8 1　　9 $\dfrac{2}{3}$　　10 ⑤

소단원 핵심문제 | 86~87쪽 |

1 ④　　2 ④　　3 $\dfrac{9}{25}$　　4 ⑤　　5 $\dfrac{2}{21}$

6 ③　　7 ①　　8 $\dfrac{3}{10}$　　9 $\dfrac{8}{9}$　　10 ①

정답과 풀이

1. 삼각형의 성질

01. 이등변삼각형의 성질
| 8~10쪽 |

핵심예제 1 (1) 40° (2) 44°

(1) △ABC에서 $\overline{AB}=\overline{AC}$이므로 ∠C=∠B
삼각형의 세 내각의 크기의 합은 180°이므로
$100°+∠x+∠x=180°$, $2∠x=80°$
따라서 ∠x=40°

(2) △ABC에서 $\overline{AB}=\overline{AC}$이므로
$∠B=∠C=180°-112°=68°$
삼각형의 세 내각의 크기의 합은 180°이므로
$∠x+68°+68°=180°$, $∠x+136°=180°$
따라서 ∠x=44°

1-1 (1) ∠x=55°, ∠y=70° (2) ∠x=70°, ∠y=110°

(1) △ABC에서 $\overline{AB}=\overline{AC}$이므로 ∠x=55°
삼각형의 세 내각의 크기의 합은 180°이므로
$∠y+55°+55°=180°$, $∠y+110°=180°$
따라서 ∠y=70°

(2) △ABC에서 $\overline{BC}=\overline{BA}$이므로 ∠C=∠BAC
삼각형의 세 내각의 크기의 합은 180°이므로
$40°+∠x+∠x=180°$, $2∠x=140°$
따라서 ∠x=70°
이때 $70°+∠y=180°$이므로 ∠y=110°

핵심예제 2 (1) 102° (2) 45°

(1) △ABC에서 $\overline{AB}=\overline{AC}$이므로
$∠ABC=\frac{1}{2}×(180°-76°)=52°$
그러므로 $∠ABD=\frac{1}{2}∠ABC=\frac{1}{2}×52°=26°$
따라서 △ABD에서 ∠BDC=∠A+∠ABD이므로
$∠x=76°+26°=102°$

(2) △BCD에서 $\overline{BC}=\overline{BD}$이므로
$∠BDC=∠C=75°$
그러므로 $∠CBD=180°-2×75°=30°$
△ABC에서 $\overline{AB}=\overline{AC}$이므로 ∠ABC=∠C=75°
따라서 ∠ABD=∠ABC−∠CBD이므로
$∠x=75°-30°=45°$

핵심예제 3 (1) 65° (2) 10 cm

(1) 이등변삼각형의 꼭지각의 이등분선은 밑변을 수직이등분하므로
∠ADB=90°
또 ∠DAB=∠DAC=25°이므로
△ABD에서 $∠B=180°-(25°+90°)=65°$

(2) 이등변삼각형의 꼭지각의 이등분선은 밑변을 수직이등분하므로
$\overline{CD}=\overline{BD}=5$ cm
따라서 $\overline{BC}=2\overline{BD}=2×5=10$ (cm)

3-1 (1) $x=90$, $y=4$ (2) $x=28$, $y=12$

(1) 이등변삼각형의 꼭지각의 이등분선은 밑변을 수직이등분하므로
∠ADB=90°에서 x=90
또 $\overline{CD}=\overline{BD}=\frac{1}{2}\overline{BC}=\frac{1}{2}×8=4$ (cm)이므로 y=4

(2) 이등변삼각형의 꼭지각의 이등분선은 밑변을 수직이등분하므로
∠ADC=90°
△ADC에서 $∠CAD=180°-(90°+62°)=28°$
이때 ∠BAD=∠CAD=28°이므로 x=28
또 $\overline{BC}=2\overline{BD}=2×6=12$ (cm)이므로 y=12

핵심예제 4 70 cm²

이등변삼각형의 꼭지각의 이등분선은 밑변을 수직이등분하므로
$\overline{AD}⊥\overline{BC}$, $\overline{BC}=2\overline{CD}=2×7=14$ (cm)
따라서 $△ABC=\frac{1}{2}×14×10=70$ (cm²)

4-1 6 cm

$\overline{AD}⊥\overline{BC}$이므로
$△ABC=\frac{1}{2}×\overline{BC}×\overline{AD}$에서 $48=\frac{1}{2}×\overline{BC}×8$
즉, $\overline{BC}=12$ (cm)
따라서 $\overline{BD}=\frac{1}{2}\overline{BC}=\frac{1}{2}×12=6$ (cm)

핵심예제 5 (1) 9 (2) 5

(1) 삼각형의 세 내각의 크기의 합은 180°이므로
$∠B=180°-(74°+53°)=53°$
즉, ∠B=∠C=53°이므로 △ABC는 $\overline{AB}=\overline{AC}$인 이등변삼각형이다.
따라서 $\overline{AC}=\overline{AB}=9$ cm이므로 x=9

(2) △DBC에서 ∠DBC=∠DCB=32°이므로
$\overline{DC}=\overline{DB}=5$ cm
△DBC에서 한 외각의 크기는 그와 이웃하지 않은 두 내각의 크기의 합과 같으므로 $∠ADC=32°+32°=64°$
즉, △ADC에서 ∠ADC=∠A=64°이므로
$\overline{CA}=\overline{CD}=5$ cm
따라서 x=5

5-1 (1) 10 (2) 6

(1) △ABC에서 ∠A=∠B=58°이므로
$\overline{CB}=\overline{CA}=10$ cm
따라서 x=10

(2) △ABD에서 ∠BAD=∠BDA=68°이므로
$\overline{BD}=\overline{BA}=6$ cm

△DBC에서 한 외각의 크기는 그와 이웃하지 않은 두 내각의 크기의 합과 같으므로

∠DBC+∠C=∠ADB에서 ∠DBC=68°−34°=34°

즉, △DBC에서 ∠DBC=∠C=34°이므로

$\overline{DC}=\overline{DB}=6$ cm

따라서 $x=6$

핵심예제 6 28°

∠B=∠C이므로 △ABC는 $\overline{AB}=\overline{AC}$인 이등변삼각형이다.

이때 점 D가 $\overline{BC}$의 중점이므로 꼭지각의 꼭짓점 A와 밑변의 중점 D를 이은 $\overline{AD}$는 이등변삼각형 ABC의 꼭지각의 이등분선이다.

따라서 ∠CAD=∠BAD=28°

6-1 8 cm

∠B=∠C이므로 △ABC는 $\overline{AB}=\overline{AC}$인 이등변삼각형이다.

따라서 이등변삼각형의 꼭지각의 이등분선은 밑변을 수직이등분 하므로

$\overline{BC}=2\overline{CD}=2\times4=8$ (cm)

소단원 핵심문제 | 11쪽 |

1 (1) 75° (2) 113°   2 ②   3 ㄴ, ㄹ, ㅁ, ㅂ

4 ③

1 (1) △ABC에서 $\overline{AB}=\overline{AC}$이므로 ∠ABC=∠C=50°

∠DBC=$\frac{1}{2}$∠ABC=$\frac{1}{2}\times50°=25°$이므로

△DBC에서 ∠x=25°+50°=75°

(2) △ABC에서 $\overline{AB}=\overline{AC}$이므로

∠B=$\frac{1}{2}\times(180°-46°)=67°$

△DBC에서 $\overline{CD}=\overline{CB}$이므로

∠CDB=∠B=67°

따라서 ∠x=180°−67°=113°

2 △DBC에서 $\overline{DB}=\overline{DC}$이므로 ∠DCB=∠B=35°

또 ∠ADC=∠B+∠DCB=35°+35°=70°

△ADC에서 $\overline{CD}=\overline{CA}$이므로 ∠A=∠ADC=70°

따라서 △ABC에서

∠ACE=∠A+∠B=70°+35°=105°

3 ㄱ. △ABC는 정삼각형이 아니므로 $\overline{AB}\neq14$ cm

ㄴ, ㄹ. $\overline{AD}$가 이등변삼각형 ABC의 꼭지각의 이등분선이므로

$\overline{AD}\perp\overline{BC}$, $\overline{BD}=\frac{1}{2}\overline{BC}=\frac{1}{2}\times14=7$ (cm)

ㄷ. ∠B=∠C=$\frac{1}{2}\times(180°-80°)=50°$

ㅁ. ∠BAD=$\frac{1}{2}$∠BAC=$\frac{1}{2}\times80°=40°$

ㅂ. △ABD와 △ACD에서

$\overline{AB}=\overline{AC}$, ∠BAD=∠CAD, $\overline{AD}$는 공통

이므로 △ABD≡△ACD(SAS 합동)

따라서 옳은 것은 ㄴ, ㄹ, ㅁ, ㅂ이다.

4 △ABC에서 $\overline{AB}=\overline{AC}$이므로

∠ABC=∠C=$\frac{1}{2}\times(180°-36°)=72°$

이때 ∠ABD=$\frac{1}{2}$∠ABC=$\frac{1}{2}\times72°=36°$

△ABD에서 ∠BDC=∠A+∠ABD=36°+36°=72°

△DBC에서 ∠BDC=∠C=72°이므로

$\overline{BD}=\overline{BC}=8$ cm

따라서 △ABD에서 ∠A=∠ABD=36°이므로

$\overline{AD}=\overline{BD}=8$ cm

02. 직각삼각형의 합동 | 12~13쪽 |

핵심예제 7 △ABC≡△OMN(RHS 합동),
△DEF≡△PQR(RHA 합동)

(i) △ABC와 △OMN에서

∠C=∠N=90°, $\overline{AB}=\overline{OM}$, $\overline{BC}=\overline{MN}$

이므로 △ABC≡△OMN(RHS 합동)

(ii) △DEF와 △PQR에서

∠F=∠R=90°, $\overline{DE}=\overline{PQ}$,

∠D=90°−55°=35°=∠P

이므로 △DEF≡△PQR(RHA 합동)

7-1 (1) 4 (2) 40

(1) △ABC와 △EFD에서

∠C=∠D=90°, $\overline{AB}=\overline{EF}$,

∠B=90°−30°=60°=∠F

이므로 △ABC≡△EFD(RHA 합동)

따라서 $\overline{DF}=\overline{CB}=4$ cm이므로 x=4

(2) △ABC와 △EDF에서

∠A=∠E=90°, $\overline{BC}=\overline{DF}$, $\overline{AB}=\overline{ED}$

이므로 △ABC≡△EDF(RHS 합동)

따라서 ∠C=∠F=90°−50°=40°이므로 x=40

핵심예제 8 (1) 6 (2) 62

(1) ∠AOP=∠BOP이므로 $\overline{PB}=\overline{PA}=6$ cm

따라서 x=6

(2) $\overline{PA}=\overline{PB}$이므로 ∠AOP=∠BOP=28°

△AOP에서 ∠OPA=90°−28°=62°이므로 x=62

8-1 (1) 5 (2) 35

(1) $\angle AOP = \angle BOP$이므로 $\overline{PA} = \overline{PB} = 5$ cm

따라서 $x = 5$

(2) $\overline{PA} = \overline{PB}$이므로 $\angle AOP = \angle BOP$

따라서

$\angle POB = \dfrac{1}{2}\angle AOB = \dfrac{1}{2} \times (360° - 110° - 90° - 90°) = 35°$

이므로 $x = 35$

핵심예제 **9** (1) 5 cm (2) 12 cm

(1) $\angle DAB = \angle DAE$이므로 $\overline{BD} = \overline{ED} = 5$ cm

(2) $\triangle ABD$의 넓이가 30 cm²이므로

$\dfrac{1}{2} \times \overline{AB} \times \overline{BD} = 30$, $\dfrac{1}{2} \times \overline{AB} \times 5 = 30$

따라서 $\overline{AB} = 12$ (cm)

소단원 핵심문제 | 14쪽 |

| **1** 33 | **2** ③ | **3** ④ | **4** 9 cm | **5** ⑤ |

1 $\triangle ADE$와 $\triangle ACE$에서

$\angle ADE = \angle C = 90°$, $\overline{AE}$는 공통, $\overline{AD} = \overline{AC}$

이므로 $\triangle ADE \equiv \triangle ACE$(RHS 합동)

즉, $\overline{DE} = \overline{CE} = 3$ cm이므로 $x = 3$

또 $\angle EAC = \angle EAD = 30°$이므로

$\triangle ABC$에서 $\angle B = 180° - (30° + 30° + 90°) = 30°$

그러므로 $y = 30$

따라서 $x + y = 3 + 30 = 33$

2 ① RHS 합동   ② SAS 합동

④ RHA 합동   ⑤ ASA 합동

따라서 합동이 되는 조건이 아닌 것은 ③이다.

3 $\triangle ADB$와 $\triangle BEC$에서

$\angle D = \angle E = 90°$, $\overline{AB} = \overline{BC}$,

$\angle DAB = 90° - \angle ABD = \angle EBC$

이므로 $\triangle ADB \equiv \triangle BEC$(RHA 합동)

따라서 $\overline{DB} = \overline{EC} = 8$ cm, $\overline{BE} = \overline{AD} = 6$ cm이므로

$\overline{DE} = \overline{DB} + \overline{BE} = 8 + 6 = 14$ (cm)

4 $\triangle DBM$와 $\triangle ECM$에서

$\angle MDB = \angle MEC = 90°$, $\overline{MB} = \overline{MC}$, $\overline{MD} = \overline{ME}$

이므로 $\triangle DBM \equiv \triangle ECM$(RHS 합동)

이때 $\overline{BD} = \overline{CE} = 2$ cm이므로

$\overline{AB} = \overline{AD} + \overline{BD} = 7 + 2 = 9$ (cm)

또 $\angle B = \angle C$이므로 $\triangle ABC$에서

$\overline{AC} = \overline{AB} = 9$ cm

5 오른쪽 그림과 같이 점 D에서 $\overline{AB}$에 내린 수선의 발을 E라 하자.

$\overline{AD}$가 $\angle A$의 이등분선이므로

$\overline{DE} = \overline{DC} = 4$ cm

따라서

$\triangle ABD = \dfrac{1}{2} \times \overline{AB} \times \overline{DE} = \dfrac{1}{2} \times 15 \times 4 = 30$ (cm²)

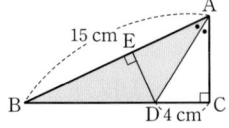

03. 삼각형의 외심 | 15~17쪽 |

핵심예제 **10** (1) $x = 7$, $y = 6$ (2) $x = 6$, $y = 30$

(1) 삼각형의 외심은 삼각형의 세 변의 수직이등분선의 교점이므로

$\overline{CE} = \overline{BE} = 7$ cm, 즉 $x = 7$

$\overline{AF} = \overline{CF} = 6$ cm, 즉 $y = 6$

(2) 삼각형의 외심에서 세 꼭짓점에 이르는 거리는 같으므로

$\overline{OC} = \overline{OA} = 6$ cm, 즉 $x = 6$

또 $\triangle OAB$는 $\overline{OA} = \overline{OB}$인 이등변삼각형이므로

$\angle OAB = \dfrac{1}{2} \times (180° - 120°) = 30°$

즉, $y = 30$

10-1 (1) $x = 4$, $y = 3$ (2) $x = 8$, $y = 28$

(1) 삼각형의 외심은 삼각형의 세 변의 수직이등분선의 교점이므로

$\overline{AD} = \overline{BD} = 4$ cm, 즉 $x = 4$

$\overline{AF} = \overline{CF} = 3$ cm, 즉 $y = 3$

(2) 삼각형의 외심에서 세 꼭짓점에 이르는 거리는 같으므로

$\overline{OB} = \overline{OA} = 8$ cm, 즉 $x = 8$

또 $\triangle OCA$는 $\overline{OA} = \overline{OC}$인 이등변삼각형이므로

$\angle OCA = \angle OAC = 28°$, 즉 $y = 28$

핵심예제 **11** 55°

점 O가 $\triangle ABC$의 외심이므로 오른쪽 그림과 같이 $\overline{OB}$를 그으면

$\overline{OA} = \overline{OB} = \overline{OC}$

$\triangle OAB$는 $\overline{OA} = \overline{OB}$인 이등변삼각형이므로

$\angle OBA = \angle OAB = 30°$

$\triangle OBC$는 $\overline{OB} = \overline{OC}$인 이등변삼각형이므로

$\angle OBC = \angle OCB = 25°$

따라서 $\angle B = \angle OBA + \angle OBC = 30° + 25° = 55°$

핵심예제 **12** (1) 8 cm (2) 48°

(1) 점 M이 직각삼각형 ABC의 외심이므로

$\overline{MB} = \overline{MA} = \overline{MC} = \dfrac{1}{2}\overline{AC} = \dfrac{1}{2} \times 16 = 8$ (cm)

(2) $\triangle MBC$는 $\overline{MB}=\overline{MC}$인 이등변삼각형이므로
$$\angle MCB = \angle MBC = 24°$$
따라서 $\triangle MBC$에서
$$\angle AMB = 24° + 24° = 48°$$

12-1 (1) 5 (2) 84

(1) 점 M이 직각삼각형 ABC의 외심이므로
$$\overline{MB} = \overline{MC} = 5 \text{ cm}$$
따라서 $x = 5$

(2) 점 M이 직각삼각형 ABC의 외심이므로
$$\overline{MA} = \overline{MB} = \overline{MC}$$
즉, $\triangle MAB$는 $\overline{MA} = \overline{MB}$인 이등변삼각형이므로
$$\angle MAB = \angle B = 42°$$
따라서 $\triangle MAB$에서
$$\angle AMC = \angle B + \angle MAB = 42° + 42° = 84°$$이므로 $x = 84$

핵심예제 13 7 cm

오른쪽 그림과 같이 빗변 AB의 중점을
O라 하면 점 O는 $\triangle ABC$의 외심이므로
$$\overline{OA} = \overline{OB} = \overline{OC}$$

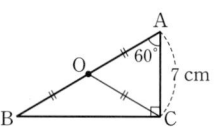

이때 $\angle OCA = \angle A = 60°$이므로 $\triangle OCA$는 정삼각형이다.
따라서 $\overline{OA} = \overline{AC} = 7 \text{ cm}$이므로 $\triangle ABC$의 외접원의 반지름의
길이는 7 cm이다.

13-1 9 cm

$\angle B = \angle C = 45°$이므로 $\triangle ABC$는 $\angle A = 90°$인 직각이등변삼각
형이다.
오른쪽 그림과 같이 빗변 BC의 중점을 O
라 하면 점 O는 $\triangle ABC$의 외심이므로
$\triangle ABC$의 외접원의 반지름의 길이는
$$\frac{1}{2}\overline{BC} = \frac{1}{2} \times 18 = 9 \text{ (cm)}$$

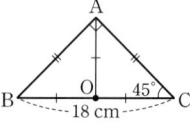

핵심예제 14 (1) 29° (2) 56°

(1) 점 O가 $\triangle ABC$의 외심이므로
$$29° + \angle x + 32° = 90°$$
따라서 $\angle x = 29°$

(2) 점 O가 $\triangle ABC$의 외심이므로 $\overline{OB} = \overline{OC}$
$\triangle OBC$는 $\overline{OB} = \overline{OC}$인 이등변삼각형이므로
$$\angle BOC = 180° - 2 \times 34° = 112°$$
따라서 $2\angle x = 112°$이므로 $\angle x = 56°$

14-1 (1) 35° (2) 100°

(1) 점 O가 $\triangle ABC$의 외심이므로
$$\angle x + 35° + 20° = 90°$$
따라서 $\angle x = 35°$

(2) 점 O가 $\triangle ABC$의 외심이므로
$$\angle x = 2\angle A = 2 \times 50° = 100°$$

핵심예제 15 28°

점 O가 $\triangle ABC$의 외심이므로 오른쪽 그림과
같이 $\overline{OA}$를 그으면
$$\angle COA = 2\angle B = 2 \times 62° = 124°$$
$\triangle OCA$는 $\overline{OC} = \overline{OA}$인 이등변삼각형이므로
$$\angle OCA = \frac{1}{2} \times (180° - 124°) = 28°$$

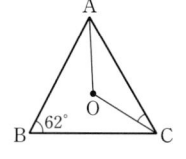

15-1 63°

점 O가 $\triangle ABC$의 외심이므로 오른쪽 그림과
같이 $\overline{OA}$를 그으면
$$\overline{OA} = \overline{OB}$$
$\triangle OAB$에서 $\angle OAB = \angle OBA = 27°$이므로
$$\angle AOB = 180° - 2 \times 27° = 126°$$
따라서 $\angle C = \frac{1}{2}\angle AOB = \frac{1}{2} \times 126° = 63°$

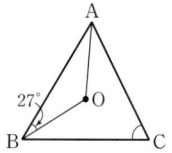

소단원 핵심문제 | 18쪽 |

| 1 ④ | 2 ③ | 3 ① | 4 ② | 5 ⑤ |

1 삼각형의 외심은 삼각형의 세 변의 수직이등분선의 교점이므로
$$\overline{BD} = \overline{AD} = 4 \text{ cm}, \ \overline{BE} = \overline{CE} = 5 \text{ cm}, \ \overline{AF} = \overline{CF} = 5 \text{ cm}$$
따라서 $\triangle ABC$의 둘레의 길이는
$$2 \times (4 + 5 + 5) = 28 \text{ (cm)}$$

2 점 O가 $\triangle ABC$의 외심이므로 $\overline{OA} = \overline{OB} = \overline{OC}$
$\triangle OAB$는 $\overline{OA} = \overline{OB}$인 이등변삼각형이고 둘레의 길이가 27 cm
이므로
$$\overline{OA} + \overline{OB} + \overline{AB} = 2\overline{OA} + 11 = 27$$
$2\overline{OA} = 16$에서 $\overline{OA} = 8 \text{ (cm)}$
따라서 $\overline{OC} = \overline{OA} = 8 \text{ cm}$

3 직각삼각형의 외심은 빗변의 중점과 일치하므로 $\triangle ABC$의 외접
원의 반지름의 길이는 $\frac{1}{2}\overline{BC} = \frac{1}{2} \times 8 = 4 \text{ (cm)}$
따라서 $\triangle ABC$의 외접원의 넓이는
$$\pi \times 4^2 = 16\pi \text{ (cm}^2)$$

4 점 O가 $\triangle ABC$의 외심이므로 $\overline{OA} = \overline{OC}$
$\triangle OCA$는 $\overline{OA} = \overline{OC}$인 이등변삼각형이므로
$$\angle OAC = \angle OCA = 42°$$
또 $\angle OAB + 28° + 42° = 90°$에서 $\angle OAB = 20°$
따라서 $\angle BAC = \angle OAB + \angle OAC = 20° + 42° = 62°$

5 점 O가 $\triangle ABC$의 외심이므로 $\overline{OA} = \overline{OB}$
$\triangle OAB$는 $\overline{OA} = \overline{OB}$인 이등변삼각형이므로
$$\angle OAB = \angle OBA = 45°$$

이때

$\angle BAC = \angle OAB + \angle OAC = 45° + 25° = 70°$

따라서 $\angle BOC = 2\angle BAC = 2 \times 70° = 140°$

04. 삼각형의 내심 | 19~21쪽 |

핵심예제 16 (1) 34° (2) 3 cm

(1) 삼각형의 내심은 삼각형의 세 내각의 이등분선의 교점이므로
$$\angle ICE = \angle ICA = 34°$$

(2) 삼각형의 내심에서 세 변에 이르는 거리는 같으므로
$$\overline{ID} = \overline{IE} = 3 \text{ cm}$$

16-1 (1) $x = 25$, $y = 30$ (2) $x = 4$, $y = 4$

(1) 삼각형의 내심은 삼각형의 세 내각의 이등분선의 교점이므로
$$\angle IBC = \angle IBA = 25°, \text{ 즉 } x = 25$$
$$\angle ICB = \angle ICA = 30°, \text{ 즉 } y = 30$$

(2) 삼각형의 내심에서 세 변에 이르는 거리는 같으므로
$$\overline{IE} = \overline{IF} = \overline{ID} = 4 \text{ cm}$$
따라서 $x = 4$, $y = 4$

핵심예제 17 (1) 30° (2) 40°

(1) 점 I가 $\triangle ABC$의 내심이므로
$$35° + \angle x + 25° = 90°$$
따라서 $\angle x = 30°$

(2) 점 I가 $\triangle ABC$의 내심이므로
$$90° + \frac{1}{2}\angle x = 110°, \quad \frac{1}{2}\angle x = 20°$$
따라서 $\angle x = 40°$

17-1 (1) 32° (2) 115°

(1) 점 I가 $\triangle ABC$의 내심이므로
$$\angle x + 31° + 27° = 90°$$
따라서 $\angle x = 32°$

(2) 점 I가 $\triangle ABC$의 내심이므로
$$\angle x = 90° + \frac{1}{2}\angle A$$
$$= 90° + \frac{1}{2} \times 50° = 115°$$

핵심예제 18 40°

점 I가 $\triangle ABC$의 내심이므로 $\overline{IB}$를 그으면
$$\angle IBC = \frac{1}{2}\angle B = \frac{1}{2} \times 60° = 30°$$
따라서 $20° + 30° + \angle ICA = 90°$이므로
$$\angle ICA = 40°$$

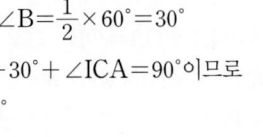

다른 풀이

점 I가 $\triangle ABC$의 내심이므로
$$\angle CIA = 90° + \frac{1}{2}\angle B$$
$$= 90° + \frac{1}{2} \times 60° = 120°$$
$\angle IAC = \angle IAB = 20°$이므로 $\triangle ICA$에서
$$\angle ICA = 180° - (120° + 20°) = 40°$$

18-1 53°

점 I가 $\triangle ABC$의 내심이므로 $\overline{IC}$를 그으면
$$\angle ICA = \frac{1}{2}\angle C = \frac{1}{2} \times 74° = 37°$$
따라서 $\angle x + \angle y + 37° = 90°$이므로
$$\angle x + \angle y = 53°$$

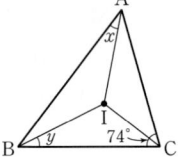

다른 풀이

$$\angle AIB = 90° + \frac{1}{2}\angle C = 90° + \frac{1}{2} \times 74° = 127°$$
또 $\angle IBA = \angle IBC = \angle y$
따라서 $\triangle IAB$에서 $\angle x + \angle y = 180° - 127° = 53°$

핵심예제 19 2 cm

$$\triangle ABC = \frac{1}{2} \times 12 \times 5 = 30 \text{ (cm}^2)$$

내접원의 반지름의 길이를 r cm라 하면 $\triangle ABC$의 넓이가 30 cm^2이므로
$$\frac{1}{2} \times r \times (13 + 12 + 5) = 30 \text{에서 } r = 2$$
따라서 내접원의 반지름의 길이는 2 cm이다.

19-1 4 cm

내접원의 반지름의 길이를 r cm라 하면 $\triangle ABC$의 넓이가 84 cm^2이므로
$$\frac{1}{2} \times r \times (14 + 15 + 13) = 84 \text{에서 } r = 4$$
따라서 내접원의 반지름의 길이는 4 cm이다.

핵심예제 20 14 cm

$$\overline{BE} = \overline{BD} = 8 \text{ cm}$$
또 $\overline{AF} = \overline{AD} = 5 \text{ cm}$이므로
$$\overline{CE} = \overline{CF} = \overline{AC} - \overline{AF} = 11 - 5 = 6 \text{ (cm)}$$
따라서 $\overline{BC} = \overline{BE} + \overline{CE} = 8 + 6 = 14 \text{ (cm)}$

20-1 8 cm

$$\overline{AF} = \overline{AD} = \overline{AB} - \overline{BD} = 10 - 6 = 4 \text{ (cm)}$$
$$\overline{BE} = \overline{BD} = 6 \text{ cm}$$이므로
$$\overline{CF} = \overline{CE} = \overline{BC} - \overline{BE} = 10 - 6 = 4 \text{ (cm)}$$
따라서 $\overline{AC} = \overline{AF} + \overline{CF} = 4 + 4 = 8 \text{ (cm)}$

소단원 핵심문제 | 22쪽 |

1 (1) 70° (2) 5 cm   2 ⑤   3 ①   4 60 cm²
5 ③

1 (1) 삼각형의 내심은 삼각형의 세 내각의 이등분선의 교점이므로
$$\angle B=2\angle IBA=2\times 20°=40°$$
따라서 △ABC에서
$$\angle A=180°-(40°+70°)=70°$$
(2) 삼각형의 내심에서 세 변에 이르는 거리는 같으므로
$$\overline{ID}=\overline{IE}=5\ cm$$

2 점 I가 △ABC의 내심이므로 오른쪽 그림
과 같이 $\overline{IA}$를 그으면
$$\angle IAC=\frac{1}{2}\angle A=\frac{1}{2}\times 70°=35°$$
따라서 35°+30°+∠ICB=90°이므로
$$\angle ICB=25°$$

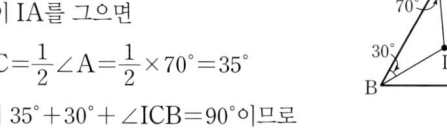

3 점 I가 △ABC의 내심이므로
$$\angle BIC=90°+\frac{1}{2}\angle BAC=90°+\angle IAC$$
$$=90°+26°=116°$$

4 $\angle ABC=\frac{1}{2}\times(\triangle ABC$의 내접원의 반지름의 길이$)$
$$\times(\triangle ABC$의 둘레의 길이$)$
$$=\frac{1}{2}\times 3\times 40=60\ (cm^2)$$

5 $\overline{AD}=x$ cm라 하면
$$\overline{BE}=\overline{BD}=(7-x)\ cm$$
또 $\overline{AF}=\overline{AD}=x$ cm이므로
$$\overline{CE}=\overline{CF}=(8-x)\ cm$$
이때 $\overline{BC}=9$ cm이므로
$$(7-x)+(8-x)=9$$
$$15-2x=9,\ 2x=6,\ x=3$$
따라서 $\overline{AD}=3$ cm

중단원 마무리 테스트 | 23~25쪽 |

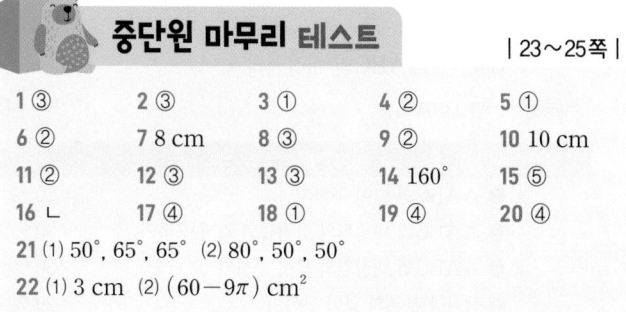

1 ③	2 ③	3 ①	4 ②	5 ①
6 ②	7 8 cm	8 ③	9 ②	10 10 cm
11 ②	12 ③	13 ③	14 160°	15 ⑤
16 ㄴ	17 ④	18 ①	19 ④	20 ④

21 (1) 50°, 65°, 65° (2) 80°, 50°, 50°
22 (1) 3 cm (2) $(60-9\pi)$ cm²

1 $\overline{BA}=\overline{BC}$이므로
$$\angle ACB=\angle A=\frac{1}{2}\times(180°-46°)=67°$$
따라서 ∠ACD=180°-67°=113°

2 △DAB에서
$\overline{DA}=\overline{DB}$이므로 ∠DAB=∠B=37°
또 ∠ADC=∠B+∠DAB=37°+37°=74°
△DCA에서 $\overline{DC}=\overline{DA}$이므로
$$\angle C=\angle DAC=\frac{1}{2}\times(180°-74°)=53°$$

3 이등변삼각형의 꼭지각의 이등분선은 밑변을 수직이등분하므로
$$\overline{AD}\perp\overline{BC},\ \overline{BC}=2\overline{BD}=2\times 4=8\ (cm)$$
따라서 $\triangle ABC=\frac{1}{2}\times 8\times 9=36\ (cm^2)$

4 △ABC에서
$$\angle DBA=180°-(40°+50°+50°)=40°$$
즉, ∠A=∠DBA이므로 $\overline{DB}=\overline{DA}=4$ cm
△DBC에서 ∠DBC=∠C이므로
$$\overline{DC}=\overline{DB}=4\ cm$$
따라서 $\overline{AC}=\overline{DA}+\overline{DC}=4+4=8\ (cm)$

5 오른쪽 그림에서
∠DAC=∠BAC(접은 각),
∠BCA=∠DAC(엇각)
이므로 ∠BAC=∠BCA
따라서 △ABC는 $\overline{BA}=\overline{BC}$인 이등변삼각형이므로
$$\overline{BA}=\overline{BC}=3\ cm$$

6 ② △ABC와 △FDE에서
∠C=∠E=90°, $\overline{AB}=\overline{FD}=5$ cm,
∠B=∠90°-∠A=90°-50°=40°=∠D
이므로 △ABC≡△FDE(RHA 합동)

7 △ADB와 △BEC에서
∠D=∠E=90°, $\overline{AB}=\overline{BC}$,
∠DBA=90°-∠EBC=∠ECB
이므로 △ADB≡△BEC(RHA 합동)
따라서 $\overline{BE}=\overline{AD}=5$ cm이므로
$$\overline{BD}=\overline{DE}-\overline{BE}=13-5=8\ (cm)$$

8 △MDB와 △MEC에서
∠MDB=∠MEC=90°, $\overline{MB}=\overline{MC}$, $\overline{MD}=\overline{ME}$
이므로 △MDB≡△MEC(RHS 합동)
이때 ∠B=∠C이므로 △ABC에서
$$\angle B=\frac{1}{2}\times(180°-66°)=57°$$
따라서 △MDB에서
$$\angle BMD=90°-57°=33°$$

9 △BCD와 △ECD에서

∠B=∠DEC=90°, $\overline{CD}$는 공통, ∠BCD=∠ECD

이므로 △BCD≡△ECD(RHA 합동)

즉, $\overline{EC}=\overline{BC}=12$ cm, $\overline{BD}=\overline{ED}=4$ cm

따라서 사각형 CEDB의 둘레의 길이는

12+4+4+12=32 (cm)

10 점 O가 △ABC의 외심이므로

$\overline{CD}=\overline{AD}=6$ cm이고 $\overline{OA}=\overline{OC}$

외접원의 반지름의 길이를 r cm라 하면 △AOC의 둘레의 길이가 32 cm이므로

$\overline{OA}+\overline{OC}+\overline{AC}=r+r+(6+6)=32$에서 $r=10$

따라서 외접원의 반지름의 길이는 10 cm이다.

11 점 O가 △ABC의 외심이므로 $\overline{OA}=\overline{OB}=\overline{OC}$

△OAB는 $\overline{OA}=\overline{OB}$인 이등변삼각형이므로

$∠OAB=\frac{1}{2}×(180°-134°)=23°$

따라서 23°+∠x+∠y=90°이므로

∠x+∠y=67°

12 △ABC의 넓이가 20 cm²이므로

$\frac{1}{2}×\overline{AB}×4=20$에서 $\overline{AB}=10$ (cm)

직각삼각형의 외심은 빗변의 중점과 일치하므로 △ABC의 외접원의 반지름의 길이는

$\frac{1}{2}\overline{AB}=\frac{1}{2}×10=5$ (cm)

따라서 △ABC의 외접원의 넓이는

$π×5^2=25π$ (cm²)

13 점 O가 △ABC의 외심이므로

2∠x+∠x+3∠x=90°, 6∠x=90°

따라서 ∠x=15°

14 $∠A=180°×\frac{4}{4+3+2}=80°$

점 O가 △ABC의 외심이므로

∠BOC=2∠A=2×80°=160°

15 ⑤ 삼각형의 내심에서 삼각형의 세 변에 이르는 거리는 같다.

따라서 옳지 않은 것은 ⑤이다.

16 삼각형의 세 변에 접하는 원의 중심, 즉 △ABC의 내접원의 중심인 내심을 찾아야 한다.

따라서 내심은 삼각형의 세 내각의 이등분선의 교점이므로 구하는 원의 중심으로 가장 알맞은 것은 ㄴ이다.

17 $\overline{CE}=\overline{CF}=4$ cm

또 $\overline{AD}=\overline{AF}=\overline{AC}-\overline{CF}=6-4=2$ (cm)이므로

$\overline{BE}=\overline{BD}=\overline{AB}-\overline{AD}=7-2=5$ (cm)

따라서 $\overline{BC}=\overline{BE}+\overline{CE}=5+4=9$ (cm)

18 점 I가 △ABC의 내심이므로

∠IBC=∠IBA=30°, ∠ICB=∠ICA=20°

△IBC에서 ∠BIC=180°-(30°+20°)=130°

19 점 I가 △ABC의 내심이므로 오른쪽 그림과 같이 $\overline{IC}$를 그으면

$∠ICA=\frac{1}{2}∠C=\frac{1}{2}×56°=28°$

따라서 32°+∠IBA+28°=90°이므로

∠IBA=30°

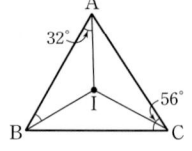

20 ∠AIB=180°-53°=127°

점 I가 △ABC의 내심이므로

$90°+\frac{1}{2}∠C=127°$, $\frac{1}{2}∠C=37°$

따라서 ∠C=74°

21 (1) ∠A=180°-130°=50°이므로 ⋯⋯⋯ ❶

∠B=∠C=$\frac{1}{2}×(180°-50°)=65°$ ⋯⋯⋯ ❷

따라서 △ABC의 세 내각의 크기는 각각 50°, 65°, 65°이다.

(2) 나머지 한 밑각을 ∠B라 하면

∠B=∠A=180°-130°=50° ⋯⋯⋯ ❸

이때 ∠C=180°-(50°+50°)=80° ⋯⋯⋯ ❹

따라서 △ABC의 세 내각의 크기는 각각 80°, 50°, 50°이다.

	채점 기준	비율
(1)	❶ ∠A의 크기 구하기	20 %
	❷ 두 밑각의 크기 구하기	30 %
(2)	❸ 두 밑각의 크기 구하기	30 %
	❹ 꼭지각의 크기 구하기	20 %

22 (1) $△ABC=\frac{1}{2}×15×8=60$ (cm²) ⋯⋯⋯ ❶

△ABC의 내접원의 반지름의 길이를 r cm라 하면

$\frac{1}{2}×r×(15+17+8)=60$에서 $r=3$

따라서 △ABC의 내접원의 반지름의 길이는 3 cm이다. ⋯⋯⋯ ❷

(2) △ABC의 내접원의 넓이는

$π×3^2=9π$ (cm²) ⋯⋯⋯ ❸

따라서

(색칠한 부분의 넓이)

=△ABC-(△ABC의 내접원의 넓이)

=60-9π (cm²) ⋯⋯⋯ ❹

	채점 기준	비율
(1)	❶ △ABC의 넓이 구하기	20 %
	❷ △ABC의 내접원의 반지름의 길이 구하기	30 %
(2)	❸ △ABC의 내접원의 넓이 구하기	30 %
	❹ 색칠한 부분의 넓이 구하기	20 %

2. 사각형의 성질

01. 평행사변형 | 28~31쪽 |

핵심예제 1 (1) $x=3$, $y=5$ (2) $x=60$, $y=120$

(1) 평행사변형에서 두 쌍의 대변의 길이는 각각 같다.

즉, $\overline{BC}=\overline{AD}=13$ cm이므로

$x+10=13$에서 $x=3$

또 $\overline{DC}=\overline{AB}=15$ cm이므로

$3y=15$에서 $y=5$

(2) 평행사변형에서 이웃하는 두 내각의 크기의 합은 $180°$이다.

즉, $\angle A+\angle B=180°$이므로

$2x+x=180$에서 $x=60$

평행사변형에서 두 쌍의 대각의 크기는 각각 같다.

즉, $\angle A=\angle C$이므로

$2x=y$에서 $y=2x=2\times60=120$

1-1 (1) $x=4$, $y=4$ (2) $x=130$, $y=50$

(1) 평행사변형에서 두 쌍의 대변의 길이는 각각 같다.

즉, $\overline{DC}=\overline{AB}=5$ cm이므로

$x+1=5$이므로 $x=4$

또 $\overline{BC}=\overline{AD}=8$ cm이므로

$2y=8$에서 $y=4$

(2) 평행사변형에서 두 쌍의 대각의 크기는 각각 같다.

즉, $\angle A=\angle C$이므로

$130=x$

평행사변형에서 이웃하는 두 내각의 크기의 합은 $180°$이다.

즉, $\angle A+\angle D=180°$이므로

$130+y=180$에서 $y=50$

핵심예제 2 5 cm

$\overline{BC}=\overline{AD}=8$ cm이므로

$\overline{EC}=\overline{BC}-\overline{BE}=8-3=5$ (cm)

$\overline{AD}/\!/\overline{BC}$이므로 $\angle ADE=\angle DEC$(엇각)

이고, $\angle ADE=\angle EDC$이므로

$\angle DEC=\angle EDC$

따라서 $\triangle CDE$는 $\overline{DC}=\overline{EC}$인 이등변삼각형이므로

$\overline{AB}=\overline{DC}=\overline{EC}=5$ cm

2-1 3 cm

$\overline{AD}/\!/\overline{BC}$이므로 $\angle ADE=\angle DEC$(엇각)

이고, $\angle ADE=\angle EDC$이므로

$\angle DEC=\angle EDC$

즉, $\triangle CDE$는 $\overline{DC}=\overline{EC}$인 이등변삼각형이므로

$\overline{EC}=\overline{DC}=\overline{AB}=6$ cm

따라서 $\overline{BC}=\overline{AD}=9$ cm이므로

$\overline{BE}=\overline{BC}-\overline{EC}=9-6=3$ (cm)

핵심예제 3 77°

$\angle BAD=\angle C=105°$이므로

$\angle DAE=\angle BAD-\angle BAE$

$\qquad=105°-28°=77°$

$\overline{AD}/\!/\overline{BC}$이므로 $\angle AEB=\angle DAE=77°$(엇각)

다른 풀이

$\angle B+\angle C=180°$이므로

$\angle B=180°-105°=75°$

$\triangle ABE$에서

$28°+75°+\angle AEB=180°$

따라서 $\angle AEB=77°$

3-1 100°

$\overline{AD}/\!/\overline{BC}$이므로 $\angle ECB=\angle DEC=65°$(엇각)

$\angle BCD=\angle ECB+\angle DCE$

$\qquad=65°+35°=100°$

따라서 $\angle A=\angle BCD=100°$

다른 풀이

$\triangle ECD$에서

$65°+35°+\angle D=180°$이므로 $\angle D=80°$

이때 $\angle A+\angle D=180°$이므로

$\angle A=180°-80°=100°$

핵심예제 4 (1) $x=6$, $y=4$ (2) $x=7$, $y=16$

(1) 평행사변형에서 두 대각선은 서로 다른 것을 이등분한다.

즉, $\overline{OB}=\overline{OD}$이므로 $x=6$

또 $\overline{OC}=\overline{OA}=4$ cm이므로 $y=4$

(2) 평행사변형에서 두 대각선은 서로 다른 것을 이등분한다.

즉, $\overline{OA}=\dfrac{1}{2}\overline{AC}$이므로 $x=\dfrac{1}{2}\times14=7$

또 $\overline{BD}=2\overline{OB}$이므로 $y=2\times8=16$

4-1 (1) $x=3$, $y=5$ (2) $x=10$, $y=6$

(1) 평행사변형에서 두 대각선은 서로 다른 것을 이등분한다.

즉, $\overline{OC}=\overline{OA}=3$ cm이므로 $x=3$

또 $\overline{OD}=\overline{OB}=5$ cm이므로 즉 $y=5$

(2) 평행사변형에서 두 대각선은 서로 다른 것을 이등분한다.

즉, $\overline{AC}=2\overline{OA}$이므로 $x=2\times5=10$

또 $\overline{OB}=\dfrac{1}{2}\overline{BD}$이므로 $y=\dfrac{1}{2}\times12=6$

핵심예제 5 ㄴ, ㄷ, ㄹ

ㄴ. $\angle ABD=\angle BDC$(엇각)이면 $\overline{AB}/\!/\overline{DC}$

$\angle ACB=\angle DAC$(엇각)이면 $\overline{AD}/\!/\overline{BC}$

즉, 두 쌍의 대변이 각각 평행하므로 $\square ABCD$는 평행사변형이다.

ㄷ. $\angle ABC+\angle BAD=180°$이면 $\overline{AD}/\!/\overline{BC}$

즉, 한 쌍의 대변이 평행하고 그 길이가 같으므로 □ABCD는 평행사변형이다.

ㄹ. 두 대각선이 서로 다른 것을 이등분하므로 □ABCD는 평행사변형이다.

따라서 평행사변형이 되는 조건은 ㄴ, ㄷ, ㄹ이다.

핵심예제 6 (1) $x=110$, $y=5$ (2) $x=4$, $y=7$

(1) □ABCD의 한 쌍의 대변이 평행하고 그 길이가 같아야 하므로
$\overline{AB} /\!/ \overline{DC}$에서 $\angle B + \angle C = 180°$
즉, $70 + x = 180$이므로 $x = 110$
$\overline{DC} = \overline{AB} = 5$ cm에서 $y = 5$

(2) □ABCD의 두 대각선이 서로 다른 것을 이등분해야 하므로
$\overline{OA} = \overline{OC} = 4$ cm에서 $x = 4$
$\overline{OB} = \overline{OD}$에서 $\overline{OB} = \frac{1}{2}\overline{BD}$
즉, $y = \frac{1}{2} \times 14 = 7$

6-1 (1) $x=9$, $y=6$ (2) $x=40$, $y=30$

(1) □ABCD의 두 쌍의 대변의 길이가 각각 같아야 하므로
$\overline{BC} = \overline{AD} = 9$ cm에서 $x = 9$
$\overline{DC} = \overline{AB} = 6$ cm에서 $y = 6$

(2) □ABCD의 두 쌍의 대변이 각각 평행해야 하므로
$\overline{AD} /\!/ \overline{BC}$에서 $\angle ACB = \angle DAC$(엇각), 즉 $x = 40$
$\overline{AB} /\!/ \overline{DC}$에서 $\angle BDC = \angle ABD$(엇각), 즉 $y = 30$

핵심예제 7 (1) 10 cm² (2) 15 cm² (3) 14 cm²

(1) $\triangle ABO = \frac{1}{4}$□ABCD$= \frac{1}{4} \times 40 = 10$ (cm²)

(2) $\triangle BCD = \triangle ACD = 15$ cm²

(3) $\triangle CDA = \triangle ABC = 28$ cm²이므로
$\triangle CDO = \frac{1}{2}\triangle CDA = \frac{1}{2} \times 28 = 14$ (cm²)

다른 풀이

(3) $\triangle CDO = \triangle BCO = \frac{1}{2}\triangle ABC$
$= \frac{1}{2} \times 28 = 14$ (cm²)

7-1 (1) 72 cm² (2) 18 cm² (3) 18 cm²

(1) □ABCD$= 2\triangle ABC = 2 \times 36 = 72$ (cm²)

(2) $\triangle ABO = \frac{1}{2}\triangle ABC = \frac{1}{2} \times 36 = 18$ (cm²)

(3) $\triangle BCO = \frac{1}{2}\triangle ABC = \frac{1}{2} \times 36 = 18$ (cm²)

핵심예제 8 24 cm²

$\triangle PAB + \triangle PCD = \frac{1}{2}$□ABCD
$= \frac{1}{2} \times 48 = 24$ (cm²)

소단원 핵심문제 | 32쪽 |

1 ④ 2 ⑤ 3 28 cm 4 ④ 5 ④

1 평행사변형에서 두 쌍의 대변의 길이는 각각 같다.
$\overline{AD} = \overline{BC} = 13$ cm이므로
$2x - 1 = 13$에서 $x = 7$
$\overline{DC} = \overline{AB} = 8$ cm이므로
$15 - y = 8$에서 $y = 7$
따라서 $x + y = 7 + 7 = 14$

2 평행사변형은 두 쌍의 대변이 각각 평행하므로
$\overline{AD} /\!/ \overline{BC}$에서 $\angle x = \angle ACB = 62°$(엇각)
평행사변형에서 두 쌍의 대각의 크기는 각각 같으므로
$\angle y = \angle B = 58°$
따라서 $\angle x + \angle y = 62° + 58° = 120°$

3 $\overline{AB} = \overline{DC} = 10$ cm
$\overline{OA} = \frac{1}{2}\overline{AC} = \frac{1}{2} \times 16 = 8$ (cm)
$\overline{OB} = \frac{1}{2}\overline{BD} = \frac{1}{2} \times 20 = 10$ (cm)
따라서 $\triangle ABO$의 둘레의 길이는
$\overline{AB} + \overline{OB} + \overline{OA} = 10 + 10 + 8 = 28$ (cm)

4 ① 두 대각선이 서로 다른 것을 이등분하므로 □ABCD는 평행사변형이다.

② $\angle A + \angle B = 120° + 60° = 180°$이므로 $\overline{AD} /\!/ \overline{BC}$
즉, 한 쌍의 대변이 평행하고 그 길이가 같으므로 □ABCD는 평행사변형이다.

③ □ABCD에서
$\angle D = 360° - (65° + 115° + 65°) = 115°$
이므로 $\angle B = \angle D = 115°$
즉, 두 쌍의 대각의 크기가 각각 같으므로 □ABCD는 평행사변형이다.

④ 주어진 조건만으로는 평행사변형인지 알 수 없다. 예를 들어 오른쪽 그림과 같이 $\overline{AD} = \overline{DC} = 6$ cm이면 두 쌍의 대변의 길이가 다르므로 평행사변형이 아니다.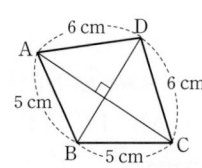

⑤ 두 쌍의 대변의 길이가 각각 같으므로 □ABCD는 평행사변형이다.

따라서 평행사변형이 아닌 것은 ④이다.

5 $\triangle AOD = \frac{1}{4}$□ABCD
$= \frac{1}{4} \times 56 = 14$ (cm²)

02. 여러 가지 사각형

| 33~36쪽 |

핵심예제 9 (1) $x=8$, $y=62$ (2) $x=7$, $y=112$

(1) $\overline{BD}=2\overline{DO}=2\times4=8$ (cm)이므로

$\overline{AC}=\overline{BD}=8$ cm, 즉 $x=8$

한편 $\angle ABC=90°$이므로

$\angle OBA=\angle ABC-\angle OBC=90°-28°=62°$

$\triangle OAB$에서 $\overline{AO}=\overline{BO}$이므로

$\angle OAB=\angle OBA=62°$, 즉 $y=62$

(2) $\overline{AC}=\overline{BD}=14$ cm이므로

$\overline{AO}=\dfrac{1}{2}\overline{AC}=\dfrac{1}{2}\times14=7$ (cm), 즉 $x=7$

$\triangle OBC$에서 $\overline{BO}=\overline{CO}$이므로 $\angle OBC=\angle OCB=34°$

즉, $\angle BOC=180°-2\times34°=112°$이므로

$\angle AOD=\angle BOC=112°$(맞꼭지각), 즉 $y=112$

9-1 (1) $x=12$, $y=55$ (2) $x=5$, $y=50$

(1) $\overline{BD}=2\overline{BO}=2\times6=12$ (cm)이므로

$\overline{AC}=\overline{BD}=12$ cm, 즉 $x=12$

$\triangle OBC$에서 $\overline{BO}=\overline{CO}$이므로

$\angle OBC=\angle OCB=35°$

이때 $\angle ABC=90°$이므로

$\angle OBA=\angle ABC-\angle OBC=90°-35°=55°$

즉, $y=55$

(2) $\overline{AC}=\overline{BD}=10$ cm이므로

$\overline{CO}=\dfrac{1}{2}\overline{AC}=\dfrac{1}{2}\times10=5$ (cm), 즉 $x=5$

$\triangle ODA$에서 $\overline{DO}=\overline{AO}$이므로

$\angle ODA=\angle OAD$

이때 $\angle DOC=\angle ODA+\angle OAD$이므로

$2\angle OAD=100°$, $\angle OAD=50°$

즉, $y=50$

핵심예제 10 ㄱ, ㄹ

ㄱ. 평행사변형에서 이웃하는 두 내각의 크기의 합은 180°이므로

$\angle BAD=\angle ABC$이면 $\angle BAD=\angle ABC=90°$

즉, 한 내각이 직각이므로 평행사변형 ABCD는 직사각형이 된다.

ㄹ. $\overline{AO}=\overline{BO}$이면 $\overline{AC}=\overline{BD}$

즉, 두 대각선의 길이가 같으므로 평행사변형 ABCD는 직사각형이 된다.

따라서 평행사변형 ABCD가 직사각형이 되는 조건은 ㄱ, ㄹ이다.

핵심예제 11 (1) $x=4$, $y=52$ (2) $x=6$, $y=30$

(1) $\overline{AB}=\overline{AD}=4$ cm이므로 $x=4$

$\triangle ABD$에서 $\overline{AB}=\overline{AD}$이므로

$\angle ADB=\angle ABD=38°$

$\triangle AOD$에서 $\angle AOD=90°$이므로

$\angle OAD=90°-38°=52°$, 즉 $y=52$

(2) $\overline{BO}=\overline{DO}=6$ cm이므로 $x=6$

$\overline{AD}/\!/\overline{BC}$이므로

$\angle ACB=\angle DAC=60°$(엇각)

$\triangle BCO$에서 $\angle BOC=90°$이므로

$\angle OBC=90°-60°=30°$, 즉 $y=30$

11-1 (1) $x=7$, $y=65$ (2) $x=3$, $y=36$

(1) $\overline{AD}=\overline{AB}=7$ cm이므로 $x=7$

$\triangle CDO$에서 $\angle COD=90°$이므로

$\angle DCO=90°-25°=65°$

$\triangle DAC$에서 $\overline{DA}=\overline{DC}$이므로

$\angle DAC=\angle DCA=65°$, 즉 $y=65$

(2) $\overline{DO}=\overline{BO}=3$ cm이므로 $x=3$

$\overline{AB}/\!/\overline{DC}$이므로

$\angle BAC=\angle ACD=54°$(엇각)

$\triangle ABO$에서 $\angle AOB=90°$이므로

$\angle ABO=90°-54°=36°$, 즉 $y=36$

핵심예제 12 ①, ④

① 이웃하는 두 변의 길이가 같으므로 평행사변형 ABCD는 마름모가 된다.

④ 두 대각선이 직교하므로 평행사변형 ABCD는 마름모가 된다.

따라서 평행사변형 ABCD가 마름모가 되는 조건은 ①, ④이다.

핵심예제 13 (1) $x=5$, $y=90$ (2) $x=7$, $y=45$

(1) $\overline{AC}=\overline{BD}=10$ cm이므로

$\overline{AO}=\dfrac{1}{2}\overline{AC}=\dfrac{1}{2}\times10=5$ (cm), 즉 $x=5$

$\overline{AC}\perp\overline{BD}$이므로 $\angle AOB=90°$, 즉 $y=90$

(2) $\overline{BO}=\overline{AO}=7$ cm이므로 $x=7$

$\triangle ABD$는 $\overline{AB}=\overline{AD}$이고 $\angle DAB=90°$인 직각이등변삼각형이므로

$\angle ADB=\dfrac{1}{2}\times(180°-90°)=45°$, 즉 $y=45$

13-1 (1) $x=3$, $y=90$ (2) $x=4$, $y=45$

(1) $\overline{BD}=\overline{AC}=6$ cm이므로

$\overline{DO}=\dfrac{1}{2}\overline{BD}=\dfrac{1}{2}\times6=3$ (cm), 즉 $x=3$

$\angle BAD=90°$이므로 $y=90$

(2) $\overline{AC}=2\overline{AO}=2\times2=4$ (cm)이므로

$\overline{BD}=\overline{AC}=4$ cm, 즉 $x=4$

$\triangle ABC$는 $\overline{BA}=\overline{BC}$이고 $\angle ABC=90°$인 직각이등변삼각형이므로

$\angle BAC=\dfrac{1}{2}\times(180°-90°)=45°$, 즉 $y=45$

핵심예제 14 ㄱ, ㄹ

ㄴ. $\overline{AB}=\overline{AD}$, $\overline{AC}\perp\overline{BD}$이면 평행사변형 ABCD는 마름모가 된다.

ㄷ. $\overline{AO}=\overline{BO}$, $\angle ABC=90°$이면 평행사변형 ABCD는 직사각형이 된다.

따라서 평행사변형 ABCD가 정사각형이 되는 조건은 ㄱ, ㄹ이다.

핵심예제 15 (1) 14 (2) 30

(1) $\overline{AC}=\overline{BD}$이므로 $x=9+5=14$

(2) $\overline{AD}/\!/\overline{BC}$이므로

$\angle ACB=\angle DAC=42°$ (엇각)

$\angle DCB=\angle B=72°$이므로 $\angle DCA+42°=72°$

따라서 $\angle DCA=30°$이므로 $x=30$

15-1 (1) 2 (2) 68

(1) $\overline{BD}=\overline{AC}=9$ cm이므로 $7+x=9$

따라서 $x=2$

(2) $\overline{AD}/\!/\overline{BC}$이므로 $\angle DBC=\angle ADB=38°$ (엇각)

$\angle ABC=\angle C$이므로 $\angle C=30°+38°=68°$

따라서 $x=68$

핵심예제 16 $33°$

$\angle DCB=\angle B=66°$

$\triangle DAC$에서 $\overline{DA}=\overline{DC}$이므로 $\angle DAC=\angle DCA$

$\overline{AD}/\!/\overline{BC}$이므로 $\angle ACB=\angle DAC$ (엇각)

즉, $\angle DCB=\angle DCA+\angle ACB=2\angle DAC$이므로

$66°=2\angle DAC$에서 $\angle DAC=33°$

16-1 $50°$

$\overline{AD}/\!/\overline{BC}$이므로 $\angle ADB=\angle DBC=25°$ (엇각)

$\triangle ABD$에서 $\overline{AB}=\overline{AD}$이므로

$\angle ABD=\angle ADB=25°$

따라서

$\angle C=\angle ABC=\angle ABD+\angle DBC$
$=25°+25°=50°$

소단원 핵심문제

| 37쪽 |

| 1 ② | 2 ③ | 3 25° | 4 ①, ④ | 5 ④ |

1 $\overline{CO}=\overline{DO}$이므로

$4x-1=3x+2$, $x=3$

따라서 $\overline{CO}=4x-1=4\times3-1=11$ (cm)이므로

$\overline{AC}=2\overline{CO}=2\times11=22$ (cm)

2 ① $\overline{AO}=\overline{CO}=6$ cm

② $\overline{AC}=2\overline{CO}=2\times6=12$ (cm)

④ 마름모의 두 대각선은 서로 다른 것을 수직이등분하므로

$\angle AOB=90°$

⑤ $\triangle ABO$에서 $\angle AOB=90°$이므로

$\angle ABO=90°-63°=27°$

$\triangle ABD$에서 $\overline{AB}=\overline{AD}$이므로

$\angle ADO=\angle ABO=27°$

따라서 옳지 않은 것은 ③이다.

3 $\triangle ABC$는 $\overline{BA}=\overline{BC}$이고 $\angle ABC=90°$인 직각이등변삼각형이

므로 $\angle BAC=\dfrac{1}{2}\times(180°-90°)=45°$

$\triangle ABE$에서 $\angle ABE+\angle BAE=\angle BEC$이므로

$\angle ABE=70°-45°=25°$

4 ① 이웃하는 두 변의 길이가 같으므로 직사각형 ABCD는 정사각형이 된다.

④ 직사각형 ABCD에서 $\overline{BO}=\overline{CO}$이므로

$\angle OBC=45°$이면 $\angle BOC=90°$

즉, 두 대각선이 직교하므로 직사각형 ABCD는 정사각형이 된다.

따라서 직사각형 ABCD가 정사각형이 되는 조건은 ①, ④이다.

5 꼭짓점 D에서 $\overline{BC}$에 내린 수선의 발을 F라 하면 $\triangle ABE$와 $\triangle DCF$에서

$\angle AEB=\angle DFC=90°$, $\overline{AB}=\overline{DC}$,

$\angle B=\angle C$

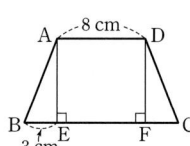

이므로 $\triangle ABE\equiv\triangle DCF$ (RHA 합동)

그러므로 $\overline{CF}=\overline{BE}=3$ cm

$\square AEFD$는 직사각형이므로 $\overline{EF}=\overline{AD}=8$ cm

따라서 $\overline{BC}=\overline{BE}+\overline{EF}+\overline{CF}=3+8+3=14$ (cm)

03. 여러 가지 사각형 사이의 관계

| 38~39쪽 |

핵심예제 17 (1) 마름모 (2) 직사각형 (3) 정사각형

17-1 ㄱ, ㄹ, ㅁ

ㄴ. $\overline{AC}\perp\overline{BD}$이면 마름모이다.

ㄷ. $\overline{AB}=\overline{CD}$는 평행사변형의 성질이다.

ㄹ. 평행사변형에서 이웃하는 두 내각의 크기의 합은 $180°$이므로

$\angle A=\angle B$이면 $\angle A=90°$

즉, $\angle A=\angle B$이면 평행사변형 ABCD는 직사각형이다.

ㅁ. $\angle CBD=\angle CDB$이면 $\overline{CB}=\overline{CD}$

즉, $\angle CBD=\angle CDB$, $\angle A=90°$이면 평행사변형 ABCD는 정사각형이다.

따라서 옳은 것은 ㄱ, ㄹ, ㅁ이다.

핵심예제 18

사각형 대각선의 성질	등변 사다리꼴	평행 사변형	직사각형	마름모	정사각형
두 대각선이 서로 다른 것을 이등분한다.	×	○	○	○	○
두 대각선의 길이가 같다.	○	×	○	×	○
두 대각선이 서로 다른 것을 수직이등분한다.	×	×	×	○	○

핵심예제 19 (1) △CGF (2) △DHG (3) 평행사변형

(1) △AEH와 △CGF에서
$\overline{AE}=\overline{CG}$, ∠A=∠C, $\overline{AH}=\overline{CF}$
이므로 △AEH≡△CGF(SAS 합동)

(2) △BFE와 △DHG에서
$\overline{BF}=\overline{DH}$, ∠B=∠D, $\overline{BE}=\overline{DG}$
이므로 △BFE≡△DHG(SAS 합동)

(3) △AEH≡△CGF에서 $\overline{EH}=\overline{GF}$
△BFE≡△DHG에서 $\overline{EF}=\overline{GH}$
따라서 두 쌍의 대변의 길이가 각각 같으므로 □EFGH는 평행사변형이다.

핵심예제 20 45 cm²

$\overline{AC}/\!/\overline{DE}$이므로 △ACD=△ACE
따라서
$$\square ABCD = \triangle ABC + \triangle ACD$$
$$= \triangle ABC + \triangle ACE$$
$$= 32 + 13 = 45\,(cm^2)$$

20-1 34 cm²

$\overline{AC}/\!/\overline{DE}$이므로 △ACE=△ACD
따라서
$$\triangle ABE = \triangle ABC + \triangle ACE$$
$$= \triangle ABC + \triangle ACD$$
$$= 24 + 10 = 34\,(cm^2)$$

소단원 핵심문제

| 40쪽 |

1 (1) ㄷ, ㄹ, ㅁ, ㅂ (2) ㄱ, ㄴ (3) ㄱ, ㄴ (4) ㄷ, ㄹ, ㅁ, ㅂ
2 (1) ㄷ, ㄹ, ㅁ, ㅂ (2) ㄴ, ㄹ, ㅂ (3) ㅁ, ㅂ
3 ①, ③   4 14 cm²   5 ④

1 ㄹ. $\overline{AO}=\overline{BO}$이면 $\overline{AC}=\overline{BD}$
   ㅂ. 평행사변형에서 이웃하는 두 내각의 크기의 합은 180°이므로
   ∠BAD=∠ADC이면 ∠BAD=90°

따라서 (1)~(4)에 알맞은 조건은 다음과 같다.
(1), (4) 두 대각선의 길이가 같다. (ㄷ, ㄹ)
     한 내각이 직각이다. (ㅁ, ㅂ)
(2), (3) 두 대각선이 직교한다. (ㄱ)
     이웃하는 두 변의 길이가 같다. (ㄴ)

3 △AEH≡△BEF≡△CGF≡△DGH(SAS 합동)이므로
$\overline{HE}=\overline{FE}=\overline{FG}=\overline{HG}$
즉, 네 변의 길이가 모두 같으므로 □EFGH는 마름모이다.
따라서 옳은 것은 ①, ③이다.

4 $l/\!/m$이므로 △DBC=△ABC=14 cm²

5 △ABD : △ADC=$\overline{BD}$: $\overline{DC}$=3 : 2이므로
$$\triangle ADC = \frac{2}{3+2}\triangle ABC = \frac{2}{5}\times 60 = 24\,(cm^2)$$

중단원 마무리 테스트

| 41~43쪽 |

1 ③   2 ④   3 ③   4 ②   5 19 cm
6 ④, ⑤   7 ③   8 ④
9 (1) 마름모 (2) 수직이등분   10 ②, ④   11 ④
12 (가) 마름모 (나) $\overline{AF}$ (다) ∠FAE (라) $\overline{BE}$ (마) 평행사변형
13 ④
14 (1) (나), (다), (라), (마) (2) (가), (다), (마) (3) (라), (마)
15 200 cm²   16 ①   17 ②
18 (1) 24° (2) 114° (3) 33°
19 (1) △DEA (2) △ABE (3) 42 cm²

1 $\overline{AD}=\overline{BC}$이므로 $3x-1=19-x$
$4x=20$, $x=5$
따라서 $\overline{AB}=\overline{DC}=x+3=5+3=8\,(cm)$

2 ㄱ, ㄹ. 마름모   ㅂ. ∠DAB+∠CDA=180°
따라서 옳은 것은 ㄴ, ㄷ, ㅁ이다.

3 $\overline{AD}/\!/\overline{BC}$이므로 ∠DAF=∠AFB(엇각)
이때 ∠BAF=∠DAF이므로 ∠BAF=∠AFB
즉, △ABF는 $\overline{AB}=\overline{BF}$인 이등변삼각형이므로
$\overline{BF}=\overline{AB}=4\,cm$
또 $\overline{BC}=\overline{AD}=7\,cm$이므로
$\overline{FC}=\overline{BC}-\overline{BF}=7-4=3\,(cm)$에서 $x=3$
$\overline{AB}/\!/\overline{DC}$이므로 ∠BAE=∠AED(엇각)
이때 ∠BAE=∠DAE이므로 ∠AED=∠DAE
즉, △DAE는 $\overline{DA}=\overline{DE}$인 이등변삼각형이므로
$\overline{DE}=\overline{DA}=7\,cm$에서 $y=7$
따라서 $x+y=3+7=10$

4 $\overline{AD}/\!\!/\overline{BC}$이므로 $\angle AEB=\angle EBC=34^\circ$(엇각)

$\overline{AB}=\overline{AE}$이므로 $\angle ABE=\angle AEB=34^\circ$

그러므로 $\angle ABC=34^\circ+34^\circ=68^\circ$

따라서 $\angle ABC+\angle C=180^\circ$이므로

$\angle C=180^\circ-68^\circ=112^\circ$

5 $\overline{OA}+\overline{OD}=\dfrac{1}{2}(\overline{AC}+\overline{BD})=\dfrac{1}{2}\times22=11\ (cm)$

따라서 $\triangle DAO$의 둘레의 길이는

$\overline{AD}+\overline{OA}+\overline{OD}=8+11=19\ (cm)$

6 ③ $\angle B+\angle C=180^\circ$이면 $\overline{AB}/\!\!/\overline{DC}$이다.

④ $\angle C+\angle D=180^\circ$이면 $\overline{AD}/\!\!/\overline{BC}$이다.

따라서 □ABCD가 평행사변형이 되기 위한 조건이 아닌 것은 ④, ⑤이다.

7 $\triangle PDA+\triangle PBC=\dfrac{1}{2}$□ABCD이므로

$27+\triangle PBC=\dfrac{1}{2}\times90$에서 $\triangle PBC=18\ (cm^2)$

8 ㄴ, ㄷ. 평행사변형 ABCD에서 $\angle OAB=\angle OBA$이면 $\overline{OA}=\overline{OB}$이고 평행사변형은 두 대각선이 서로 다른 것을 이등분하므로 $\overline{AC}=\overline{BD}$, $\overline{OB}=\overline{OC}$

즉, □ABCD는 직사각형이다.

ㅂ. $\angle CAB+\angle ACB=90^\circ$이면 $\triangle ABC$에서 $\angle ABC=90^\circ$

따라서 직사각형의 성질인 것은 ④ ㄴ, ㄷ, ㅂ이다.

9 ⑴ 네 변의 길이가 모두 같은 사각형이므로 마름모이다.

⑵ 직사각형을 반으로 두 번 접어서 생긴 대각선이므로 마름모의 두 대각선은 서로 다른 것을 수직이등분한다.

10 ① 마름모 ③ 직사각형 ⑤ 마름모

11 ① 등변사다리꼴은 평행하지 않은 한 쌍의 대변의 길이가 같다.

② 등변사다리꼴의 두 대각선의 길이는 같다.

③ $\triangle ABC$와 $\triangle DCB$에서

$\overline{AB}=\overline{DC}$, $\overline{AC}=\overline{DB}$, $\overline{BC}$는 공통

이므로 $\triangle ABC\equiv\triangle DCB$(SSS 합동)

즉, $\angle ACB=\angle DBC$이므로 $\triangle OBC$는 $\overline{OB}=\overline{OC}$인 이등변삼각형이다.

⑤ $\triangle ABD$와 $\triangle DCA$에서

$\overline{AB}=\overline{DC}$, $\overline{BD}=\overline{CA}$, $\overline{AD}$는 공통

이므로 $\triangle ABD\equiv\triangle DCA$(SSS 합동)

즉, $\angle ABD=\angle DCA$

따라서 옳지 않은 것은 ④이다.

13 ⑺ $\angle A=\angle B$ 또는 $\overline{AC}=\overline{BD}$ 또는 $\overline{AO}=\overline{DO}$ 또는 $\angle A=90^\circ$

⑻ $\overline{AB}=\overline{BC}$ 또는 $\overline{AC}\perp\overline{BD}$

따라서 옳은 것은 ④이다.

14 ⑴ 두 대각선이 서로 다른 것을 이등분하는 사각형은 평행사변형, 직사각형, 마름모, 정사각형이므로 (나), (다), (라), (마)이다.

⑵ 두 대각선의 길이가 같은 사각형은 등변사다리꼴, 직사각형, 정사각형이므로 (가), (다), (마)이다.

⑶ 두 대각선이 서로 다른 것을 수직이등분하는 사각형은 마름모, 정사각형이므로 (라), (마)이다.

15 정사각형의 각 변의 중점을 연결하여 만든 사각형은 정사각형이다. 즉, □EFGH는 정사각형이므로

□EFGH$=10\times10=100\ (cm^2)$

따라서 □ABCD$=2$□EFGH$=2\times100=200\ (cm^2)$

16 $\triangle OBC=\dfrac{1}{4}$□ABCD$=\dfrac{1}{4}\times60=15\ (cm^2)$

따라서 $\triangle OBE:\triangle OEC=\overline{BE}:\overline{EC}=2:1$이므로

$\triangle OBE=\dfrac{2}{2+1}\triangle OBC=\dfrac{2}{3}\times15=10\ (cm^2)$

17 ① 밑변 BC가 공통이고 높이가 같으므로

$\triangle ABC=\triangle DBC$

③ 밑변 AD가 공통이고 높이가 같으므로

$\triangle ABD=\triangle ACD$

④ $\triangle ABC=\triangle DBC$이므로

$\triangle ABO=\triangle ABC-\triangle OBC=\triangle DBC-\triangle OBC=\triangle DOC$

따라서 옳지 않은 것은 ②이다.

18 ⑴ $\triangle DCE$에서 $\angle CDE=180^\circ-2\times78^\circ=24^\circ$ ⋯⋯⋯ ❶

⑵ $\angle ADE=\angle ADC+\angle CDE=90^\circ+24^\circ=114^\circ$ ⋯⋯⋯ ❷

⑶ $\overline{AD}=\overline{DC}=\overline{DE}$이므로 $\triangle DAE$는 이등변삼각형이다.

따라서 $\angle DAE=\dfrac{1}{2}\times(180^\circ-114^\circ)=33^\circ$ ⋯⋯⋯ ❸

	채점 기준	비율
⑴	❶ $\angle CDE$의 크기 구하기	30 %
⑵	❷ $\angle ADE$의 크기 구하기	30 %
⑶	❸ $\angle DAE$의 크기 구하기	40 %

19 ⑴ $\angle BED=\angle BFA=90^\circ$(동위각)이므로 $\overline{DE}/\!\!/\overline{AF}$

$\overline{DE}/\!\!/\overline{AF}$이므로 오른쪽 그림과 같이 $\overline{AE}$를 그으면

$\triangle DEF=\triangle DEA$ ⋯⋯⋯ ❶

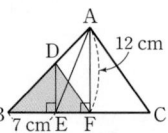

⑵ $\triangle DBF=\triangle DBE+\triangle DEF$

$=\triangle DBE+\triangle DEA$

$=\triangle ABE$ ⋯⋯⋯ ❷

⑶ $\triangle DBF=\triangle ABE=\dfrac{1}{2}\times7\times12=42\ (cm^2)$ ⋯⋯⋯ ❸

	채점 기준	비율
⑴	❶ $\triangle DEF$와 넓이가 같은 삼각형 구하기	30 %
⑵	❷ $\triangle DBF$와 넓이가 같은 삼각형 구하기	40 %
⑶	❸ $\triangle DBF$의 넓이 구하기	30 %

3. 도형의 닮음

01. 닮은 도형

| 46~48쪽 |

핵심예제 1 (1) 점 E (2) $\overline{FG}$ (3) ∠H

1-1 (1) 점 D (2) $\overline{DE}$ (3) ∠F

핵심예제 2 ③

③ 오른쪽 그림의 두 마름모는 닮은 도형이
아니다.

2-1 ㄷ, ㄹ

다음 각 경우의 두 도형은 닮은 도형이 아니다.

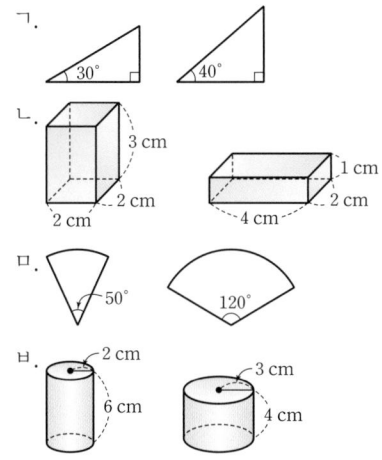

따라서 항상 닮은 도형인 것은 ㄷ, ㄹ이다.

핵심예제 3 (1) 1 : 2 (2) 8 cm (3) 60°

(1) $\overline{AB}$의 대응변이 $\overline{DE}$이므로 △ABC와 △DEF의 닮음비는
$\overline{AB} : \overline{DE} = 5 : 10 = 1 : 2$

(2) $\overline{AC} : \overline{DF} = 1 : 2$이므로 $4 : \overline{DF} = 1 : 2$, 즉 $\overline{DF} = 8$ (cm)

(3) ∠A의 대응각이 ∠D이고
△DEF에서 ∠D = $180° - (40° + 80°) = 60°$이므로
∠A = ∠D = $60°$

3-1 (1) 4 : 3 (2) $\dfrac{9}{2}$ cm (3) 100°

(1) $\overline{BC}$의 대응변이 $\overline{FG}$이므로 □ABCD와 □EFGH의 닮음비는
$\overline{BC} : \overline{FG} = 8 : 6 = 4 : 3$

(2) $\overline{AD} : \overline{EH} = 4 : 3$이므로 $6 : \overline{EH} = 4 : 3$, 즉 $\overline{EH} = \dfrac{9}{2}$ (cm)

(3) ∠C의 대응각이 ∠G이므로 ∠C = ∠G = 70°
따라서 □ABCD에서
∠D = $360° - (100° + 90° + 70°) = 100°$

핵심예제 4 2 : 3

원 O와 원 O′의 닮음비는 두 원의 반지름의 길이의 비와 같으므로
$4 : 6 = 2 : 3$

4-1 15 cm

원 O와 원 O′의 닮음비가 3 : 5이므로
$9 : (원 O′의 반지름의 길이) = 3 : 5$
따라서 (원 O′의 반지름의 길이) = 15 (cm)

핵심예제 5 (1) 2 : 3 (2) $x = 8$, $y = \dfrac{15}{2}$

(1) $\overline{AC}$에 대응하는 모서리가 $\overline{A'C'}$이므로 두 삼각기둥의 닮음비는
$\overline{AC} : \overline{A'C'} = 6 : 9 = 2 : 3$

(2) $\overline{AD} : \overline{A'D'} = 2 : 3$이므로 $x : 12 = 2 : 3$, 즉 $x = 8$
$\overline{EF} : \overline{E'F'} = 2 : 3$이므로 $5 : y = 2 : 3$, 즉 $y = \dfrac{15}{2}$

5-1 (1) 3 : 2 (2) 4 cm

(1) $\overline{FG}$에 대응하는 모서리가 $\overline{F'G'}$이므로 두 직육면체의 닮음비는
$\overline{FG} : \overline{F'G'} = 12 : 8 = 3 : 2$

(2) $\overline{DH} : \overline{D'H'} = 3 : 2$이므로 $6 : \overline{D'H'} = 3 : 2$, 즉 $\overline{D'H'} = 4$ (cm)

핵심예제 6 (1) 4 : 3 (2) 9

(1) 두 원기둥의 닮음비는 두 원기둥의 높이의 비와 같으므로
$32 : 24 = 4 : 3$

(2) 두 원기둥의 밑면인 원의 반지름의 길이의 비는 두 원기둥의 닮음비와 같으므로
$12 : x = 4 : 3$, 즉 $x = 9$

6-1 (1) 3 : 1 (2) 15

(1) 두 원뿔의 모선의 길이의 비는 두 원뿔의 닮음비와 같으므로
$21 : 7 = 3 : 1$

(2) 두 원뿔의 밑면인 원의 반지름의 길이의 비는 두 원뿔의 닮음비와 같으므로
$x : 5 = 3 : 1$에서 $x = 15$

소단원 핵심문제

| 49쪽 |

1 점 F, $\overline{AC}$, ∠B	2 ㄴ	3 ①, ⑤
4 3 : 2, 40°	5 ①	

2 ㄴ. □ABCD∽□EFGH이므로 $\overline{AD}$의 대응변은 $\overline{EH}$이다.
따라서 옳지 않은 것은 ㄴ이다.

3 다음 각 경우의 두 도형은 닮은 도형이 아니다.

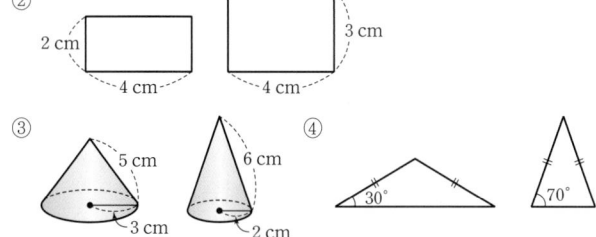

따라서 항상 닮은 도형인 것은 ①, ⑤이다.

4 △ABC와 △DEF에서 $\overline{AB}$의 대응변이 $\overline{DE}$이므로 닮음비는
$\overline{AB}:\overline{DE}=6:4=3:2$
또 ∠A와 ∠D, ∠B와 ∠E가 각각 대응각이므로
∠D=∠A=75°, ∠E=∠B=65°
따라서 △DEF에서 ∠F=180°−(75°+65°)=40°

5 닮은 두 직육면체에서 $\overline{FG}$에 대응하는 모서리가 $\overline{F'G'}$이므로
닮음비는 $\overline{FG}:\overline{F'G'}=3:6=1:2$
$\overline{GH}:\overline{G'H'}=1:2$이므로 $x:4=1:2$, 즉 $x=2$
$\overline{DH}:\overline{D'H'}=1:2$이므로 $5:y=1:2$, 즉 $y=10$
따라서 $x+y=2+10=12$

02. 삼각형의 닮음 조건 | 50~52쪽 |

핵심예제 7 ㄱ과 ㅁ, ㄴ과 ㄷ, ㄹ과 ㅂ

(i) ㄱ과 ㅁ에서
두 쌍의 대응변의 길이의 비는 8:10=4:5이고
그 끼인각의 크기가 50°로 같다.
따라서 ㄱ과 ㅁ은 닮은 삼각형이다. (SAS 닮음)

(ii) ㄴ과 ㄷ에서
세 쌍의 대응변의 길이의 비는 6:12=5:10=4:8이다.
따라서 ㄴ과 ㄷ은 닮은 삼각형이다. (SSS 닮음)

(iii) ㄹ과 ㅂ에서
ㄹ의 세 내각의 크기는 각각 35°, 90°, 180°−(35°+90°)=55°,
ㅂ의 두 내각의 크기는 각각 55°, 35°
이므로 두 쌍의 대응각의 크기가 각각 같다.
따라서 ㄹ과 ㅂ은 닮은 삼각형이다. (AA 닮음)

7-1 △ABC∽△KLJ(SAS 닮음), △DEF∽△HIG(AA 닮음)

(i) △ABC와 △KLJ에서
$\overline{AB}:\overline{KL}=8:6=4:3$, $\overline{AC}:\overline{KJ}=12:9=4:3$,
∠A=∠K=75°
이므로 △ABC∽△KLJ(SAS 닮음)

(ii) △DEF와 △HIG에서
∠D=180°−(45°+30°)=105°
즉, ∠D=∠H, ∠E=∠I
이므로 △DEF∽△HIG(AA 닮음)

핵심예제 8 (1) △ABC∽△AED(AA 닮음) (2) 3:1

(1) △ABC와 △AED에서
∠A는 공통, ∠C=∠ADE
이므로 △ABC∽△AED(AA 닮음)

(2) △ABC와 △AED의 닮음비는
$\overline{AC}:\overline{AD}=(3+9):4=3:1$

8-1 (1) △ABC∽△AED(SAS 닮음) (2) 18 cm

(1) △ABC와 △AED에서
$\overline{AB}:\overline{AE}=(8+7):10=3:2$,
$\overline{AC}:\overline{AD}=(10+2):8=3:2$,
∠A는 공통
이므로 △ABC∽△AED(SAS 닮음)

(2) △ABC와 △AED의 닮음비는 3:2이므로
$\overline{BC}:\overline{ED}=3:2$에서 $\overline{BC}:12=3:2$
따라서 $\overline{BC}=18$ (cm)

8-2 (1) $\dfrac{32}{3}$ (2) 18

(1) △ABC와 △DAC에서
∠B=∠CAD, ∠C는 공통
이므로 △ABC∽△DAC(AA 닮음)
따라서 $\overline{BC}:\overline{AC}=\overline{AC}:\overline{DC}$이므로
$(x+6):10=10:6$, $(x+6):10=5:3$
$3x+18=50$, 즉 $x=\dfrac{32}{3}$

(2) △ABC와 △AED에서
∠A는 공통,
$\overline{AB}:\overline{AE}=(4+11):5=3:1$,
$\overline{AC}:\overline{AD}=(5+7):4=3:1$
이므로 △ABC∽△AED(SAS 닮음)
따라서 $\overline{BC}:\overline{ED}=3:1$이므로
$x:6=3:1$에서 $x=18$

핵심예제 9 ∠BDA, ∠B, AA, $\overline{BA}$

9-1 ∠ADC, ∠DAB, AA, $\overline{DA}$

핵심예제 10 (1) 8 (2) 9

(1) $\overline{AC}^2=\overline{CD}\times\overline{CB}$에서 $4^2=2x$, 즉 $x=8$
(2) $\overline{AB}^2=\overline{BD}\times\overline{BC}$에서 $12^2=x\times16$, 즉 $x=9$

소단원 핵심문제 | 53쪽 |

1 ② 2 $\dfrac{21}{2}$ cm 3 ③ 4 ⑤ 5 16 cm

1 ① 세 쌍의 대응변의 길이의 비가 같으므로
△ABC∽△A′B′C′(SSS 닮음)
② ∠A와 ∠A′은 두 쌍의 대응변의 끼인각이 아니므로 닮은 도형이 아니다.
③ 두 쌍의 대응각의 크기가 각각 같으므로
△ABC∽△A′B′C′(AA 닮음)

④ 두 쌍의 대응변의 길이의 비가 같고, 그 끼인각의 크기가 같으
므로 △ABC∽△A′B′C′(SAS 닮음)

⑤ $a:a′=b:b′=c:c′=1:1$

즉, 세 쌍의 대응변의 길이의 비가 같으므로
△ABC∽△A′B′C′(SSS 닮음)

따라서 두 삼각형이 닮은 도형이 되는 조건이 아닌 것은 ②이다.

2 △ACO와 △BDO에서
$\overline{AO}:\overline{BO}=8:12=2:3$,
$\overline{CO}:\overline{DO}=6:9=2:3$,
∠COA=∠DOB(맞꼭지각)
이므로 △ACO∽△BDO(SAS 닮음)
△ACO와 △BDO의 닮음비가 2 : 3이므로
$\overline{AC}:\overline{BD}=2:3$에서 $7:\overline{BD}=2:3$
따라서 $\overline{BD}=\dfrac{21}{2}$ (cm)

3 △ABC와 △ADB에서
∠A는 공통, ∠C=∠ABD
이므로 △ABC∽△ADB(AA 닮음)
이때 $\overline{AC}:\overline{AB}=\overline{AB}:\overline{AD}$이므로 $\overline{AC}:12=12:8$
즉, $\overline{AC}:12=3:2$에서 $\overline{AC}=18$ (cm)
따라서 $\overline{CD}=\overline{AC}-\overline{AD}=18-8=10$ (cm)

4 ⑤ $\overline{AD}^2=\overline{DB}\times\overline{DC}$
따라서 옳지 않은 것은 ⑤이다.

5 $\overline{AD}^2=\overline{DB}\times\overline{DC}$이므로 $8^2=4\overline{DC}$
따라서 $\overline{DC}=16$ (cm)

03. 닮음의 활용　| 54~55쪽 |

핵심예제 11 (1) 3 : 4　(2) 9 : 16

(1) △ABC와 △DEF의 닮음비는 $\overline{AB}:\overline{DE}=6:8=3:4$
(2) △ABC와 △DEF의 닮음비가 3 : 4이므로 넓이의 비는
$3^2:4^2=9:16$

11-1 (1) 2 : 3　(2) 2 : 3

(1) □ABCD와 □EFGH의 닮음비는
$\overline{BC}:\overline{FG}=\overline{DC}:\overline{HG}=2:3$
(2) □ABCD와 □EFGH의 둘레의 길이의 비는
닮음비와 같으므로 2 : 3

핵심예제 12 (1) 4 : 25　(2) 8 : 125

(1) 닮음비가 2 : 5이므로 겉넓이의 비는 $2^2:5^2=4:25$
(2) 닮음비가 2 : 5이므로 부피의 비는 $2^3:5^3=8:125$

12-1 (1) 4, 3　(2) 3, 3, 54, 54

(1) 두 원뿔의 밑면인 원의 둘레의 길이의 비는
닮음비와 같으므로 4 : 3

핵심예제 13 (1) 5　(2) 40

(1) 축도에서의 $\overline{AB}$의 길이는
$50\text{ m}\times\dfrac{1}{1000}=5000\text{ cm}\times\dfrac{1}{1000}=5\text{ cm}$, 즉 $x=5$
(2) 두 지점 B, C 사이의 실제 거리는
$4\text{ cm}\times1000=4000\text{ cm}=40\text{ m}$, 즉 $y=40$

13-1 50 cm

지도에서의 두 지점 사이의 거리는
$5\text{ km}\times\dfrac{1}{10000}=500000\text{ cm}\times\dfrac{1}{10000}$
$=50\text{ cm}$

핵심예제 14 5 m

△ABC와 △ADE에서
∠ABC=∠ADE=90°, ∠A는 공통
이므로 △ABC∽△ADE(AA 닮음)
$\overline{AB}:\overline{AD}=\overline{BC}:\overline{DE}$에서
$3:(3+7)=1.5:\overline{DE}$이므로 $\overline{DE}=5$ (m)
따라서 나무의 높이는 5 m이다.

핵심예제 15 (1) △ABF∽△DFE(AA 닮음)　(2) 6 cm

(1) △ABF와 △DFE에서
∠A=∠D=90°,
∠ABF=90°−∠BFA
=∠DFE
이므로 △ABF∽△DFE(AA 닮음)
(2) △ABF∽△DFE이므로
$\overline{AB}:\overline{DF}=\overline{AF}:\overline{DE}$에서 $8:4=\overline{AF}:3$, $2:1=\overline{AF}:3$
따라서 $\overline{AF}=6$ (cm)

소단원 핵심문제　| 56쪽 |

1 ①	2 5 : 6	3 32 cm³	4 1.2 km	5 $\dfrac{35}{4}$ cm

1 원 O의 둘레의 길이는 $2\pi\times10=20\pi$ (cm)이고, 원 O와 원 O′
의 닮음비가 5 : 2이므로 원 O′의 둘레의 길이를 l cm라 하면
$20\pi:l=5:2$에서 $l=8\pi$
따라서 원 O′의 둘레의 길이는 8π cm이다.

2 닮은 두 부채꼴의 넓이의 비가 $25:36=5^2:6^2$이므로
닮음비는 5 : 6

3 두 직육면체 P, Q의 닮음비가 $4:6=2:3$이므로
부피의 비는 $2^3:3^3=8:27$
직육면체 P의 부피를 x cm³라 하면
$x:108=8:27$, 즉 $x=32$
따라서 직육면체 P의 부피는 32 cm³이다.

4 $(축척)=\dfrac{6\,\text{cm}}{900\,\text{m}}=\dfrac{6\,\text{cm}}{90000\,\text{cm}}=\dfrac{1}{15000}$
따라서 두 지점 A, B 사이의 실제 거리는
$8\,\text{cm}\times15000=120000\,\text{cm}=1.2\,\text{km}$

5 △DBF와 △FCE에서
$\angle B=\angle C=60°,$
$\angle BDF=180°-(\angle B+\angle BFD)$
$\qquad\quad=180°-(\angle DFE+\angle BFD)$
$\qquad\quad=\angle CFE$
이므로 △DBF∽△FCE(AA 닮음)
이때 $\overline{DF}=\overline{AD}=(5+10)-8=7\,(\text{cm})$이고
$\overline{DB}:\overline{FC}=\overline{DF}:\overline{FE}$이므로 $8:10=7:\overline{FE}$, $4:5=7:\overline{FE}$
따라서 $\overline{FE}=\dfrac{35}{4}\,(\text{cm})$

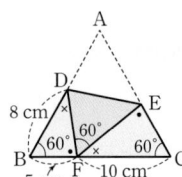

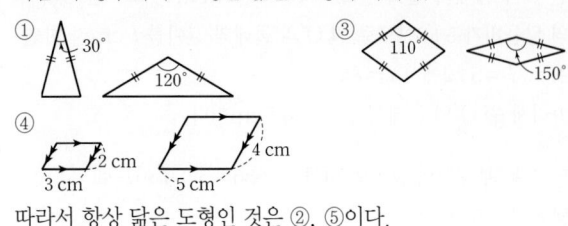

중단원 마무리 테스트

| 57~59쪽 |

1 ③	**2** ④	**3** ②, ⑤	
4 △ABC∽△FDE(AA 닮음)		**5** ②	**6** ⑤
7 ④	**8** $\dfrac{25}{4}$ cm	**9** ③	**10** 54 cm²	**11** 36 cm
12 ④	**13** ②	**14** ⑤	**15** ③	**16** 4.5 m
17 8 m	**18** 5 cm	**19** (1) $\dfrac{9}{4}$ cm (2) $\dfrac{15}{4}$ cm	
20 (1) $1:7:19$ (2) 14 cm³			

2 $\overline{BC}$에 대응하는 모서리가 $\overline{B'C'}$이므로 두 사면체의 닮음비는
$\overline{BC}:\overline{B'C'}=6:8=3:4$
또 $\overline{AD}$에 대응하는 모서리가 $\overline{A'D'}$이므로
$\overline{AD}:\overline{A'D'}=3:4$, $\overline{AD}:14=3:4$
따라서 $\overline{AD}=10.5\,(\text{cm})$

3 다음 각 경우의 두 도형은 닮은 도형이 아니다.

①

③

④

따라서 항상 닮은 도형인 것은 ②, ⑤이다.

4 △ABC와 △FDE에서
$\angle A=\angle F=80°,$
$\angle C=180°-(80°+60°)=40°$이므로 $\angle C=\angle E$
따라서 △ABC∽△FDE(AA 닮음)

5 ② △ABC와 △EFD에서
$\overline{AB}:\overline{EF}=\overline{AC}:\overline{ED}=5:3,$
$\angle A=\angle E=30°$
이므로 △ABC∽△EFD(SAS 닮음)
따라서 추가해야 하는 조건은 ②이다.

6 △ABC에서 가장 긴 변의 길이가 20 cm이므로
△ABC와 △DEF의 닮음비는 $20:24=5:6$

7 ① △ABC와 △EDC에서
$\angle B=\angle EDC$, $\angle C$는 공통
이므로 △ABC∽△EDC(AA 닮음)
② △ABC∽△EDC이므로 $\angle A=\angle CED$
③ △ABC와 △EDC의 닮음비는 $\overline{AC}:\overline{EC}=(4+8):6=2:1$
④ $\overline{AB}:\overline{ED}=2:1$이므로 $\overline{AB}:7=2:1$, 즉 $\overline{AB}=14\,(\text{cm})$
⑤ $\overline{BC}:\overline{DC}=2:1$이므로 $(\overline{BE}+6):8=2:1$
즉, $\overline{BE}=10\,(\text{cm})$
따라서 옳지 않은 것은 ④이다.

8 △BFE와 △CDE에서
$\angle BEF=\angle CED$(맞꼭지각), $\angle EBF=\angle ECD$(엇각)
이므로 △BFE∽△CDE(AA 닮음)
이때 $\overline{BE}=10-\overline{CE}$이고 $\overline{CD}=\overline{AB}=5\,\text{cm}$이므로
$\overline{BE}:\overline{CE}=\overline{BF}:\overline{CD}$에서
$(10-\overline{CE}):\overline{CE}=3:5$, $3\overline{CE}=50-5\overline{CE}$
따라서 $\overline{CE}=\dfrac{25}{4}\,(\text{cm})$

9 △ABD와 △ACE에서
$\angle A$는 공통, $\angle ADB=\angle AEC=90°$
이므로 △ABD∽△ACE(AA 닮음)
△ACE와 △FCD에서
$\angle C$는 공통, $\angle AEC=\angle FDC=90°$
이므로 △ACE∽△FCD(AA 닮음)
△ABD와 △FBE에서
$\angle B$는 공통, $\angle ADB=\angle FEB=90°$
이므로 △ABD∽△FBE(AA 닮음)
따라서 △FBE∽△ABD∽△ACE∽△FCD이므로
나머지 넷과 닮음이 아닌 하나는 ③이다.

10 $\overline{AB}^2=\overline{BD}\times\overline{BC}$에서 $20^2=16\times(16+\overline{DC})$
즉, $\overline{DC}=9\,(\text{cm})$
$\overline{AD}^2=\overline{DB}\times\overline{DC}$에서 $\overline{AD}^2=16\times9$
즉, $\overline{AD}=12\,(\text{cm})$

따라서 $\triangle ADC = \dfrac{1}{2} \times \overline{AD} \times \overline{DC} = \dfrac{1}{2} \times 12 \times 9 = 54\,(\text{cm}^2)$

11 원래 정육각형과 확대 복사한 정육각형의 닮음비는
$100 : 150 = 2 : 3$
원래 정육각형의 둘레의 길이는
$4 \times 6 = 24\,(\text{cm})$
확대 복사한 정육각형의 둘레의 길이를 l cm라 하면
$24 : l = 2 : 3$, 즉 $l = 36\,(\text{cm})$
따라서 확대 복사한 정육각형의 둘레의 길이는 36 cm이다.

12 $\triangle AOD$와 $\triangle COB$에서
$\angle AOD = \angle COB$(맞꼭지각), $\angle ADO = \angle CBO$(엇각)
이므로 $\triangle AOD \backsim \triangle COB$(AA 닮음)
$\triangle AOD$와 $\triangle COB$의 닮음비가 $\overline{AD} : \overline{CB} = 12 : 16 = 3 : 4$이므로
넓이의 비는 $3^2 : 4^2 = 9 : 16$
즉, $\triangle AOD : \triangle COB = 9 : 16$에서 $54 : \triangle COB = 9 : 16$
따라서 $\triangle COB = 96\,(\text{cm}^2)$

13 ② 닮음비가 $\overline{AD} : \overline{A'D'} = 6 : 9 = 2 : 3$이므로
$\overline{AC} : \overline{A'C'} = 2 : 3$에서 $\overline{AC} : 7 = 2 : 3$
즉, $\overline{AC} = \dfrac{14}{3}\,(\text{cm})$
⑤ ($\square ADEB$의 넓이)$= 6 \times 4 = 24\,(\text{cm}^2)$이므로
$24 : (\square A'D'E'B'$의 넓이$) = 2^2 : 3^2$에서
($\square A'D'E'B'$의 넓이)$= 54\,(\text{cm}^2)$
따라서 옳지 않은 것은 ②이다.

14 두 구 A, B의 반지름의 길이의 비가 $1 : 2$이므로 겉넓이의 비는
$1^2 : 2^2 = 1 : 4$
구 B의 겉넓이를 $x\,\text{cm}^2$라 하면
$16\pi : x = 1 : 4$, 즉 $x = 64\pi\,(\text{cm}^2)$
따라서 구 B의 겉넓이는 $64\pi\,\text{cm}^2$이다.

15 (실제 길이)$= \dfrac{(축도에서의 길이)}{(축척)}$이므로 축척이 $\dfrac{1}{40000}$인 지도
에서 길이가 10 cm인 두 지점 사이의 실제 거리는
$10\,\text{cm} \times 40000 = 400000\,\text{cm} = 4\,\text{km}$

16 같은 날, 같은 시각에 태양이 나무와 막대를 비추는 각의 크기는
같다.

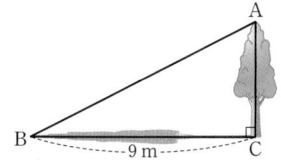 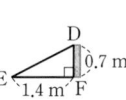

즉, 위의 그림 $\triangle ABC$와 $\triangle DEF$에서
$\angle B = \angle E$, $\angle C = \angle F = 90°$
이므로 $\triangle ABC \backsim \triangle DEF$(AA 닮음)
이때 $\overline{AC} : \overline{DF} = \overline{BC} : \overline{EF}$에서 $\overline{AC} : 0.7 = 9 : 1.4$

즉, $\overline{AC} = 4.5\,(\text{m})$
따라서 나무의 높이는 4.5 m이다.

17 $\triangle ABC$와 $\triangle DEC$에서
$\angle B = \angle E = 90°$,
$\angle ACB = \angle DCE$(거울에서 입사각과 반사각의 크기는 같다.)
이므로 $\triangle ABC \backsim \triangle DEC$(AA 닮음)
이때 $\overline{AB} : \overline{DE} = \overline{BC} : \overline{EC}$이므로
$1.6 : \overline{DE} = 3.2 : 16$에서 $\overline{DE} = 8\,(\text{m})$
따라서 건물의 높이는 8 m이다.

18 $\triangle ABF$와 $\triangle DFE$에서
$\angle A = \angle D = 90°$,
$\angle ABF = 90° - \angle BFA = \angle DFE$
이므로 $\triangle ABF \backsim \triangle DFE$(AA 닮음)
이때 $\overline{FD} = 15 - 12 = 3\,(\text{cm})$, $\overline{BF} = \overline{BC} = 15\,\text{cm}$이므로
$\overline{AB} : \overline{DF} = \overline{BF} : \overline{FE}$에서 $9 : 3 = 15 : \overline{FE}$, $3 : 1 = 15 : \overline{FE}$
따라서 $\overline{FE} = 5\,(\text{cm})$

19 (1) $\overline{AB}^2 = \overline{BD} \times \overline{BC}$이므로
$5^2 = 4 \times (4 + \overline{CD})$
$25 = 16 + 4\overline{CD}$, $4\overline{CD} = 9$
따라서 $\overline{CD} = \dfrac{9}{4}\,(\text{cm})$ ········· ❶
(2) $\overline{AC}^2 = \overline{CD} \times \overline{CB}$이므로
$\overline{AC}^2 = \dfrac{9}{4} \times \left(\dfrac{9}{4} + 4\right) = \dfrac{225}{16}$
이때 $\overline{AC} > 0$이므로 $\overline{AC} = \dfrac{15}{4}\,(\text{cm})$ ········· ❷

	채점 기준	비율
(1)	❶ $\overline{CD}$의 길이 구하기	50 %
(2)	❷ $\overline{AC}$의 길이 구하기	50 %

20 (1) 두 입체도형 A, B로 이루어진 원뿔을 P, 세 입체도형 A, B, C로 이루어진 원뿔을 Q라 하면 세 원뿔 A, P, Q는 닮은 도형이고 닮음비가 $1 : 2 : 3$이다. ········· ❶
따라서 세 원뿔 A, P, Q의 부피의 비가
$1^3 : 2^3 : 3^3 = 1 : 8 : 27$
이므로 세 입체도형 A, B, C의 부피의 비는
$1 : (8-1) : (27-8) = 1 : 7 : 19$ ········· ❷
(2) 원뿔 A의 부피가 $2\,\text{cm}^3$이고
(원뿔 A의 부피) : (원뿔대 B의 부피)$= 1 : 7$이므로
$2 : (원뿔대 B의 부피) = 1 : 7$
따라서 (원뿔대 B의 부피)$= 14\,(\text{cm}^3)$ ········· ❸

	채점 기준	비율
(1)	❶ 세 원뿔의 닮음비 알기	20 %
	❷ 세 입체도형 A, B, C의 부피의 비 구하기	40 %
(2)	❸ 원뿔대 B의 부피 구하기	40 %

4. 평행선 사이의 선분의 길이의 비

01. 삼각형과 평행선
| 62~64쪽 |

핵심예제 1 (1) 6 (2) 12 (3) 10 (4) 24

(1) $4:x=6:9$이므로 $4:x=2:3$, $2x=12$
따라서 $x=6$

(2) $x:4=9:3$이므로 $x:4=3:1$
따라서 $x=12$

(3) $5:3=x:6$이므로 $3x=30$
따라서 $x=10$

(4) $8:x=6:(6+12)$이므로 $8:x=6:18$, $8:x=1:3$
따라서 $x=24$

1-1 (1) $x=9, y=6$ (2) $x=6, y=7$
(3) $x=9, y=20$ (4) $x=8, y=15$

(1) $8:12=6:x$이므로 $2:3=6:x$, $2x=18$
즉, $x=9$
$8:12=y:9$이므로 $2:3=y:9$, $3y=18$
즉, $y=6$

(2) $x:3=10:5$이므로 $x:3=2:1$
즉, $x=6$
$14:y=10:5$이므로 $14:y=2:1$, $2y=14$
즉, $y=7$

(3) $x:3=12:4$이므로 $x:3=3:1$
즉, $x=9$
$12:(12+4)=15:y$이므로 $3:4=15:y$, $3y=60$
즉, $y=20$

(4) $x:20=6:15$이므로 $x:20=2:5$, $5x=40$
즉, $x=8$
$6:(15-6)=10:y$이므로 $2:3=10:y$, $2y=30$
즉, $y=15$

핵심예제 2 ㄱ

ㄱ. $\overline{AD}:\overline{DB}=10:4=5:2$, $\overline{AE}:\overline{EC}=15:6=5:2$
즉, $\overline{AD}:\overline{DB}=\overline{AE}:\overline{EC}$이므로 $\overline{BC}$와 $\overline{DE}$는 평행하다.
ㄴ. $10:4\neq15:5$이므로 $\overline{BC}$와 $\overline{DE}$는 평행하지 않다.
ㄷ. $8:4\neq7:3$이므로 $\overline{BC}$와 $\overline{DE}$는 평행하지 않다.
따라서 $\overline{BC}/\!/\overline{DE}$인 것은 ㄱ이다.

2-1 ①, ⑤

① $9:(21-9)=12:16=3:4$이므로 $\overline{BC}/\!/\overline{DE}$
⑤ $2:4=3:6=1:2$이므로 $\overline{BC}/\!/\overline{DE}$
따라서 $\overline{BC}/\!/\overline{DE}$인 것은 ①, ⑤이다.

2-2 (1) × (2) ○ (3) ×

(1) $\overline{CF}:\overline{FA}=6:4=3:2$, $\overline{CE}:\overline{EB}=5:4$이므로
$\overline{CF}:\overline{FA}\neq\overline{CE}:\overline{EB}$
따라서 $\overline{AB}$와 $\overline{FE}$는 평행하지 않다.

(2) $\overline{AD}:\overline{DB}=2:3$, $\overline{AF}:\overline{FC}=4:6=2:3$이므로
$\overline{AD}:\overline{DB}=\overline{AF}:\overline{FC}$
따라서 $\overline{BC}/\!/\overline{DF}$

(3) $\overline{BD}:\overline{DA}=3:2$, $\overline{BE}:\overline{EC}=4:5$이므로
$\overline{BD}:\overline{DA}\neq\overline{BE}:\overline{EC}$
따라서 $\overline{AC}$와 $\overline{DE}$는 평행하지 않다.

핵심예제 3 3 cm

∠BAD=∠BEC(동위각), ∠DAC=∠ACE(엇각)이므로
∠AEC=∠ACE
즉, △ACE는 이등변삼각형이므로 $\overline{AE}=\overline{AC}=4$ cm
이때 △BCE에서 $\overline{BA}:\overline{AE}=\overline{BD}:\overline{DC}$이므로
$6:4=\overline{BD}:2$, $3:2=\overline{BD}:2$
따라서 $\overline{BD}=3$ (cm)

3-1 (1) 6 (2) 5

(1) $9:x=3:2$이므로 $3x=18$
따라서 $x=6$

(2) $8:10=(9-x):x$이므로 $4:5=(9-x):x$
$4x=5(9-x)$, $4x=45-5x$, $9x=45$
따라서 $x=5$

핵심예제 4 8 cm

∠AEC=∠FAD(동위각), ∠ACE=∠DAC(엇각)이므로
∠AEC=∠ACE
즉, △AEC는 이등변삼각형이므로 $\overline{AE}=\overline{AC}=4$ cm
이때 △BDA에서 $\overline{BA}:\overline{EA}=\overline{BD}:\overline{CD}$이므로
$5:4=(2+\overline{CD}):\overline{CD}$
$5\overline{CD}=4(2+\overline{CD})$, $5\overline{CD}=8+4\overline{CD}$
따라서 $\overline{CD}=8$ (cm)

4-1 (1) 5 (2) 9

(1) $9:6=(x+10):10$이므로 $3:2=(x+10):10$
$2(x+10)=30$, $2x+20=30$, $2x=10$
따라서 $x=5$

(2) $x:6=(4+8):8$이므로 $x:6=3:2$, $2x=18$
따라서 $x=9$

소단원 핵심문제
| 65쪽 |

1 (가) ∠FEC (나) ∠ECF (다) AA (라) $\overline{DB}$ **2** ④
3 ⑤ **4** ⑤

2 $8 : x = 6 : 3$이므로 $8 : x = 2 : 1$, $2x = 8$

즉, $x = 4$

$6 : (6+3) = 4 : y$이므로 $2 : 3 = 4 : y$, $2y = 12$

즉, $y = 6$

따라서 $x + y = 4 + 6 = 10$

3 ① $\overline{AD} : \overline{DB} = \overline{AE} : \overline{EC}$이므로 $\overline{BC} \, / \! / \, \overline{DE}$

② $\triangle ABC$와 $\triangle ADE$에서

$\overline{AD} : \overline{DB} = \overline{AE} : \overline{EC}$, $\angle A$는 공통

이므로 $\triangle ABC \circ \triangle ADE$(SAS 닮음)

③ $\overline{AD} : \overline{AB} = \overline{DE} : \overline{BC} = 12 : 18 = 2 : 3$

④ $10 : \overline{AB} = 2 : 3$이므로 $2\overline{AB} = 30$, $\overline{AB} = 15$ (cm)

즉, $\overline{BD} = \overline{AB} - \overline{AD} = 15 - 10 = 5$ (cm)

⑤ $\overline{AE} : \overline{EC} = \overline{AD} : \overline{DB} = 10 : 5 = 2 : 1$

따라서 옳지 않은 것은 ⑤이다.

4 $\overline{BD} : \overline{CD} = \overline{AB} : \overline{AC} = 3 : 5$이므로

$\triangle ADC = \dfrac{5}{8} \triangle ABC = \dfrac{5}{8} \times 24 = 15$ (cm²)

02. 평행선 사이의 선분의 길이의 비 | 66~68쪽 |

핵심예제 5 (1) 2 (2) 15 (3) 6 (4) 16

(1) $6 : 3 = 4 : x$이므로 $2 : 1 = 4 : x$, $2x = 4$

따라서 $x = 2$

(2) $6 : 10 = 9 : x$이므로 $3 : 5 = 9 : x$, $3x = 45$

따라서 $x = 15$

(3) $8 : (12-8) = x : 3$이므로 $2 : 1 = x : 3$

따라서 $x = 6$

(4) $4 : x = 3 : 12$이므로 $4 : x = 1 : 4$

따라서 $x = 16$

5-1 (1) 3 (2) 8 (3) 15 (4) 9

(1) $x : 9 = 2 : (2+4)$이므로 $x : 9 = 1 : 3$, $3x = 9$

따라서 $x = 3$

(2) $16 : x = 12 : 6$이므로 $16 : x = 2 : 1$, $2x = 16$

따라서 $x = 8$

(3) $5 : x = 6 : (6+12)$이므로 $5 : x = 1 : 3$

따라서 $x = 15$

(4) $6 : (6+4) = x : 15$이므로 $3 : 5 = x : 15$, $5x = 45$

따라서 $x = 9$

핵심예제 6 (1) $x = 2$, $y = 8$ (2) $x = 15$, $y = 4$

(1) $\square AHCD$는 평행사변형이므로 $\overline{HC} = \overline{GF} = \overline{AD} = 8$ cm

즉, $y = 8$

이때 $\overline{BH} = \overline{BC} - \overline{HC} = 14 - 8 = 6$ (cm)

$\triangle ABH$에서 $\overline{AE} : \overline{AB} = \overline{EG} : \overline{BH}$이므로

$3 : (3+6) = x : 6$, $1 : 3 = x : 6$, $3x = 6$

즉, $x = 2$

(2) $\overline{AE} : \overline{EB} = \overline{DF} : \overline{FC} = 12 : 4 = 3 : 1$

$\triangle ABC$에서 $\overline{AE} : \overline{AB} = \overline{EG} : \overline{BC}$이므로

$3 : (3+1) = x : 20$, $3 : 4 = x : 20$, $4x = 60$

즉, $x = 15$

$\triangle CDA$에서 $\overline{CF} : \overline{CD} = \overline{GF} : \overline{AD}$이므로

$4 : (4+12) = y : 16$, $1 : 4 = y : 16$, $4y = 16$

즉, $y = 4$

6-1 (1) 13 cm (2) 13 cm (3) 서로 같다.

(1) 오른쪽 그림과 같이 꼭짓점 A를 지나고 $\overline{DC}$에 평행한 직선이 $\overline{EF}$, $\overline{BC}$와 만나는 점을 각각 G, H라 하면

$\overline{HC} = \overline{AD} = 9$ cm이므로

$\overline{BH} = \overline{BC} - \overline{HC} = 15 - 9 = 6$ (cm)

$\triangle ABH$에서 $\overline{AE} : \overline{AB} = \overline{EG} : \overline{BH}$이므로

$10 : (10+5) = \overline{EG} : 6$, $2 : 3 = \overline{EG} : 6$, $3\overline{EG} = 12$

즉, $\overline{EG} = 4$ (cm)

따라서 $\overline{GF} = \overline{AD} = 9$ cm이므로

$\overline{EF} = \overline{EG} + \overline{GF} = 4 + 9 = 13$ (cm)

(2) 오른쪽 그림과 같이 대각선 AC를 그어 $\overline{EF}$와 만나는 점을 I라 하면 $\triangle ABC$에서 $\overline{AE} : \overline{AB} = \overline{EI} : \overline{BC}$이므로

$10 : (10+5) = \overline{EI} : 15$

$2 : 3 = \overline{EI} : 15$, $3\overline{EI} = 30$

즉, $\overline{EI} = 10$ (cm)

$\overline{CF} : \overline{FD} = \overline{BE} : \overline{EA} = 5 : 10 = 1 : 2$

$\triangle CDA$에서 $\overline{CF} : \overline{CD} = \overline{IF} : \overline{AD}$이므로

$1 : (1+2) = \overline{IF} : 9$, $1 : 3 = \overline{IF} : 9$, $3\overline{IF} = 9$

즉, $\overline{IF} = 3$ (cm)

따라서 $\overline{EF} = \overline{EI} + \overline{IF} = 10 + 3 = 13$ (cm)

(3) (1), (2)에서 구하는 방법은 다르지만 $\overline{EF}$의 길이는 서로 같다.

6-2 12 cm

$\overline{GF} = \overline{HC} = \overline{AD} = 7$ cm이므로

$\overline{EG} = \overline{EF} - \overline{GF} = 9 - 7 = 2$ (cm)

$\triangle ABH$에서 $4 : (4+6) = 2 : \overline{BH}$이므로 $2 : 5 = 2 : \overline{BH}$

즉, $\overline{BH} = 5$ (cm)

따라서 $\overline{BC} = \overline{BH} + \overline{HC} = 5 + 7 = 12$ (cm)

핵심예제 7 (1) 4 (2) 6

(1) $\triangle ABE$와 $\triangle CDE$에서

$\angle BAE = \angle DCE$(엇각), $\angle ABE = \angle CDE$(엇각)

이므로 $\triangle ABE \circ \triangle CDE$(AA 닮음)

즉, $\overline{AE} : \overline{CE} = \overline{AB} : \overline{CD} = 12 : 6 = 2 : 1$

$\triangle ABC$에서 $\overline{EF}:\overline{AB}=\overline{CE}:\overline{CA}$이므로

$x:12=1:(1+2)$, $x:12=1:3$, $3x=12$

따라서 $x=4$

(2) $\triangle ABE\backsim\triangle CDE$(AA 닮음)이므로

$\overline{BE}:\overline{DE}=\overline{AB}:\overline{CD}=8:12=2:3$

$\triangle BCD$에서 $\overline{BF}:\overline{BC}=\overline{BE}:\overline{BD}$이므로

$x:15=2:(2+3)$, $x:15=2:5$, $5x=30$

따라서 $x=6$

7-1 (1) $\triangle CDE$ (2) $\triangle EFC$ (3) 6 cm (4) 12 cm

(1) $\triangle ABE$와 $\triangle CDE$에서

$\angle BAE=\angle DCE$(엇각), $\angle ABE=\angle CDE$(엇각)

이므로 $\triangle ABE\backsim\triangle CDE$(AA 닮음)

(2) $\triangle ABC$와 $\triangle EFC$에서

$\angle ABC=\angle EFC$(동위각), $\angle ACB$는 공통

이므로 $\triangle ABC\backsim\triangle EFC$(AA 닮음)

(3) $\overline{AE}:\overline{CE}=\overline{AB}:\overline{CD}=10:15=2:3$

$\triangle ABC$에서 $\overline{EF}:\overline{AB}=\overline{CE}:\overline{CA}$이므로

$\overline{EF}:10=3:(3+2)$, $\overline{EF}:10=3:5$, $5\overline{EF}=30$

따라서 $\overline{EF}=6$ (cm)

(4) $\triangle ABC$에서 $\overline{CF}:\overline{CB}=\overline{CE}:\overline{CA}$이므로

$\overline{CF}:20=3:5$, $5\overline{CF}=60$

따라서 $\overline{CF}=12$ (cm)

7-2 ㄱ, ㄷ

ㄱ. $\triangle BCD$와 $\triangle BFE$에서

$\angle BCD=\angle BFE$(동위각), $\angle CBD$는 공통

이므로 $\triangle BCD\backsim\triangle BFE$(AA 닮음)

ㄷ. $\triangle ABC$에서

$\overline{CF}:\overline{CB}=\overline{EF}:\overline{AB}=6:18=1:3$

$\triangle BCD$에서 $\overline{EF}:\overline{DC}=\overline{BF}:\overline{BC}$이므로

$6:\overline{DC}=2:3$, $2\overline{DC}=18$

즉, $\overline{DC}=9$ (cm)

ㄹ. $\triangle ABE\backsim\triangle CDE$(AA 닮음)이므로

$\overline{BE}:\overline{DE}=\overline{AB}:\overline{DC}=18:9=2:1$

따라서 옳은 것은 ㄱ, ㄷ이다.

소단원 핵심문제 | 69쪽 |

1 ⑤ 2 ④ 3 18 cm 4 ④ 5 $\frac{9}{2}$ cm

1 $6:(6+9)=4:x$이므로 $2:5=4:x$, $2x=20$

따라서 $x=10$

2 $6:x=8:5$이므로 $8x=30$

따라서 $x=\frac{30}{8}=\frac{15}{4}$

3 $\overline{HC}=\overline{AD}=12$ cm이므로

$\overline{BH}=\overline{BC}-\overline{HC}=22-12=10$ (cm)

$\triangle ABH$에서 $\overline{AE}:\overline{AB}=\overline{EG}:\overline{BH}$이므로

$3:(3+2)=\overline{EG}:10$, $3:5=\overline{EG}:10$, $5\overline{EG}=30$

즉, $\overline{EG}=6$ (cm)

$\overline{GF}=\overline{AD}=12$ cm이므로

$\overline{EF}=\overline{EG}+\overline{GF}=6+12=18$ (cm)

4 $\triangle ABC$에서 $\overline{AE}:\overline{AB}=\overline{EG}:\overline{BC}$이므로

$8:(8+4)=x:15$, $2:3=x:15$, $3x=30$

즉, $x=10$

$\overline{CF}:\overline{FD}=\overline{BE}:\overline{EA}=4:8=1:2$

$\triangle CDA$에서 $\overline{CF}:\overline{CD}=\overline{GF}:\overline{AD}$이므로

$1:(1+2)=3:y$, $1:3=3:y$

즉, $y=9$

따라서 $x+y=10+9=19$

5 $\triangle BCD$에서

$\overline{BF}:\overline{BC}=\overline{EF}:\overline{DC}=3:9=1:3$

$\triangle ABC$에서 $\overline{EF}:\overline{AB}=\overline{CF}:\overline{CB}$이므로

$3:\overline{AB}=2:3$, $2\overline{AB}=9$

따라서 $\overline{AB}=\frac{9}{2}$ (cm)

03. 삼각형의 두 변의 중점을 연결한 선분의 성질 | 70~72쪽 |

핵심예제 8 55

$\overline{AM}=\overline{MB}$, $\overline{AN}=\overline{NC}$이므로 $\overline{MN}/\!/\overline{BC}$

즉, $\angle AMN=\angle B$(동위각)이므로 $x=50$

또 $\overline{MN}=\frac{1}{2}\overline{BC}$이므로 $y=\frac{1}{2}\times10=5$

따라서 $x+y=50+5=55$

8-1 (1) 3 (2) 18

(1) $\overline{AM}=\overline{MB}$, $\overline{AN}=\overline{NC}$이므로 $\overline{MN}=\frac{1}{2}\overline{BC}$

따라서 $x=\frac{1}{2}\times6=3$

(2) $\overline{AM}=\overline{MB}$, $\overline{AN}=\overline{NC}$이므로 $\overline{BC}=2\overline{MN}$

따라서 $x=2\times9=18$

$\overline{AM}=\overline{MB}$, $\overline{MN}\,/\!/\,\overline{BC}$이므로 $\overline{AN}=\overline{NC}$이고, $\overline{BC}=2\overline{MN}$

따라서 $x=5$, $y=2\times4=8$

9-1 20

$\overline{AM}=\overline{MB}$, $\overline{MN}\,/\!/\,\overline{BC}$이므로 $\overline{AN}=\overline{NC}$

즉, $\overline{AC}=2\overline{NC}$이므로 $x=2\times6=12$

또 $\overline{MN}=\dfrac{1}{2}\overline{BC}$이므로 $y=\dfrac{1}{2}\times16=8$

따라서 $x+y=12+8=20$

핵심예제 **10** 15 cm

$\overline{AD}=\overline{DB}$, $\overline{AF}=\overline{FC}$이므로

$\overline{DF}=\dfrac{1}{2}\overline{BC}=\dfrac{1}{2}\times10=5\ (\text{cm})$

$\overline{BD}=\overline{DA}$, $\overline{BE}=\overline{EC}$이므로

$\overline{ED}=\dfrac{1}{2}\overline{CA}=\dfrac{1}{2}\times8=4\ (\text{cm})$

$\overline{CF}=\overline{FA}$, $\overline{CE}=\overline{EB}$이므로

$\overline{FE}=\dfrac{1}{2}\overline{AB}=\dfrac{1}{2}\times12=6\ (\text{cm})$

따라서 △DEF의 둘레의 길이는

$\overline{DF}+\overline{ED}+\overline{FE}=5+4+6=15\ (\text{cm})$

10-1 (1) 8 cm (2) 9 cm (3) 10 cm (4) 27 cm

(1) $\overline{AD}=\overline{DB}$, $\overline{AF}=\overline{FC}$이므로

  $\overline{DF}=\dfrac{1}{2}\overline{BC}=\dfrac{1}{2}\times16=8\ (\text{cm})$

(2) $\overline{BD}=\overline{DA}$, $\overline{BE}=\overline{EC}$이므로

  $\overline{ED}=\dfrac{1}{2}\overline{CA}=\dfrac{1}{2}\times18=9\ (\text{cm})$

(3) $\overline{CF}=\overline{FA}$, $\overline{CE}=\overline{EB}$이므로

  $\overline{FE}=\dfrac{1}{2}\overline{AB}=\dfrac{1}{2}\times20=10\ (\text{cm})$

(4) $\overline{DF}+\overline{ED}+\overline{FE}=8+9+10=27\ (\text{cm})$

핵심예제 **11** 39 cm

△ABC와 △ACD에서

$\overline{EF}=\overline{HG}=\dfrac{1}{2}\overline{AC}=\dfrac{1}{2}\times21=\dfrac{21}{2}\ (\text{cm})$

△ABD와 △BCD에서

$\overline{EH}=\overline{FG}=\dfrac{1}{2}\overline{BD}=\dfrac{1}{2}\times18=9\ (\text{cm})$

따라서 □EFGH의 둘레의 길이는

$\overline{EF}+\overline{FG}+\overline{HG}+\overline{EH}=\dfrac{21}{2}+9+\dfrac{21}{2}+9=39\ (\text{cm})$

11-1 (1) 10 cm (2) 12 cm (3) 44 cm

(1) △ABC와 △ACD에서

  $\overline{EF}=\overline{HG}=\dfrac{1}{2}\overline{AC}=\dfrac{1}{2}\times20=10\ (\text{cm})$

(2) △ABD와 △BCD에서

  $\overline{EH}=\overline{FG}=\dfrac{1}{2}\overline{BD}=\dfrac{1}{2}\times24=12\ (\text{cm})$

(3) $\overline{EF}+\overline{FG}+\overline{HG}+\overline{EH}=10+12+10+12=44\ (\text{cm})$

핵심예제 **12** 25 cm

$\overline{AD}\,/\!/\,\overline{BC}$, $\overline{AM}=\overline{MB}$, $\overline{DN}=\overline{NC}$이므로

$\overline{AD}\,/\!/\,\overline{MN}\,/\!/\,\overline{BC}$

오른쪽 그림과 같이 $\overline{AC}$를 긋고 $\overline{MN}$과 $\overline{AC}$

가 만나는 점을 P라 하면 △ABC에서

$\overline{AM}=\overline{MB}$, $\overline{MP}\,/\!/\,\overline{BC}$이므로

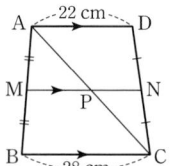

$\overline{MP}=\dfrac{1}{2}\overline{BC}=\dfrac{1}{2}\times28=14\ (\text{cm})$

△CDA에서 $\overline{CN}=\overline{ND}$, $\overline{PN}\,/\!/\,\overline{AD}$이므로

$\overline{PN}=\dfrac{1}{2}\overline{AD}=\dfrac{1}{2}\times22=11\ (\text{cm})$

따라서 $\overline{MN}=\overline{MP}+\overline{PN}=14+11=25\ (\text{cm})$

12-1 $x=10$, $y=14$

$\overline{AD}\,/\!/\,\overline{BC}$, $\overline{AM}=\overline{MB}$, $\overline{DN}=\overline{NC}$이므로

$\overline{AD}\,/\!/\,\overline{MN}\,/\!/\,\overline{BC}$

△ABC에서 $\overline{AM}=\overline{MB}$, $\overline{MP}\,/\!/\,\overline{BC}$이므로 $\overline{MP}=\dfrac{1}{2}\overline{BC}$

즉, $x=\dfrac{1}{2}\times20=10$

△CDA에서 $\overline{CN}=\overline{ND}$, $\overline{PN}\,/\!/\,\overline{AD}$이므로 $\overline{AD}=2\overline{PN}$

즉, $y=2\times7=14$

핵심예제 **13** 2 cm

$\overline{AD}\,/\!/\,\overline{BC}$, $\overline{AM}=\overline{MB}$, $\overline{DN}=\overline{NC}$이므로

$\overline{AD}\,/\!/\,\overline{MN}\,/\!/\,\overline{BC}$

△ABC에서 $\overline{AM}=\overline{MB}$, $\overline{MQ}\,/\!/\,\overline{BC}$이므로

$\overline{MQ}=\dfrac{1}{2}\overline{BC}=\dfrac{1}{2}\times16=8\ (\text{cm})$

△BDA에서 $\overline{BM}=\overline{MA}$, $\overline{MP}\,/\!/\,\overline{AD}$이므로

$\overline{MP}=\dfrac{1}{2}\overline{AD}=\dfrac{1}{2}\times12=6\ (\text{cm})$

따라서 $\overline{PQ}=\overline{MQ}-\overline{MP}=8-6=2\ (\text{cm})$

13-1 (1) 7 cm (2) 3 cm (3) 4 cm

(1) $\overline{AD}\,/\!/\,\overline{BC}$, $\overline{AM}=\overline{MB}$, $\overline{DN}=\overline{NC}$이므로

  $\overline{AD}\,/\!/\,\overline{MN}\,/\!/\,\overline{BC}$

  △ABC에서 $\overline{AM}=\overline{MB}$, $\overline{MQ}\,/\!/\,\overline{BC}$이므로

  $\overline{MQ}=\dfrac{1}{2}\overline{BC}=\dfrac{1}{2}\times14=7\ (\text{cm})$

(2) △BDA에서 $\overline{BM}=\overline{MA}$, $\overline{MP}\,/\!/\,\overline{AD}$이므로

  $\overline{MP}=\dfrac{1}{2}\overline{AD}=\dfrac{1}{2}\times6=3\ (\text{cm})$

(3) $\overline{PQ}=\overline{MQ}-\overline{MP}=7-3=4\ (\text{cm})$

소단원 핵심문제
| 73쪽 |

| 1 ⑤ | 2 ④ | 3 16 cm | 4 ② | 5 27 cm |

1 ① $\overline{AM}=\overline{MB}$, $\overline{AN}=\overline{NC}$이므로 $\overline{MN} /\!/ \overline{BC}$

② $\overline{MN}=\dfrac{1}{2}\overline{BC}$이므로 $\overline{MN}:\overline{BC}=1:2$

③, ④ $\triangle AMN$과 $\triangle ABC$에서

$\angle AMN=\angle B$(동위각), $\angle ANM=\angle C$(동위각)

이므로 $\triangle AMN \circ\!\!\!\!\sim \triangle ABC$(AA 닮음)

⑤ $\overline{AM}:\overline{AB}=\overline{MN}:\overline{BC}$

따라서 옳지 않은 것은 ⑤이다.

2 $\overline{AM}=\overline{MB}$, $\overline{AN}=\overline{NC}$이므로 $\overline{MN} /\!/ \overline{BC}$

즉, $\angle ANM=\angle C=80°$(동위각)이므로 $\triangle AMN$에서

$x=180-(40+80)=60$

또 $\overline{BC}=2\overline{MN}$이므로

$y=2\times 9=18$

따라서 $x+y=60+18=78$

3 $\triangle AEG$와 $\triangle CEF$에서

$\overline{AE}=\overline{CE}$, $\angle GAE=\angle C$(엇각),

$\angle AEG=\angle CEF$(맞꼭지각)

이므로 $\triangle AEG \equiv \triangle CEF$(ASA 합동)

즉, $\overline{AG}=\overline{CF}=8$ cm

$\triangle DBF$에서 $\overline{DA}=\overline{AB}$, $\overline{AG} /\!/ \overline{BF}$이므로

$\overline{BF}=2\overline{AG}=2\times 8=16$ (cm)

4 $\overline{AD}=\overline{DB}$, $\overline{AF}=\overline{FC}$이므로 $\overline{DF}=\dfrac{1}{2}\overline{BC}$

$\overline{BD}=\overline{DA}$, $\overline{BE}=\overline{EC}$이므로 $\overline{ED}=\dfrac{1}{2}\overline{CA}$

$\overline{CF}=\overline{FA}$, $\overline{CE}=\overline{EB}$이므로 $\overline{FE}=\dfrac{1}{2}\overline{AB}$

따라서 $\triangle DEF$의 둘레의 길이는

$\overline{DF}+\overline{ED}+\overline{FE}=\dfrac{1}{2}\overline{BC}+\dfrac{1}{2}\overline{CA}+\dfrac{1}{2}\overline{AB}$

$=\dfrac{1}{2}(\overline{BC}+\overline{CA}+\overline{AB})$

$=\dfrac{1}{2}\times 24=12$ (cm)

5 $\overline{AD} /\!/ \overline{BC}$, $\overline{AM}=\overline{MB}$, $\overline{DN}=\overline{NC}$이므로

$\overline{AD} /\!/ \overline{MN} /\!/ \overline{BC}$

$\triangle BDA$에서 $\overline{BM}=\overline{MA}$, $\overline{MP} /\!/ \overline{AD}$이므로

$\overline{MP}=\dfrac{1}{2}\overline{AD}=\dfrac{1}{2}\times 14=7$ (cm)

$\triangle DBC$에서 $\overline{DN}=\overline{NC}$, $\overline{PN} /\!/ \overline{BC}$이므로

$\overline{BC}=2\overline{PN}=2\times 10=20$ (cm)

따라서 $\overline{MP}+\overline{BC}=7+20=27$ (cm)

04. 삼각형의 무게중심
| 74~75쪽 |

핵심예제 14 12 cm²

$\triangle ABC$에서

$\triangle AMC=\dfrac{1}{2}\triangle ABC=\dfrac{1}{2}\times 48=24$ (cm²)

$\triangle AMC$에서

$\triangle NMC=\dfrac{1}{2}\triangle AMC=\dfrac{1}{2}\times 24=12$ (cm²)

핵심예제 15 (1) $x=7$, $y=8$ (2) $x=27$, $y=8$

(1) $\overline{AD}$가 $\triangle ABC$의 중선이므로

$\overline{BD}=\overline{DC}$에서 $x=7$

점 G가 $\triangle ABC$의 무게중심이므로

$\overline{AG}:\overline{GD}=2:1$, $y:4=2:1$

즉, $y=8$

(2) 점 G가 $\triangle ABC$의 무게중심이므로

$\overline{AD}:\overline{AG}=3:2$, $x:18=3:2$, $2x=54$

즉, $x=27$

$\overline{BE}:\overline{GE}=3:1$, $24:y=3:1$, $3y=24$

즉, $y=8$

15-1 (1) $\overline{DC}$ (2) 10 cm (3) 3:2 (4) 14 cm (5) 2:1 (6) 6 cm

(1) $\overline{AD}$가 $\triangle ABC$의 중선이므로 $\overline{BD}=\overline{DC}$

(2) $\overline{BD}=\dfrac{1}{2}\overline{BC}=\dfrac{1}{2}\times 20=10$ (cm)

(3) 점 G가 $\triangle ABC$의 무게중심이므로

$\overline{AG}:\overline{GD}=2:1$에서 $\overline{AG}=2\overline{GD}$

이때 $\overline{AD}=\overline{AG}+\overline{GD}=2\overline{GD}+\overline{GD}=3\overline{GD}$이므로

$\overline{AD}:\overline{AG}=3\overline{GD}:2\overline{GD}=3:2$

(4) $\overline{AD}:\overline{AG}=3:2$이므로 $21:\overline{AG}=3:2$, $3\overline{AG}=42$

따라서 $\overline{AG}=14$ (cm)

(5) 점 G가 $\triangle ABC$의 무게중심이므로 $\overline{BG}:\overline{GE}=2:1$

(6) $\overline{BG}:\overline{GE}=2:1$이므로 $12:\overline{GE}=2:1$, $2\overline{GE}=12$

따라서 $\overline{GE}=6$ (cm)

핵심예제 16 (1) 8 cm² (2) 16 cm²

(1) $\triangle GDC=\dfrac{1}{6}\triangle ABC=\dfrac{1}{6}\times 48=8$ (cm²)

(2) $\triangle ABG=\dfrac{1}{3}\triangle ABC=\dfrac{1}{3}\times 48=16$ (cm²)

16-1 (1) 2:1 (2) 12 cm² (3) 2:1 (4) 12 cm² (5) 2:1 (6) 12 cm²

(1) 점 G가 $\triangle ABC$의 무게중심이므로 $\triangle ABG$와 $\triangle GBD$에서

$\overline{AG}:\overline{GD}=2:1$

따라서 $\triangle ABG:\triangle GBD=2:1$

(2) $\triangle ABG:6=2:1$이므로 $\triangle ABG=12$ (cm²)

(3) 점 G가 △ABC의 무게중심이므로 $\overline{BD}=\overline{DC}$

따라서 △GBC : △GBD=2 : 1

(4) △GBC : 6=2 : 1이므로 △GBC=12 (cm²)

(5) 점 G가 △ABC의 무게중심이므로 △AGC와 △GDC에서

$\overline{AG}:\overline{GD}=2:1$, 즉 △AGC : △GDC=2 : 1

그런데 △GDC=△GBD이므로

△AGC : △GBD=2 : 1

(6) △AGC : 6=2 : 1이므로 △AGC=12 (cm²)

16-2 10 cm²

△ABG=△AGC이므로

$$\triangle ADG=\frac{1}{2}\triangle ABG=\frac{1}{2}\triangle AGC$$

$$=\frac{1}{2}\times 20=10 \text{ (cm}^2)$$

소단원 핵심문제 | 76쪽 |

| 1 5 cm² | 2 ② | 3 ① | 4 36 cm² | 5 ③ |

1 $\triangle ABN=\frac{1}{2}\triangle ABM=\frac{1}{2}\times\frac{1}{2}\triangle ABC$

$$=\frac{1}{4}\triangle ABC=\frac{1}{4}\times 20=5 \text{ (cm}^2)$$

2 $\overline{BE}$가 △ABC의 중선이므로 $\overline{AC}=2\overline{AE}$에서 $x=2\times 6=12$

점 G가 △ABC의 무게중심이므로

$\overline{BG}:\overline{GE}=2:1$, 10 : $y=2:1$, $2y=10$

즉, $y=5$

따라서 $x+y=12+5=17$

3 $\overline{AD}$가 △ABC의 중선이므로

$$\overline{BD}=\frac{1}{2}\overline{BC}=\frac{1}{2}\times 18=9 \text{ (cm)}$$

$\overline{EF}/\!/\overline{BC}$이고 점 G가 △ABC의 무게중심이므로

△ABD에서 $\overline{EG}:\overline{BD}=\overline{AG}:\overline{AD}$

$\overline{EG}:9=2:3$, $3\overline{EG}=18$

따라서 $\overline{EG}=6 \text{ (cm)}$

4 점 G가 △ABC의 무게중심이므로

△ABC=6△AGE=6×6=36 (cm²)

5 점 G가 △ABC의 무게중심이므로 오른쪽 그림과 같이 $\overline{CG}$를 그으면

$\square DCEG=\triangle DCG+\triangle CEG$

$$=\frac{1}{6}\triangle ABC+\frac{1}{6}\triangle ABC$$

$$=\frac{1}{3}\triangle ABC$$

$$=\frac{1}{3}\times 24=8 \text{ (cm}^2)$$

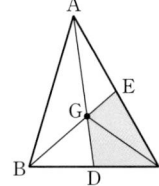

중단원 마무리 테스트 | 77~79쪽 |

1 ③	2 ④	3 ④	4 ②	5 2 cm
6 $x=12, y=18$	7 ②	8 ⑤	9 15 cm
10 ⑤	11 ③	12 ①	13 ④	14 ③
15 ⑤	16 ③	17 ④	18 3 cm²	

19 (1) △CEF (2) $\frac{1}{2}x$ cm (3) 14 cm

20 (1) 2 : 1 (2) 2 : 1 (3) 5 cm

1 $\overline{AB}:\overline{AD}=\overline{BC}:\overline{DE}$이므로 $\overline{AB}:2=8:4$, $\overline{AB}:2=2:1$

즉, $\overline{AB}=4$ (cm)

$\overline{AC}:\overline{AE}=\overline{BC}:\overline{DE}$이므로 $\overline{AC}:3=8:4$, $\overline{AC}:3=2:1$

즉, $\overline{AC}=6$ (cm)

따라서 △ABC의 둘레의 길이는

$\overline{AB}+\overline{BC}+\overline{AC}=4+8+6=18$ (cm)

2 ③ $\overline{AD}:\overline{DB}=\overline{AE}:\overline{EC}=3:2$

④ $\overline{BC}:\overline{DE}=\overline{AC}:\overline{AE}=(3+2):3=5:3$

⑤ 5 : $\overline{DE}=5:3$이므로 $\overline{DE}=3$ (cm)

따라서 옳지 않은 것은 ④이다.

3 동위각의 크기가 90°로 같으므로 $\overline{DE}/\!/\overline{AB}$

즉, $\overline{CE}:\overline{CB}=\overline{DE}:\overline{AB}$이므로

60 : 180=180 : $\overline{AB}$, 1 : 3=180 : $\overline{AB}$

따라서 $\overline{AB}=540$ (cm)

4 $\overline{BD}=x$ cm라 하면 $\overline{AB}:\overline{AC}=\overline{BD}:\overline{CD}$이므로

12 : 16=$x:(21-x)$, 3 : 4=$x:(21-x)$

$4x=3(21-x)$, $4x=63-3x$, $7x=63$, $x=9$

따라서 $\overline{BD}$의 길이는 9 cm이다.

5 $\overline{AC}:\overline{AB}=\overline{CD}:\overline{BD}$이므로 4 : 3=$(\overline{BC}+6):6$

$3(\overline{BC}+6)=24$, $3\overline{BC}+18=24$, $3\overline{BC}=6$

따라서 $\overline{BC}=2$ (cm)

6 $x:18=6:9$이므로 $x:18=2:3$에서 $x=12$

12 : $y=6:9$이므로 12 : $y=2:3$에서 $y=18$

7 △ABC에서 $\overline{AE}:\overline{AB}=\overline{EH}:\overline{BC}$이므로

3 : (3+2)=$\overline{EH}:15$, 3 : 5=$\overline{EH}:15$, 즉 $\overline{EH}=9$ (cm)

△BDA에서 $\overline{BE}:\overline{BA}=\overline{EG}:\overline{AD}$이므로

2 : (2+3)=$\overline{EG}:10$, 2 : 5=$\overline{EG}:10$, 즉 $\overline{EG}=4$ (cm)

따라서 $\overline{GH}=\overline{EH}-\overline{EG}=9-4=5$ (cm)

8 △ABE∽△CDE(AA 닮음)이므로

$\overline{AE}:\overline{CE}=\overline{AB}:\overline{CD}=36:45=4:5$

△ABC에서 $\overline{EF}:\overline{AB}=\overline{CE}:\overline{CA}$이므로 $\overline{EF}:36=5:(5+4)$

$\overline{EF}:36=5:9$, $9\overline{EF}=180$

따라서 $\overline{EF}=20$ (cm)

9 $\overline{AM}=\overline{MB}$, $\overline{AN}=\overline{NC}$이므로

$\overline{AM}=4$ cm, $\overline{AN}=\dfrac{1}{2}\overline{AC}=\dfrac{1}{2}\times10=5$ (cm)

또 $\overline{MN}=\dfrac{1}{2}\overline{BC}=\dfrac{1}{2}\times12=6$ (cm)

따라서 △AMN의 둘레의 길이는

$\overline{AM}+\overline{MN}+\overline{AN}=4+6+5=15$ (cm)

10 △ABC에서 $\overline{AM}=\overline{MB}$, $\overline{AN}=\overline{NC}$이므로

$\overline{BC}=2\overline{MN}=2\times9=18$ (cm)

△DBC에서 $\overline{DP}=\overline{PB}$, $\overline{DQ}=\overline{QC}$이므로

$\overline{PQ}=\dfrac{1}{2}\overline{BC}=\dfrac{1}{2}\times18=9$ (cm)

11 △ADG에서 $\overline{AE}=\overline{ED}$, $\overline{EF}/\!/\overline{DG}$이므로

$\overline{DG}=2\overline{EF}=2\times3=6$ (cm)

△CFB에서 $\overline{CD}=\overline{DB}$, $\overline{DG}/\!/\overline{BF}$이므로

$\overline{BF}=2\overline{DG}=2\times6=12$ (cm)

따라서 $\overline{BE}=\overline{BF}-\overline{EF}=12-3=9$ (cm)

12 △ABC의 둘레의 길이는

$\overline{BC}+\overline{CA}+\overline{AB}=2\overline{DF}+2\overline{ED}+2\overline{FE}$

$=2(\overline{DF}+\overline{ED}+\overline{FE})$

$=2\times13=26$ (cm)

13 □EFGH의 둘레의 길이는

$\overline{EF}+\overline{FG}+\overline{HG}+\overline{EH}=\dfrac{1}{2}\overline{AC}+\dfrac{1}{2}\overline{BD}+\dfrac{1}{2}\overline{AC}+\dfrac{1}{2}\overline{BD}$

$=\overline{AC}+\overline{BD}$

$=34$ (cm)

14 오른쪽 그림과 같이 뜀틀에서 필요한 부분만을 그려 등변사다리꼴 ABCD라 하자. $\overline{AB}$, $\overline{DC}$의 중점을 각각 M, N이라 하고, $\overline{MN}$과 $\overline{AC}$가 만나는 점을 P라 하자.

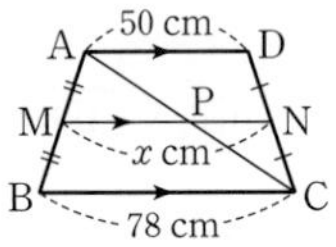

$\overline{AD}/\!/\overline{BC}$, $\overline{AM}=\overline{MB}$, $\overline{DN}=\overline{NC}$이므로

$\overline{AD}/\!/\overline{MN}/\!/\overline{BC}$

△ABC에서 $\overline{AM}=\overline{MB}$, $\overline{MP}/\!/\overline{BC}$이므로

$\overline{MP}=\dfrac{1}{2}\overline{BC}=\dfrac{1}{2}\times78=39$ (cm)

△CDA에서 $\overline{CN}=\overline{ND}$, $\overline{PN}/\!/\overline{AD}$이므로

$\overline{PN}=\dfrac{1}{2}\overline{AD}=\dfrac{1}{2}\times50=25$ (cm)

따라서 $\overline{MN}=\overline{MP}+\overline{PN}=39+25=64$ (cm)이므로 $x=64$

15 $\overline{CE}$가 △ADC의 중선이므로

△ADC$=2$△AEC$=2\times14=28$ (cm²)

$\overline{AD}$가 △ABC의 중선이므로

△ABC$=2$△ADC$=2\times28=56$ (cm²)

16 $\overline{AD}$가 △ABC의 중선이므로 $\overline{BD}=\overline{DC}$

즉, $x=3$

또 점 G는 △ABC의 두 중선 AD, CE가 만나는 점이므로 △ABC의 무게중심이다.

이때 $\overline{CG}:\overline{GE}=2:1$이므로 $4:y=2:1$, $2y=4$

즉, $y=2$

따라서 $x+y=3+2=5$

17 △ABD에서 $\overline{EG}/\!/\overline{BD}$이고 점 G는 △ABC의 무게중심이다.

$\overline{AE}:\overline{EB}=\overline{AG}:\overline{GD}$이므로 $12:\overline{EB}=2:1$, $\overline{EB}=6$ (cm)

$\overline{BD}:\overline{EG}=\overline{AD}:\overline{AG}$이므로 $\overline{BD}:6=3:2$, $\overline{BD}=9$ (cm)

따라서 $\overline{BD}+\overline{EB}=9+6=15$ (cm)

18 △GED$=\dfrac{1}{2}$△GBD$=\dfrac{1}{2}\times\dfrac{1}{6}$△ABC

$=\dfrac{1}{12}$△ABC$=\dfrac{1}{12}\times36=3$ (cm²)

19 (1) △AEG와 △CEF에서

$\overline{AE}=\overline{CE}$, $\angle GAE=\angle C$ (엇각),

$\angle AEG=\angle CEF$ (맞꼭지각)

이므로 △AEG$\equiv$△CEF (ASA 합동) ········· ❶

(2) △DBF에서 $\overline{BF}=x$ cm라 하면 $\overline{DA}=\overline{AB}$, $\overline{AG}/\!/\overline{BF}$이므로

$\overline{AG}=\dfrac{1}{2}\overline{BF}=\dfrac{1}{2}x$ cm ········· ❷

(3) (1)에 의하여 $\overline{CF}=\overline{AG}=\dfrac{1}{2}x$ cm

이때 $\overline{BC}=21$ cm이므로 $\overline{BC}=\overline{BF}+\overline{CF}$에서

$21=x+\dfrac{1}{2}x$, $\dfrac{3}{2}x=21$, $x=14$

따라서 $\overline{BF}$의 길이는 14 cm이다. ········· ❸

	채점 기준	비율
(1)	❶ △AEG와 합동인 삼각형 찾기	30 %
(2)	❷ $\overline{AG}$의 길이를 x에 대한 식으로 나타내기	30 %
(3)	❸ $\overline{BF}$의 길이 구하기	40 %

20 (1) 평행사변형의 두 대각선은 서로 다른 것을 이등분하므로

$\overline{AO}=\overline{CO}$, $\overline{BO}=\overline{DO}$

$\overline{AM}$, $\overline{BO}$는 모두 △ABC의 중선이므로 점 P는 △ABC의 무게중심이다. 즉, $\overline{BP}:\overline{PO}=2:1$ ········· ❶

(2) $\overline{AN}$, $\overline{DO}$는 모두 △ACD의 중선이므로 점 Q는 △ACD의 무게중심이다. 즉, $\overline{DQ}:\overline{QO}=2:1$ ········· ❷

(3) $\overline{BP}=2\overline{PO}$, $\overline{QD}=2\overline{OQ}$이므로

$\overline{BD}=\overline{BP}+\overline{PO}+\overline{OQ}+\overline{QD}=2\overline{PO}+\overline{PO}+\overline{OQ}+2\overline{OQ}$

$=3\overline{PO}+3\overline{OQ}=3(\overline{PO}+\overline{OQ})$

$=3\overline{PQ}$

즉, $15=3\overline{PQ}$이므로 $\overline{PQ}=5$ (cm) ········· ❸

	채점 기준	비율
(1)	❶ $\overline{BP}:\overline{PO}$를 가장 간단한 자연수의 비로 나타내기	30 %
(2)	❷ $\overline{DQ}:\overline{QO}$를 가장 간단한 자연수의 비로 나타내기	30 %
(3)	❸ $\overline{PQ}$의 길이 구하기	40 %

5. 피타고라스 정리

01. 피타고라스 정리(1)

| 82~84쪽 |

핵심예제 1 6

$x^2=10^2-8^2=36=6^2$

이때 $x>0$이므로 $x=6$

1-1 (가) 6 (나) 5 (다) 17

주어진 직각삼각형 ABC에서 빗변의 길이가 c이므로

(가) $c^2=a^2+b^2=2+4=6$

(나) $b^2=c^2-a^2=14-9=5$

(다) $a^2=c^2-b^2=25-8=17$

핵심예제 2 25

직각삼각형 ABD에서

$x^2=10^2-6^2=64$

이때 $x>0$이므로 $x=8$

직각삼각형 ADC에서

$y^2=8^2+15^2=289$

이때 $y>0$이므로 $y=17$

따라서 $x+y=8+17=25$

2-1 (1) 12 cm (2) 5 cm (3) 14 cm (4) 84 cm²

(1) 직각삼각형 ABD에서

$\overline{AD}^2=15^2-9^2=144$

이때 $\overline{AD}>0$이므로 $\overline{AD}=12$ (cm)

(2) 직각삼각형 ADC에서

$\overline{CD}^2=13^2-12^2=25$

이때 $\overline{CD}>0$이므로 $\overline{CD}=5$ (cm)

(3) $\overline{BC}=\overline{BD}+\overline{CD}=9+5=14$ (cm)

(4) $\triangle ABC=\dfrac{1}{2}\times\overline{BC}\times\overline{AD}$

$=\dfrac{1}{2}\times14\times12=84$ (cm²)

핵심예제 3 20 cm²

$\square ADEB+\square ACHI=\square BFGC$이므로

$40+\square ACHI=60$

따라서 $\square ACHI=20$ (cm²)

3-1 (1) 64 cm² (2) 36 cm² (3) 100 cm²

(1) $\square BFKJ=\square ADEB=64$ cm²

(2) $\square JKGC=\square ACHI=36$ cm²

(3) $\square BFGC=\square BFKJ+\square JKGC=64+36=100$ (cm²)

핵심예제 4 52 cm²

직각삼각형 AEH에서 $\overline{EH}^2=6^2+4^2=52$

$\triangle AEH\equiv\triangle BFE\equiv\triangle CGF\equiv\triangle DHG$ (SAS 합동)이므로

$\square EFGH$는 정사각형이다.

따라서 $\square EFGH=\overline{EH}^2=52$ (cm²)

핵심예제 5 ㄴ, ㄹ

ㄱ. $5^2+9^2\neq12^2$이므로 주어진 삼각형은 직각삼각형이 아니다.

ㄴ. $5^2+12^2=13^2$이므로 주어진 삼각형은 직각삼각형이다.

ㄷ. $8^2+10^2\neq16^2$이므로 주어진 삼각형은 직각삼각형이 아니다.

ㄹ. $12^2+16^2=20^2$이므로 주어진 삼각형은 직각삼각형이다.

따라서 직각삼각형인 것은 ㄴ, ㄹ이다.

5-1 (1) $\neq$ (2) $=$

핵심예제 6 (1) 예각삼각형 (2) 둔각삼각형

(1) $7^2<5^2+5^2$이므로 주어진 삼각형은 예각삼각형이다.

(2) $12^2>6^2+8^2$이므로 주어진 삼각형은 둔각삼각형이다.

6-1 (1) ㄷ (2) ㄴ, ㄹ (3) ㄱ

ㄱ. $8^2>4^2+5^2$이므로 주어진 삼각형은 둔각삼각형이다.

ㄴ. $25^2=7^2+24^2$이므로 주어진 삼각형은 직각삼각형이다.

ㄷ. $11^2<8^2+8^2$이므로 주어진 삼각형은 예각삼각형이다.

ㄹ. $26^2=10^2+24^2$이므로 주어진 삼각형은 직각삼각형이다.

(1) 예각삼각형인 것은 ㄷ이다.

(2) 직각삼각형인 것은 ㄴ, ㄹ이다.

(3) 둔각삼각형인 것은 ㄱ이다.

소단원 핵심문제

| 85쪽 |

| 1 ② | 2 $x=5, y=15$ | 3 6 cm² | 4 ③ |
| 5 90° | | | |

1 $\overline{AC}^2=9^2-8^2=17$

2 직각삼각형 ADC에서 $x^2=13^2-12^2=25$

이때 $x>0$이므로 $x=5$

$\overline{BC}=\overline{BD}+\overline{CD}=4+5=9$ (cm)이므로

직각삼각형 ABC에서 $y^2=9^2+12^2=225$

이때 $y>0$이므로 $y=15$

3 $\square ACHI=16$ cm²이므로 $\overline{AC}^2=16$

이때 $\overline{AC}>0$이므로 $\overline{AC}=4$ (cm)

$\square ADEB=25-16=9$ (cm²)이므로 $\overline{AB}^2=9$

이때 $\overline{AB}>0$이므로 $\overline{AB}=3$ (cm)

따라서 $\triangle ABC=\dfrac{1}{2}\times\overline{AB}\times\overline{AC}=\dfrac{1}{2}\times3\times4=6$ (cm²)

4 □ABCD는 정사각형이므로 $\overline{AB}=\overline{BC}=\overline{CD}=\overline{DA}$이고
$\overline{BE}=\overline{CF}=\overline{DG}=\overline{AH}$이므로 $\overline{AE}=\overline{BF}=\overline{CG}=\overline{DH}$
즉, $\triangle AEH \equiv \triangle BFE \equiv \triangle CGF \equiv \triangle DHG$(SAS 합동)이므로
□EFGH는 정사각형이다.
□EFGH의 넓이가 $100\ \text{cm}^2$이므로 $\overline{EH}^2=100$
이때 $\overline{EH}>0$이므로 $\overline{EH}=10\ (\text{cm})$
직각삼각형 AEH에서
$\overline{AE}^2=10^2-6^2=64$
이때 $\overline{AE}>0$이므로 $\overline{AE}=8\ (\text{cm})$
그러므로 $\overline{AB}=\overline{AE}+\overline{BE}=8+6=14\ (\text{cm})$
따라서 정사각형 ABCD의 둘레의 길이는
$4 \times 14=56\ (\text{cm})$

5 $\overline{AB}$, $\overline{BC}$, $\overline{CA}$ 중에서 길이가 가장 긴 변은 $\overline{AB}$이므로
$\overline{AB}^2=17^2=289$, $\overline{BC}^2+\overline{CA}^2=15^2+8^2=289$에서
$\overline{AB}^2=\overline{BC}^2+\overline{CA}^2$
따라서 $\triangle ABC$는 $\angle C=90°$인 직각삼각형이다.

---

02. 피타고라스 정리(2) | 86~87쪽 |

핵심예제 7 12

$\overline{BC}^2+\overline{DE}^2=\overline{BE}^2+\overline{CD}^2$이므로
$7^2+\overline{DE}^2=5^2+6^2$
따라서 $\overline{DE}^2=12$

7-1 52

$\overline{AB}^2+\overline{DE}^2=\overline{AD}^2+\overline{BE}^2=4^2+6^2=52$

핵심예제 8 25

$\overline{AB}^2+\overline{CD}^2=\overline{AD}^2+\overline{BC}^2=3^2+4^2=25$

8-1 21

$\overline{AB}^2+\overline{CD}^2=\overline{AD}^2+\overline{BC}^2$이므로
$6^2+7^2=\overline{AD}^2+8^2$
따라서 $\overline{AD}^2=21$

핵심예제 9 $\dfrac{25}{2}\pi\ \text{cm}^2$

색칠한 부분의 넓이는 $\overline{BC}$를 지름으로 하는 반원의 넓이와 같으므로
$\dfrac{1}{2}\times\pi\times\left(\dfrac{10}{2}\right)^2=\dfrac{25}{2}\pi\ (\text{cm}^2)$

9-1 $26\pi\ \text{cm}^2$

(색칠한 부분의 넓이)$=46\pi-20\pi=26\pi\ (\text{cm}^2)$

핵심예제 10 $54\ \text{cm}^2$

직각삼각형 ABC에서
$\overline{AB}^2=15^2-9^2=144$
이때 $\overline{AB}>0$이므로 $\overline{AB}=12\ (\text{cm})$
따라서 (색칠한 부분의 넓이)$=\triangle ABC$
$\qquad\qquad =\dfrac{1}{2}\times9\times12$
$\qquad\qquad =54\ (\text{cm}^2)$

10-1 $18\ \text{cm}^2$

(색칠한 부분의 넓이)$=\triangle ABC$
$\qquad\qquad =\dfrac{1}{2}\times9\times4$
$\qquad\qquad =18\ (\text{cm}^2)$

소단원 핵심문제 | 88쪽 |

1 51	2 ④	3 ⑤	4 ④	5 120 cm²

1 직각삼각형 ABC에서
$\overline{BC}^2=8^2+6^2=100$
$\overline{BC}^2+\overline{DE}^2=\overline{BE}^2+\overline{CD}^2$이므로
$100+\overline{DE}^2=\overline{BE}^2+7^2$
따라서 $\overline{BE}^2-\overline{DE}^2=51$

2 $\overline{AB}^2+\overline{CD}^2=\overline{AD}^2+\overline{BC}^2$이므로
$\overline{AD}^2+\overline{BC}^2=5^2+10^2=125$

3 직각삼각형 AOD에서
$\overline{AD}^2=3^2+4^2=25$
$\overline{AB}^2+\overline{CD}^2=\overline{AD}^2+\overline{BC}^2$이므로
$\overline{AB}^2+6^2=25+\overline{BC}^2$
따라서 $\overline{BC}^2-\overline{AB}^2=11$

4 $\overline{BC}$를 지름으로 하는 반원의 넓이는
$18\pi+54\pi=72\pi\ (\text{cm}^2)$이므로
$\dfrac{1}{2}\times\pi\times\left(\dfrac{\overline{BC}}{2}\right)^2=72\pi$, $\overline{BC}^2=576$
이때 $\overline{BC}>0$이므로 $\overline{BC}=24\ (\text{cm})$

5 직각삼각형 ABC에서
$\overline{AB}^2=17^2-8^2=225$
이때 $\overline{AB}>0$이므로 $\overline{AB}=15\ (\text{cm})$
따라서 (색칠한 부분의 넓이)$=2\triangle ABC$
$\qquad\qquad =2\times\left(\dfrac{1}{2}\times8\times15\right)$
$\qquad\qquad =120\ (\text{cm}^2)$

중단원 마무리 테스트

| 89~91쪽 |

1 ③	2 ⑤	3 ③	4 ②	5 ②
6 ④	7 24 cm	8 60 cm²	9 ⑤	10 ②
11 49 cm²	12 2	13 ⑤	14 8	15 ③
16 ④	17 ④	18 (1) 정사각형 (2) 3 cm (3) 12 cm		
19 (1) 30 cm² (2) 5 cm (3) 13 cm				

1 직각삼각형 ABC에서
$\overline{BC}^2 = 10^2 + 24^2 = 676$
이때 $\overline{BC} > 0$이므로 $\overline{BC} = 26$ (cm)
따라서 $\triangle$ABC의 둘레의 길이는
$\overline{AB} + \overline{BC} + \overline{AC} = 10 + 26 + 24 = 60$ (cm)

2 정사각형 ABCD는 넓이가 81 cm²이므로 한 변의 길이는
$\overline{AB} = \overline{BC} = 9$ cm
정사각형 GCEF는 넓이가 9 cm²이므로 한 변의 길이는
$\overline{GC} = \overline{CE} = 3$ cm
직각삼각형 ABE에서
$\overline{BE} = \overline{BC} + \overline{CE} = 9 + 3 = 12$ (cm)이므로
$\overline{AE}^2 = \overline{AB}^2 + \overline{BE}^2 = 9^2 + 12^2 = 225$
이때 $\overline{AE} > 0$이므로 $\overline{AE} = 15$ (cm)

3 오른쪽 그림과 같이 세 점 A, B, C를 정하면 직각삼각형 ABC에서
$\overline{AC}^2 = 12^2 + 16^2 = 400$
이때 $\overline{AC} > 0$이므로 $\overline{AC} = 20$ (m)
따라서 부러지기 전의 나무의 총 길이는
$\overline{AB} + \overline{AC} = 12 + 20 = 32$ (m)

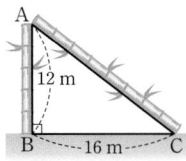

4 직각삼각형 ABC에서 $\overline{AC}^2 = 1^2 + 1^2 = 2$
직각삼각형 ACD에서 $\overline{AD}^2 = \overline{AC}^2 + 1^2 = 2 + 1 = 3$
직각삼각형 ADE에서 $\overline{AE}^2 = \overline{AD}^2 + 1^2 = 3 + 1 = 4$
이때 $\overline{AE} > 0$이므로 $\overline{AE} = 2$ (cm)

5 직각삼각형 ABD에서 $\overline{AD}^2 = 13^2 - 5^2 = 144$
이때 $\overline{AD} > 0$이므로 $\overline{AD} = 12$ (cm)
직각삼각형 ADC에서 $\overline{CD}^2 = 20^2 - 12^2 = 256$
이때 $\overline{CD} > 0$이므로 $\overline{CD} = 16$ (cm)
그러므로 $\overline{BC} = \overline{BD} + \overline{CD} = 5 + 16 = 21$ (cm)
따라서 $\triangle$ABC $= \dfrac{1}{2} \times \overline{BC} \times \overline{AD}$
$\qquad\qquad = \dfrac{1}{2} \times 21 \times 12 = 126$ (cm²)

6 직각삼각형 ADC에서
$\overline{AD}^2 = 15^2 + 8^2 = 289$
이때 $\overline{AD} > 0$이므로 $\overline{AD} = 17$ (cm)
직각삼각형 ABC에서

$\overline{BC}^2 = 25^2 - 15^2 = 400$
이때 $\overline{BC} > 0$이므로 $\overline{BC} = 20$ (cm)
그러므로 $\overline{BD} = \overline{BC} - \overline{CD} = 20 - 8 = 12$ (cm)
따라서 $\triangle$ABD의 둘레의 길이는
$\overline{AB} + \overline{BD} + \overline{AD} = 25 + 12 + 17 = 54$ (cm)

7 직각삼각형 ABD에서 $\overline{BD}^2 = 15^2 + 20^2 = 625$
이때 $\overline{BD} > 0$이므로 $\overline{BD} = 25$ (cm)
직각삼각형 BCD에서 $\overline{BC}^2 = 25^2 - 7^2 = 576$
이때 $\overline{BC} > 0$이므로 $\overline{BC} = 24$ (cm)

8 직각삼각형 ACD에서 $\overline{AD}^2 = 13^2 - 5^2 = 144$
이때 $\overline{AD} > 0$이므로 $\overline{AD} = 12$ (cm)
따라서 $\square$ABCD $= 12 \times 5 = 60$ (cm²)

9 직각삼각형 ADC에서 $\overline{AD}^2 = 20^2 - 16^2 = 144$
이때 $\overline{AD} > 0$이므로 $\overline{AD} = 12$ (cm)
$\overline{AC}^2 = \overline{CD} \times \overline{BC}$이므로 $20^2 = 16 \times \overline{BC}$
즉, $\overline{BC} = \dfrac{400}{16} = 25$ (cm)
따라서 $\triangle$ABC $= \dfrac{1}{2} \times \overline{BC} \times \overline{AD}$
$\qquad\qquad = \dfrac{1}{2} \times 25 \times 12 = 150$ (cm²)

10 $\triangle$ABF $= \triangle$EBC $= \triangle$EBA $= \dfrac{1}{2}\square$ADEB
또 $\square$BFGC $= \square$ADEB $+ \square$ACHI이므로
$10^2 = \square$ADEB $+ 6^2$, $\square$ADEB $= 64$ (cm²)
따라서 $\triangle$ABF $= \dfrac{1}{2}\square$ADEB $= \dfrac{1}{2} \times 64 = 32$ (cm²)

11 $\triangle$AEH $\equiv \triangle$BFE $\equiv \triangle$CGF $\equiv \triangle$DHG(SAS 합동)이므로
$\square$EFGH는 정사각형이다.
$\square$EFGH $= 25$ cm²이므로 $\overline{EH}^2 = 25$
이때 $\overline{EH} > 0$이므로 $\overline{EH} = 5$ (cm)
직각삼각형 AEH에서 $\overline{AH}^2 = 5^2 - 3^2 = 16$
이때 $\overline{AH} > 0$이므로 $\overline{AH} = 4$ (cm)
그러므로 $\overline{AD} = \overline{AH} + \overline{DH} = 4 + 3 = 7$ (cm)
따라서 $\square$ABCD $= \overline{AD}^2 = 7^2 = 49$ (cm²)

12 $6^2 + 8^2 = 10^2$, $9^2 + 12^2 = 15^2$이므로 6 이상 15 이하의 수 중에서 피타고라스 정리를 만족시키는 세 수를 쌍으로 나타내면
$(6, 8, 10)$, $(9, 12, 15)$이다.
따라서 세 변의 길이가 각각 $(6, 8, 10)$, $(9, 12, 15)$인 2개의 직각삼각형을 만들 수 있다.

13 $8^2 > 6^2 + 5^2$이므로 $\triangle$ABC는 오른쪽 그림과 같이 길이가 가장 긴 변인 $\overline{AB}$의 대각 $\angle$C $> 90°$인 둔각삼각형이다.

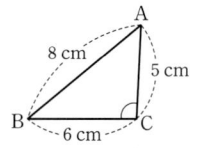

14 가장 긴 변의 길이가 x cm이므로 삼각형이 만들어지려면

$x < 4+7$에서 $x < 11$

이때 $x > 7$이므로 $7 < x < 11$ ······ ㉠

주어진 삼각형이 예각삼각형이므로

$x^2 < 4^2 + 7^2$에서 $x^2 < 65$ ······ ㉡

따라서 ㉠, ㉡을 모두 만족시키는 자연수 x의 값은 8이다.

15 $\overline{BC}^2 + \overline{DE}^2 = \overline{BE}^2 + \overline{CD}^2$이므로

$\overline{BC}^2 + 4^2 = 8^2 + \overline{CD}^2$

따라서 $\overline{BC}^2 - \overline{CD}^2 = 48$

16 $\overline{AB}^2 + \overline{CD}^2 = \overline{AD}^2 + \overline{BC}^2$이고

직각삼각형 ABO에서 $\overline{AB}^2 = \overline{BO}^2 + 6^2$이므로

$(\overline{BO}^2 + 6^2) + 6^2 = 9^2 + 9^2$, $\overline{BO}^2 = 64$

이때 $\overline{BO} > 0$이므로 $\overline{BO} = 8$

17 $R = \frac{1}{2} \times \pi \times \left(\frac{8}{2}\right)^2 = 8\pi \ (\text{cm}^2)$

이때 $P : Q = 5 : 3$이고 $P + Q = R$이므로

$P = \frac{5}{8}R = \frac{5}{8} \times 8\pi = 5\pi \ (\text{cm}^2)$

18 (1) △ABF ≡ △BCG ≡ △CDH ≡ △DAE이므로

$\overline{AF} = \overline{BG} = \overline{CH} = \overline{DE}$, $\overline{BF} = \overline{CG} = \overline{DH} = \overline{AE}$

즉, $\overline{AF} - \overline{AE} = \overline{BG} - \overline{BF} = \overline{CH} - \overline{CG} = \overline{DE} - \overline{DH}$이므로

$\overline{EF} = \overline{FG} = \overline{GH} = \overline{HE}$

또 ∠HEF = ∠EFG = ∠FGH = ∠GHE = 90°

따라서 □EFGH는 정사각형이다. ········· ❶

(2) 직각삼각형 ABF에서 $\overline{BF}^2 = 15^2 - 12^2 = 81$

이때 $\overline{BF} > 0$이므로 $\overline{BF} = 9 \ (\text{cm})$

따라서 $\overline{EF} = \overline{AF} - \overline{AE} = \overline{AF} - \overline{BF}$

$= 12 - 9 = 3 \ (\text{cm})$ ········· ❷

(3) □EFGH의 둘레의 길이는

$4\overline{EF} = 4 \times 3 = 12 \ (\text{cm})$ ········· ❸

	채점 기준	비율
(1)	❶ □EFGH가 어떤 사각형인지 설명하기	40 %
(2)	❷ $\overline{EF}$의 길이 구하기	40 %
(3)	❸ □EFGH의 둘레의 길이 구하기	20 %

19 (1) △ABC = (색칠한 부분의 넓이) = 30 cm² ········· ❶

(2) △ABC = $\frac{1}{2} \times 12 \times \overline{AC} = 30 \ (\text{cm}^2)$이므로

$\overline{AC} = 5 \ (\text{cm})$ ········· ❷

(3) 직각삼각형 ABC에서 $\overline{BC}^2 = 12^2 + 5^2 = 169$

이때 $\overline{BC} > 0$이므로 $\overline{BC} = 13 \ (\text{cm})$ ········· ❸

	채점 기준	비율
(1)	❶ △ABC의 넓이 구하기	30 %
(2)	❷ $\overline{AC}$의 길이 구하기	30 %
(3)	❸ $\overline{BC}$의 길이 구하기	40 %

6. 경우의 수

01. 경우의 수
|94~96쪽|

핵심예제 1 3

9의 약수가 적힌 카드가 나오는 경우는 1, 3, 9이므로 구하는 경우의 수는 3이다.

1-1 (1) 6 (2) 3

(1) 12의 약수가 적힌 공이 나오는 경우는 1, 2, 3, 4, 6, 12이므로 구하는 경우의 수는 6이다.

(2) 5의 배수가 적힌 공이 나오는 경우는 5, 10, 15이므로 구하는 경우의 수는 3이다.

핵심예제 2 2

서로 다른 두 개의 동전을 동시에 던질 때 나오는 면을 순서쌍으로 나타내면 서로 다른 면이 나오는 경우는 (앞면, 뒷면), (뒷면, 앞면)이므로 구하는 경우의 수는 2이다.

2-1 (1) 5 (2) 6

(1) 서로 다른 두 개의 주사위를 동시에 던질 때 나오는 눈의 수를 순서쌍으로 나타내면 두 눈의 수의 합이 6인 경우는

$(1, 5)$, $(2, 4)$, $(3, 3)$, $(4, 2)$, $(5, 1)$

이므로 구하는 경우의 수는 5이다.

(2) 서로 다른 두 개의 주사위를 동시에 던질 때 나오는 눈의 수를 순서쌍으로 나타내면 두 눈의 수가 같은 경우는

$(1, 1)$, $(2, 2)$, $(3, 3)$, $(4, 4)$, $(5, 5)$, $(6, 6)$

이므로 구하는 경우의 수는 6이다.

핵심예제 3 6

지하철을 타고 집에서 영화관까지 가는 경우의 수는 2

버스를 타고 집에서 영화관까지 가는 경우의 수는 4

따라서 구하는 경우의 수는 $2 + 4 = 6$

3-1 8

밥 종류 중에서 하나를 주문하는 경우는 김치볶음밥, 비빔밥, 오징어덮밥이므로 구하는 경우의 수는 3

면 종류 중에서 하나를 주문하는 경우는 잔치국수, 라면, 우동, 쫄면, 냉면이므로 구하는 경우의 수는 5

따라서 밥 종류 또는 면 종류 중에서 하나만 주문하는 경우의 수는 $3 + 5 = 8$

핵심예제 4 7

3의 배수가 적힌 공이 나오는 경우는 3, 6, 9이므로 구하는 경우의 수는 3

10의 약수가 적힌 공이 나오는 경우는 1, 2, 5, 10이므로 구하는 경우의 수는 4

따라서 3의 배수 또는 10의 약수가 적힌 공이 나오는 경우의 수는 $3+4=7$

4-1 (1) 5 (2) 3 (3) 8

(1) 바늘이 가리키는 수가 소수인 경우는 2, 3, 5, 7, 11이므로 구하는 경우의 수는 5이다.

(2) 바늘이 가리키는 수가 4의 배수인 경우는 4, 8, 12이므로 구하는 경우의 수는 3이다.

(3) 바늘이 가리키는 수가 소수 또는 4의 배수인 경우의 수는 $5+3=8$

핵심예제 5 6

모자를 하나 고르는 경우의 수는 3
가방을 하나 고르는 경우의 수는 2
따라서 구하는 경우의 수 $3×2=6$

5-1 (1) 4 (2) 2 (3) 8

(1) 주스 중에서 하나를 선택하는 경우는 딸기, 키위, 수박, 오렌지 이므로 구하는 경우의 수는 4이다.

(2) 사이즈 중에서 하나를 선택하는 경우는 레귤러, 라지이므로 구하는 경우의 수는 2이다.

(3) 이 가게에서 음료를 주문하는 경우의 수는 $4×2=8$

핵심예제 6 (1) 2 (2) 2 (3) 4

(1) 서로 다른 두 개의 동전을 동시에 던질 때 나오는 면을 순서쌍으로 나타내면 서로 같은 면이 나오는 경우는
(앞면, 앞면), (뒷면, 뒷면)
이므로 구하는 경우의 수는 2

(2) 5의 약수는 1, 5이므로 구하는 경우의 수는 2

(3) 동전은 서로 같은 면이 나오고 주사위는 5의 약수의 눈이 나오는 경우의 수는 $2×2=4$

소단원 핵심문제

| 97쪽 |

1 ①	2 ③	3 5	4 ③	5 27

1 8의 약수가 나오는 경우는 1, 2, 4, 8이므로 구하는 경우의 수는 4이다.

2 2300원을 지불하는 방법을 표로 나타내면 다음과 같다.

1000원(장)	2	1	0
500원(개)	0	2	4
100원(개)	3	3	3

따라서 구하는 방법의 수는 3이다.

3 강원도 지역에서 한 곳을 숙소로 선택하는 경우의 수는 3
제주도 지역에서 한 곳을 숙소로 선택하는 경우의 수는 4
부산 지역에서 한 곳을 숙소로 선택하는 경우의 수는 2
따라서 구하는 경우의 수는 $3+2=5$

4 첫 번째에 윗면에 보이는 수가 3의 배수인 경우는 3, 6, 9, 12의 4가지, 두 번째에 윗면에 보이는 수가 5의 배수인 경우는 5, 10의 2가지이다.
따라서 구하는 경우의 수는 $4×2=8$

5 한 사람이 낼 수 있는 경우는 가위, 바위, 보의 3가지이므로 구하는 경우의 수는
$3×3×3=27$

02. 여러 가지 경우의 수

| 98~101쪽 |

핵심예제 7 6

3명을 한 줄로 세우는 경우의 수는
$3×2×1=6$

7-1 24

구하는 경우의 수는 4명을 한 줄로 세우는 경우의 수와 같으므로
$4×3×2×1=24$

7-2 360

구하는 경우의 수는 6명 중에서 4명을 뽑아 한 줄로 세우는 경우의 수와 같으므로
$6×5×4×3=360$

핵심예제 8 12

유주를 맨 앞에 세우는 경우의 수는 나머지 3명을 한 줄로 세우는 경우의 수와 같으므로 $3×2×1=6$
유주를 맨 뒤에 세우는 경우의 수도 마찬가지로 $3×2×1=6$
따라서 구하는 경우의 수는 $6+6=12$

8-1 120

빨간색 모자를 세 번째에 놓고 나머지 5개의 모자를 한 줄로 나열하면 되므로 구하는 경우의 수는
$5×4×3×2×1=120$

핵심예제 9 48

채영이와 언니를 한 명으로 생각하여 4명을 한 줄로 세우는 경우의 수는 $4×3×2×1=24$
이때 채영이와 언니가 자리를 바꾸는 경우의 수는 $2×1=2$
따라서 구하는 경우의 수는 $24×2=48$

9-1 36

남학생 3명을 한 명으로 생각하여 3명을 한 줄로 세우는 경우의 수는 $3 \times 2 \times 1 = 6$
이때 남학생끼리 서로 자리를 바꾸는 경우의 수는 $3 \times 2 \times 1 = 6$
따라서 구하는 경우의 수는 $6 \times 6 = 36$

9-2 ④

판타지 소설책 2권을 1권으로 생각하여 5권을 책꽂이에 한 줄로 나란히 꽂는 경우의 수는 $5 \times 4 \times 3 \times 2 \times 1 = 120$
이때 판타지 소설책끼리 자리를 바꾸는 경우의 수는 $2 \times 1 = 2$
따라서 구하는 경우의 수는 $120 \times 2 = 240$

핵심예제 10 60

백의 자리에 올 수 있는 숫자는 5가지, 십의 자리에 올 수 있는 숫자는 백의 자리에 온 숫자를 제외한 4가지, 일의 자리에 올 수 있는 숫자는 백의 자리와 십의 자리에 온 숫자를 제외한 3가지이다.
따라서 구하는 자연수의 개수는 $5 \times 4 \times 3 = 60$

10-1 (1) 12 (2) 24

(1) 십의 자리에 올 수 있는 숫자는 4가지, 일의 자리에 올 수 있는 숫자는 십의 자리에 온 숫자를 제외한 3가지이다.
따라서 구하는 자연수의 개수는 $4 \times 3 = 12$
(2) 백의 자리에 올 수 있는 숫자는 4가지, 십의 자리에 올 수 있는 숫자는 백의 자리에 온 숫자를 제외한 3가지, 일의 자리에 올 수 있는 숫자는 백의 자리와 십의 자리에 온 숫자를 제외한 2가지이다. 따라서 구하는 자연수의 개수는 $4 \times 3 \times 2 = 24$

핵심예제 11 48

백의 자리에 올 수 있는 숫자는 0을 제외한 4가지, 십의 자리에 올 수 있는 숫자는 백의 자리에 온 숫자를 제외한 4가지, 일의 자리에 올 수 있는 숫자는 백의 자리와 십의 자리에 온 숫자를 제외한 3가지이다. 따라서 구하는 자연수의 개수는 $4 \times 4 \times 3 = 48$

11-1 (1) 9 (2) 18

(1) 십의 자리에 올 수 있는 숫자는 0을 제외한 3가지, 일의 자리에 올 수 있는 숫자는 십의 자리에 온 숫자를 제외한 3가지이다.
따라서 구하는 자연수의 개수는 $3 \times 3 = 9$
(2) 백의 자리에 올 수 있는 숫자는 0을 제외한 3가지, 십의 자리에 올 수 있는 숫자는 백의 자리에 온 숫자를 제외한 3가지, 일의 자리에 올 수 있는 숫자는 백의 자리와 십의 자리에 온 숫자를 제외한 2가지이다. 따라서 구하는 자연수의 개수는
$3 \times 3 \times 2 = 18$

핵심예제 12 120

6명 중에서 항공기 조종사, 응급 구조사, 여행 상품 개발원을 체험할 학생을 각각 1명씩 뽑는 경우의 수는 $6 \times 5 \times 4 = 120$

12-1 (1) 12 (2) 24

(1) 4명 중에서 회장 1명, 부회장 1명을 뽑는 경우의 수는
$4 \times 3 = 12$
(2) 4명 중에서 회장 1명, 부회장 1명, 서기 1명을 뽑는 경우의 수는
$4 \times 3 \times 2 = 24$

핵심예제 13 20

구하는 경우의 수는 6명 중에서 자격이 같은 3명의 대표를 뽑는 경우의 수와 같으므로
$\dfrac{6 \times 5 \times 4}{3 \times 2 \times 1} = 20$

13-1 (1) 10 (2) 10

(1) 5명 중에서 대표 2명을 뽑는 경우의 수는
$\dfrac{5 \times 4}{2} = 10$
(2) 5명 중에서 대표 3명을 뽑는 경우의 수는
$\dfrac{5 \times 4 \times 3}{3 \times 2 \times 1} = 10$

소단원 핵심문제 |102쪽|

| 1 ③ | 2 ② | 3 ⑤ | 4 ④ | 5 56 |

1 태연이가 한가운데에 앉고 나머지 4명이 한 줄로 나란히 앉으면 되므로 구하는 경우의 수는 $4 \times 3 \times 2 \times 1 = 24$

2 B, D, F 3명을 한 명으로 생각하여 4명을 한 줄로 세우는 경우의 수는 $4 \times 3 \times 2 \times 1 = 24$
이때 B, D, F가 서로 자리를 바꾸는 경우의 수는 $3 \times 2 \times 1 = 6$
따라서 구하는 경우의 수는 $24 \times 6 = 144$

3 홀수이려면 일의 자리에 올 수 있는 숫자는 1, 3, 5의 3가지, 십의 자리에 올 수 있는 숫자는 일의 자리에 온 숫자를 제외한 4가지이다. 따라서 구하는 홀수의 개수는 $3 \times 4 = 12$

4 짝수이려면 일의 자리에 올 수 있는 숫자는 0, 2, 4이다.
(ⅰ) 일의 자리의 숫자가 0인 경우
십의 자리에 올 수 있는 숫자는 0을 제외한 4가지
(ⅱ) 일의 자리의 숫자가 2인 경우
십의 자리에 올 수 있는 숫자는 0과 2를 제외한 3가지
(ⅲ) 일의 자리의 숫자가 4인 경우
십의 자리에 올 수 있는 숫자는 0과 4를 제외한 3가지
(ⅰ)~(ⅲ)에서 구하는 짝수의 개수는 $4 + 3 + 3 = 10$

5 8명 중에서 재단 담당 1명, 염색 담당 1명을 뽑는 경우의 수는
$8 \times 7 = 56$

1 서로 다른 두 개의 주사위를 동시에 던질 때 나오는 눈의 수를 순서쌍으로 나타내면 두 눈의 수의 합이 8인 경우는

(2, 6), (3, 5), (4, 4), (5, 3), (6, 2)

이므로 구하는 경우의 수는 5이다.

2 3000원을 지불하는 방법을 표로 나타내면 다음과 같다.

1000원(장)	3	2	1	0
500원(개)	0	2	4	6

따라서 구하는 방법의 수는 4이다.

3 점 P에 대응하는 수가 3인 경우는 앞면이 2번, 뒷면이 1번 나오는 경우이므로 앞면을 H, 뒷면을 T라 하고 순서쌍으로 나타내면

(H, H, T), (H, T, H), (T, H, H)

이므로 구하는 경우의 수는 3이다.

4 15장의 카드 중에서 3장을 동시에 뽑을 때 나오는 카드에 적힌 세 수를 순서쌍으로 나타내면 직각삼각형이 되는 경우는

(3, 4, 5), (5, 12, 13), (6, 8, 10), (9, 12, 15)

이므로 구하는 경우의 수는 4이다.

5 서로 다른 두 개의 돌림판이 동시에 돌다가 멈출 때 각 바늘이 가리키는 수를 순서쌍으로 나타내면 두 수의 합이 6인 경우는

(2, 4), (3, 3), (4, 2), (5, 1)의 4가지

두 수의 합이 9인 경우는 (5, 4), (6, 3), (7, 2), (8, 1)의 4가지

따라서 구하는 경우의 수는

$4+4=8$

6 수요일을 선택하는 경우는 4, 11, 18, 25일의 4가지이고, 8의 배수를 선택하는 경우는 8, 16, 24일의 3가지이다.

따라서 구하는 경우의 수는

$4+3=7$

7 피자를 고르는 경우의 수는 5, 도우를 고르는 경우의 수는 3, 크기를 고르는 경우의 수는 3이다.

따라서 구하는 경우의 수는

$5\times3\times3=45$

8 자음이 적힌 카드를 뽑는 경우의 수는 2, 모음이 적힌 카드를 뽑는 경우의 수는 3이므로 각각 한 장씩 짝 지어 만들 수 있는 글자의 개수는

$2\times3=6$

9 A 지점에서 B 지점까지 가는 경우의 수는 3

B 지점에서 C 지점까지 가는 경우의 수는 5

따라서 구하는 경우의 수는

$3\times5=15$

10 서로 다른 두 개의 동전을 동시에 던질 때 나오는 면을 순서쌍으로 나타내면 모두 앞면이 나오는 경우는 (앞면, 앞면)의 1가지이고, 한 개의 주사위를 던질 때 홀수의 눈이 나오는 경우는 1, 3, 5의 3가지이다.

따라서 구하는 경우의 수는

$1\times3=3$

11 구하는 경우의 수는 6명 중에서 3명을 뽑아 한 줄로 세우는 경우의 수와 같으므로

$6\times5\times4=120$

12 A, D를 한 명으로 생각하여 3명을 한 줄로 세우는 경우의 수는

$3\times2\times1=6$

이때 A, D가 자리를 바꾸는 경우의 수는

$2\times1=2$

따라서 구하는 경우의 수는

$6\times2=12$

13 두 번째, 세 번째, 다섯 번째 자리에 올 수 있는 숫자는 각각 0부터 9까지의 10가지이다.

따라서 구하는 경우의 수는

$10\times10\times10=1000$

14 A에 칠할 수 있는 색은 3가지, B에 칠할 수 있는 색은 A에 칠한 색을 제외한 2가지, C에 칠할 수 있는 색은 A, B에 칠한 색을 제외한 1가지이다.

따라서 구하는 경우의 수는

$3\times2\times1=6$

15 5의 배수이려면 일의 자리에 올 수 있는 숫자는 0, 5이다.

(ⅰ) 일의 자리의 숫자가 0인 경우

십의 자리에 올 수 있는 숫자는 0을 제외한 7가지

(ⅱ) 일의 자리의 숫자가 5인 경우

십의 자리에 올 수 있는 숫자는 0과 5를 제외한 6가지

(ⅰ), (ⅱ)에서 구하는 5의 배수의 개수는

$7+6=13$

16 백의 자리에 올 수 있는 숫자는 0을 제외한 3가지, 십의 자리에 올 수 있는 숫자는 백의 자리에 온 숫자를 제외한 3가지, 일의 자리에 올 수 있는 숫자는 백의 자리와 십의 자리에 온 숫자를 제외한 2가지이다.

따라서 구하는 자연수의 개수는

$3\times3\times2=18$

17 10명의 회원 중에서 조명 담당 1명, 안내 담당 1명을 뽑는 경우의 수는

$a = 10 \times 9 = 90$

10명의 회원 중에서 진행자 2명을 뽑는 경우의 수는

$b = \dfrac{10 \times 9}{2 \times 1} = 45$

따라서 $a + b = 90 + 45 = 135$

18 2개 팀이 한 번 경기를 하므로 구하는 경기 수는 8명 중에서 자격이 같은 2명의 대표를 뽑는 경우의 수와 같으므로

$\dfrac{8 \times 7}{2} = 28$(번)

19 만들 수 있는 삼각형의 개수는 5명 중에서 자격이 같은 3명의 대표를 뽑는 경우의 수와 같으므로

$\dfrac{5 \times 4 \times 3}{3 \times 2 \times 1} = 10$

20 (1) $ax - b = 0$에 $x = 1$을 대입하면 $a - b = 0$이므로 $a = b$를 만족시키는 경우를 순서쌍 (a, b)로 나타내면

$(1, 1), (2, 2), (3, 3), (4, 4), (5, 5), (6, 6)$

의 6가지 ········· ❶

(2) $ax - b = 0$에 $x = 3$을 대입하면 $3a - b = 0$이므로 $3a = b$를 만족시키는 경우를 순서쌍 (a, b)로 나타내면

$(1, 3), (2, 6)$

의 2가지 ········· ❷

(3) 방정식 $ax - b = 0$의 해가 1 또는 3인 경우의 수는

$6 + 2 = 8$ ········· ❸

	채점 기준	비율
(1)	❶ 방정식 $ax - b = 0$의 해가 1인 경우의 수 구하기	40 %
(2)	❷ 방정식 $ax - b = 0$의 해가 3인 경우의 수 구하기	40 %
(3)	❸ 방정식 $ax - b = 0$의 해가 1 또는 3인 경우의 수 구하기	20 %

21 (1) 40 미만이려면 십의 자리에 올 수 있는 숫자는

1, 2, 3의 3가지 ········· ❶

(2) 일의 자리에 올 수 있는 숫자는

십의 자리에 온 숫자를 제외한 5가지 ········· ❷

(3) 40 미만의 두 자리 자연수의 개수는

$3 \times 5 = 15$ ········· ❸

	채점 기준	비율
(1)	❶ 40 미만의 두 자리 자연수를 만들 때, 십의 자리에 올 수 있는 숫자의 경우의 수 구하기	30 %
(2)	❷ 일의 자리에 올 수 있는 숫자의 경우의 수 구하기	30 %
(3)	❸ 40 미만의 두 자리 자연수의 개수 구하기	40 %

7. 확률

01. 확률의 뜻과 성질 | 108~110쪽 |

핵심예제 1 $\dfrac{1}{3}$

일어나는 모든 경우의 수는 $2 + 4 + 3 = 9$

검은 공이 나오는 경우의 수는 3

따라서 구하는 확률은 $\dfrac{3}{9} = \dfrac{1}{3}$

1-1 (1) $\dfrac{3}{7}$ (2) $\dfrac{4}{7}$

일어나는 모든 경우의 수는 $6 + 8 = 14$

(1) 사과 맛 사탕이 나오는 경우의 수는 6

따라서 구하는 확률은 $\dfrac{6}{14} = \dfrac{3}{7}$

(2) 레몬 맛 사탕이 나오는 경우의 수는 8

따라서 구하는 확률은 $\dfrac{8}{14} = \dfrac{4}{7}$

핵심예제 2 (1) 36 (2) 6 (3) $\dfrac{1}{6}$

(1) 일어나는 모든 경우의 수는 $6 \times 6 = 36$

(2) 서로 다른 두 개의 주사위를 동시에 던질 때 나오는 눈의 수를 순서쌍으로 나타내면 두 눈의 수의 합이 7인 경우는

$(1, 6), (2, 5), (3, 4), (4, 3), (5, 2), (6, 1)$의 6가지

(3) 나오는 두 눈의 수의 합이 7일 확률은 $\dfrac{6}{36} = \dfrac{1}{6}$

2-1 (1) 4 (2) 2 (3) $\dfrac{1}{2}$

(1) 일어나는 모든 경우의 수는 $2 \times 2 = 4$

(2) 서로 다른 두 개의 동전을 동시에 던질 때 나오는 면을 순서쌍으로 나타내면 서로 다른 면이 나오는 경우는

(앞면, 뒷면), (뒷면, 앞면)의 2가지

(3) 서로 다른 면이 나올 확률은 $\dfrac{2}{4} = \dfrac{1}{2}$

핵심예제 3 (1) $\dfrac{5}{8}$ (2) 1 (3) 0

(1) 일어나는 모든 경우의 수는 $5 + 3 = 8$

빨간 공이 나오는 경우의 수는 5

따라서 구하는 확률은 $\dfrac{5}{8}$

(2) 일어나는 모든 경우의 수는 8

빨간 공이 나오는 경우의 수는 8

따라서 구하는 확률은 $\dfrac{8}{8} = 1$

(3) 일어나는 모든 경우의 수는 8

파란 공이 나오는 경우는 없다.

따라서 구하는 확률은 $\dfrac{0}{8} = 0$

3-1 (1) $\dfrac{3}{5}$ (2) 0 (3) 1

(1) 일어나는 모든 경우의 수는 $3+2=5$

보라색 마카롱이 나오는 경우의 수는 3

따라서 구하는 확률은 $\dfrac{3}{5}$

(2) 일어나는 모든 경우의 수는 $3+2=5$

노란색 마카롱이 나오는 경우는 없다.

따라서 구하는 확률은 $\dfrac{0}{5}=0$

(3) 일어나는 모든 경우의 수는 $3+2=5$

마카롱이 나오는 경우의 수는 5

따라서 구하는 확률은 $\dfrac{5}{5}=1$

3-2 (1) 1 (2) $\dfrac{3}{7}$ (3) 0

(1) 일어나는 모든 경우의 수는 7이고, 7 이하의 수가 적힌 카드가 나오는 경우는 1, 2, 3, 4, 5, 6, 7의 7가지

따라서 구하는 확률은 $\dfrac{7}{7}=1$

(2) 일어나는 모든 경우의 수는 7이고, 짝수가 적힌 카드가 나오는 경우는 2, 4, 6의 3가지

따라서 구하는 확률은 $\dfrac{3}{7}$

(3) 일어나는 모든 경우의 수는 7이고, 10 이상의 수가 적힌 카드가 나오는 경우는 없다.

따라서 구하는 확률은 $\dfrac{0}{7}=0$

핵심예제 4 $\dfrac{13}{16}$

일어나는 모든 경우의 수는 16이고, 5의 배수가 적힌 카드가 나오는 경우는 5, 10, 15의 3가지

즉, 5의 배수가 적힌 카드가 나올 확률은 $\dfrac{3}{16}$

따라서 (5의 배수가 적힌 카드가 나오지 않을 확률)

$=1-(5의 배수가 적힌 카드가 나올 확률)$

$=1-\dfrac{3}{16}=\dfrac{13}{16}$

4-1 (1) $\dfrac{2}{5}$ (2) $\dfrac{3}{5}$

(1) 일어나는 모든 경우의 수는 20이고, 안경을 쓴 학생이 8명이므로 안경을 쓴 학생을 뽑을 확률은 $\dfrac{8}{20}=\dfrac{2}{5}$

(2) (안경을 쓰지 않은 학생을 뽑을 확률)

$=1-(안경을 쓴 학생을 뽑을 확률)$

$=1-\dfrac{2}{5}=\dfrac{3}{5}$

핵심예제 5 (1) 36 (2) 10 (3) $\dfrac{5}{18}$ (4) $\dfrac{13}{18}$

(1) 일어나는 모든 경우의 수는 $\dfrac{9\times8}{2}=36$

(2) 모두 남학생을 뽑는 경우의 수는 $\dfrac{5\times4}{2}=10$

(3) 모두 남학생을 뽑을 확률은 $\dfrac{10}{36}=\dfrac{5}{18}$

(4) (적어도 한 명은 여학생을 뽑을 확률)

$=1-(모두 남학생을 뽑을 확률)$

$=1-\dfrac{5}{18}=\dfrac{13}{18}$

5-1 (1) 10 (2) 1 (3) $\dfrac{1}{10}$ (4) $\dfrac{9}{10}$

(1) 일어나는 모든 경우의 수는 $\dfrac{5\times4}{2}=10$

(2) 모두 볼펜이 나오는 경우의 수는 1

(3) 모두 볼펜이 나올 확률은 $\dfrac{1}{10}$

(4) (적어도 한 자루는 색연필이 나올 확률)

$=1-(모두 볼펜이 나올 확률)$

$=1-\dfrac{1}{10}=\dfrac{9}{10}$

소단원 핵심문제

| 111쪽 |

1 $\dfrac{1}{5}$ 2 ④ 3 ② 4 ⑤ 5 $\dfrac{15}{16}$

1 일어나는 모든 경우의 수는 30

당첨 제비를 뽑는 경우의 수는 6

따라서 당첨 제비를 뽑을 확률은 $\dfrac{6}{30}=\dfrac{1}{5}$

2 일어나는 모든 경우의 수는 $4\times3\times2\times1=24$

재진이와 채원이를 한 명으로 생각하여 3명을 한 줄로 세우는 경우의 수는 $3\times2\times1=6$

이때 재진이와 채원이가 자리를 바꾸는 경우의 수는 $2\times1=2$

즉, 재진이와 채원이를 이웃하게 세우는 경우의 수는 $6\times2=12$

따라서 구하는 확률은 $\dfrac{12}{24}=\dfrac{1}{2}$

3 ② 어떤 사건이 일어날 확률을 p라 하면 $0\leq p\leq1$이다.

따라서 옳지 않은 것은 ②이다.

4 일어나는 모든 경우의 수는 $6\times6=36$

서로 다른 두 개의 주사위를 동시에 던질 때 나오는 눈의 수를 순서쌍으로 나타내면 두 눈의 수가 서로 같은 경우는

$(1, 1), (2, 2), (3, 3), (4, 4), (5, 5), (6, 6)$의 6가지

즉, 두 눈의 수가 서로 같을 확률은 $\dfrac{6}{36}=\dfrac{1}{6}$

따라서 (두 눈의 수가 서로 다를 확률)

$=1-(두 눈의 수가 서로 같을 확률)$

$=1-\dfrac{1}{6}=\dfrac{5}{6}$

5 일어나는 모든 경우의 수는 $2 \times 2 \times 2 \times 2 = 16$

네 문제 모두 틀리는 경우의 수는 1

즉, 네 문제 모두 틀릴 확률은 $\dfrac{1}{16}$

따라서 현아가 상품을 받으려면 적어도 한 문제는 맞혀야 하므로

(적어도 한 문제는 맞힐 확률) $= 1 - ($ 네 문제 모두 틀릴 확률$)$

$$= 1 - \dfrac{1}{16} = \dfrac{15}{16}$$

02. 확률의 계산
|112~115쪽|

핵심예제 **6** $\dfrac{3}{5}$

현우네 반 학생은 모두 30명이고, 한 명을 임의로 선택할 때 그 학생의 혈액형이 A형일 확률은 $\dfrac{12}{30} = \dfrac{2}{5}$

또 한 명을 임의로 선택할 때 그 학생의 혈액형이 B형일 확률은

$\dfrac{6}{30} = \dfrac{1}{5}$

이때 혈액형이 A형인 사건과 B형인 사건은 동시에 일어나지 않으므로 구하는 확률은 $\dfrac{2}{5} + \dfrac{1}{5} = \dfrac{3}{5}$

6-1 $\dfrac{9}{20}$

전체 학생은 모두 100명이고, 한 명을 임의로 선택할 때 찬성으로 응답했을 확률은 $\dfrac{27}{100}$

또 한 명을 임의로 선택할 때 적극 찬성으로 응답했을 확률은

$\dfrac{18}{100} = \dfrac{9}{50}$

이때 찬성으로 응답하는 사건과 적극 찬성으로 응답하는 사건은 동시에 일어나지 않으므로 구하는 확률은

$\dfrac{27}{100} + \dfrac{9}{50} = \dfrac{27}{100} + \dfrac{18}{100} = \dfrac{45}{100} = \dfrac{9}{20}$

핵심예제 **7** $\dfrac{7}{36}$

일어나는 모든 경우의 수는 $6 \times 6 = 36$

서로 다른 두 개의 주사위를 동시에 던질 때 나오는 눈의 수를 순서쌍으로 나타내면

(i) 두 눈의 수의 합이 5인 경우는 $(1, 4), (2, 3), (3, 2), (4, 1)$

의 4가지이므로 두 눈의 수의 합이 5일 확률은 $\dfrac{4}{36} = \dfrac{1}{9}$

(ii) 두 눈의 수의 합이 10인 경우는 $(4, 6), (5, 5), (6, 4)$의 3가지이므로 두 눈의 수의 합이 10일 확률은 $\dfrac{3}{36} = \dfrac{1}{12}$

(i), (ii)에서 구하는 확률은 $\dfrac{1}{9} + \dfrac{1}{12} = \dfrac{4}{36} + \dfrac{3}{36} = \dfrac{7}{36}$

7-1 (1) 6, 12 (2) $\dfrac{1}{6}$

(2) 일어나는 모든 경우의 수는 $6 \times 6 = 36$

두 눈의 수의 합이 6의 배수일 확률은 두 눈의 수의 합이 6 또는 12일 확률과 같다.

(i) 두 눈의 수의 합이 6인 경우는 $(1, 5), (2, 4), (3, 3),$

$(4, 2), (5, 1)$의 5가지이므로 그 확률은 $\dfrac{5}{36}$

(ii) 두 눈의 수의 합이 12인 경우는 $(6, 6)$의 1가지이므로 그 확률은 $\dfrac{1}{36}$

(i), (ii)에서 구하는 확률은 $\dfrac{5}{36} + \dfrac{1}{36} = \dfrac{6}{36} = \dfrac{1}{6}$

핵심예제 **8** 0.027

(세 번의 타석에서 모두 안타를 칠 확률)

$=$ (첫 번째 타석에서 안타를 칠 확률)

$\times$ (두 번째 타석에서 안타를 칠 확률)

$\times$ (세 번째 타석에서 안타를 칠 확률)

$= 0.3 \times 0.3 \times 0.3 = 0.027$

8-1 ①

(두 사람 모두 합격할 확률)

$=$ (영지가 합격할 확률) $\times$ (호준이가 합격할 확률)

$= \dfrac{1}{2} \times \dfrac{1}{3} = \dfrac{1}{6}$

핵심예제 **9** $\dfrac{1}{7}$

A 주머니에서 파란 구슬이 나올 확률은 $\dfrac{2}{6} = \dfrac{1}{3}$

B 주머니에서 노란 구슬이 나올 확률은 $\dfrac{3}{7}$

따라서 구하는 확률은 $\dfrac{1}{3} \times \dfrac{3}{7} = \dfrac{1}{7}$

9-1 (1) $\dfrac{2}{3}$ (2) $\dfrac{2}{3}$ (3) $\dfrac{4}{9}$

(1) A 주사위에서 6의 약수의 눈이 나오는 경우는 1, 2, 3, 6의 4가지이므로 A 주사위에서 6의 약수의 눈이 나올 확률은 $\dfrac{4}{6} = \dfrac{2}{3}$

(2) B 주사위에서 4 이하의 눈이 나오는 경우는 1, 2, 3, 4의 4가지이므로 B 주사위에서 4 이하의 눈이 나올 확률은 $\dfrac{4}{6} = \dfrac{2}{3}$

(3) 구하는 확률은 $\dfrac{2}{3} \times \dfrac{2}{3} = \dfrac{4}{9}$

핵심예제 **10** (1) 0.12 (2) 0.42

(1) (오늘은 비가 오고 내일은 비가 오지 않을 확률)

$=$ (오늘 비가 올 확률) $\times$ (내일 비가 오지 않을 확률)

$= 0.4 \times (1 - 0.7) = 0.4 \times 0.3 = 0.12$

(2) (오늘은 비가 오지 않고 내일은 비가 올 확률)

$=$ (오늘 비가 오지 않을 확률) $\times$ (내일 비가 올 확률)

$= (1 - 0.4) \times 0.7 = 0.6 \times 0.7 = 0.42$

10-1 ④

(두 사람 모두 학교에 지각하지 않을 확률)

$=$ (세영이가 지각하지 않을 확률) $\times$ (민성이가 지각하지 않을 확률)

$= \left(1 - \dfrac{1}{10}\right) \times \left(1 - \dfrac{1}{7}\right) = \dfrac{9}{10} \times \dfrac{6}{7} = \dfrac{27}{35}$

핵심예제 11 $\dfrac{19}{25}$

(적어도 한 개는 초록 공이 나올 확률)

$=1-($ 두 주머니 A, B에서 모두 빨간 공이 나올 확률)

이때 A 주머니에서 빨간 공이 나올 확률은 $\dfrac{3}{5}$, B 주머니에서 빨간

공이 나올 확률은 $\dfrac{4}{10}=\dfrac{2}{5}$이므로 두 주머니 A, B에서 모두 빨간

공이 나올 확률은 $\dfrac{3}{5}\times\dfrac{2}{5}=\dfrac{6}{25}$

따라서 (적어도 한 개는 초록 공이 나올 확률)$=1-\dfrac{6}{25}=\dfrac{19}{25}$

11-1 ⑤

(적어도 한 명이 완치될 확률)

$=1-($ 두 사람 모두 완치되지 않을 확률)

$=1-\left(1-\dfrac{9}{10}\right)\times\left(1-\dfrac{9}{10}\right)$

$=1-\dfrac{1}{10}\times\dfrac{1}{10}=\dfrac{99}{100}$

핵심예제 12 $\dfrac{1}{64}$

동훈이가 당첨될 확률은 $\dfrac{5}{40}=\dfrac{1}{8}$

지은이가 당첨될 확률은 $\dfrac{5}{40}=\dfrac{1}{8}$

따라서 구하는 확률은 $\dfrac{1}{8}\times\dfrac{1}{8}=\dfrac{1}{64}$

12-1 $\dfrac{4}{25}$

첫 번째에 흰 바둑돌이 나올 확률은 $\dfrac{4}{10}=\dfrac{2}{5}$

두 번째에 흰 바둑돌이 나올 확률은 $\dfrac{4}{10}=\dfrac{2}{5}$

따라서 구하는 확률은 $\dfrac{2}{5}\times\dfrac{2}{5}=\dfrac{4}{25}$

핵심예제 13 $\dfrac{2}{9}$

첫 번째에 짝수가 적힌 카드가 나올 확률은 $\dfrac{5}{10}=\dfrac{1}{2}$

두 번째에 짝수가 적힌 카드가 나올 확률은 $\dfrac{4}{9}$

따라서 구하는 확률은 $\dfrac{1}{2}\times\dfrac{4}{9}=\dfrac{2}{9}$

13-1 $\dfrac{1}{11}$

사탕을 꺼내 먹는 것은 꺼낸 사탕을 사탕 통에 다시 넣지 않는 것

이므로 나라가 우유 맛 사탕을 꺼내 먹을 확률은 $\dfrac{4}{12}=\dfrac{1}{3}$

동휘가 우유 맛 사탕을 꺼내 먹을 확률은 $\dfrac{3}{11}$

따라서 구하는 확률은 $\dfrac{1}{3}\times\dfrac{3}{11}=\dfrac{1}{11}$

소단원 핵심문제

| 116쪽 |

| 1 ③ | 2 $\dfrac{49}{100}$ | 3 ③ | 4 ④ | 5 $\dfrac{1}{50}$ |

1 일어나는 모든 경우의 수는 25

(ⅰ) 4의 배수가 적힌 카드가 나오는 경우는 4, 8, 12, 16, 20, 24의

6가지이므로 4의 배수가 적힌 카드가 나올 확률은 $\dfrac{6}{25}$

(ⅱ) 7의 배수가 적힌 카드가 나오는 경우는 7, 14, 21의 3가지이므

로 7의 배수가 적힌 카드가 나올 확률은 $\dfrac{3}{25}$

(ⅰ), (ⅱ)에서 구하는 확률은 $\dfrac{6}{25}+\dfrac{3}{25}=\dfrac{9}{25}$

2 (서브 득점을 두 번 모두 성공할 확률)

$=($ 첫 번째에 성공할 확률)$\times($ 두 번째에 성공할 확률)

$=\dfrac{7}{10}\times\dfrac{7}{10}=\dfrac{49}{100}$

3 (B만 과녁을 맞힐 확률)

$=($ A는 과녁을 맞히지 못할 확률)$\times($ B는 과녁을 맞힐 확률)

$=\left(1-\dfrac{3}{4}\right)\times\dfrac{5}{7}=\dfrac{1}{4}\times\dfrac{5}{7}=\dfrac{5}{28}$

4 (이틀 중에서 적어도 하루는 아침 식사를 할 확률)

$=1-($ 이틀 모두 아침 식사를 하지 않을 확률)

$=1-\left(1-\dfrac{2}{5}\right)\times\left(1-\dfrac{2}{5}\right)=1-\dfrac{3}{5}\times\dfrac{3}{5}=\dfrac{16}{25}$

5 첫 번째에 불량품이 나올 확률은 $\dfrac{4}{25}$

두 번째에 불량품이 나올 확률은 $\dfrac{3}{24}=\dfrac{1}{8}$

따라서 구하는 확률은 $\dfrac{4}{25}\times\dfrac{1}{8}=\dfrac{1}{50}$

중단원 마무리 테스트

| 117~119쪽 |

1 ②	2 ②	3 ④	4 ②	5 ②
6 $\dfrac{4}{9}$	7 $\dfrac{1}{2}$	8 ②	9 ⑤	10 ③
11 $\dfrac{13}{14}$	12 ③	13 ④	14 ①	15 $\dfrac{7}{18}$
16 $\dfrac{16}{25}$	17 $\dfrac{1}{2}$	18 $\dfrac{1}{32}$	19 ②	20 $\dfrac{4}{13}$
21 (1) 36 (2) 9 (3) $\dfrac{1}{4}$		22 (1) $\dfrac{15}{49}$ (2) $\dfrac{8}{49}$ (3) $\dfrac{23}{49}$		

1 일어나는 모든 경우의 수는 $2\times2\times2=8$

서로 다른 3개의 동전을 동시에 던질 때 나오는 면을 순서쌍으로

나타내면 모두 뒷면이 나오는 경우는 (뒷면, 뒷면, 뒷면)의 1가지

따라서 구하는 확률은 $\dfrac{1}{8}$

2 일어나는 모든 경우의 수는 $3 \times 3 \times 3 = 27$

세 명이 가위바위보를 할 때 모두 다른 것을 내는 경우의 수는 가위, 바위, 보를 한 줄로 세우는 경우의 수와 같으므로

$3 \times 2 \times 1 = 6$

따라서 구하는 확률은 $\dfrac{6}{27} = \dfrac{2}{9}$

3 십의 자리에 올 수 있는 숫자는 4가지, 일의 자리에 올 수 있는 숫자는 십의 자리에 온 숫자를 제외한 3가지이므로 만들 수 있는 두 자리 자연수의 개수는 $4 \times 3 = 12$

이때 만든 자연수가 30 미만인 경우는

12, 13, 14, 21, 23, 24의 6가지

따라서 구하는 확률은 $\dfrac{6}{12} = \dfrac{1}{2}$

다른 풀이

30 미만이려면 십의 자리에 올 수 있는 숫자는 1, 2의 2가지, 일의 자리에 올 수 있는 숫자는 십의 자리에 온 숫자를 제외한 3가지이므로 30 미만인 자연수의 개수는 $2 \times 3 = 6$

4 일어나는 모든 경우의 수는 $5 \times 4 \times 3 \times 2 \times 1 = 120$

5명을 한 줄로 세울 때 세리를 가운데에 세우는 경우의 수는 세리를 가운데에 세우고 나머지 4명을 한 줄로 세우면 되므로

$4 \times 3 \times 2 \times 1 = 24$

따라서 구하는 확률은 $\dfrac{24}{120} = \dfrac{1}{5}$

5 일어나는 모든 경우의 수는 $6 \times 6 = 36$

$y = 2$일 때, $x + 4 \times 2 = 13$이므로 $x = 5$

$y = 3$일 때, $x + 4 \times 3 = 13$이므로 $x = 1$

즉, $x + 4y = 13$을 만족시키는 x, y의 값을 순서쌍 (x, y)로 나타내면 $(5, 2)$, $(1, 3)$의 2가지

따라서 구하는 확률은 $\dfrac{2}{36} = \dfrac{1}{18}$

6 일어나는 모든 경우의 수는 $3 \times 3 = 9$

두 사람이 낸 카드에 적힌 수를 순서쌍

(연우가 낸 카드에 적힌 수, 혜진이가 낸 카드에 적힌 수)로 나타내면 연우가 낸 카드에 적힌 수가 더 큰 경우는 $(4, 2)$, $(4, 3)$, $(5, 2)$, $(5, 3)$의 4가지

따라서 구하는 확률은 $\dfrac{4}{9}$

7 4개의 막대 중에서 3개의 막대를 선택하는 경우의 수는

$\dfrac{4 \times 3 \times 2}{3 \times 2 \times 1} = 4$

3개의 막대를 골라 막대의 길이를 순서쌍으로 나타내면 삼각형이 만들어지는 경우는 가장 긴 변의 길이가 나머지 두 변의 길이의 합보다 작아야 하므로 $(3\,\mathrm{cm}, 8\,\mathrm{cm}, 9\,\mathrm{cm})$, $(5\,\mathrm{cm}, 8\,\mathrm{cm}, 9\,\mathrm{cm})$의 2가지

따라서 구하는 확률은 $\dfrac{2}{4} = \dfrac{1}{2}$

8 ① 일어나는 모든 경우의 수는 2, 앞면이 나오는 경우의 수는 1이므로 구하는 확률은 $\dfrac{1}{2}$

② 일어나는 모든 경우의 수는 6, 6 이하의 눈이 나오는 경우의 수는 6이므로 구하는 확률은 1

③ 일어나는 모든 경우의 수는 $2 \times 2 = 4$

모두 앞면이 나오는 경우는 (앞, 앞)의 1가지

즉, 구하는 확률은 $\dfrac{1}{4}$

④ 일어나는 모든 경우의 수는 $6 \times 6 = 36$

두 눈의 수의 합이 12인 경우는 $(6, 6)$의 1가지

즉, 구하는 확률은 $\dfrac{1}{36}$

⑤ 두 자리 자연수가 적힌 카드는 나올 수 없으므로 구하는 확률은 0

따라서 확률이 1인 사건은 ②이다.

9 (B 중학교가 이길 확률) = (A 중학교가 질 확률)

= 1 - (A 중학교가 이길 확률)

= $1 - \dfrac{1}{6} = \dfrac{5}{6}$

10 일어나는 모든 경우의 수는 $4 \times 3 \times 2 \times 1 = 24$

딸기와 포도를 1개로 생각하여 3개를 한 줄로 놓는 경우의 수는 $3 \times 2 \times 1 = 6$이고, 딸기와 포도가 자리를 바꾸는 경우의 수는 $2 \times 1 = 2$이므로 딸기와 포도를 이웃하게 놓는 경우의 수는

$6 \times 2 = 12$

즉, 딸기와 포도를 이웃하게 놓을 확률은 $\dfrac{12}{24} = \dfrac{1}{2}$

따라서 (딸기와 포도를 이웃하게 놓지 않을 확률)

= 1 - (딸기와 포도를 이웃하게 놓을 확률)

= $1 - \dfrac{1}{2} = \dfrac{1}{2}$

11 일어나는 모든 경우의 수는 $\dfrac{8 \times 7 \times 6}{3 \times 2 \times 1} = 56$

모두 여학생을 뽑는 경우의 수는 $\dfrac{4 \times 3 \times 2}{3 \times 2 \times 1} = 4$

즉, 모두 여학생을 뽑을 확률은 $\dfrac{4}{56} = \dfrac{1}{14}$

따라서 (적어도 한 명은 남학생을 뽑을 확률)

= 1 - (모두 여학생을 뽑을 확률)

= $1 - \dfrac{1}{14} = \dfrac{13}{14}$

12 일어나는 모든 경우의 수는 $5 + 2 + 3 = 10$

흰색 티셔츠를 꺼내는 경우의 수는 5이므로 흰색 티셔츠를 꺼낼 확률은 $\dfrac{5}{10} = \dfrac{1}{2}$

노란색 티셔츠를 꺼내는 경우의 수는 2이므로 노란색 티셔츠를 꺼낼 확률은 $\dfrac{2}{10} = \dfrac{1}{5}$

따라서 구하는 확률은 $\dfrac{1}{2} + \dfrac{1}{5} = \dfrac{5}{10} + \dfrac{2}{10} = \dfrac{7}{10}$

13 일어나는 모든 경우의 수는 $6 \times 6 = 36$

두 눈의 수의 합이 3 또는 9인 경우 점 P가 꼭짓점 D까지 이동하게 된다. 한 개의 주사위를 두 번 던질 때 나오는 눈의 수를 순서쌍으로 나타내면

(i) 두 눈의 수의 합이 3인 경우는 $(1, 2)$, $(2, 1)$의 2가지이므로

두 눈의 수의 합이 3일 확률은 $\dfrac{2}{36} = \dfrac{1}{18}$

(ii) 두 눈의 수의 합이 9인 경우는 $(3, 6)$, $(4, 5)$, $(5, 4)$, $(6, 3)$

의 4가지이므로 두 눈의 수의 합이 9일 확률은 $\dfrac{4}{36} = \dfrac{1}{9}$

(i), (ii)에서 구하는 확률은 $\dfrac{1}{18} + \dfrac{1}{9} = \dfrac{3}{18} = \dfrac{1}{6}$

14 (두 선수 A, B 모두 예선 통과할 확률)

$=$(A 선수가 예선 통과할 확률) $\times$ (B 선수가 예선 통과할 확률)

$= \dfrac{5}{6} \times \dfrac{5}{8} = \dfrac{25}{48}$

15 (솔이만 완주할 확률) $= \dfrac{2}{3} \times \left(1 - \dfrac{5}{6}\right) = \dfrac{2}{3} \times \dfrac{1}{6} = \dfrac{1}{9}$

(현준이만 완주할 확률) $= \left(1 - \dfrac{2}{3}\right) \times \dfrac{5}{6} = \dfrac{1}{3} \times \dfrac{5}{6} = \dfrac{5}{18}$

따라서 (두 사람 중에서 한 사람만 완주할 확률)

$=$ (솔이만 완주할 확률) $+$ (현준이만 완주할 확률)

$= \dfrac{1}{9} + \dfrac{5}{18} = \dfrac{7}{18}$

16 (두 문항 모두 틀릴 확률) $= \left(1 - \dfrac{1}{5}\right) \times \left(1 - \dfrac{1}{5}\right)$

$= \dfrac{4}{5} \times \dfrac{4}{5} = \dfrac{16}{25}$

17 (적어도 한 곳에 합격할 확률) $= 1 -$ (두 곳 모두 불합격할 확률)

$= 1 - \left(1 - \dfrac{1}{3}\right) \times \left(1 - \dfrac{1}{4}\right)$

$= 1 - \dfrac{2}{3} \times \dfrac{3}{4} = \dfrac{1}{2}$

18 일어나는 모든 경우의 수는 $2 \times 2 = 4$

서로 다른 두 개의 동전을 동시에 던질 때 나오는 면을 순서쌍으로 나타내면 모두 앞면이 나오는 경우는 (앞면, 앞면)의 1가지이므로 모두 앞면이 나올 확률은 $\dfrac{1}{4}$

모두 뒷면이 나오는 경우는 (뒷면, 뒷면)의 1가지이므로 모두 뒷면이 나올 확률은 $\dfrac{1}{4}$

모두 앞면이 나오는 사건을 A, 모두 뒷면이 나오는 사건을 B라 하고 세 번째에 주어진 도형을 모두 색칠하는 경우를 순서쌍으로 나타내면 (A, A, B), (B, B, A)의 2가지이다.

따라서 구하는 확률은 $\dfrac{1}{4} \times \dfrac{1}{4} \times \dfrac{1}{4} + \dfrac{1}{4} \times \dfrac{1}{4} \times \dfrac{1}{4} = \dfrac{2}{64} = \dfrac{1}{32}$

19 일어나는 모든 경우의 수는 9

카드에 적힌 수가 8의 약수인 경우는 1, 2, 4, 8의 4가지이므로 첫 번째에 8의 약수가 적힌 카드가 나올 확률은 $\dfrac{4}{9}$

카드에 적힌 수가 3의 배수인 경우는 3, 6, 9의 3가지이므로 두 번째에 3의 배수가 적힌 카드가 나올 확률은 $\dfrac{3}{9} = \dfrac{1}{3}$

따라서 구하는 확률은 $\dfrac{4}{9} \times \dfrac{1}{3} = \dfrac{4}{27}$

20 일어나는 모든 경우의 수는 $6 + 8 = 14$

첫 번째에 김치만두가 나올 확률은 $\dfrac{8}{14} = \dfrac{4}{7}$

두 번째에 김치만두가 나올 확률은 $\dfrac{7}{13}$

따라서 구하는 확률은 $\dfrac{4}{7} \times \dfrac{7}{13} = \dfrac{4}{13}$

21 (1) 일어나는 모든 경우의 수는 $6 \times 6 = 36$ ……… ❶

(2) 나오는 두 눈의 수의 곱이 홀수이려면 두 눈의 수 모두 홀수이어야 한다. 즉, 두 눈의 수의 곱이 홀수인 경우의 수는

$3 \times 3 = 9$ ……… ❷

(3) 나오는 두 눈의 수의 곱이 홀수일 확률은 $\dfrac{9}{36} = \dfrac{1}{4}$ ……… ❸

	채점 기준	비율
(1)	❶ 일어나는 모든 경우의 수 구하기	10 %
(2)	❷ 두 눈의 수의 곱이 홀수인 경우의 수 구하기	50 %
(3)	❸ 두 눈의 수의 곱이 홀수일 확률 구하기	40 %

22 (1) A 주머니에서 빨간 공이 나올 확률은 $\dfrac{5}{7}$,

B 주머니에서 빨간 공이 나올 확률은 $\dfrac{3}{7}$

이므로 구하는 확률은 $\dfrac{5}{7} \times \dfrac{3}{7} = \dfrac{15}{49}$ ……… ❶

(2) A 주머니에서 파란 공이 나올 확률은 $\dfrac{2}{7}$,

B 주머니에서 파란 공이 나올 확률은 $\dfrac{4}{7}$

이므로 구하는 확률은 $\dfrac{2}{7} \times \dfrac{4}{7} = \dfrac{8}{49}$ ……… ❷

(3) (같은 색 공이 나올 확률)

$=$ (두 공 모두 빨간 공이 나올 확률)

$\quad +$ (두 공 모두 파란 공이 나올 확률)

$= \dfrac{15}{49} + \dfrac{8}{49} = \dfrac{23}{49}$ ……… ❸

	채점 기준	비율
(1)	❶ 두 공 모두 빨간 공이 나올 확률 구하기	40 %
(2)	❷ 두 공 모두 파란 공이 나올 확률 구하기	40 %
(3)	❸ 같은 색 공이 나올 확률 구하기	20 %

정답과 풀이  워크북

1. 삼각형의 성질

01. 이등변삼각형의 성질 | 2~3쪽 |

이등변삼각형의 성질(1)

❶ 밑각

| 1 64° | 2 116° | 3 65° | 4 107° | 5 80° |

1 △ABC가 $\overline{AB}=\overline{AC}$인 이등변삼각형이므로 ∠B=∠C
따라서 ∠x=64°

2 삼각형의 세 내각의 크기의 합은 180°이므로
∠x=180°−2×32°=116°

3 ∠x=$\frac{1}{2}$×(180°−50°)=65°

4 ∠ACB=$\frac{1}{2}$×(180°−34°)=73°
평각의 크기는 180°이므로
∠x=180°−73°=107°

5 ∠ACB=180°−130°=50°
따라서 ∠x=180°−2×50°=80°

이등변삼각형의 성질(2)

❷ 수직이등분   **❸ $\overline{BD}=\overline{CD}$**

| 6 x=4, y=90 | 7 x=6, y=66 | 8 x=10, y=22 |
| 9 x=5, y=50 | | |

6 이등변삼각형 ABC에서 $\overline{AD}$가 ∠A의 이등분선이므로
$\overline{CD}=\overline{BD}$=4 cm에서 x=4
또 $\overline{AD}\perp\overline{BC}$이므로 ∠ADC=90°
따라서 y=90

7 $\overline{BC}=2\overline{BD}$=2×3=6 (cm)이므로 x=6
△ADC에서 ∠ADC=90°이므로
∠ACD=180°−(24°+90°)=66°
따라서 y=66

8 $\overline{CD}=\frac{1}{2}\overline{BC}=\frac{1}{2}$×20=10 (cm)이므로 x=10
△ABD에서 ∠ADB=90°이므로
∠BAD=180°−(68°+90°)=22°
따라서 ∠CAD=∠BAD=22°이므로 y=22

9 $\overline{CD}=\overline{BD}$=5 cm이므로 x=5
△ADC에서 ∠ADC=90°이므로

∠C=180°−(90°+40°)=50°
따라서 ∠B=∠C=50°이므로 y=50

이등변삼각형이 되는 조건

❹ 내각   **❺ $\overline{AB}=\overline{AC}$**

10 3	11 9	12 7	13 11	14 9
15 6	16 10	17 12	18 5	19 4
20 8				

10 ∠B=∠C이므로 △ABC는 $\overline{AB}=\overline{AC}$인 이등변삼각형이다.
따라서 $\overline{AC}=\overline{AB}$=3 cm이므로 x=3

11 ∠A=∠B이므로 △ABC는 $\overline{CA}=\overline{CB}$인 이등변삼각형이다.
따라서 $\overline{CA}=\overline{CB}$=9 cm이므로 x=9

12 삼각형의 세 내각의 크기의 합은 180°이므로
∠C=180°−(110°+35°)=35°
즉, ∠B=∠C이므로
$\overline{AB}=\overline{AC}$=7 cm
따라서 x=7

13 ∠B=180°−(76°+28°)=76°
즉, ∠B=∠A이므로
$\overline{BC}=\overline{AC}$=11 cm
따라서 x=11

14 ∠A=180°−(66°+57°)=57°
즉, ∠A=∠C이므로
$\overline{BA}=\overline{BC}$=9 cm
따라서 x=9

15 ∠ACB=180°−126°=54°
즉, ∠B=∠C이므로
$\overline{AB}=\overline{AC}$=6 cm
따라서 x=6

16 삼각형의 한 외각의 크기는 그와 이웃하지 않은 두 내각의 크기의 합과 같으므로
∠C=88°−44°=44°, 즉 ∠B=∠C
따라서 $\overline{AC}=\overline{AB}$=10 cm이므로 x=10

17 ∠ABC=180°−125°=55°
또 ∠A=125°−70°=55°
즉, ∠A=∠ABC이므로
$\overline{CA}=\overline{CB}$=12 cm
따라서 x=12

18 △DBC에서 ∠B=∠DCB이므로
$\overline{DC}=\overline{DB}$=5 cm

∠ADC=33°+33°=66°

즉, △CAD에서 ∠ADC=∠A이므로

$\overline{AC}=\overline{DC}=5$ cm

따라서 $x=5$

19 △DCA에서 ∠ADB=25°+25°=50°

즉, △ABD에서 ∠ADB=∠B이므로

$\overline{AD}=\overline{AB}=4$ cm

이때 △DCA에서 ∠DAC=∠C이므로 $\overline{DC}=\overline{AD}=4$ cm

따라서 $x=4$

20 $\overline{AD}=\overline{CD}$이므로 ∠DCA=∠A=60°

△ADC에서 ∠ADC=180°−(60°+60°)=60°

즉, △ADC는 정삼각형이므로 $\overline{DC}=\overline{AC}=8$ cm

또 ∠C=90°이므로 ∠DCB=90°−60°=30°

삼각형의 세 내각의 크기의 합은 180°이므로

△ABC에서 ∠B=180°−(60°+90°)=30°이고,

△DBC에서 ∠B=∠DCB이므로

$\overline{DB}=\overline{DC}=8$ cm

따라서 $x=8$

소단원 핵심문제 | 4~5쪽 |

1 (1) 69° (2) 30°　　**2** 37°　　**3** ⑤　　**4** ①

5 ③　　**6** 10 cm　　**7** (1) 이등변삼각형 (2) 6 cm

8 ㄷ, ㅁ

1 (1) △ABC에서 $\overline{AB}=\overline{AC}$이므로

∠ACB=∠B=$\frac{1}{2}×(180°−32°)=74°$

그러므로 ∠ACD=$\frac{1}{2}$∠ACB=$\frac{1}{2}×74°=37°$

△DCA에서

∠x=∠DAC+∠ACD=32°+37°=69°

(2) △ABC에서 $\overline{AB}=\overline{AC}$이므로

∠ABC=∠C=70°

△BCD에서 $\overline{BC}=\overline{BD}$이므로

∠BDC=∠C=70°

그러므로 ∠CBD=180°−2×70°=40°

따라서 ∠x=∠ABC−∠CBD=70°−40°=30°

2 △DBC에서 $\overline{DB}=\overline{DC}$이므로 ∠DCB=∠B=∠$x$라 하면

∠CDA=∠B+∠DCB=∠x+∠x=2∠x

△ADC에서 $\overline{CD}=\overline{CA}$이므로

∠A=∠CDA=2∠x

△ABC에서 ∠ACE=∠B+∠A이므로

∠x+2∠x=111°, 3∠x=111°, ∠x=37°

따라서 ∠B=37°

3 이등변삼각형의 꼭지각의 이등분선은 밑변을 수직이등분하므로

$\overline{BD}=\overline{CD}=\frac{1}{2}\overline{BC}=\frac{1}{2}×16=8$ (cm)

그러므로 $x=8$

∠ADC=90°이므로 $y=90$

또 ∠CAD=∠BAD=32°이므로 △ADC에서

∠C=180°−(90°+32°)=58°

그러므로 $z=58$

따라서 $x+y-z=8+90-58=40$

4 △ABC에서 $\overline{CA}=\overline{CB}$이므로

∠BAC=∠B=72°

삼각형의 세 내각의 크기의 합은 180°이므로

∠C=180°−2×72°=36°

또 ∠BAD=∠DAC=$\frac{1}{2}$∠BAC=$\frac{1}{2}×72°=36°$이므로

△ABD에서 ∠ADB=180°−(36°+72°)=72°

즉, ∠B=∠ADB=72°이므로

$\overline{AD}=\overline{AB}=11$ cm

따라서 △ADC에서 ∠DAC=∠C=36°이므로

$\overline{CD}=\overline{AD}=11$ cm

5 △ABC에서 $\overline{AB}=\overline{AC}$이므로

∠B=$\frac{1}{2}×(180°−48°)=66°$

따라서 $\overline{AD}\,/\!/\,\overline{BC}$이므로

∠EAD=∠B=66°(동위각)

6 이등변삼각형 ABC에서 $\overline{AD}$가 ∠A의 이등분선이므로

$\overline{AD}\perp\overline{BC}$

이때 △ABC의 넓이가 90 cm²이므로

$\frac{1}{2}×18×\overline{AD}=90$

따라서 $\overline{AD}=10$ (cm)

7 (1) △ABC는 $\overline{AB}=\overline{AC}$인 이등변삼각형이므로

∠ABC=∠ACB

즉, ∠DBC=$\frac{1}{2}$∠ABC=$\frac{1}{2}$∠ACB=∠DCB

따라서 △DBC는 두 내각의 크기가 같으므로 $\overline{DB}=\overline{DC}$인 이등변삼각형이다.

(2) △DBC에서 $\overline{CD}=\overline{BD}=6$ cm

8 ㄱ. ∠DAC=∠BAC(접은 각)

ㄴ. $\overline{AD}\,/\!/\,\overline{BC}$이므로 ∠DAC=∠BCA(엇각)

ㄹ. ∠BAC=∠BCA이므로 △ABC는 $\overline{AB}=\overline{BC}$인 이등변삼각형이다.

따라서 옳지 않은 것은 ㄷ, ㅁ이다.

02. 직각삼각형의 합동

| 6~7쪽 |

직각삼각형의 합동 조건

❶ 예각　❷ 변
1 $\triangle ABC \equiv \triangle DFE$(RHA 합동) ($\diagup$90, $\overline{DF}$, $\angle F$, $\triangle DFE$, RHA)
2 $\triangle ABC \equiv \triangle DEF$(RHA 합동)
3 $\triangle ABC \equiv \triangle DFE$(RHS 합동)
4 $\triangle ABC \equiv \triangle EFD$(RHS 합동)
5 ○　　6 ○　　7 ○　　8 ×
9 5 ($\diagup$90, $\overline{CD}$, $\triangle CBD$, RHS, $\overline{CB}$, 5, 5)　　10 3　　11 33

2 $\triangle ABC$와 $\triangle DEF$에서
$\angle B = \angle E = 90°$, $\overline{AC} = \overline{DF}$,
$\angle C = 90° - 60° = 30° = \angle F$
이므로 $\triangle ABC \equiv \triangle DEF$(RHA 합동)

3 $\triangle ABC$와 $\triangle DFE$에서
$\angle C = \angle E = 90°$, $\overline{AB} = \overline{DF}$, $\overline{BC} = \overline{FE}$
이므로 $\triangle ABC \equiv \triangle DFE$(RHS 합동)

4 $\triangle ABC$와 $\triangle EFD$에서
$\angle B = \angle F = 90°$, $\overline{AC} = \overline{ED}$, $\overline{AB} = \overline{EF}$
이므로 $\triangle ABC \equiv \triangle EFD$(RHS 합동)

5 RHS 합동

6 ASA 합동

7 RHA 합동

10 $\triangle ABD$와 $\triangle CBD$에서
$\angle A = \angle C = 90°$, $\overline{BD}$는 공통, $\angle ABD = \angle CBD$
이므로 $\triangle ABD \equiv \triangle CBD$(RHA 합동)
따라서 $\overline{AD} = \overline{CD} = 3$ cm이므로 $x = 3$

11 $\triangle ABC$와 $\triangle DBE$에서
$\angle C = \angle E = 90°$, $\overline{AB} = \overline{DB}$, $\angle ABC = \angle DBE$(맞꼭지각)
이므로 $\triangle ABC \equiv \triangle DBE$(RHA 합동)
따라서 $\angle DBE = \angle ABC = 90° - 57° = 33°$이므로 $x = 33$

각의 이등분선의 성질

❸ 변　❹ $\overline{PR}$　❺ 이등분선　❻ $\angle BOP$
12 8 ($\diagup$ $\overline{PB}$, 8)　　13 5　　14 9　　15 4
16 30°　　17 20°　　18 50°
19 38° ($\diagup$ $\angle DAB$, 26, 26, 26, 52, 52, 38)　　20 42°
21 29°

13 $\angle AOP = \angle BOP$이므로 $\overline{PA} = \overline{PB} = 5$ cm
따라서 $x = 5$

14 $\triangle BPO$에서 $\angle BOP = 90° - 68° = 22°$이므로
$\angle AOP = \angle BOP$
따라서 $\overline{PA} = \overline{PB} = 9$ cm이므로 $x = 9$

15 $\triangle AOP$에서 $\angle AOP = 90° - 60° = 30°$이므로
$\angle AOP = \angle BOP$
따라서 $\overline{PB} = \overline{PA} = 4$ cm이므로 $x = 4$

16 $\overline{PA} = \overline{PB}$이므로 $\angle x = \angle BOP = 30°$

17 $\triangle AOP$에서 $\angle AOP = 90° - 70° = 20°$
이때 $\overline{PA} = \overline{PB}$이므로 $\angle x = \angle AOP = 20°$

18 $\overline{PA} = \overline{PB}$이므로 $\angle BOP = \angle AOP = 40°$
$\triangle BOP$에서 $\angle x = 90° - 40° = 50°$

20 $\overline{DC} = \overline{DE}$이므로 $\angle DAE = \angle DAC = 24°$
따라서 $\angle BAC = 24° + 24° = 48°$이므로
$\triangle ABC$에서 $\angle x = 90° - 48° = 42°$

21 $\overline{DC} = \overline{DE}$이므로 $\angle DAC = \angle DAE = \angle x$
$\triangle ABC$에서 $\angle BAC = 90° - 32° = 58°$이므로
$\angle x = \dfrac{1}{2}\angle BAC = \dfrac{1}{2} \times 58° = 29°$

소단원 핵심문제

| 8~9쪽 |

1 ②　　2 ㄷ　　3 ③　　4 8 cm　　5 18 cm²
6 ④　　7 (1) $\triangle CAE$ (2) 6 cm　　8 37°　　9 ㄱ, ㄷ, ㄹ

1 $\triangle ABC$에서 $\angle ACB = 90° - 46° = 44°$
$\triangle EBC$와 $\triangle EDC$에서
$\angle B = \angle EDC = 90°$, $\overline{EC}$는 공통, $\overline{BC} = \overline{DC}$
이므로 $\triangle EBC \equiv \triangle EDC$(RHS 합동)
따라서 $\angle DCE = \angle BCE = \dfrac{1}{2}\angle ACB = \dfrac{1}{2} \times 44° = 22°$

2 ㄱ. RHS 합동
ㄴ. ASA 합동
ㄹ. SAS 합동
ㅁ. $\angle B = \angle E$이므로
$\angle A = 90° - \angle B = 90° - \angle E = \angle D$
그러므로 $\triangle ABC \equiv \triangle DEF$(ASA 합동)
따라서 합동이 되는 조건이 아닌 것은 ㄷ이다.

3 $\triangle DAC$와 $\triangle CBE$에서
$\angle A = \angle B = 90°$, $\overline{DC} = \overline{CE}$,
$\angle ADC = 90° - \angle DCA = \angle BCE$(②)
이므로 $\triangle DAC \equiv \triangle CBE$(RHA 합동)(④)

즉, $\overline{CB}=\overline{DA}=a$, $\overline{AC}=\overline{BE}=b$(①)이므로
$\overline{AB}=\overline{AC}+\overline{CB}=b+a$(⑤)
따라서 옳지 않은 것은 ③이다.

4 △DBM와 △ECM에서
∠MDB=∠MEC=90°, $\overline{MB}=\overline{MC}$, ∠B=∠C
이므로 △DBM≡△ECM(RHA 합동)
따라서 $\overline{BD}=\overline{CE}=4$ cm이므로
$\overline{AD}=\overline{AB}-\overline{BD}=12-4=8$ (cm)

5 $\overline{AD}$가 ∠A의 이등분선이므로 $\overline{DE}=\overline{DC}=6$ cm
△EBD에서 ∠EDB=90°−45°=45°
즉, ∠EBD=∠EDB이므로 $\overline{EB}=\overline{ED}=6$ cm
따라서 △EBD$=\dfrac{1}{2}\times6\times6=18$ (cm²)

6 ④ RHS 합동

7 (1) △ABD와 △CAE에서
∠ADB=∠CEA=90°, $\overline{AB}=\overline{CA}$,
∠ABD=90°−∠BAD=∠CAE
이므로 △ABD≡△CAE(RHA 합동)
(2) $\overline{AD}=\overline{CE}=9$ cm, $\overline{AE}=\overline{BD}=3$ cm이므로
$\overline{DE}=\overline{AD}-\overline{AE}=9-3=6$ (cm)

8 △EBD와 △FCD에서
∠BED=∠CFD=90°, $\overline{BD}=\overline{CD}$, $\overline{BE}=\overline{CF}$
이므로 △EBD≡△FCD(RHS 합동)
따라서 ∠B=∠C$=\dfrac{1}{2}\times(180°-106°)=37°$

9 △POQ와 △POR에서
∠OQP=∠ORP=90°, $\overline{OP}$는 공통, ∠POQ=∠POR
이므로 △POQ≡△POR(RHA 합동)(ㄷ)
이때 ∠OPQ=∠OPR(ㄱ), $\overline{PQ}=\overline{PR}$(ㄹ)
따라서 옳은 것은 ㄱ, ㄷ, ㄹ이다.

6 △OAB는 $\overline{OA}=\overline{OB}$인 이등변삼각형이므로
∠OAB=∠OBA

8 △OCF와 △OAF에서
∠OFC=∠OFA=90°, $\overline{OC}=\overline{OA}$, $\overline{OF}$는 공통
이므로 △OCF≡△OAF(RHS 합동)

11 삼각형의 외심은 삼각형의 세 변의 수직이등분선의 교점이므로
$\overline{AD}=\overline{CD}$
따라서 $\overline{AC}=2\overline{AD}=2\times7=14$ (cm)이므로
$x=14$

12 삼각형의 외심은 삼각형의 세 변의 수직이등분선의 교점이므로
$\overline{CD}=\overline{BD}=4$ cm
따라서 $x=4$

14 삼각형의 외심에서 세 꼭짓점에 이르는 거리는 같으므로
$\overline{OA}=\overline{OB}=8$ cm
따라서 $x=8$

15 삼각형의 외심에서 세 꼭짓점에 이르는 거리는 같으므로
$\overline{OC}=\overline{OB}=6$ cm
따라서 $x=6$

17 △OAB는 $\overline{OA}=\overline{OB}$인 이등변삼각형이므로
∠$x=30°$

18 △OCA는 $\overline{OC}=\overline{OA}$인 이등변삼각형이므로
∠$x=22°$

19 △OBC는 $\overline{OB}=\overline{OC}$인 이등변삼각형이므로
∠$x=180°-2\times15°=150°$

20 △OAB는 $\overline{OA}=\overline{OB}$인 이등변삼각형이므로
∠$x=180°-2\times25°=130°$

21 △OCA는 $\overline{OC}=\overline{OA}$인 이등변삼각형이므로
∠$x=\dfrac{1}{2}\times(180°-90°)=45°$

03. 삼각형의 외심　| 10~12쪽 |

삼각형의 외심의 뜻과 성질

❶ 외접원　**❷** 수직이등분선　**❸** 꼭짓점

1 ○	2 ×	3 ×	4 ○	5 ○
6 ○	7 ×	8 ○	9 ×	

10 5 (✏ 수직이등분선, 5, 5)　11 14　12 4
13 9 (✏ 꼭짓점, 9, 9)　14 8　15 6
16 37° (✏ $\overline{OC}$, 37)　17 30°　18 22°　19 150°
20 130°　21 45°

삼각형의 외심의 위치

❹ 중점　**❺** 반지름　**❻** 외부
22 4 (✏ 외심, $\overline{MA}$, 4)　23 6　24 55　25 40

23 점 M이 직각삼각형 ABC의 외심이므로
$\overline{MA}=\overline{MC}=\overline{MB}=3$ cm
따라서 $\overline{AC}=2\times3=6$ (cm)이므로 $x=6$

24 점 M이 직각삼각형 ABC의 외심이므로
$\overline{MA}=\overline{MB}=\overline{MC}$

△MBC는 $\overline{MB}=\overline{MC}$인 이등변삼각형이므로

$\angle MCB=\angle B=35°$

따라서 $\angle MCA=90°-35°=55°$이므로 $x=55$

다른 풀이

△ABC에서 $\angle A=180°-(35°+90°)=55°$

점 M이 직각삼각형 ABC의 외심이므로

$\overline{MA}=\overline{MB}=\overline{MC}$

△MCA는 $\overline{MC}=\overline{MA}$인 이등변삼각형이므로

$\angle MCA=\angle A=55°$

따라서 $x=55$

25 점 M이 직각삼각형 ABC의 외심이므로

$\overline{MA}=\overline{MB}=\overline{MC}$

△MCA는 $\overline{MC}=\overline{MA}$인 이등변삼각형이므로

$\angle MCA+\angle MAC=\angle AMB$, 즉 $x+x=80$

따라서 $x=40$

삼각형의 외심의 응용(1)

❼ 90

26 $20°$ (✐ 90, 20)   **27** $18°$ **28** $35°$ **29** $15°$

27 점 O가 △ABC의 외심이므로

$\angle x+25°+47°=90°$

따라서 $\angle x=18°$

28 점 O가 △ABC의 외심이므로

$25°+30°+\angle x=90°$

따라서 $\angle x=35°$

29 점 O가 △ABC의 외심이므로

$35°+\angle x+40°=90°$

따라서 $\angle x=15°$

삼각형의 외심의 응용(2)

❽ 2

30 $140°$ (✐ 70, 140)   **31** $110°$ **32** $50°$ **33** $53°$

31 점 O가 △ABC의 외심이므로

$\angle BAC=\angle OAB+\angle OAC=30°+25°=55°$

따라서 $\angle x=2\angle BAC=2\times55°=110°$

32 점 O가 △ABC의 외심이므로

$2\angle x=100°$에서 $\angle x=50°$

33 점 O가 △ABC의 외심이므로

$\overline{OB}=\overline{OC}$

즉, △OBC는 $\overline{OB}=\overline{OC}$인 이등변삼각형이므로

$\angle BOC=180°-2\times37°=106°$

따라서 $2\angle x=106°$이므로 $\angle x=53°$

소단원 핵심문제 | 13~14쪽 |

1 ③	**2** 25 cm	**3** ③	**4** ④	**5** ⑤
6 ④	**7** ⑤	**8** ③	**9** ②	

1 삼각형의 외심은 삼각형의 세 변의 수직이등분선의 교점이므로

$\overline{AB}=2\overline{AD}=2\times6=12$ (cm)

$\overline{BC}=2\overline{BE}=2\times7=14$ (cm)

△ABC의 둘레의 길이가 42 cm이므로

$12+14+\overline{CA}=42$, 즉 $\overline{CA}=16$ (cm)

따라서 $\overline{CF}=\dfrac{1}{2}\overline{CA}=\dfrac{1}{2}\times16=8$ (cm)

2 점 O가 △ABC의 외심이고 외접원의 반지름의 길이가 6 cm이므로

$\overline{OA}=\overline{OB}=\overline{OC}=6$ cm

따라서 △OBC의 둘레의 길이는

$\overline{OB}+\overline{BC}+\overline{OC}=6+13+6=25$ (cm)

3 직각삼각형의 외심은 빗변의 중점과 일치하므로 △ABC의 외접원의 반지름의 길이는

$\dfrac{1}{2}\overline{AB}=\dfrac{1}{2}\times5=\dfrac{5}{2}$ (cm)

따라서 △ABC의 외접원의 둘레의 길이는

$2\pi\times\dfrac{5}{2}=5\pi$ (cm)

4 점 O가 △ABC의 외심이므로 $\overline{OA}=\overline{OC}$

△OCA에서

$\angle x=\dfrac{1}{2}\times(180°-150°)=15°$

이때 $40°+\angle y+15°=90°$에서 $\angle y=35°$

따라서 $\angle y-\angle x=35°-15°=20°$

5 점 O가 △ABC의 외심이므로

$2\angle ACB=120°$에서 $\angle ACB=60°$

△OCA는 $\overline{OC}=\overline{OA}$인 이등변삼각형이므로

$\angle OCA=\angle OAC=40°$

따라서 $\angle OCB=\angle ACB-\angle OCA$

$\qquad\qquad\quad=60°-40°=20°$

다른 풀이

△OAB는 $\overline{OA}=\overline{OB}$인 이등변삼각형이므로

$\angle OBA=\dfrac{1}{2}\times(180°-120°)=30°$

따라서 $30°+\angle OCB+40°=90°$이므로

$\angle OCB=20°$

6 ㄱ. 삼각형의 외심에서 세 꼭짓점에 이르는 거리는 같으므로
$\overline{OA}=\overline{OB}$
ㄷ. 삼각형의 외심은 삼각형의 세 변의 수직이등분선의 교점이므로 $\overline{AF}=\overline{CF}$
ㅂ. $\triangle OCA$에서 $\overline{OC}=\overline{OA}$이므로 $\angle OCF=\angle OAF$
따라서 옳은 것은 ㄱ, ㄷ, ㅂ이다.

7 외심 O가 $\overline{BC}$ 위에 있으므로 $\triangle ABC$는 $\angle A=90°$인 직각삼각형이다.
그러므로 $\angle C=90°-50°=40°$
점 O가 $\triangle ABC$의 외심이므로 $\overline{OA}=\overline{OC}$
따라서 $\triangle OCA$에서 $\angle OAC=\angle C=40°$

8 오른쪽 그림과 같이 $\overline{OC}$를 그으면
$\overline{OA}=\overline{OB}=\overline{OC}$이므로 $\triangle OBC$에서
$\angle OCB=\angle OBC=16°$
또 $38°+16°+\angle OCA=90°$이므로
$\angle OCA=36°$
따라서 $\angle C=\angle OCA+\angle OCB=36°+16°=52°$

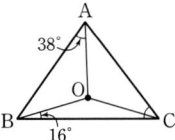

9 $\angle BOC=360°\times\dfrac{6}{4+6+5}=144°$
점 O가 $\triangle ABC$의 외심이므로
$\angle BAC=\dfrac{1}{2}\angle BOC=\dfrac{1}{2}\times144°=72°$

04. 삼각형의 내심

| 15~17쪽 |

삼각형의 내심의 뜻과 성질

❶ 내접원　❷ 이등분선　❸ 변

1 55°	2 ×	3 ○	4 ○	5 ×
6 ○	7 26° (✏ 이등분선, 26)	8 40°	9 35°
10 6 (✏ 변, 6, 6)	11 3

1 $\angle OAP=90°$이므로 $\triangle OPA$에서
$\angle x=90°-35°=55°$

3 $\overline{IB}$는 $\angle B$의 이등분선이므로 $\overline{ID}=\overline{IE}$
또 $\overline{IC}$는 $\angle C$의 이등분선이므로 $\overline{IE}=\overline{IF}$
따라서 $\overline{ID}=\overline{IE}=\overline{IF}$

4 $\overline{IA}$는 $\angle A$의 이등분선이므로
$\angle IAD=\angle IAF$

6 $\triangle IBD$와 $\triangle IBE$에서
$\angle IDB=\angle IEB=90°$, $\overline{IB}$는 공통, $\angle IBD=\angle IBE$
이므로 $\triangle IBD\equiv\triangle IBE$(RHA 합동)

8 점 I가 $\triangle ABC$의 내심이므로
$\angle x=40°$

9 점 I가 $\triangle ABC$의 내심이므로
$\angle ICB=\angle ICA=25°$
$\triangle IBC$에서 $\angle x=180°-(120°+25°)=35°$

11 점 I가 $\triangle ABC$의 내심이므로
$\overline{IE}=\overline{ID}=3$ cm
따라서 $x=3$

삼각형의 내심의 응용(1)

❹ 90

| 12 36° (✏ 90, 36) | 13 23° | 14 33° | 15 40° |

13 점 I가 $\triangle ABC$의 내심이므로
$29°+38°+\angle x=90°$
따라서 $\angle x=23°$

14 점 I가 $\triangle ABC$의 내심이므로
$\angle IAB=\dfrac{1}{2}\angle A=\dfrac{1}{2}\times40°=20°$
따라서 $20°+\angle x+37°=90°$이므로
$\angle x=33°$

15 점 I가 $\triangle ABC$의 내심이므로
$35°+35°+\angle ICB=90°$
그러므로 $\angle ICB=20°$
따라서 $\angle x=2\angle ICB=2\times20°=40°$

삼각형의 내심의 응용(2)

❺ 90

| 16 125° (✏ 90, 90, 125) | 17 119° | 18 64° | 19 44° |

17 점 I가 $\triangle ABC$의 내심이므로
$\angle x=90°+\dfrac{1}{2}\angle A=90°+\angle IAB$
$\quad=90°+29°=119°$

18 점 I가 $\triangle ABC$의 내심이므로
$90°+\dfrac{1}{2}\angle x=122°$, $\dfrac{1}{2}\angle x=32°$
따라서 $\angle x=64°$

19 점 I가 $\triangle ABC$의 내심이므로
$90°+\dfrac{1}{2}\angle ABC=134°$, $90°+\angle x=134°$
따라서 $\angle x=44°$

삼각형의 내접원의 응용(1)

⓺ r

20 84 cm²   **21** 54 cm²   **22** 2 cm (✎ 10, 2, 2)   **23** 3 cm

20 $\triangle ABC = \dfrac{1}{2} \times 4 \times (13+15+14) = 84 \ (\text{cm}^2)$

21 $\triangle ABC = \dfrac{1}{2} \times 3 \times (9+15+12) = 54 \ (\text{cm}^2)$

23 내접원의 반지름의 길이를 r cm라 하면

$\dfrac{1}{2} \times r \times (17+21+10) = 72, \ r = 3$

따라서 내접원의 반지름의 길이는 3 cm이다.

삼각형의 내접원의 응용(2)

⓻ $\overline{BE}$ ⓼ $\overline{CF}$

24 7   **25** 7 (✎ 3, 4, 3, 4, 7, 7)   **26** 9   **27** 5

24 $\overline{BD} = \overline{BE} = 7$ cm이므로 $x = 7$

26 $\overline{AF} = \overline{AD} = 3$ cm, $\overline{CF} = \overline{CE} = 6$ cm이므로

$\overline{AC} = \overline{AF} + \overline{CF} = 3+6 = 9 \ (\text{cm})$

따라서 $x = 9$

27 $\overline{AD} = \overline{AF} = 3$ cm이므로

$\overline{BE} = \overline{BD} = \overline{AB} - \overline{AD} = 8-3 = 5 \ (\text{cm})$

따라서 $x = 5$

소단원 핵심문제

| 18~19쪽 |

| **1** (1) 40° (2) 7 cm | **2** ⑤ | **3** ④ | **4** ④ |
| **5** 7 cm | **6** ㄴ, ㄹ, ㅁ | **7** ④ | **8** ① | **9** ② |

1 (1) 삼각형의 내심은 삼각형의 세 내각의 이등분선의 교점이므로

$\angle ICA = \angle ICE = 20°$

$\triangle ICA$에서 $\angle IAC = 180° - (120° + 20°) = 40°$

따라서 $\angle IAD = \angle IAC = 40°$

(2) 삼각형의 내심에서 세 변에 이르는 거리는 같으므로

$\overline{IE} = \overline{ID} = 7$ cm

2 점 I가 $\triangle ABC$의 내심이므로 오른쪽 그림
과 같이 $\overline{IA}$를 그으면

$15° + 40° + \angle IAC = 90°$

그러므로 $\angle IAC = 35°$

따라서 $\angle A = 2 \angle IAC = 2 \times 35° = 70°$

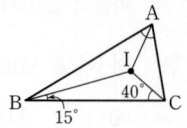

3 점 I가 $\triangle ABC$의 내심이므로

$90° + \dfrac{1}{2} \angle ACB = 114°, \ 90° + \angle ICA = 114°$

따라서 $\angle ICA = 24°$

4 $\triangle ABC = \dfrac{1}{2} \times (\triangle ABC$의 내접원의 반지름의 길이$)$

$\times (\triangle ABC$의 둘레의 길이$)$

이므로 $\dfrac{1}{2} \times 4 \times (\triangle ABC$의 둘레의 길이$) = 58$

따라서 $\triangle ABC$의 둘레의 길이는 29 cm이다.

5 $\overline{BD} = x$ cm라 하면

$\overline{AF} = \overline{AD} = (10-x)$ cm

또 $\overline{BE} = \overline{BD} = x$ cm이므로

$\overline{CF} = \overline{CE} = (12-x)$ cm

이때 $\overline{CA} = 8$ cm이므로

$\overline{CA} = \overline{AF} + \overline{CF} = (10-x) + (12-x) = 8$

$22 - 2x = 8, \ 2x = 14, \ x = 7$

따라서 $\overline{BD} = 7$ cm

6 ㄴ. $\overline{IB}$는 $\angle B$의 이등분선이므로 $\overline{ID} = \overline{IE}$

ㄹ. $\triangle IBD$와 $\triangle IBE$에서

$\angle IDB = \angle IEB = 90°$, $\overline{IB}$는 공통, $\angle IBD = \angle IBE$이므로

$\triangle IBD \equiv \triangle IBE$(RHA 합동)

그러므로 $\overline{BD} = \overline{BE}$

ㅁ. $\overline{IB}$는 $\angle B$의 이등분선이므로 $\angle IBD = \angle IBE$

따라서 옳은 것은 ㄴ, ㄹ, ㅁ이다.

7 점 I가 $\triangle ABC$의 내심이므로 오른쪽 그림
과 같이 $\overline{IC}$를 그으면

$\angle ICA = \dfrac{1}{2} \times 62° = 31°$

따라서 $\angle x + \angle y + 31° = 90°$이므로

$\angle x + \angle y = 59°$

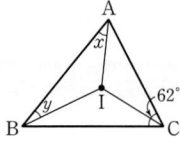

[다른 풀이]

$\angle AIB = 90° + \dfrac{1}{2} \times 62° = 121°$

따라서 $\triangle IAB$에서 $\angle x + \angle y = 180° - 121° = 59°$

8 $\angle A = 180° \times \dfrac{3}{3+4+2} = 60°$

점 I가 $\triangle ABC$의 내심이므로

$\angle BIC = 90° + \dfrac{1}{2} \angle A = 90° + \dfrac{1}{2} \times 60° = 120°$

9 $\overline{BE} = \overline{BD} = 7$ cm

$\overline{CF} = \overline{CE} = 5$ cm이므로

$\overline{AD} = \overline{AF} = \overline{AC} - \overline{CF} = 9-5 = 4 \ (\text{cm})$

따라서 $\triangle ABC$의 둘레의 길이는

$\overline{AB} + \overline{BC} + \overline{CA} = (4+7) + (7+5) + 9 = 32 \ (\text{cm})$

2. 사각형의 성질

01. 평행사변형

| 20~23쪽 |

평행사변형의 뜻

❶ □ABCD ❷ 대변

1 $\angle x=42°$, $\angle y=43°$ 2 $\angle x=32°$, $\angle y=45°$ 3 $60°$
4 $98°$ 5 $85°$

4 $\overline{AD}/\!/\overline{BC}$이므로 $\angle DBC=\angle ADB=60°$(엇각)
△OBC에서 $\angle x=60°+38°=98°$

5 $\overline{AB}/\!/\overline{DC}$이므로 $\angle BAC=\angle ACD$(엇각)
△OCD에서 $\angle x+30°=115°$, 즉 $\angle x=85°$

평행사변형의 성질

❸ 대변   ❹ 대각   ❺ 이등분

6 ○   7 ○   8 ×   9 ○   10 ×
11 ○   12 ○   13 ×   14 ○   15 $x=7$, $y=6$
16 $x=13$, $y=4$ 17 $x=5$, $y=3$
18 $\angle x=113°$, $\angle y=67°$ 19 $\angle x=105°$, $\angle y=75°$
20 $\angle x=115°$, $\angle y=65°$ 21 $\angle x=65°$, $\angle y=55°$
22 $\angle x=80°$, $\angle y=55°$ 23 $x=5$, $y=7$
24 $x=2$, $y=2$ 25 $x=18$, $y=10$ 26 $x=2$, $y=5$

12 오른쪽 그림과 같이 $\overline{DA}$의 연장선 위의
한 점을 E라 하면 $\overline{ED}/\!/\overline{BC}$이므로
$\angle EAB=\angle ABC$(엇각)
이때 $\angle DAB+\angle EAB=180°$이므로
$\angle DAB+\angle ABC=180°$

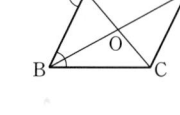

14 △AOD와 △COB에서
$\overline{OA}=\overline{OC}$, $\overline{OD}=\overline{OB}$,
$\angle AOD=\angle COB$(맞꼭지각)
이므로 △AOD≡△COB(SAS 합동)

16 $\overline{DC}=\overline{AB}=13$ cm이므로 $x=13$
$\overline{BC}=\overline{AD}=15$ cm이므로 $4y-1=15$, 즉 $y=4$

17 $\overline{AD}=\overline{BC}=9$ cm이므로 $x+4=9$, 즉 $x=5$
$\overline{DC}=\overline{AB}=7$ cm이므로 $2y+1=7$, 즉 $y=3$

20 $\angle BCD=180°-65°=115°$이므로 $\angle x=115°$
$\overline{AB}/\!/\overline{DC}$이므로 $\angle y=65°$(동위각)

21 $\angle A=\angle C$이므로 $\angle x=65°$
$\angle A+\angle ADC=180°$이므로

$65°+(60°+\angle y)=180°$, 즉 $\angle y=55°$

다른 풀이

$\angle A=\angle C$이므로 $\angle x=65°$
$\overline{AB}/\!/\overline{DC}$이므로 $\angle ABD=\angle y$(엇각)
△ABD에서 $65°+\angle y+60°=180°$, 즉 $\angle y=55°$

22 $\overline{AB}/\!/\overline{DC}$이므로 $\angle ACD=\angle BAC$, 즉 $\angle y=55°$(엇각)
$\angle D+\angle BCD=180°$이므로
$\angle x+(45°+55°)=180°$, 즉 $\angle x=80°$

다른 풀이

△ABC에서 $55°+\angle B+45°=180°$, $\angle B=80°$
$\angle B=\angle D$이므로 $\angle x=80°$
$\overline{AB}/\!/\overline{DC}$이므로 $\angle ACD=\angle BAC$, 즉 $\angle y=55°$(엇각)

26 $\overline{OA}=\dfrac{1}{2}\overline{AC}$이므로 $3x=\dfrac{1}{2}\times12$, 즉 $x=2$
$\overline{OB}=\dfrac{1}{2}\overline{BD}$이므로 $y-1=\dfrac{1}{2}\times8$, 즉 $y=5$

평행사변형이 되는 조건

❻ 대변   ❼ 대각   ❽ 평행   ❾ 이등분

27 ㄷ   28 ㄴ   29 ㅁ   30 ㄹ
31 $x=65$, $y=30$ 32 $x=10$, $y=7$
33 $x=126$, $y=54$ 34 $x=27$, $y=11$
35 $x=3$, $y=2$

27 $\angle A=\angle C$
□ABCD에서
$\angle D=360°-(130°+50°+130°)=50°$
이므로 $\angle B=\angle D$
따라서 두 쌍의 대각의 크기가 각각 같으므로 □ABCD는 평행사변형이다.

31 $\overline{AB}/\!/\overline{DC}$이어야 하므로
$\angle ACD=\angle BAC=65°$(엇각), 즉 $x=65$
$\overline{AD}/\!/\overline{BC}$이어야 하므로
$\angle ADB=\angle DBC=30°$(엇각), 즉 $y=30$

32 $\overline{AD}=\overline{BC}=10$ cm이어야 하므로 $x=10$
$\overline{DC}=\overline{AB}=7$ cm이어야 하므로 $y=7$

33 $\angle C=\angle A=126°$이어야 하므로 $x=126$
$\angle D=\angle B=54°$이어야 하므로 $y=54$

34 $\overline{AD}/\!/\overline{BC}$이어야 하므로
$\angle DBC=\angle ADB=27°$(엇각), 즉 $x=27$
$\overline{BC}=\overline{AD}=11$ cm이어야 하므로 $y=11$

35 $\overline{OD}=\overline{OB}=3$ cm이어야 하므로 $x=3$
$\overline{OC}=\overline{OA}=2$ cm이어야 하므로 $y=2$

평행사변형과 넓이(1)

⑩ $\frac{1}{2}$ ⑪ $\frac{1}{4}$

36 16 cm² 37 16 cm² 38 8 cm² 39 16 cm² 40 36 cm²
41 10 cm² 42 18 cm²

38 $\triangle ABO = \frac{1}{4}\square ABCD = \frac{1}{4} \times 32 = 8 \ (cm^2)$

39 $\triangle DAO + \triangle BCO = \frac{1}{4}\square ABCD + \frac{1}{4}\square ABCD$
$= \frac{1}{2}\square ABCD$
$= \frac{1}{2} \times 32 = 16 \ (cm^2)$

40 $\square ABCD = 2\triangle CDA = 2 \times 18 = 36 \ (cm^2)$

41 $\triangle ABO = \triangle DAO = 10 \ cm^2$

42 $\triangle CDA = 2\triangle BCO = 2 \times 9 = 18 \ (cm^2)$

평행사변형과 넓이(2)

⑫ $\triangle PDA$ ⑬ $\frac{1}{2}$

43 24 cm² 44 12 cm² 45 8 cm² 46 16 cm² 47 60 cm²
48 60 cm² 49 14 cm² 50 22 cm²

43 (㉠의 넓이) $= \triangle PEA = 24 \ cm^2$

44 (㉡의 넓이) $= \triangle PBF = 12 \ cm^2$

45 (㉢의 넓이) $= \triangle PCH = 8 \ cm^2$

46 (㉣의 넓이) $= \triangle PHD = 16 \ cm^2$

47 $\triangle PAB + \triangle PCD$
$= (㉠ + ㉡) + (\triangle PCH + \triangle PHD)$
$= (24 + 12) + (8 + 16)$
$= 36 + 24 = 60 \ (cm^2)$

48 $\triangle PBC + \triangle PDA$
$= (\triangle PBF + ㉢) + (㉣ + \triangle PEA)$
$= (12 + 8) + (16 + 24)$
$= 20 + 40 = 60 \ (cm^2)$

49 $\triangle PBC + \triangle PDA = \frac{1}{2}\square ABCD = \frac{1}{2} \times 28 = 14 \ (cm^2)$

50 $\triangle PAB + \triangle PCD = \frac{1}{2}\square ABCD$이므로
$20 + \triangle PCD = \frac{1}{2} \times 84$에서 $\triangle PCD = 22 \ (cm^2)$

소단원 핵심문제

| 24~25쪽 |

1 ⑤   2 ①   3 22 cm   4 ②, ④   5 ⑤
6 ①   7 ㄱ, ㄷ   8 (1) 108° (2) 108°   9 ①, ②
10 ⑤

1 평행사변형에서 두 쌍의 대변의 길이가 각각 같으므로
$\overline{BC} = \overline{AD} = 14 \ cm$, 즉 $x + 5 = 14$에서 $x = 9$
$\overline{AB} = \overline{DC} = 18 \ cm$, 즉 $3y = 18$에서 $y = 6$
따라서 $x + y = 9 + 6 = 15$

2 평행사변형에서 두 쌍의 대각의 크기가 각각 같으므로
$\angle x = 50°$
$\triangle ACD$에서 $\angle y + 70° + 50° = 180°$이므로
$\angle y = 60°$
따라서 $\angle y - \angle x = 60° - 50° = 10°$

3 $\overline{DC} = \overline{AB} = 9 \ cm$, $\overline{CO} = \overline{AO} = 7 \ cm$
$\overline{DO} = \frac{1}{2}\overline{BD} = \frac{1}{2} \times 12 = 6 \ (cm)$
따라서 $\triangle CDO$의 둘레의 길이는
$\overline{DO} + \overline{CO} + \overline{DC} = 6 + 7 + 9 = 22 \ (cm)$

4 ① 오른쪽 그림에서 $\square ABCD$는 두 쌍
의 대변의 길이가 각각 같지 않으므
로 평행사변형이 아니다.
② $\square ABCD$에서
$\angle ADC = 360° - (105° + 75° + 105°)$
$= 75°$
즉, $\angle BAD = 105°$, $\angle ABC = 75°$, $\angle BCD = 105°$이면 두
쌍의 대각의 크기가 각각 같으므로 $\square ABCD$는 평행사변형
이다.
③ 오른쪽 그림에서 $\square ABCD$는 두 대
각선이 서로 다른 것을 이등분하지
않으므로 평행사변형이 아니다.

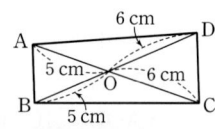

④ $\angle DAC = \angle ACB = 80°$(엇각)이므로 $\overline{AD} /\!/ \overline{BC}$이다.
즉, $\overline{AD} = \overline{BC} = 7 \ cm$, $\angle DAC = \angle ACB = 80°$이면 한 쌍
의 대변이 평행하고 그 길이가 같으므로 $\square ABCD$는 평행사
변형이다.
⑤ 오른쪽 그림에서 $\square ABCD$는 한 쌍
의 대변이 평행하고, 다른 한 쌍의
대변의 길이가 같으므로 평행사변형
이 아니다.

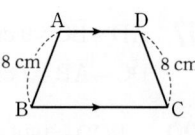

따라서 $\square ABCD$가 평행사변형인 것은 ②, ④이다.

5 $\square ABCD = 4\triangle ABO = 4 \times 11 = 44 \ (cm^2)$

6 $\overline{AD}\,/\!/\,\overline{BC}$이므로 $\angle x=52°$(엇각)

$\overline{AB}\,/\!/\,\overline{DC}$이므로 $\angle y=60°$(엇각)

따라서 $\angle x+\angle y=52°+60°=112°$

7 ㄱ. 평행사변형에서 두 쌍의 대변의 길이가 각각 같으므로

$\overline{AB}=\overline{DC}=7$ cm

ㄷ. 평행사변형에서 두 쌍의 대각의 크기가 각각 같으므로

$\angle BCD=\angle BAD=60°+50°=110°$

따라서 옳은 것은 ㄱ, ㄷ이다.

8 (1) $\angle A+\angle B=180°$이므로

$\angle A=180°\times\dfrac{3}{3+2}=108°$

(2) 평행사변형에서 두 쌍의 대각의 크기가 각각 같으므로

$\angle C=\angle A=108°$

9 ① $\overline{AD}=\overline{BC}=7$ cm, $\overline{AB}=\overline{DC}=5$ cm

즉, 두 쌍의 대변의 길이가 각각 같으므로 □ABCD는 평행사변형이다.

② $\angle A+\angle B=100°+80°=180°$이므로 $\overline{AD}\,/\!/\,\overline{BC}$이고

$\overline{BC}=7$ cm이므로 $\overline{AD}=\overline{BC}$

즉, 한 쌍의 대변이 평행하고 그 길이가 같으므로 □ABCD는 평행사변형이다.

따라서 □ABCD가 평행사변형이 되는 조건은 ①, ②이다.

10 $\triangle PAB+\triangle PCD=\triangle PBC+\triangle PDA$이므로

$24+13=12+\triangle PDA$에서 $\triangle PDA=25\ (\text{cm}^2)$

02. 여러 가지 사각형
| 26~29쪽 |

직사각형의 뜻과 성질

❶ 내각	❷ 이등분			
1 13	2 9	3 62°	4 38°	5 74°

5 $\angle ADC=90°$이므로 $\angle ODC=90°-37°=53°$

$\triangle OCD$에서 $\overline{OD}=\overline{OC}$이므로

$\angle x=180°-2\times53°=74°$

평행사변형이 직사각형이 되는 조건

❸ 직각	❹ 대각선			
6 ×	7 ◯	8 ◯	9 ×	10 ◯
11 90	12 15	13 11		

---

6 $\angle BAD=\angle BCD$는 평행사변형의 성질이다.

7 $\angle BAD+\angle ABC=180°$이므로 $\angle BAD=\angle ABC$이면

$\angle BAD=\angle ABC=90°$

즉, 한 내각이 직각이므로 평행사변형 ABCD는 직사각형이 된다.

8 두 대각선의 길이가 같으므로 평행사변형 ABCD는 직사각형이 된다.

10 $\overline{BO}=\overline{CO}$이면 $\overline{AC}=\overline{BD}$이므로 평행사변형 ABCD는 직사각형이 된다.

마름모의 뜻과 성질

❺ 변	❻ 수직이등분			
14 6	15 4	16 90°	17 35°	18 25°

17 $\triangle ABD$에서 $\overline{AB}=\overline{AD}$이므로

$\angle x=\dfrac{1}{2}\times(180°-110°)=35°$

18 $\overline{AB}\,/\!/\,\overline{DC}$이므로 $\angle ACD=\angle BAC=65°$(엇각)

$\triangle CDO$에서 $\angle COD=90°$이므로

$\angle x=90°-65°=25°$

평행사변형이 마름모가 되는 조건

❼ 같다	❽ 직교			
19 ◯	20 ×	21 ◯	22 ◯	23 ×
24 ◯	25 5	26 90	27 47	

19 이웃하는 두 변의 길이가 같으므로 평행사변형 ABCD는 마름모가 된다.

21 두 대각선이 직교하므로 평행사변형 ABCD는 마름모가 된다.

22 $\overline{AD}\,/\!/\,\overline{BC}$이므로 $\angle ADB=\angle DBC$(엇각)

또 $\angle ABD=\angle DBC$이면 $\angle ABD=\angle ADB$

따라서 $\overline{AB}=\overline{AD}$

즉, 이웃하는 두 변의 길이가 같으므로 평행사변형 ABCD는 마름모가 된다.

23 $\angle ABD=\angle BDC$이면 $\overline{AB}\,/\!/\,\overline{DC}$이므로 평행사변형의 성질이다.

24 $\angle COD=90°$이면 두 대각선이 직교하므로 평행사변형 ABCD는 마름모가 된다.

27 $\angle COD=90°$이어야 하므로 $\triangle DOC$에서

$\angle OCD=90°-43°=47°$, 즉 $x=47$

정사각형의 뜻과 성질

❾ 내각	❿ 마름모	⓫ 수직이등분		
28 5	29 8	30 90°	31 45°	32 65°

29 $\overline{AC}=2\overline{AO}=2\times 4=8$ (cm)

이때 $\overline{BD}=\overline{AC}=8$ cm이므로 $x=8$

32 $\triangle ABD$는 $\angle BAD=90°$이고 $\overline{AB}=\overline{AD}$인 직각이등변삼각형이 므로

$\angle ADB=\dfrac{1}{2}\times(180°-90°)=45°$

$\triangle EDA$에서 $\angle AEB=\angle EDA+\angle EAD$이므로

$\angle x=45°+20°=65°$

직사각형이 정사각형이 되는 조건

⓬ 같다	⓭ 직교			
33 ◯	34 ×	35 ◯	36 ◯	37 ×
38 ◯	39 7	40 90	41 45	

33 이웃하는 두 변의 길이가 같으므로 직사각형 ABCD는 정사각 형이 된다.

34 $\overline{AO}=\overline{BO}$는 직사각형의 성질이다.

35 두 대각선이 직교하므로 직사각형 ABCD는 정사각형이 된다.

36 $\angle AOB+\angle AOD=180°$이고 $\angle AOB=\angle AOD$이면

$\angle AOB=\angle AOD=90°$

즉, 두 대각선이 직교하므로 직사각형 ABCD는 정사각형이 된다.

37 $\angle AOD=\angle BOC$는 맞꼭지각의 성질이다.

38 $\angle BAC=\angle BCA$이면 $\overline{AB}=\overline{BC}$

즉, 이웃하는 두 변의 길이가 같으므로 직사각형 ABCD는 정사 각형이 된다.

39 $\overline{CD}=\overline{BC}$이어야 하므로 $\overline{CD}=7$ cm, 즉 $x=7$

40 $\overline{AC}\perp\overline{BD}$이어야 하므로 $\angle COD=90°$, 즉 $x=90$

41 $\overline{AB}=\overline{AD}$이어야 하므로 $\triangle ABD$에서

$\angle ADB=\dfrac{1}{2}\times(180°-90°)=45°$, 즉 $x=45$

마름모가 정사각형이 되는 조건

⓮ 직각	⓯ 같다			
42 ◯	43 ×	44 ×	45 ◯	46 ◯
47 90	48 9	49 6		

42 $\overline{AO}=\overline{BO}$이면 $\overline{AC}=\overline{BD}$이므로 마름모 ABCD는 정사각형이 된다.

43 $\overline{AC}\perp\overline{BD}$는 마름모의 성질이다.

44 마름모 ABCD에서 $\overline{AB}=\overline{AD}$이고 $\overline{AC}\perp\overline{BD}$이다.

따라서 $\angle BAC=\angle DAC$는 마름모의 성질이다.

45 $\angle ABC+\angle BCD=180°$이므로 $\angle ABC=\angle BCD$이면

$\angle ABC=\angle BCD=90°$

즉, 한 내각이 직각이므로 마름모 ABCD는 정사각형이 된다.

46 한 내각이 직각이므로 마름모 ABCD는 정사각형이 된다.

등변사다리꼴의 뜻과 성질

⓰ //	⓱ 같다	⓲ 같다		
50 5	51 11	52 6	53 $\angle x=65°$, $\angle y=115°$	
54 $\angle x=25°$, $\angle y=70°$				

50 $\overline{AB}=\overline{DC}=5$ cm이므로 $x=5$

51 $\overline{BD}=\overline{AC}=11$ cm이므로 $x=11$

52 $\overline{AC}=\overline{BD}$이므로 $4+x=10$

따라서 $x=6$

53 $\angle C=\angle B=65°$이므로 $\angle x=65°$

$\overline{AD}//\overline{BC}$이므로 $\angle D+\angle C=180°$

즉, $\angle y+65°=180°$이므로 $\angle y=115°$

54 $\overline{AD}//\overline{BC}$이므로 $\angle ACB=\angle DAC=25°$(엇각)

즉, $\angle x=25°$

$\angle B=\angle DCB=45°+25°=70°$이므로

$\angle y=70°$

소단원 핵심문제　　　　　　　　　　| 30~31쪽 |

1 ③	2 ②	3 20°	4 ②, ④	5 ⑤
6 ③	7 (1) 90° (2) 직사각형 (3) 4 cm			8 65°
9 ③	10 ④			

1 $\overline{AO}=\overline{CO}$이므로

$5x-2=2x+13$, $3x=15$, $x=5$

즉, $\overline{AO}=5x-2=5\times 5-2=23$ (cm)

따라서

$\overline{BD}=\overline{AC}=2\overline{AO}$

$\qquad =2\times 23=46$ (cm)

2
① $\overline{AC}=2\,\overline{AO}=2\times3=6\,(cm)$
③ 마름모의 두 대각선은 서로 다른 것을 수직이등분하므로
　　$\angle AOD=90°$
④ $\triangle ABD$는 $\overline{AB}=\overline{AD}$인 이등변삼각형이므로
　　$\angle ADO=\angle ABO=50°$
⑤ $\triangle ABO$에서 $\angle AOB=90°$이므로
　　$\angle BAO=90°-50°=40°$
　이때 $\triangle BCA$는 $\overline{BC}=\overline{BA}$인 이등변삼각형이므로
　　$\angle BCO=\angle BAO=40°$
따라서 옳지 않은 것은 ②이다.

3　$\triangle BCD$는 $\overline{CB}=\overline{CD}$이고 $\angle BCD=90°$인 직각이등변삼각형이
므로 $\angle DBC=\dfrac{1}{2}\times(180°-90°)=45°$
　$\triangle EBC$에서 $\angle EBC+\angle BCE=\angle DEC$이므로
　　$\angle BCE=65°-45°=20°$

4
② 두 대각선의 길이가 같으므로 마름모 $ABCD$는 정사각형이
　된다.
④ 한 내각이 직각이므로 마름모 $ABCD$는 정사각형이 된다.
따라서 마름모 $ABCD$가 정사각형이 되는 조건은 ②, ④이다.

5　꼭짓점 D에서 $\overline{BC}$에 내린 수선의 발을
F라 하면 $\triangle ABE$와 $\triangle DCF$에서
$\angle AEB=\angle DFC=90°$, $\overline{AB}=\overline{DC}$,
$\angle B=\angle C$
이므로 $\triangle ABE\equiv\triangle DCF$(RHA 합동)
또 $\square AEFD$는 직사각형이므로 $\overline{EF}=\overline{AD}=6\,cm$
따라서
$\overline{BE}=\overline{CF}=\dfrac{1}{2}(\overline{BC}-\overline{EF})=\dfrac{1}{2}\times(16-6)=5\,(cm)$

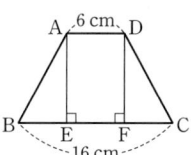

6　$\triangle DAO$에서 $\overline{DO}=\overline{AO}$이므로
　　$\angle OAD=\angle ODA=40°$
　그러므로 $\angle x=40°+40°=80°$
　또 $\triangle ABD$에서 $\angle BAD=90°$이므로
　　$\angle y=180°-(90°+40°)=50°$
　따라서 $\angle x+\angle y=80°+50°=130°$

7
(1) $\angle BAD+\angle ADC=180°$이므로
　　$\angle FAD+\angle FDA=\dfrac{1}{2}\angle BAD+\dfrac{1}{2}\angle ADC$
　　　　　　　　　　$=\dfrac{1}{2}\times180°=90°$
　$\triangle AFD$에서
　$\angle AFD=180°-(\angle FAD+\angle FDA)=180°-90°=90°$
(2) 같은 방법으로 $\angle HEF=\angle FGH=\angle GHE=90°$
　즉, $\square EFGH$는 직사각형이다.
(3) 직사각형 $EFGH$의 두 대각선의 길이는 같으므로
　　$\overline{HF}=\overline{EG}=4\,cm$

8　$\triangle BCD$는 $\overline{CB}=\overline{CD}$인 이등변삼각형이므로
　　$\angle CDB=\dfrac{1}{2}\times(180°-130°)=25°$
　$\triangle FED$에서 $\angle EFD=90°-25°=65°$
　따라서 $\angle AFB=\angle EFD=65°$(맞꼭지각)

9　$\overline{AC}=2\,\overline{AO}=2\times2=4\,(cm)$이므로
　$\overline{BD}=\overline{AC}=4\,cm$
　$\overline{AC}\perp\overline{BD}$이므로
　$\square ABCD=2\triangle ABD=2\times\left(\dfrac{1}{2}\times\overline{BD}\times\overline{AO}\right)$
　　　　　　　　　　$=2\times\left(\dfrac{1}{2}\times4\times2\right)$
　　　　　　　　　　$=8\,(cm^2)$

10　꼭짓점 D를 지나고 $\overline{AB}$에 평행한 직선
을 그어 $\overline{BC}$와 만나는 점을 E라 하면
$\square ABED$는 평행사변형이므로
$\overline{DE}=\overline{AB}=8\,cm$, $\overline{BE}=\overline{AD}=6\,cm$
이때 $\square ABCD$가 등변사다리꼴이므로 $\angle C=\angle B=60°$
$\overline{AB}/\!/\overline{DE}$이므로 $\angle DEC=\angle B=60°$(동위각)
$\triangle DEC$에서 $\angle EDC=180°-(60°+60°)=60°$
즉, $\triangle DEC$는 정삼각형이므로
$\overline{EC}=\overline{DE}=8\,cm$
따라서 $\overline{BC}=\overline{BE}+\overline{EC}=6+8=14\,(cm)$

---

03. 여러 가지 사각형 사이의 관계 ｜32~33쪽｜

여러 가지 사각형 사이의 관계

❶ 정사각형
1 ㄱ, ㄷ　**2** ㄴ, ㄹ　**3** ㄴ, ㄹ　**4** ㄱ, ㄷ　**5** 평행사변형
6 직사각형　**7** 마름모　**8** 정사각형

3　직사각형이 정사각형이 되기 위해서는 마름모의 성질을 만족시
켜야 한다.

4　마름모가 정사각형이 되기 위해서는 직사각형의 성질을 만족시
켜야 한다.

여러 가지 사각형의 대각선의 성질

❷ 이등분　**❸ 수직이등분**
9 ㄷ, ㄹ, ㅁ, ㅂ　**10** ㄷ, ㄹ, ㅁ, ㅂ　**11** ㄹ, ㅂ　**12** ㅁ, ㅂ
13 ㄷ, ㄹ, ㅁ, ㅂ　**14** ㄴ, ㄹ, ㅂ　**15** ㅁ, ㅂ

사각형의 각 변의 중점을 연결하여 만든 사각형

❹ 평행사변형　❺ 정사각형　❻ 마름모
16 ×, 평행사변형　　17 ○　　18 ×, 마름모
19 ×, 평행사변형　　20 ○　　21 ○

평행선과 넓이

❼ △DBC　❽ m　❾ n
22 28 cm²　23 104 cm²　24 13 cm²　25 39 cm²　26 8 cm²
27 21 cm²

22 △DBC=△ABC=28 cm²

23 △DBC=△ABC=$\frac{1}{2}\times16\times13$=104 (cm²)

24 △DBC=△ABC이므로
△DOC=△DBC−△OBC
　　　=△ABC−△OBC
　　　=36−23=13 (cm²)

25 △ABC=△DBC이므로
△OBC=△ABC−△ABO
　　　=△DBC−△ABO
　　　=54−15=39 (cm²)

26 △ABD:△ADC=$\overline{BD}:\overline{DC}$이므로
24:△ADC=3:1, 3△ADC=24
따라서 △ADC=8 (cm²)

27 △ABD:△ADC=$\overline{BD}:\overline{DC}$이므로
△ABD:42=1:2, 2△ABD=42
따라서 △ABD=21 (cm²)

소단원 핵심문제
| 34~35쪽 |

1 ④　　2 (1) ㄱ (2) ㄱ, ㄴ (3) ㄱ, ㄷ (4) ㄱ, ㄴ, ㄷ (5) ㄴ
3 ②, ④　4 23 cm²　5 ②　　6 ⑤　　7 9
8 ②　　9 ②
10 (1) △DBC　(2) △ACD　(3) △DOC

1 ① 사다리꼴에서 다른 한 쌍의 대변이 평행하면 평행사변형이다.
② 평행사변형에서 한 내각이 직각이거나 두 대각선의 길이가 같
　으면 직사각형이다.
③ 평행사변형에서 이웃하는 두 변의 길이가 같거나 두 대각선이
　직교하면 마름모이다.
④ 직사각형에서 이웃하는 두 변의 길이가 같거나 두 대각선이
　직교하면 정사각형이다.

⑤ 마름모에서 한 내각이 직각이거나 두 대각선의 길이가 같으면
　정사각형이다.
따라서 옳은 것은 ④이다.

3 △AEH≡△CGF(SAS 합동),
△BFE≡△DHG(SAS 합동)이므로
∠AEH=∠AHE=∠CFG=∠CGF,
∠BEF=∠BFE=∠DHG=∠DGH
□EFGH에서
∠FEH=180°−(∠AEH+∠BEF)
　　　=∠EFG=∠FGH=∠EHG
즉, 네 내각의 크기가 모두 같으므로 □EFGH는 직사각형이다.
따라서 옳은 것은 ②, ④이다.

4 $l/\!/m$이므로
△ACD=△ABD=23 cm²

5 △ABD:△ADC=$\overline{BD}:\overline{DC}$=4:3이므로
△ABD=$\frac{4}{4+3}$△ABC=$\frac{4}{7}\times56$=32 (cm²)

6 ⑤ 두 대각선이 직교하는 직사각형은 정사각형이다.
따라서 옳지 않은 것은 ⑤이다.

7 두 대각선이 서로 다른 것을 이등분하는 사각형은 ㄷ, ㄹ, ㅁ, ㅂ의
4개이므로 $x=4$
두 대각선의 길이가 같은 사각형은 ㄴ, ㄹ, ㅂ의 3개이므로 $y=3$
두 대각선이 직교하는 사각형은 ㅁ, ㅂ의 2개이므로 $z=2$
따라서 $x+y+z=4+3+2=9$

8 ① 평행사변형 − 평행사변형　③ 마름모 − 직사각형
④ 정사각형 − 정사각형　　　　⑤ 등변사다리꼴 − 마름모
따라서 옳은 것은 ②이다.

9 $\overline{AC}/\!/\overline{DE}$이므로 △ACD=△ACE
따라서
□ABCD=△ABC+△ACD
　　　　=△ABC+△ACE
　　　　=△ABE
　　　　=$\frac{1}{2}\times(4+4)\times3$
　　　　=12 (cm²)

10 (1) 밑변 BC가 공통이고 높이가 같으므로
　△ABC=△DBC
(2) 밑변 AD가 공통이고 높이가 같으므로
　△ABD=△ACD
(3) △ABC=△DBC이므로
　△ABO=△ABC−△OBC
　　　　=△DBC−△OBC
　　　　=△DOC

3. 도형의 닮음

01. 닮은 도형

| 36~37쪽 |

닮은 도형

❶ 닮음 ❷ 닮은 ❸ ∽
1 점 E 2 $\overline{AB}$ 3 ∠D 4 점 A 5 $\overline{EF}$
6 ∠D 7 점 E 8 $\overline{DF}$ 9 ∠C

항상 닮은 도형

❹ 중심각
10 ○ 11 × 12 ○ 13 × 14 ○
15 ○ 16 ○ 17 × 18 ×

평면도형에서의 닮음의 성질

❺ 닮음비
19 3 : 2 20 18 cm 21 8 cm 22 45° 23 65°
24 4 : 5 25 16 cm 26 15 cm 27 100° 28 80°

19 $\overline{BC}$의 대응변이 $\overline{EF}$이므로 △ABC와 △DEF의 닮음비는
$\overline{BC} : \overline{EF} = 15 : 10 = 3 : 2$

20 $\overline{AC} : \overline{DF} = 3 : 2$이므로
$\overline{AC} : 12 = 3 : 2$
따라서 $\overline{AC} = 18$ (cm)

21 $\overline{AB} : \overline{DE} = 3 : 2$이므로
$12 : \overline{DE} = 3 : 2$
따라서 $\overline{DE} = 8$ (cm)

23 ∠D는 ∠A의 대응각이고
∠A $= 180° - (70° + 45°) = 65°$이므로
∠D $=$ ∠A $= 65°$

24 $\overline{AD}$의 대응변이 $\overline{EH}$이므로 □ABCD와 □EFGH의 닮음비는
$\overline{AD} : \overline{EH} = 8 : 10 = 4 : 5$

25 $\overline{BC} : \overline{FG} = 4 : 5$이므로
$\overline{BC} : 20 = 4 : 5$
따라서 $\overline{BC} = 16$ (cm)

26 $\overline{DC} : \overline{HG} = 4 : 5$이므로
$12 : \overline{HG} = 4 : 5$
따라서 $\overline{HG} = 15$ (cm)

입체도형에서의 닮음의 성질

❻ 닮음비
29 면 GJKH 30 1 : 2 31 6 cm 32 10 cm
33 면 KOPL 34 2 : 3 35 16 cm 36 9 cm

30 $\overline{EF}$에 대응하는 모서리가 $\overline{KL}$이므로 두 삼각기둥의 닮음비는
$\overline{EF} : \overline{KL} = 4 : 8 = 1 : 2$

31 $\overline{AD} : \overline{GJ} = 1 : 2$이므로 $\overline{AD} : 12 = 1 : 2$
따라서 $\overline{AD} = 6$ (cm)

32 $\overline{AC} : \overline{GI} = 1 : 2$이므로 $5 : \overline{GI} = 1 : 2$
따라서 $\overline{GI} = 10$ (cm)

34 $\overline{GH}$에 대응하는 모서리가 $\overline{OP}$이므로 두 직육면체의 닮음비는
$\overline{GH} : \overline{OP} = 12 : 18 = 2 : 3$

35 $\overline{DH} : \overline{LP} = 2 : 3$이므로 $\overline{DH} : 24 = 2 : 3$
따라서 $\overline{DH} = 16$ (cm)

36 $\overline{FG} : \overline{NO} = 2 : 3$이므로 $6 : \overline{NO} = 2 : 3$
따라서 $\overline{NO} = 9$ (cm)

소단원 핵심문제

| 38~39쪽 |

1 점 F, $\overline{CD}$, ∠A 2 ③, ④
3 예 면의 개수가 같은 두 정다면체 4 ㄷ, ㄹ 5 12 cm
6 △ABC∽△IJH, □DEFG∽□PQRO 7 45 cm
8 40 cm 9 ③ 10 ㄹ

2 ①, ⑤ △EFD는 △ABC를 2배로 확대한 것이므로
△ABC∽△EFD
③ $\overline{AC}$의 대응변은 $\overline{ED}$이다.
④ ∠B의 대응각은 ∠F이다.
따라서 옳지 않은 것은 ③, ④이다.

4 ㄱ. □ABCD와 □EFGH의 닮음비는 $\overline{BC} : \overline{FG} = 12 : 8 = 3 : 2$
ㄴ. ∠B의 크기는 알 수 없다.
ㄷ. $\overline{AD} : \overline{EH} = 3 : 2$이므로 $\overline{AD} : 10 = 3 : 2$에서 $\overline{AD} = 15$ (cm)
ㄹ. ∠E $=$ ∠A $= 75°$
따라서 옳은 것은 ㄷ, ㄹ이다.

5 두 원뿔 A, B의 닮음비는 밑면인 원의 반지름의 길이의 비와 같
으므로 $8 : 6 = 4 : 3$
즉, (원뿔 A의 높이) : (원뿔 B의 높이) $= 4 : 3$이므로
$16 :$ (원뿔 B의 높이) $= 4 : 3$
따라서 (원뿔 B의 높이) $= 12$ (cm)

6 삼각형 또는 사각형을 확대하거나 축소한 후 합동인 도형을 찾아 기호 ∽를 사용하여 나타내면
△ABC∽△IJH, □DEFG∽□PQRO

7 △ABC와 △DEF의 닮음비는
$\overline{AB}:\overline{DE}=12:16=3:4$이므로
$\overline{BC}:\overline{EF}=3:4$에서 $\overline{BC}:24=3:4$
즉, $\overline{BC}=18\,(cm)$
$\overline{AC}:\overline{DF}=3:4$에서 $\overline{AC}:20=3:4$
즉, $\overline{AC}=15\,(cm)$
따라서 △ABC의 세 변의 길이의 합은
$12+18+15=45\,(cm)$

8 두 정사각형 ABCD, EFGH의 닮음비가 $3:5$이므로 정사각형 EFGH의 한 변의 길이를 $x\,cm$라 하면
$6:x=3:5$, 즉 $x=10$
따라서 정사각형 EFGH의 한 변의 길이가 $10\,cm$이므로 네 변의 길이의 합은 $4\times10=40\,(cm)$

9 두 삼각뿔의 닮음비는 $\overline{AD}:\overline{EH}=15:10=3:2$이므로
$\overline{BC}:\overline{FG}=3:2$에서 $x:8=3:2$, 즉 $x=12$
$\overline{CD}:\overline{GH}=3:2$에서 $9:y=3:2$, 즉 $y=6$
따라서 $x+y=12+6=18$

10 ㄹ. 닮은 두 원뿔에서 모선의 길이의 비와 높이의 비는 모두 닮음 비와 같다.
따라서 옳지 않은 것은 ㄹ이다.

---

02. 삼각형의 닮음 조건
| 40~41쪽 |

삼각형의 닮음 조건

❶ 대응변 ❷ 끼인각 ❸ 대응각
1 2, 6, 2, 6, 2, SSS   2 4, 8, 4, ∠E, 70, SAS
3 85, ∠D, ∠E, AA   4 △ABC∽△EFD(SAS 닮음)
5 △ABC∽△EFD(SSS 닮음)
6 △ABC∽△FED(AA 닮음)
7 △ABC∽△FDE(SAS 닮음)

4 △ABC와 △EFD에서
$\overline{AB}:\overline{EF}=9:12=3:4$, $\overline{BC}:\overline{FD}=12:16=3:4$,
∠B=∠F=60°
이므로 △ABC∽△EFD(SAS 닮음)

5 △ABC와 △EFD에서
$\overline{AB}:\overline{EF}=8:4=2:1$, $\overline{BC}:\overline{FD}=12:6=2:1$,
$\overline{CA}:\overline{DE}=10:5=2:1$
이므로 △ABC∽△EFD(SSS 닮음)

6 △ABC에서 ∠A$=180°-(60°+30°)=90°$
즉, △ABC와 △FED에서
∠A=∠F, ∠C=∠D
이므로 △ABC∽△FED(AA 닮음)

7 △ABC와 △FDE에서
$\overline{AC}:\overline{FE}=10:5=2:1$, $\overline{BC}:\overline{DE}=6:3=2:1$,
∠C=∠E=70°
이므로 △ABC∽△FDE(SAS 닮음)

삼각형의 닮음 조건의 응용

❹ AA   ❺ SAS
8 △ABC∽△DAC(SSS 닮음)
9 △ABC∽△ADE(SAS 닮음)
10 △ABC∽△EDC(AA 닮음)
11 △ABC∽△ADE(AA 닮음)

8 △ABC와 △DAC에서
$\overline{AB}:\overline{DA}=2:3$, $\overline{BC}:\overline{AC}=2:3$, $\overline{CA}:\overline{CD}=2:3$
이므로 △ABC∽△DAC(SSS 닮음)

9 △ABC와 △ADE에서
$\overline{AB}:\overline{AD}=3:2$, $\overline{AC}:\overline{AE}=3:2$,
∠CAB=∠EAD(맞꼭지각)
이므로 △ABC∽△ADE(SAS 닮음)

10 △ABC와 △EDC에서
∠ABC=∠EDC=85°, ∠C는 공통
이므로 △ABC∽△EDC(AA 닮음)

11 △ABC와 △ADE에서
∠ABC=∠ADE=55°, ∠A는 공통
이므로 △ABC∽△ADE(AA 닮음)

직각삼각형의 닮음의 응용

❻ $\overline{BC}$ ❼ $\overline{CB}$ ❽ $\overline{DC}$
12 12   **13** 12   **14** $\dfrac{5}{3}$ **15** $\dfrac{25}{2}$

12 $\overline{AB}^2=\overline{BD}\times\overline{BC}$이므로 $8^2=4\times(4+x)$
$4+x=16$, 즉 $x=12$

13 $\overline{AD}^2=\overline{DB}\times\overline{DC}$이므로 $6^2=3x$, 즉 $x=12$

14 $\overline{AC}^2=\overline{CD}\times\overline{CB}$이므로 $5^2=15x$, 즉 $x=\dfrac{5}{3}$

15 $\overline{BD}^2=\overline{DC}\times\overline{DA}$이므로 $10^2=8x$, 즉 $x=\dfrac{25}{2}$

소단원 핵심문제

| 42~43쪽 |

1 ㄴ	2 9 cm	3 8 cm	4 ⑤	5 ③
6 ⑤	7 ④	8 ④	9 24	

1 ㄴ. △ABC와 △DEF에서 $a:d=b:e$, ∠C=∠F이면 △ABC∽△DEF(SAS 닮음)

2 △ABC와 △DBE에서
∠B는 공통, ∠BCA=∠BED=90°
이므로 △ABC∽△DBE(AA 닮음)
△ABC와 △DBE의 닮음비가 $\overline{BC}:\overline{BE}=12:8=3:2$이므로
$\overline{AC}:\overline{DE}=3:2$에서 $\overline{AC}:6=3:2$
따라서 $\overline{AC}=9$ (cm)

3 △ABC와 △EBD에서
∠A=∠DBE, ∠B는 공통
이므로 △ABC∽△EBD(AA 닮음)
이때 $\overline{AB}:\overline{EB}=\overline{BC}:\overline{BD}$이므로
$(2+6):4=\overline{BC}:6$에서 $\overline{BC}=12$ (cm)
따라서 $\overline{EC}=\overline{BC}-\overline{BE}=12-4=8$ (cm)

4 ⑤ $\triangle ABC=\frac{1}{2}ah=\frac{1}{2}bc$이므로 $ah=bc$
따라서 옳지 않은 것은 ⑤이다.

5 $\overline{AB}^2=\overline{BD}\times\overline{BC}$이므로 $6^2=\overline{BD}\times8$
따라서 $\overline{BD}=4.5$ (cm)

6 보기의 삼각형과 ⑤의 삼각형은 두 쌍의 대응변의 길이의 비가 1:2로 같고, 그 끼인각의 크기가 75°로 같으므로 닮음이다.

7 ④ △ABC와 △DEF에서
∠A=∠D=45°, ∠C=180°-(70°+45°)=65°=∠F
이므로 △ABC∽△DEF(AA 닮음)

8 △ABC와 △DAC에서
$\overline{BC}:\overline{AC}=(5+4):6=3:2$,
$\overline{AC}:\overline{DC}=6:4=3:2$, ∠C는 공통
이므로 △ABC∽△DAC(SAS 닮음)
이때 $\overline{AB}:\overline{DA}=3:2$이므로 $12:\overline{DA}=3:2$
따라서 $\overline{DA}=8$ (cm)

9 $\overline{AD}^2=\overline{DB}\times\overline{DC}$이므로 $8^2=6x$에서 $x=\frac{32}{3}$
또 $\overline{AC}^2=\overline{CD}\times\overline{CB}$이므로 $y^2=\frac{32}{3}\times\left(\frac{32}{3}+6\right)=\frac{1600}{9}$
이때 $y>0$이므로 $y=\frac{40}{3}$
따라서 $x+y=\frac{32}{3}+\frac{40}{3}=24$

03. 닮음의 활용

| 44~45쪽 |

닮은 두 평면도형의 둘레의 길이의 비와 넓이의 비

❶ m^2	❷ n^2			
1 n, m^2, n^2		2 2:5	3 2:5	4 4:25
5 2:3	6 2:3	7 4:9		

2 △ABC와 △DEF의 닮음비는 $\overline{BC}:\overline{EF}=8:20=2:5$

3 둘레의 길이의 비는 닮음비와 같으므로 2:5이다.

4 닮음비가 2:5이므로 넓이의 비는 $2^2:5^2=4:25$

5 □ABCD와 □EFGH의 닮음비는 $\overline{BC}:\overline{FG}=6:9=2:3$

6 둘레의 길이의 비는 닮음비와 같으므로 2:3이다.

7 닮음비가 2:3이므로 넓이의 비는 $2^2:3^2=4:9$

닮은 두 입체도형의 겉넓이의 비와 부피의 비

❸ m^3	❹ n^3			
8 4:3	9 4:3	10 4:3	11 16:9	12 64:27
13 1:2	14 1:4	15 1:4	16 1:8	

8 두 원뿔 A, B의 닮음비는 밑면인 원의 반지름의 길이의 비와 같으므로 4:3이다.

9 높이의 비는 닮음비와 같으므로 4:3이다.

10 밑면인 원의 둘레의 길이의 비는 닮음비와 같으므로 4:3이다.

11 닮음비가 4:3이므로 옆넓이의 비는 $4^2:3^2=16:9$

12 닮음비가 4:3이므로 부피의 비는 $4^3:3^3=64:27$

13 두 직육면체 A, B의 닮음비는 대응하는 모서리의 길이의 비와 같으므로 4:8=1:2이다.

14 닮음비가 1:2이므로 옆넓이의 비는 $1^2:2^2=1:4$

15 닮음비가 1:2이므로 겉넓이의 비는 $1^2:2^2=1:4$

16 닮음비가 1:2이므로 부피의 비는 $1^3:2^3=1:8$

축도와 축척

❺ 축도	❻ 축척	
17 $\frac{1}{50000}$ (✏ 1, 100000, 50000)	18 $\frac{1}{10000}$	19 20 cm
20 100 m	21 2 cm	22 3 km

18 $(축척)=\dfrac{5\text{ cm}}{500\text{ m}}=\dfrac{5\text{ cm}}{50000\text{ cm}}=\dfrac{1}{10000}$

19 (축도에서의 길이)

$=1\text{ km}\times\dfrac{1}{5000}=100000\text{ cm}\times\dfrac{1}{5000}=20\text{ cm}$

20 (실제 거리)$=2\text{ cm}\times5000=10000\text{ cm}=100\text{ m}$

21 (지도에서의 길이)

$=2\text{ km}\times\dfrac{1}{100000}=200000\text{ cm}\times\dfrac{1}{100000}=2\text{ cm}$

22 (실제 거리)$=3\text{ cm}\times100000=300000\text{ cm}=3\text{ km}$

실생활에서 길이의 측정

❼ 닮음비
23 5.2 m   **24** 3 m   **25** 40 m

23 같은 날, 같은 시각에 태양이 나무와 막대를 비추는 각의 크기는
같다.
$\triangle ABC$와 $\triangle DEF$에서
$\angle B=\angle E=90°$, $\angle C=\angle F$
이므로 $\triangle ABC\backsim\triangle DEF$(AA 닮음)
이때 $\triangle ABC$와 $\triangle DEF$의 닮음비는 $\overline{BC}:\overline{EF}=8:2=4:1$
즉, $\overline{AB}:\overline{DE}=4:1$이므로 $\overline{AB}:1.3=4:1$에서 $\overline{AB}=5.2$ (m)
따라서 나무의 높이는 5.2 m이다.

24 $\triangle ABC$와 $\triangle ADE$에서
$\angle C=\angle E=90°$, $\angle A$는 공통
이므로 $\triangle ABC\backsim\triangle ADE$(AA 닮음)
이때 $\triangle ABC$와 $\triangle ADE$의 닮음비는 $\overline{AC}:\overline{AE}=2:4=1:2$
즉, $\overline{BC}:\overline{DE}=1:2$이므로
$1.5:\overline{DE}=1:2$에서 $\overline{DE}=3$ (m)
따라서 농구대의 높이는 3 m이다.

25 $\triangle ABC$와 $\triangle DEC$에서
$\angle B=\angle E=90°$, $\angle ACB=\angle DCE$(맞꼭지각)
이므로 $\triangle ABC\backsim\triangle DEC$(AA 닮음)
이때 $\triangle ABC$와 $\triangle DEC$의 닮음비는 $\overline{BC}:\overline{EC}=50:10=5:1$
즉, $\overline{AB}:\overline{DE}=5:1$이므로
$\overline{AB}:8=5:1$에서 $\overline{AB}=40$ (m)
따라서 강의 폭은 40 m이다.

소단원 핵심문제

| 46~47쪽 |

1 64 cm²	**2** ③	**3** 1 : 9, 1 : 27	**4** 750 m
5 ④	**6** ③	**7** ① **8** ③	**9** 6 cm

1 $\triangle ABC$와 $\triangle DEF$의 닮음비는 $\overline{BC}:\overline{EF}=9:12=3:4$이므로
넓이의 비는 $3^2:4^2=9:16$
즉, $\triangle ABC:\triangle DEF=9:16$이므로
$36:\triangle DEF=9:16$
따라서 $\triangle DEF=64$ (cm^2)

2 원 O와 원 O′의 반지름의 길이의 비가 $7:5$이므로 원 O와 원 O′
의 닮음비는 $7:5$이고, 둘레의 길이의 비도 $7:5$이다.
따라서 $a=7$, $b=5$이므로 $a+b=7+5=12$

3 두 원기둥 A, B의 닮음비는 $2:6=1:3$이므로
겉넓이의 비는 $1^2:3^2=1:9$, 부피의 비는 $1^3:3^3=1:27$

4 $(축척)=\dfrac{4\text{ cm}}{1\text{ km}}=\dfrac{4\text{ cm}}{100000\text{ cm}}=\dfrac{1}{25000}$
따라서 축도에서의 길이가 3 cm인 실제 강의 폭은
$\overline{AB}=3\text{ cm}\times25000=75000\text{ cm}=750\text{ m}$

5 $\triangle DBE$와 $\triangle ECF$에서
$\angle B=\angle C=60°$,
$\angle BDE=180°-(\angle B+\angle BED)$
$=180°-(\angle DEF+\angle BED)=\angle CEF$
이므로 $\triangle DBE\backsim\triangle ECF$(AA 닮음)
이때 $\overline{FE}=\overline{AF}=7$ cm이고 $\overline{BE}:\overline{CF}=\overline{ED}:\overline{FE}$이므로
$4:(12-7)=\overline{ED}:7$에서 $\overline{ED}=\dfrac{28}{5}$ (cm)

따라서 $\overline{AD}=\overline{ED}=\dfrac{28}{5}$ cm

6 원 O와 원 O′의 닮음비가 $4:7$이고, 원 O′의 둘레의 길이가
14π cm이므로 원 O의 둘레의 길이를 x cm라 하면
$x:14\pi=4:7$에서 $x=8\pi$
원 O의 반지름의 길이를 r cm라 하면
$2\pi r=8\pi$에서 $r=4$
따라서 원 O의 넓이는 $\pi\times4^2=16\pi$ (cm^2)

7 그릇에 부은 물과 그릇의 높이의 비가 $16:20=4:5$이므로
부피의 비는 $4^3:5^3=64:125$
그릇의 부피가 250 cm³일 때 그릇에 부은 물의 부피를 x cm³라
하면
$x:250=64:125$에서 $x=128$
따라서 그릇에 부은 물의 부피는 128 cm³이다.

8 (실제 거리)$=5\text{ cm}\times50000=250000\text{ cm}=2.5\text{ km}$

9 $\triangle ABE$와 $\triangle DEF$에서
$\angle A=\angle D=90°$, $\angle ABE=90°-\angle BEA=\angle DEF$
이므로 $\triangle ABE\backsim\triangle DEF$(AA 닮음)
이때 $\overline{AB}=\overline{DC}=18$ cm, $\overline{BE}=\overline{BC}=30$ cm,
$\overline{EF}=\overline{CF}=10$ cm이고 $\overline{AB}:\overline{DE}=\overline{BE}:\overline{EF}$이므로
$18:\overline{DE}=30:10$, 즉 $\overline{DE}=6$ (cm)

4. 평행선 사이의 선분의 길이의 비

01. 삼각형과 평행선

| 48~49쪽 |

삼각형에서 평행선과 선분의 길이의 비 (1)−1

❶ b' ❷ c

1 3 ($\mathscr{D}$ $\overline{AC}$, 6, 3)   2 $\dfrac{15}{2}$ 3 16   4 4

2 $6:4=x:5$이므로 $3:2=x:5$, $2x=15$
따라서 $x=\dfrac{15}{2}$

3 $8:x=7:(21-7)$이므로 $8:x=7:14$, $8:x=1:2$
따라서 $x=16$

4 $10:5=8:x$이므로 $2:1=8:x$, $2x=8$
따라서 $x=4$

삼각형에서 평행선과 선분의 길이의 비 (1)−2

❸ b'

5 5 ($\mathscr{D}$ $\overline{DB}$, 25, 5)   6 12   7 8   8 24

6 $12:18=8:x$이므로 $2:3=8:x$, $2x=24$
따라서 $x=12$

7 $10:5=x:4$이므로 $2:1=x:4$
따라서 $x=8$

8 $15:x=10:(10+6)$이므로 $15:x=5:8$, $5x=120$
따라서 $x=24$

삼각형의 내각의 이등분선

❹ c ❺ d

9 8 ($\mathscr{D}$ $\overline{CD}$, 6, 8)   10 21   11 3   12 $\dfrac{9}{2}$

10 $x:14=12:8$이므로 $x:14=3:2$, $2x=42$
따라서 $x=21$

11 $10:6=5:x$이므로 $5:3=5:x$
따라서 $x=3$

12 $4:5=2:(x-2)$이므로 $4(x-2)=10$
$4x-8=10$, $4x=18$
따라서 $x=\dfrac{18}{4}=\dfrac{9}{2}$

삼각형의 외각의 이등분선

❻ c ❼ d

13 12 ($\mathscr{D}$ $\overline{BD}$, 16, 12)   14 2   15 12   16 $\dfrac{20}{3}$

14 $5:x=10:4$이므로 $5:x=5:2$
따라서 $x=2$

15 $10:8=(3+x):x$이므로 $5:4=(3+x):x$
$5x=4(3+x)$, $5x=12+4x$
따라서 $x=12$

16 $4:3=x:5$이므로 $3x=20$
따라서 $x=\dfrac{20}{3}$

소단원 핵심문제

| 50~51쪽 |

1 (가) △DBF (나) AA (다) $\overline{DF}$ 2 ②   3 ⑤
4 28 cm²   5 ④   6 ②   7 ①
8 $\overline{AB}$∥$\overline{GH}$, $\overline{EF}$∥$\overline{CD}$ 9 2 : 3

2 $9:3=x:4$이므로 $3:1=x:4$
즉, $x=12$
$9:3=y:2$이므로 $3:1=y:2$
즉, $y=6$
따라서 $x-y=12-6=6$

3 ⑤ $\overline{DE}:\overline{BC}=\overline{AD}:\overline{AB}=14:(14+6)=7:10$
따라서 옳지 않은 것은 ⑤이다.

4 $\overline{BD}:\overline{CD}=\overline{AB}:\overline{AC}=15:21=5:7$이므로
△ABD : △ADC=5:7, 20:△ADC=5:7
따라서 △ADC=28 (cm²)

5 $\overline{BC}$∥$\overline{DE}$이므로 $\overline{AB}:\overline{BD}=\overline{AC}:\overline{CE}$에서
$12:4=9:x$, $3:1=9:x$, $3x=9$
즉, $x=3$
$\overline{BC}$∥$\overline{FG}$이므로 $\overline{AB}:\overline{AG}=\overline{AC}:\overline{AF}$에서
$12:y=9:6$, $12:y=3:2$, $3y=24$
즉, $y=8$
따라서 $x+y=3+8=11$

6 △ABC에서 $4:(4+2)=\overline{DE}:12$이므로
$2:3=\overline{DE}:12$, $3\overline{DE}=24$
즉, $\overline{DE}=8$ (cm)
□DBCF가 평행사변형이므로 $\overline{DF}=\overline{BC}=12$ cm
따라서 $\overline{EF}=\overline{DF}-\overline{DE}=12-8=4$ (cm)

7 □DBCE가 사다리꼴이 되려면 $\overline{BC} \parallel \overline{DE}$이어야 하므로
$3 : \overline{DB} = 4 : 8$, $3 : \overline{DB} = 1 : 2$
따라서 $\overline{DB} = 6$ (cm)

8 (i) $\overline{OE} : \overline{EA} = 2 : 3$, $\overline{OF} : \overline{FB} = 3 : 2$
그러므로 $\overline{AB}$와 $\overline{EF}$는 평행하지 않다.
(ii) $\overline{OA} : \overline{OH} = 5 : 2$, $\overline{OB} : \overline{OG} = 5 : 2$
그러므로 $\overline{AB}$와 $\overline{GH}$는 평행하다.
(iii) $\overline{OA} : \overline{OD} = 5 : 4$, $\overline{OB} : \overline{OC} = 5 : 6$
그러므로 $\overline{AB}$와 $\overline{CD}$는 평행하지 않다.
(iv) $\overline{OE} : \overline{OH} = 2 : 2 = 1 : 1$, $\overline{OF} : \overline{OG} = 3 : 2$
그러므로 $\overline{EF}$와 $\overline{GH}$는 평행하지 않다.
(v) $\overline{OE} : \overline{OD} = 2 : 4 = 1 : 2$, $\overline{OF} : \overline{OC} = 3 : 6 = 1 : 2$
그러므로 $\overline{EF}$와 $\overline{CD}$는 평행하다.
(vi) $\overline{OG} : \overline{GC} = 2 : 4 = 1 : 2$, $\overline{OH} : \overline{HD} = 2 : 2 = 1 : 1$
그러므로 $\overline{GH}$와 $\overline{CD}$는 평행하지 않다.
(i)~(vi)에서 서로 평행한 선분을 기호로 나타내면
$\overline{AB} \parallel \overline{GH}$, $\overline{EF} \parallel \overline{CD}$

9 $\overline{BD} : \overline{CD} = \overline{AB} : \overline{AC} = 5 : 3$이므로 $\overline{BC} : \overline{CD} = 2 : 3$
따라서 $\triangle ABC : \triangle ACD = \overline{BC} : \overline{CD} = 2 : 3$

02. 평행선 사이의 선분의 길이의 비
| 52~53쪽 |

평행선 사이의 선분의 길이의 비

❶ c ❷ d ❸ a ❹ b
1 3 (✎ 6, 2, 12, 3)   2 $\dfrac{9}{2}$ 3 6   4 9

2 $x : 6 = 3 : 4$이므로 $4x = 18$에서 $x = \dfrac{18}{4} = \dfrac{9}{2}$

3 $7 : 14 = x : 12$이므로 $1 : 2 = x : 12$에서 $x = 6$

4 $15 : x = 10 : 6$이므로 $15 : x = 5 : 3$에서 $x = 9$

사다리꼴에서 평행선과 선분의 길이의 비 – 평행선 이용

❺ $\overline{GF}$
5 11 cm (✎ 10, 10, 3, 3, 1, 11)   6 12 cm
7 16 cm   8 $\dfrac{48}{5}$ cm

6 $\overline{HC} = \overline{GF} = \overline{AD} = 8$ cm이므로
$\overline{BH} = \overline{BC} - \overline{HC} = 18 - 8 = 10$ (cm)
$\triangle ABH$에서 $6 : (6+9) = \overline{EG} : 10$, $2 : 5 = \overline{EG} : 10$
$5\overline{EG} = 20$, 즉 $\overline{EG} = 4$ (cm)
따라서 $\overline{EF} = \overline{EG} + \overline{GF} = 4 + 8 = 12$ (cm)

7 $\overline{HC} = \overline{GF} = \overline{AD} = 10$ cm이므로
$\overline{BH} = \overline{BC} - \overline{HC} = 19 - 10 = 9$ (cm)
$\triangle ABH$에서 $10 : (10+5) = \overline{EG} : 9$, $2 : 3 = \overline{EG} : 9$
$3\overline{EG} = 18$, 즉 $\overline{EG} = 6$ (cm)
따라서 $\overline{EF} = \overline{EG} + \overline{GF} = 6 + 10 = 16$ (cm)

8 $\overline{HC} = \overline{GF} = \overline{AD} = 6$ cm이므로
$\overline{BH} = \overline{BC} - \overline{HC} = 12 - 6 = 6$ (cm)
$\triangle ABH$에서 $6 : (6+4) = \overline{EG} : 6$, $3 : 5 = \overline{EG} : 6$
$5\overline{EG} = 18$, 즉 $\overline{EG} = \dfrac{18}{5}$ (cm)
따라서 $\overline{EF} = \overline{EG} + \overline{GF} = \dfrac{18}{5} + 6 = \dfrac{48}{5}$ (cm)

사다리꼴에서 평행선과 선분의 길이의 비 – 대각선 이용

❻ $\overline{GF}$
9 19 cm (✎ 21, 14, 15, 5, 19)   10 10 cm
11 6 cm   12 12 cm

10 $\triangle CDA$에서 $\overline{CF} : \overline{CD} = 4 : (4+3) = 4 : 7$이므로
$4 : 7 = \overline{GF} : 7$, 즉 $\overline{GF} = 4$ (cm)
$\overline{AE} : \overline{EB} = \overline{DF} : \overline{FC} = 3 : 4$
$\triangle ABC$에서 $\overline{AE} : \overline{AB} = \overline{EG} : \overline{BC}$이므로
$3 : (3+4) = \overline{EG} : 14$, 즉 $\overline{EG} = 6$ (cm)
따라서 $\overline{EF} = \overline{EG} + \overline{GF} = 6 + 4 = 10$ (cm)

11 $\triangle ABC$에서 $\overline{AE} : \overline{AB} = 2 : (2+6) = 1 : 4$이므로
$1 : 4 = \overline{EG} : 12$, 즉 $\overline{EG} = 3$ (cm)
$\overline{CF} : \overline{FD} = \overline{BE} : \overline{EA} = 6 : 2 = 3 : 1$
$\triangle CDA$에서 $\overline{CF} : \overline{CD} = \overline{GF} : \overline{AD}$이므로
$3 : (3+1) = \overline{GF} : 4$, 즉 $\overline{GF} = 3$ (cm)
따라서 $\overline{EF} = \overline{EG} + \overline{GF} = 3 + 3 = 6$ (cm)

12 $\triangle ABC$에서 $\overline{AE} : \overline{AB} = 6 : (6+9) = 2 : 5$이므로
$2 : 5 = \overline{EG} : 15$, 즉 $\overline{EG} = 6$ (cm)
$\overline{CF} : \overline{FD} = \overline{BE} : \overline{EA} = 9 : 6 = 3 : 2$
$\triangle CDA$에서 $\overline{CF} : \overline{CD} = \overline{GF} : \overline{AD}$이므로
$3 : (3+2) = \overline{GF} : 10$, 즉 $\overline{GF} = 6$ (cm)
따라서 $\overline{EF} = \overline{EG} + \overline{GF} = 6 + 6 = 12$ (cm)

평행선 사이의 선분의 길이의 비의 응용

❼ $\triangle CDE$ ❽ $\triangle EFC$ ❾ $\triangle BFE$
13 2 cm (✎ 6, 2, 3, 2)   14 $\dfrac{24}{5}$ cm   15 12 cm   16 9 cm

14 $\triangle ABE \backsim \triangle CDE$ (AA 닮음)이므로
$\overline{BE} : \overline{DE} = \overline{AB} : \overline{CD} = 12 : 8 = 3 : 2$

△BCD에서 $\overline{EF}:\overline{DC}=\overline{BE}:\overline{BD}$이므로
$\overline{EF}:8=3:(3+2)$, $\overline{EF}:8=3:5$, $5\overline{EF}=24$
따라서 $\overline{EF}=\dfrac{24}{5}$ (cm)

15 △ABE∽△CDE(AA 닮음)이므로
$\overline{BE}:\overline{DE}=\overline{AB}:\overline{CD}=20:30=2:3$
△BCD에서 $\overline{EF}:\overline{DC}=\overline{BE}:\overline{BD}$이므로
$\overline{EF}:30=2:(2+3)$, $\overline{EF}:30=2:5$, $5\overline{EF}=60$
따라서 $\overline{EF}=12$ (cm)

16 △ABE∽△CDE(AA 닮음)이므로
$\overline{BE}:\overline{DE}=\overline{AB}:\overline{CD}=36:12=3:1$
△BCD에서 $\overline{EF}:\overline{DC}=\overline{BE}:\overline{BD}$이므로
$\overline{EF}:12=3:(3+1)$, $\overline{EF}:12=3:4$, $4\overline{EF}=36$
따라서 $\overline{EF}=9$ (cm)

소단원 핵심문제 | 54~55쪽 |

1 ④	2 ②	3 ③	4 16	5 3 cm
6 (가) $\overline{AG}$ (나) $\overline{EF}$		7 ④	8 $x=15$, $y=4$	
9 ①				

1 $4:3=5:x$이므로 $4x=15$, 즉 $x=\dfrac{15}{4}$

2 $x:8=3:(3+9)$이므로 $x:8=1:4$, $4x=8$
따라서 $x=2$

3 오른쪽 그림과 같이 꼭짓점 A를 지나고 $\overline{DC}$에 평행한 직선이 $\overline{EF}$, $\overline{BC}$와 만나는 점을 각각 G, H라 하면
$\overline{HC}=\overline{GF}=\overline{AD}=6$ cm이므로
$\overline{BH}=\overline{BC}-\overline{HC}=13-6=7$ (cm)
△ABH에서 $\overline{AE}:\overline{AB}=\overline{EG}:\overline{BH}$이므로
$4:(4+10)=\overline{EG}:7$, $2:7=\overline{EG}:7$, 즉 $\overline{EG}=2$ (cm)
따라서 $\overline{EF}=\overline{EG}+\overline{GF}=2+6=8$ (cm)

[다른 풀이]

오른쪽 그림과 같이 대각선 AC를 그어 $\overline{EF}$와 만나는 점을 I라 하면 △ABC에서
$\overline{AE}:\overline{AB}=\overline{EI}:\overline{BC}$이므로
$4:(4+10)=\overline{EI}:13$, $2:7=\overline{EI}:13$
$7\overline{EI}=26$, 즉 $\overline{EI}=\dfrac{26}{7}$ (cm)
$\overline{CF}:\overline{FD}=\overline{BE}:\overline{EA}=10:4=5:2$
△CDA에서 $\overline{CF}:\overline{CD}=\overline{IF}:\overline{AD}$이므로
$5:(5+2)=\overline{IF}:6$, $7\overline{IF}=30$, 즉 $\overline{IF}=\dfrac{30}{7}$ (cm)
따라서 $\overline{EF}=\overline{EI}+\overline{IF}=\dfrac{26}{7}+\dfrac{30}{7}=\dfrac{56}{7}=8$ (cm)

4 △BDA에서 $\overline{BE}:\overline{BA}=\overline{EG}:\overline{AD}$이므로
$10:(10+5)=x:6$, $2:3=x:6$, $3x=12$, $x=4$
$\overline{DF}:\overline{FC}=\overline{AE}:\overline{EB}=5:10=1:2$
△DBC에서 $\overline{DF}:\overline{DC}=\overline{GF}:\overline{BC}$이므로 $1:3=4:y$, $y=12$
따라서 $x+y=4+12=16$

5 동위각의 크기가 90°로 같으므로 $\overline{AB}$∥$\overline{EF}$∥$\overline{DC}$
△ABE∽△CDE(AA 닮음)이므로
$\overline{BE}:\overline{DE}=\overline{AB}:\overline{CD}=4:12=1:3$
△BCD에서 $\overline{EF}:\overline{DC}=\overline{BE}:\overline{BD}$이므로
$\overline{EF}:12=1:(1+3)$, $\overline{EF}:12=1:4$, $4\overline{EF}=12$
따라서 $\overline{EF}=3$ (cm)

7 l∥m∥n이므로 $2:4=y:6$, $1:2=y:6$, $2y=6$, 즉 $y=3$
k∥l∥m이므로 $x:2=9:3$, $x:2=3:1$, 즉 $x=6$
따라서 $x+y=6+3=9$

8 △ABC에서 $\overline{AE}:\overline{EB}=3:1$이므로
$\overline{EG}:\overline{BC}=\overline{AE}:\overline{AB}$, $x:20=3:(3+1)$, $4x=60$, 즉 $x=15$
$\overline{AE}:\overline{EB}=\overline{DF}:\overline{FC}$이므로 $3:1=12:y$, $3y=12$, 즉 $y=4$

9 오른쪽 그림과 같이 점 E에서 $\overline{BC}$에 내린 수선의 발을 F라 하면 동위각의 크기가 90°로 같으므로
$\overline{AB}$∥$\overline{EF}$∥$\overline{DC}$

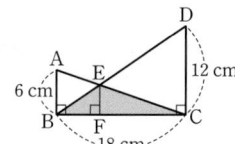

△ABE∽△CDE(AA 닮음)이므로
$\overline{AE}:\overline{CE}=\overline{AB}:\overline{CD}=6:12=1:2$
△ABC에서 $\overline{EF}:\overline{AB}=\overline{CE}:\overline{CA}$이므로
$\overline{EF}:6=2:(2+1)$, $3\overline{EF}=12$, 즉 $\overline{EF}=4$ (cm)
따라서 △EBC$=\dfrac{1}{2}\times18\times4=36$ (cm²)

---

03. 삼각형의 두 변의 중점을 연결한 선분의 성질 | 56~57쪽 |

삼각형의 두 변의 중점을 연결한 선분의 성질(1)

❶ $\overline{BC}$　　❷ $\dfrac{1}{2}$

1 9 $\left(\dfrac{1}{2}, 9\right)$	2 14	3 14	4 24

2 $\overline{AM}=\overline{MB}$, $\overline{AN}=\overline{NC}$이므로 $\overline{BC}=2\overline{MN}$
따라서 $x=2\times7=14$

3 $\overline{AM}=\overline{MB}$, $\overline{AN}=\overline{NC}$이므로 $\overline{MN}=\dfrac{1}{2}\overline{BC}$
따라서 $x=\dfrac{1}{2}\times28=14$

4 $\overline{AM}=\overline{MB}$, $\overline{AN}=\overline{NC}$이므로 $\overline{BC}=2\overline{MN}$
따라서 $x=2\times12=24$

삼각형의 두 변의 중점을 연결한 선분의 성질⑵

❸ $\overline{BC}$ ❹ $\overline{NC}$

5 $x=5$, $y=12$ ($\mathscr{O}\,\overline{NC}$, 5, 2, 12)   6 $x=15$, $y=13$

7 $x=10$, $y=16$ 8 $x=10$, $y=3$

6 $\overline{AM}=\overline{MB}$, $\overline{MN}\,/\!/\,\overline{BC}$이므로 $\overline{AN}=\overline{NC}$이고, $\overline{MN}=\dfrac{1}{2}\overline{BC}$

따라서 $x=\dfrac{1}{2}\times30=15$, $y=13$

7 $\overline{AM}=\overline{MB}$, $\overline{MN}\,/\!/\,\overline{BC}$이므로

$\overline{AN}=\overline{NC}=\dfrac{1}{2}\overline{AC}$이고, $\overline{BC}=2\overline{MN}$

따라서 $x=\dfrac{1}{2}\times20=10$, $y=2\times8=16$

8 $\overline{AM}=\overline{MB}$, $\overline{MN}\,/\!/\,\overline{BC}$이므로 $\overline{AN}=\overline{NC}$이고, $\overline{MN}=\dfrac{1}{2}\overline{BC}$

따라서 $x=2\times5=10$, $y=\dfrac{1}{2}\times6=3$

삼각형의 각 변의 중점을 연결한 삼각형

❺ $\dfrac{1}{2}$ ❻ $\dfrac{1}{2}$

9 20 cm ($\mathscr{O}$ 8, $\dfrac{11}{2}$, $\dfrac{13}{2}$, 20)   10 14 cm   11 15 cm

10 $\overline{AD}=\overline{DB}$, $\overline{AF}=\overline{FC}$이므로

$\overline{DF}=\dfrac{1}{2}\overline{BC}=\dfrac{1}{2}\times9=\dfrac{9}{2}$ (cm)

$\overline{BD}=\overline{DA}$, $\overline{BE}=\overline{EC}$이므로

$\overline{ED}=\dfrac{1}{2}\overline{CA}=\dfrac{1}{2}\times7=\dfrac{7}{2}$ (cm)

$\overline{CF}=\overline{FA}$, $\overline{CE}=\overline{EB}$이므로

$\overline{FE}=\dfrac{1}{2}\overline{AB}=\dfrac{1}{2}\times12=6$ (cm)

따라서 △DEF의 둘레의 길이는

$\overline{DF}+\overline{ED}+\overline{FE}=\dfrac{9}{2}+\dfrac{7}{2}+6=14$ (cm)

11 $\overline{AD}=\overline{DB}$, $\overline{AF}=\overline{FC}$이므로

$\overline{DF}=\dfrac{1}{2}\overline{BC}=\dfrac{1}{2}\times14=7$ (cm)

$\overline{BD}=\overline{DA}$, $\overline{BE}=\overline{EC}$이므로

$\overline{ED}=\dfrac{1}{2}\overline{CA}=\dfrac{1}{2}\times10=5$ (cm)

$\overline{CF}=\overline{FA}$, $\overline{CE}=\overline{EB}$이므로

$\overline{FE}=\dfrac{1}{2}\overline{AB}=\dfrac{1}{2}\times6=3$ (cm)

따라서 △DEF의 둘레의 길이는

$\overline{DF}+\overline{ED}+\overline{FE}=7+5+3=15$ (cm)

사다리꼴에서 두 변의 중점을 연결한 선분의 성질

❼ +   ❽ −

12 8 ($\mathscr{O}\,\overline{MN}$, 5, 3, 8)   13 8   14 10

13 $\overline{AD}\,/\!/\,\overline{BC}$, $\overline{AM}=\overline{MB}$, $\overline{DN}=\overline{NC}$이므로

$\overline{AD}\,/\!/\,\overline{MN}\,/\!/\,\overline{BC}$

△ABC에서 $\overline{AM}=\overline{MB}$, $\overline{MP}\,/\!/\,\overline{BC}$이므로

$\overline{MP}=\dfrac{1}{2}\overline{BC}=\dfrac{1}{2}\times12=6$ (cm)

△CDA에서 $\overline{CN}=\overline{ND}$, $\overline{PN}\,/\!/\,\overline{AD}$이므로

$\overline{PN}=\dfrac{1}{2}\overline{AD}=\dfrac{1}{2}\times4=2$ (cm)

따라서 $\overline{MN}=\overline{MP}+\overline{PN}$이므로 $x=6+2=8$

14 $\overline{AD}\,/\!/\,\overline{BC}$, $\overline{AM}=\overline{MB}$, $\overline{DN}=\overline{NC}$이므로

$\overline{AD}\,/\!/\,\overline{MN}\,/\!/\,\overline{BC}$

△ABC에서 $\overline{AM}=\overline{MB}$, $\overline{MP}\,/\!/\,\overline{BC}$이므로

$\overline{MP}=\dfrac{1}{2}\overline{BC}=\dfrac{1}{2}\times18=9$ (cm)

이때 $\overline{PN}=\overline{MN}-\overline{MP}=14-9=5$ (cm)

△CDA에서 $\overline{CN}=\overline{ND}$, $\overline{PN}\,/\!/\,\overline{AD}$이므로

$\overline{AD}=2\overline{PN}$

따라서 $x=2\times5=10$

소단원 핵심문제
| 58~59쪽 |

1 ①   2 72   3 6 cm   4 36 cm   5 ②

6 ③   7 (가) $\overline{AM}$ (나) 1   8 ②   9 36 cm

10 ④

1 ① $\overline{MN}\,/\!/\,\overline{BC}$이므로 $\angle ANM=\angle C$ (동위각)

② $\overline{AM}=\overline{MB}$, $\overline{MN}\,/\!/\,\overline{BC}$이므로 $\overline{AN}=\overline{NC}$

③ $\overline{AM}=\overline{MB}$, $\overline{AN}=\overline{NC}$이므로 $\overline{MN}=\dfrac{1}{2}\overline{BC}$

④ △AMN과 △ABC에서

∠A는 공통, ∠ANM=∠C (동위각)

이므로 △AMN∽△ABC (AA 닮음)

⑤ △AMN∽△ABC이므로 $\overline{AM}:\overline{AB}=\overline{MN}:\overline{BC}$

따라서 옳지 않은 것은 ①이다.

2 △AMN에서

∠ANM $=180°-(70°+45°)=65°$

$\overline{AM}=\overline{MB}$, $\overline{AN}=\overline{NC}$이므로 $\overline{MN}\,/\!/\,\overline{BC}$

즉, ∠C=∠ANM (동위각)이므로 $x=65$

또 $\overline{MN}=\dfrac{1}{2}\overline{BC}$이므로 $y=\dfrac{1}{2}\times14=7$

따라서 $x+y=65+7=72$

3 △DBF에서 $\overline{DA}=\overline{AB}$, $\overline{AG}/\!/\overline{BF}$이므로

$\overline{AG}=\dfrac{1}{2}\overline{BF}=\dfrac{1}{2}\times12=6\,(cm)$

△AEG와 △CEF에서

$\overline{AE}=\overline{CE}$, $\angle GAE=\angle C$(엇각),

$\angle AEG=\angle CEF$(맞꼭지각)

이므로 △AEG≡△CEF(ASA 합동)

따라서 $\overline{CF}=\overline{AG}=6\,cm$

4 $\overline{AD}=\overline{DB}$, $\overline{AF}=\overline{FC}$이므로 $\overline{BC}=2\overline{DF}$

$\overline{BD}=\overline{DA}$, $\overline{BE}=\overline{EC}$이므로 $\overline{CA}=2\overline{ED}$

$\overline{CF}=\overline{FA}$, $\overline{CE}=\overline{EB}$이므로 $\overline{AB}=2\overline{FE}$

따라서 △ABC의 둘레의 길이는

$\overline{AB}+\overline{BC}+\overline{CA}=2\overline{FE}+2\overline{DF}+2\overline{ED}$
$=2(\overline{FE}+\overline{DF}+\overline{ED})$
$=2\times18=36\,(cm)$

5 $\overline{AD}/\!/\overline{BC}$, $\overline{AM}=\overline{MB}$, $\overline{DN}=\overline{NC}$이므로

$\overline{AD}/\!/\overline{MN}/\!/\overline{BC}$

△CDA에서 $\overline{CN}=\overline{ND}$, $\overline{PN}/\!/\overline{AD}$이므로

$\overline{AD}=2\overline{PN}=2\times4=8\,(cm)$

△ABC에서 $\overline{AM}=\overline{MB}$, $\overline{MP}/\!/\overline{BC}$이므로

$\overline{MP}=\dfrac{1}{2}\overline{BC}=\dfrac{1}{2}\times18=9\,(cm)$

따라서 $\overline{AD}+\overline{MP}=8+9=17\,(cm)$

6 △DBC에서 $\overline{DP}=\overline{PB}$, $\overline{DQ}=\overline{QC}$이므로

$\overline{BC}=2\overline{PQ}=2\times3=6\,(cm)$

△ABC에서 $\overline{AM}=\overline{MB}$, $\overline{AN}=\overline{NC}$이므로

$\overline{MN}=\dfrac{1}{2}\overline{BC}=\dfrac{1}{2}\times6=3\,(cm)$

8 $\overline{EC}=\overline{BC}-\overline{BE}=26-18=8\,(cm)$

△ABE에서 $\overline{AM}=\overline{MB}$, $\overline{MD}/\!/\overline{BE}$이므로

$\overline{AD}=\overline{DE}$

△AEC에서 $\overline{AD}=\overline{DE}$, $\overline{DN}/\!/\overline{EC}$이므로

$\overline{DN}=\dfrac{1}{2}\overline{EC}=\dfrac{1}{2}\times8=4\,(cm)$

9 직사각형은 두 대각선의 길이가 같으므로

$\overline{BD}=\overline{AC}=18\,cm$

△ABC와 △ACD에서

$\overline{EF}=\overline{HG}=\dfrac{1}{2}\overline{AC}=\dfrac{1}{2}\times18=9\,(cm)$

△ABD와 △BCD에서

$\overline{EH}=\overline{FG}=\dfrac{1}{2}\overline{BD}=\dfrac{1}{2}\times18=9\,(cm)$

따라서 □EFGH의 둘레의 길이는

$\overline{EF}+\overline{FG}+\overline{HG}+\overline{EH}=9+9+9+9=36\,(cm)$

10 $\overline{AD}/\!/\overline{BC}$, $\overline{AM}=\overline{MB}$, $\overline{DN}=\overline{NC}$이므로 $\overline{AD}/\!/\overline{MN}/\!/\overline{BC}$

△BDA에서 $\overline{BM}=\overline{MA}$, $\overline{MP}/\!/\overline{AD}$이므로

$\overline{MP}=\dfrac{1}{2}\overline{AD}=\dfrac{1}{2}\times10=5\,(cm)$

이때 $\overline{MQ}=\overline{MP}+\overline{PQ}=5+2=7\,(cm)$

△ABC에서 $\overline{AM}=\overline{MB}$, $\overline{MQ}/\!/\overline{BC}$이므로

$\overline{BC}=2\overline{MQ}=2\times7=14\,(cm)$

04. 삼각형의 무게중심 | 60~61쪽 |

삼각형의 중선의 성질

❶ $\overline{DC}$ ❷ $\dfrac{1}{2}$

1 18 cm² $\left(\varnothing\,\overline{DC},\dfrac{1}{2},18\right)$ 2 14 cm²

3 34 cm²   4 30 cm²

2 $\overline{AD}$가 △ABC의 중선이므로 $\overline{BD}=\overline{DC}$

따라서 △ABD$=\dfrac{1}{2}$△ABC$=\dfrac{1}{2}\times28=14\,(cm^2)$

3 △ABC$=2$△ABD$=2\times17=34\,(cm^2)$

4 △ABC$=2$△ADC$=2\times15=30\,(cm^2)$

삼각형의 무게중심의 성질

❸ 2 ❹ $\dfrac{2}{3}$ ❺ $\dfrac{1}{3}$

5 6 $(\varnothing\,2, 2, 2, 6)$ 6 22   7 10   8 4

9 $x=10, y=6$ $\left(\varnothing\,2, 2, 10, 2, \dfrac{1}{2}, 6\right)$

10 $x=11, y=15$ 11 $x=13, y=18$

12 $x=12, y=7$ 13 $x=21, y=16$

6 $\overline{AD}:\overline{AG}=3:2$이므로 33 : $\overline{AG}=3:2$, 즉 $\overline{AG}=22\,(cm)$

따라서 $x=22$

7 점 G가 △ABC의 무게중심이므로 $\overline{AD}$는 △ABC의 중선이다.

따라서 $\overline{BC}=2\overline{BD}$이므로 $x=2\times5=10$

8 $\overline{AG}:\overline{GD}=2:1$이므로 $8:x=2:1$, $2x=8$

따라서 $x=4$

10 점 G가 △ABC의 무게중심이므로 $\overline{CD}$는 △ABC의 중선이다.

즉, $\overline{BD}=\dfrac{1}{2}\overline{AB}$이므로 $x=\dfrac{1}{2}\times22=11$

$\overline{CD}:\overline{CG}=3:2$이므로 $y:10=3:2$, $2y=30$

즉, $y=15$

11 점 G가 △ABC의 무게중심이므로 $\overline{AD}$는 △ABC의 중선이다.
즉, $\overline{BD}=\overline{DC}$이므로 $x=13$
$\overline{AD}:\overline{AG}=3:2$이므로 $27:y=3:2$에서 $y=18$

12 $\overline{BG}:\overline{GE}=2:1$이므로 $x:6=2:1$에서 $x=12$
$\overline{AG}:\overline{GD}=2:1$이므로 $14:y=2:1$에서 $y=7$

13 $\overline{AD}:\overline{GD}=3:1$이므로 $x:7=3:1$에서 $x=21$
$\overline{CG}:\overline{GE}=2:1$이므로 $y:8=2:1$에서 $y=16$

삼각형의 무게중심과 넓이

6 $\dfrac{1}{6}$ **7** $\dfrac{1}{3}$

14 $8\text{ cm}^2\left(\text{✏️}\dfrac{1}{6},8\right)$ **15** 16 cm^2 **16** 16 cm^2 **17** 16 cm^2

15 $\triangle AGC=\dfrac{1}{3}\triangle ABC=\dfrac{1}{3}\times48=16\ (\text{cm}^2)$

16 $\square DCEG=\triangle DCG+\triangle CEG$
$\qquad\quad=\dfrac{1}{6}\triangle ABC+\dfrac{1}{6}\triangle ABC$
$\qquad\quad=\dfrac{1}{3}\triangle ABC=\dfrac{1}{3}\times48=16\ (\text{cm}^2)$

17 $\triangle FBG+\triangle DCG=\dfrac{1}{6}\triangle ABC+\dfrac{1}{6}\triangle ABC$
$\qquad\qquad\qquad\qquad=\dfrac{1}{3}\triangle ABC=\dfrac{1}{3}\times48=16\ (\text{cm}^2)$

소단원 핵심문제

| 62~63쪽 |

1 7 cm^2	**2** ①	**3** ③	**4** ②	**5** 30 cm^2
6 5 cm	**7** ④	**8** ⑤	**9** ②	**10** ②

1 $\triangle CMN=\dfrac{1}{2}\triangle BCM=\dfrac{1}{2}\times\dfrac{1}{2}\triangle ABC$
$\qquad\quad=\dfrac{1}{4}\triangle ABC=\dfrac{1}{4}\times28=7\ (\text{cm}^2)$

2 $\overline{AD}$가 △ABC의 중선이므로 $x=\dfrac{1}{2}\times26=13$
$\overline{BE}:\overline{GE}=3:1$이므로 $24:y=3:1$에서 $y=8$
따라서 $x+y=13+8=21$

3 $\overline{AD}$가 △ABC의 중선이므로 $\overline{DC}=\overline{BD}=12\text{ cm}$
$\overline{EF}\,/\!/\,\overline{BC}$이고 점 G가 △ABC의 무게중심이므로
△ADC에서 $\overline{GF}:\overline{DC}=\overline{AG}:\overline{AD}$
즉, $\overline{GF}:12=2:3$, $3\overline{GF}=24$
따라서 $\overline{GF}=8\ (\text{cm})$

4 점 G가 △ABC의 무게중심이므로
$\triangle BCG=\triangle AGC=10\text{ cm}^2$
따라서 $\triangle BDG=\dfrac{1}{2}\triangle BCG=\dfrac{1}{2}\times10=5\ (\text{cm}^2)$

5 오른쪽 그림과 같이 $\overline{BG}$를 그으면 점 G
가 △ABC의 무게중심이므로
$\triangle BDG=\triangle BEG=\triangle AEG$
$\qquad\qquad=15\text{ cm}^2$
따라서 $\square BDGE=\triangle BDG+\triangle BEG$
$\qquad\qquad\quad=15+15$
$\qquad\qquad\quad=30\ (\text{cm}^2)$

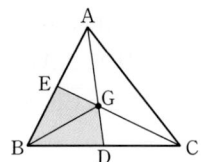

6 $\triangle ABC=\dfrac{1}{2}\times\overline{BC}\times\overline{AH}$이므로
$30=\dfrac{1}{2}\times\overline{BC}\times6$, $3\overline{BC}=30$
즉, $\overline{BC}=10\ (\text{cm})$
$\overline{AD}$가 △ABC의 중선이므로
$\overline{BD}=\dfrac{1}{2}\overline{BC}=\dfrac{1}{2}\times10=5\ (\text{cm})$

7 점 G가 △ABC의 무게중심이므로
$\overline{AD}:\overline{AG}=3:2$, $\overline{AD}:12=3:2$, $2\overline{AD}=36$
즉, $\overline{AD}=18\ (\text{cm})$
△ABD에서 $\overline{AE}=\overline{EB}$, $\overline{EF}\,/\!/\,\overline{AD}$이므로
$\overline{EF}=\dfrac{1}{2}\overline{AD}=\dfrac{1}{2}\times18=9\ (\text{cm})$

8 점 G가 △ABC의 무게중심이므로
$\overline{AD}:\overline{AG}=3:2$, $30:\overline{AG}=3:2$
즉, $\overline{AG}=20\ (\text{cm})$
점 M이 $\overline{AD}$의 중점이므로
$\overline{AM}=\dfrac{1}{2}\overline{AD}=\dfrac{1}{2}\times30=15\ (\text{cm})$
따라서 $\overline{MG}=\overline{AG}-\overline{AM}=20-15=5\ (\text{cm})$

9 ② 정삼각형은 무게중심과 외심이 일치하므로 $\overline{AG}=\overline{BG}=\overline{CG}$
가 성립하려면 △ABC가 정삼각형이어야 한다.
따라서 옳지 않은 것은 ②이다.

10 점 G가 △ABC의 무게중심이므로 오른
쪽 그림과 같이 $\overline{AG}$를 그으면 색칠한 부
분의 넓이는
$\triangle ABG+\triangle AGC$
$=\dfrac{1}{3}\triangle ABC+\dfrac{1}{3}\triangle ABC$
$=\dfrac{2}{3}\triangle ABC$
$=\dfrac{2}{3}\times27=18\ (\text{cm}^2)$

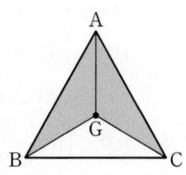

5. 피타고라스 정리

| 64~65쪽 |

01. 피타고라스 정리(1)

피타고라스 정리

❶ c^2

1 5　　2 25　　3 15　　4 5　　5 9

6 $x=12$, $y=16$ ($\mathscr{O}$ 15, 9, 144, 12, 20, 12, 256, 16)

7 $x=8$, $y=10$　　　　8 $x=12$, $y=9$

9 $x=8$, $y=17$ ($\mathscr{O}$ 10, 6, 64, 8, 8, 289, 17)

10 $x=5$, $y=20$

7 직각삼각형 ABD에서 $x^2=17^2-15^2=64$

이때 $x>0$이므로 $x=8$

직각삼각형 ADC에서 $y^2=8^2+6^2=100$

이때 $y>0$이므로 $y=10$

8 직각삼각형 ADC에서 $x^2=13^2-5^2=144$

이때 $x>0$이므로 $x=12$

직각삼각형 ABD에서 $y^2=15^2-12^2=81$

이때 $y>0$이므로 $y=9$

10 직각삼각형 ADC에서 $x^2=13^2-12^2=25$

이때 $x>0$이므로 $x=5$

직각삼각형 ABC에서 $y^2=12^2+(11+5)^2=400$

이때 $y>0$이므로 $y=20$

피타고라스 정리의 설명 – 유클리드

❷ ㉡　　❸ ㉣　　❹ c^2

11 25 cm² ($\mathscr{O}$ 9, 16, 25)　　　12 20 cm²

13 144 cm²　　　　　　　　　14 36 cm²

12 $\square$BHIC=$\square$AFGB$-\square$ACDE=$48-28=20$ (cm²)

13 $\square$AFKJ=$\square$ACDE=144 cm²

14 $\square$JKGB=$\square$BHIC=36 cm²

직각삼각형이 되는 조건

❺ 90°　　❻ 직각

15 ○ ($\mathscr{O}$ =, 직각삼각형이다)　　16 ×　　17 ○

18 ○　　　19 ×

16 가장 긴 변의 길이가 7 cm이므로 $4^2+5^2\neq7^2$

따라서 주어진 삼각형은 직각삼각형이 아니다.

17 가장 긴 변의 길이가 13 cm이므로 $5^2+12^2=13^2$

따라서 주어진 삼각형은 직각삼각형이다.

18 가장 긴 변의 길이가 10 cm이므로 $6^2+8^2=10^2$

따라서 주어진 삼각형은 직각삼각형이다.

19 가장 긴 변의 길이가 12 cm이므로 $8^2+10^2\neq12^2$

따라서 주어진 삼각형은 직각삼각형이 아니다.

소단원 핵심문제

| 66~67쪽 |

1 ④　　2 5 cm　　3 12 cm　　4 ②　　5 5, 12, 13

6 ③　　7 ②　　8 25 cm　　9 17　　10 ③

1 $\overline{BC}^2=12^2-6^2=108$

2 직각삼각형 ABD에서 $\overline{AD}^2=20^2-16^2=144$

이때 $\overline{AD}>0$이므로 $\overline{AD}=12$ (cm)

직각삼각형 ADC에서 $\overline{CD}^2=13^2-12^2=25$

이때 $\overline{CD}>0$이므로 $\overline{CD}=5$ (cm)

3 $\square$BHIC=$\square$AFGB$-\square$ACDE=$225-81=144$ (cm²)

즉, $\overline{BC}^2=144$

이때 $\overline{BC}>0$이므로 $\overline{BC}=12$ (cm)

4 직각삼각형 AEH에서 $\overline{EH}^2=a^2+b^2=64$

이때 $\overline{EH}>0$이므로 $\overline{EH}=8$ (cm)

$\square$ABCD가 정사각형이므로 $\overline{AB}=\overline{BC}=\overline{CD}=\overline{DA}$이고

$\overline{AE}=\overline{BF}=\overline{CG}=\overline{DH}$이므로 $\overline{BE}=\overline{CF}=\overline{DG}=\overline{AH}$

즉, △AEH≡△BFE≡△CGF≡△DHG(SAS 합동)이므로

$\square$EFGH가 정사각형이다.

따라서 $\square$EFGH의 둘레의 길이는 $4\times8=32$ (cm)

5 $3^2=9$, $5^2=25$, $6^2=36$, $8^2=64$, $12^2=144$, $13^2=169$,

$15^2=225$이므로 $5^2+12^2=25+144=169=13^2$

따라서 직각삼각형의 세 변의 길이가 될 수 있는 세 수는 5, 12, 13이다.

6 오른쪽 그림과 같이 꼭짓점 D에서 $\overline{BC}$에 내린 수선의 발을 H라 하면

$\overline{BH}=\overline{AD}=3$ cm이므로

$\overline{HC}=\overline{BC}-\overline{BH}=6-3=3$ (cm)

$\square$ABHD는 직사각형이므로 $\overline{DH}=\overline{AB}=4$ cm

직각삼각형 DHC에서 $\overline{CD}^2=4^2+3^2=25$

이때 $\overline{CD}>0$이므로 $\overline{CD}=5$ (cm)

7 직각삼각형 ABC에서 $\overline{AB}^2=12^2+9^2=225$

이때 $\overline{AB}>0$이므로 $\overline{AB}=15$ (cm)

△ABC에서 $\overline{DE}$ ∥ $\overline{AC}$이므로 $\overline{BD}:\overline{BA}=\overline{BE}:\overline{BC}$

즉, $\overline{BD}:15=8:12$, $\overline{BD}:15=2:3$, $3\overline{BD}=30$

따라서 $\overline{BD}=10$ (cm)

8 직각삼각형 BEF에서
$\overline{BE}=\overline{BC}+\overline{CE}=5+15=20\,(cm)$이므로
$\overline{BF}^2=\overline{BE}^2+\overline{FE}^2=20^2+15^2=625$
이때 $\overline{BF}>0$이므로 $\overline{BF}=25\,(cm)$

9 가장 긴 변의 길이가 x cm이므로 $x^2=15^2+8^2=289$
이때 $x>0$이므로 $x=17$

10 $c^2>a^2+b^2$이므로 △ABC는 오른쪽 그림
과 같이 길이가 가장 긴 변인 $\overline{AB}$의 대각
$\angle C>90°$인 둔각삼각형이다.

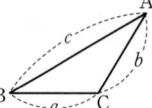

---

02. 피타고라스 정리(2) | 68~69쪽 |

피타고라스 정리를 이용한 직각삼각형의 성질

❶ $\overline{DE}^2$ ❷ $\overline{CD}^2$
1 61 ($\mathscr{l}\,\overline{CD}^2$, 6, 61)   2 136   3 80   4 90

2 $x^2+y^2=10^2+6^2=136$

3 $8^2+4^2=x^2+y^2$이므로 $x^2+y^2=80$

4 $9^2+3^2=x^2+y^2$이므로 $x^2+y^2=90$

두 대각선이 직교하는 사각형의 성질

❸ $\overline{CD}^2$ ❹ $\overline{BC}^2$
5 109 ($\mathscr{l}\,\overline{BC}^2$, 9, 6, 109) 6 40   7 165   8 53

6 $x^2+5^2=4^2+7^2$이므로 $x^2=40$

7 $12^2+11^2=10^2+x^2$이므로 $x^2=165$

8 $8^2+x^2=9^2+6^2$이므로 $x^2=53$

직각삼각형과 세 반원 사이의 관계

❺ Q
9 18π cm^2 ($\mathscr{l}\,32\pi$, 18π)   10 20π cm^2
11 9π cm^2 12 49π cm^2

10 (색칠한 부분의 넓이)$=40\pi-20\pi=20\pi\,(cm^2)$

11 (색칠한 부분의 넓이)$=27\pi-18\pi=9\pi\,(cm^2)$

12 (색칠한 부분의 넓이)$=34\pi+15\pi=49\pi\,(cm^2)$

히포크라테스의 원의 넓이

❻ bc
13 15 cm^2 ($\mathscr{l}\,15$)   14 45 cm^2 15 $\dfrac{35}{2}$ cm^2
16 24 cm^2 17 64 cm^2

14 (색칠한 부분의 넓이)$=△ABC=\dfrac{1}{2}\times15\times6=45\,(cm^2)$

15 (색칠한 부분의 넓이)$=△ABC=\dfrac{1}{2}\times5\times7=\dfrac{35}{2}\,(cm^2)$

16 (색칠한 부분의 넓이)$=△ABC=\dfrac{1}{2}\times12\times4=24\,(cm^2)$

17 (색칠한 부분의 넓이)$=△ABC=\dfrac{1}{2}\times8\times16=64\,(cm^2)$

소단원 핵심문제 | 70~71쪽 |

1 274   2 ⑤   3 ②   4 ③   5 5 cm
6 (가) $\overline{BC}^2$ (나) $\overline{DE}^2$ (다) $\overline{CD}^2$ 7 ①   8 ③
9 32 cm^2

1 직각삼각형 ABC에서 $\overline{BC}^2=9^2+12^2=225$
$\overline{BC}^2+\overline{DE}^2=\overline{BE}^2+\overline{CD}^2$이므로 $225+7^2=\overline{BE}^2+\overline{CD}^2$
따라서 $\overline{BE}^2+\overline{CD}^2=274$

2 $\overline{AB}^2+\overline{CD}^2=\overline{AD}^2+\overline{BC}^2$이므로 $\overline{AB}^2+9^2=4^2+\overline{BC}^2$
따라서 $\overline{BC}^2-\overline{AB}^2=65$

3 직각삼각형 AOD에서 $\overline{AD}^2=x^2+y^2$
$\overline{AB}^2+\overline{CD}^2=\overline{AD}^2+\overline{BC}^2$이므로
$6^2+4^2=\overline{AD}^2+5^2$, 즉 $\overline{AD}^2=27$
따라서 $x^2+y^2=\overline{AD}^2=27$

4 $\dfrac{1}{2}\times\pi\times\left(\dfrac{8}{2}\right)^2=8\pi\,(cm^2)$

5 (색칠한 부분의 넓이)$=2△ABC$이므로
$2△ABC=60$, $△ABC=30\,(cm^2)$
즉, $△ABC=\dfrac{1}{2}\times\overline{AB}\times\overline{AC}$이므로 $30=\dfrac{1}{2}\times12\times\overline{AC}$
따라서 $\overline{AC}=5\,(cm)$

7 직각삼각형 ABO에서 $\overline{AB}^2=15^2+8^2=289$
$\overline{AB}^2+\overline{CD}^2=\overline{AD}^2+\overline{BC}^2$이므로 $289+\overline{CD}^2=10^2+20^2$
따라서 $\overline{CD}^2=211$

8 ($\overline{AC}$를 지름으로 하는 반원의 넓이)$=\dfrac{1}{2}\times\pi\times\left(\dfrac{12}{2}\right)^2-8\pi$
$=18\pi-8\pi=10\pi\,(cm^2)$

9 $△ABC=18+14=32\,(cm^2)$

6. 경우의 수

01. 경우의 수
| 72~73쪽 |

사건과 경우의 수

❶ 사건 ❷ 경우의 수

1 (1) 4 (2) 0 (3) 4 (4) 4 2 4   3 3   4 4
5 4   6 1   7 3   8 3   9 2
10 5   11 8 (✎ H, H, T, T, 8) 12 2   13 3

2 600원을 지불하는 경우를 표로 나타내면 다음과 같다.

500원(개)	1	1	0	0
100원(개)	1	0	5	4
50원(개)	0	2	2	4

따라서 구하는 경우의 수는 4이다.

3 850원을 지불하는 경우를 표로 나타내면 다음과 같다.

500원(개)	1	1	1
100원(개)	3	2	1
50원(개)	1	3	5

따라서 구하는 경우의 수는 3이다.

4 1000원을 지불하는 경우를 표로 나타내면 다음과 같다.

500원(개)	2	1	1	1
100원(개)	0	5	4	3
50원(개)	0	0	2	4

따라서 구하는 경우의 수는 4이다.

5 2000원을 지불하는 경우를 표로 나타내면 다음과 같다.

500원(개)	4	3	3	3
100원(개)	0	5	4	3
50원(개)	0	0	2	4

따라서 구하는 경우의 수는 4이다.

6 3250원을 지불하는 경우를 표로 나타내면 다음과 같다.

500원(개)	5
100원(개)	5
50원(개)	5

따라서 구하는 경우의 수는 1이다.

7 짝수의 눈이 나오는 경우는 2, 4, 6이므로 구하는 경우의 수는 3이다.

8 소수의 눈이 나오는 경우는 2, 3, 5이므로 구하는 경우의 수는 3이다.

9 3의 약수의 눈이 나오는 경우는 1, 3이므로 구하는 경우의 수는 2이다.

10 5 이하의 눈이 나오는 경우는 1, 2, 3, 4, 5이므로 구하는 경우의 수는 5이다.

12 (H, H, H), (T, T, T)이므로 구하는 경우의 수는 2이다.

13 (H, T, T), (T, H, T), (T, T, H)이므로 구하는 경우의 수는 3이다.

사건 A 또는 사건 B가 일어나는 경우의 수

❸ $m+n$

14 5   15 7   16 5   17 6   18 7
19 13

14 동시에 두 가지 교통수단을 이용할 수 없으므로 학교에서 연극 공연장까지 가는 경우의 수는 $3+2=5$

15 $4+3=7$

16 6의 배수가 적힌 공이 나오는 경우는 6, 12, 18의 3가지
7의 약수가 적힌 공이 나오는 경우는 1, 7의 2가지
따라서 구하는 경우의 수는 $3+2=5$

17 3 이하의 수가 적힌 공이 나오는 경우는 1, 2, 3의 3가지
17 초과의 수가 적힌 공이 나오는 경우는 18, 19, 20의 3가지
따라서 구하는 경우의 수는 $3+3=6$

18 7 미만의 홀수가 적힌 공이 나오는 경우는 1, 3, 5의 3가지, 14 이상의 짝수가 적힌 공이 나오는 경우는 14, 16, 18, 20의 4가지이다. 따라서 구하는 경우의 수는 $3+4=7$

19 소수가 적힌 공이 나오는 경우는 2, 3, 5, 7, 11, 13, 17, 19의 8가지, 4의 배수가 적힌 공이 나오는 경우는 4, 8, 12, 16, 20의 5가지이다. 따라서 구하는 경우의 수는 $8+5=13$

사건 A와 사건 B가 동시에 일어나는 경우의 수

❹ $m×n$

20 12   21 2   22 4   23 36   24 9
25 6   26 12

20 동전 한 개를 던질 때 나오는 경우는 앞면, 뒷면의 2가지
주사위 한 개를 던질 때 나오는 경우는 1, 2, 3, 4, 5, 6의 6가지
따라서 구하는 경우의 수는 $2×6=12$

21 동전 한 개를 던질 때 앞면이 나오는 경우는 1가지
주사위 한 개를 던질 때 3의 배수의 눈이 나오는 경우는 3, 6의 2가지
따라서 구하는 경우의 수는 $1 \times 2 = 2$

22 동전 한 개를 던질 때 뒷면이 나오는 경우는 1가지
주사위 한 개를 던질 때 4 이하의 눈이 나오는 경우는 1, 2, 3, 4의 4가지
따라서 구하는 경우의 수는 $1 \times 4 = 4$

23 A 주사위를 던질 때 나오는 모든 경우는 1, 2, 3, 4, 5, 6의 6가지
B 주사위를 던질 때 나오는 모든 경우는 1, 2, 3, 4, 5, 6의 6가지
따라서 구하는 경우의 수는 $6 \times 6 = 36$

24 A 주사위에서 짝수의 눈이 나오는 경우는 2, 4, 6의 3가지
B 주사위에서 홀수의 눈이 나오는 경우는 1, 3, 5의 3가지
따라서 구하는 경우의 수는 $3 \times 3 = 9$

25 A 주사위에서 합성수의 눈이 나오는 경우는 4, 6의 2가지
B 주사위에서 소수의 눈이 나오는 경우는 2, 3, 5의 3가지
따라서 구하는 경우의 수는 $2 \times 3 = 6$

26 A 주사위에서 4의 약수의 눈이 나오는 경우는 1, 2, 4의 3가지
B 주사위에서 2 초과의 눈이 나오는 경우는 3, 4, 5, 6의 4가지
따라서 구하는 경우의 수는 $3 \times 4 = 12$

소단원 핵심문제
| 74~75쪽 |

| 1 ③ | 2 2 | 3 6 | 4 32 | 5 ④ |
| 6 ⑤ | 7 3 | 8 ③ | 9 12 | 10 36 |

1 12 이하의 수 중에서 윗면에 보이는 수가 15의 약수인 경우는 1, 3, 5이므로 구하는 경우의 수는 3이다.

2 2600원을 지불하는 방법을 표로 나타내면 다음과 같다.

500원(개)	5	4
100원(개)	1	6

따라서 구하는 방법의 수는 2이다.

3 애니메이션 중에서 한 편을 관람하는 경우의 수는 2
SF 영화 중에서 한 편을 관람하는 경우의 수는 4
따라서 구하는 경우의 수는 $2 + 4 = 6$

4 첫 번째에 7의 배수가 적힌 공이 나오는 경우는
7, 14, 21, 28의 4가지
두 번째에 30의 약수가 적힌 공이 나오는 경우는
1, 2, 3, 5, 6, 10, 15, 30의 8가지
따라서 구하는 경우의 수는 $4 \times 8 = 32$

5 민서가 추리 소설 1권을 고르는 경우의 수는 4
여행 안내서 1권을 고르는 경우의 수는 5
따라서 구하는 경우의 수는 $4 \times 5 = 20$

6 ① 홀수의 눈이 나오는 경우는 1, 3, 5이므로 구하는 경우의 수는 3이다.
② 2의 약수의 눈이 나오는 경우는 1, 2이므로 구하는 경우의 수는 2이다.
③ 4 미만의 눈이 나오는 경우는 1, 2, 3이므로 구하는 경우의 수는 3이다.
④ 소수의 눈이 나오는 경우는 2, 3, 5이므로 구하는 경우의 수는 3이다.
⑤ 3 이상의 눈이 나오는 경우는 3, 4, 5, 6이므로 구하는 경우의 수는 4이다.
따라서 경우의 수가 가장 큰 것은 ⑤이다.

7 W, A, K, E, U, P에서 자음을 선택하는 경우는 W, K, P이므로 구하는 경우의 수는 3이다.

8 주머니에서 빨간 구슬을 꺼내는 경우의 수는 6
파란 구슬을 꺼내는 경우의 수는 5
따라서 구하는 경우의 수는 $6 + 5 = 11$

9 남학생 중에서 한 명을 뽑는 경우의 수는 4
여학생 중에서 한 명을 뽑는 경우의 수는 3
따라서 구하는 경우의 수는 $4 \times 3 = 12$

10 빵 종류 중에서 하나를 선택하는 경우의 수는 3, 속 재료 종류 중에서 하나를 선택하는 경우의 수는 6, 드레싱 종류 중에서 하나를 선택하는 경우의 수는 2이다.
따라서 구하는 경우의 수는 $3 \times 6 \times 2 = 36$

02. 여러 가지 경우의 수
| 76~77쪽 |

한 줄로 세우는 경우의 수

❶ $n-1$ ❷ $n-2$
1 6 (✎ 3, 2, 1, 6)   2 24   3 12 (✎ 4, 3, 12)
4 60   5 2 (✎ 2, 2)   6 6

2 $4 \times 3 \times 2 \times 1 = 24$

4 $5 \times 4 \times 3 = 60$

6 서영이가 가장 오른쪽에 서고 나머지 3명이 나란히 한 줄로 서면 되므로 구하는 경우의 수는 $3 \times 2 \times 1 = 6$

이웃하게 한 줄로 세우는 경우의 수

❸ 곱

7 48 (✎ 2, 1, 2, 2, 48)　8 48　9 36　10 12　11 144

8 B, C를 한 명으로 생각하여 4명을 한 줄로 세우는 경우의 수는
$4 \times 3 \times 2 \times 1 = 24$
이때 B, C가 자리를 바꾸는 경우의 수는 $2 \times 1 = 2$
따라서 구하는 경우의 수는 $24 \times 2 = 48$

9 B, C, D 3명을 한 명으로 생각하여 3명을 한 줄로 세우는 경우의 수는 $3 \times 2 \times 1 = 6$
이때 B, C, D가 서로 자리를 바꾸는 경우의 수는 $3 \times 2 \times 1 = 6$
따라서 구하는 경우의 수는 $6 \times 6 = 36$

10 잡지 2권을 1권으로 생각하여 3권을 책꽂이에 한 줄로 나란히 꽂는 경우의 수는 $3 \times 2 \times 1 = 6$
이때 잡지끼리 자리를 바꾸는 경우의 수는 $2 \times 1 = 2$
따라서 구하는 경우의 수는 $6 \times 2 = 12$

11 리듬체조 선수 3명을 한 명으로 생각하여 4명을 한 줄로 세우는 경우의 수는 $4 \times 3 \times 2 \times 1 = 24$
이때 리듬체조 선수끼리 서로 자리를 바꾸는 경우의 수는
$3 \times 2 \times 1 = 6$
따라서 구하는 경우의 수는 $24 \times 6 = 144$

자연수를 만드는 경우의 수

❹ $n-1$　❺ $n-1$

12 30 (✎ 6, 5, 30)　13 120
14 25 (✎ 5, 5, 25)　15 100

13 $6 \times 5 \times 4 = 120$

15 $5 \times 5 \times 4 = 100$

대표를 뽑는 경우의 수

❻ $n-1$　❼ 2

16 20 (✎ 5, 4, 5, 4, 20)　17 60
18 15 (✎ A, 2, 15)　19 20

17 $5 \times 4 \times 3 = 60$

19 대표 3명이 A, B, C이면 (A, B, C), (A, C, B), (B, A, C), (B, C, A), (C, A, B), (C, B, A)가 같은 경우이므로 3명을 한 줄로 세우는 경우의 수인 $3 \times 2 \times 1$로 나눈다.
따라서 구하는 경우의 수는 $\dfrac{6 \times 5 \times 4}{3 \times 2 \times 1} = 20$

소단원 핵심문제

| 78~79쪽 |

| 1 ② | 2 ③ | 3 ② | 4 ③ | 5 42 |
| 6 ⑤ | 7 ② | 8 ⑤ | 9 20 | 10 ② |

1 A, B를 양 끝에 놓는 경우의 수는 $2 \times 1 = 2$
나머지 3개의 알파벳을 한 줄로 나열하는 경우의 수는
$3 \times 2 \times 1 = 6$
따라서 구하는 경우의 수는 $2 \times 6 = 12$

2 보컬 라인 3명을 한 명으로 생각하여 5명을 한 줄로 세우는 경우의 수는 $5 \times 4 \times 3 \times 2 \times 1 = 120$
이때 보컬 라인 3명끼리 서로 자리를 바꾸는 경우의 수는
$3 \times 2 \times 1 = 6$
따라서 구하는 경우의 수는 $120 \times 6 = 720$

3 일의 자리의 숫자가 7이므로 백의 자리에 올 수 있는 숫자는 7을 제외한 3가지, 십의 자리에 올 수 있는 숫자는 7과 백의 자리에 온 숫자를 제외한 2가지이다.
따라서 구하는 자연수의 개수는 $3 \times 2 = 6$

4 5의 배수이려면 일의 자리에 올 수 있는 숫자는 0, 5이다.
(ⅰ) 일의 자리의 숫자가 0인 경우
십의 자리에 올 수 있는 숫자는 0을 제외한 4가지
(ⅱ) 일의 자리의 숫자가 5인 경우
십의 자리에 올 수 있는 숫자는 0과 5를 제외한 3가지
(ⅰ), (ⅱ)에서 구하는 5의 배수의 개수는 $4 + 3 = 7$

5 $7 \times 6 = 42$

6 6명 중에서 2명을 뽑아 한 줄로 세우는 경우의 수와 같으므로
$6 \times 5 = 30$

7 우진이와 서현이를 한 명으로 생각하여 5명을 한 줄로 세우는 경우의 수는 $5 \times 4 \times 3 \times 2 \times 1 = 120$이다. 이때 우진이와 서현이의 자리는 정해져 있으므로 구하는 경우의 수는 120이다.

8 500 미만이려면 백의 자리에 올 수 있는 숫자는 1, 4의 2가지, 십의 자리에 올 수 있는 숫자는 백의 자리에 온 숫자를 제외한 4가지, 일의 자리에 올 수 있는 숫자는 백의 자리와 십의 자리에 온 숫자를 제외한 3가지이다.
따라서 구하는 자연수의 개수는 $2 \times 4 \times 3 = 24$

9 지호를 제외한 5명 중에서 회장 1명, 게시원 1명을 뽑아야 하므로 구하는 경우의 수는 $5 \times 4 = 20$

10 2명이 악수를 한 번 하므로 구하는 횟수는 10명 중에서 자격이 같은 대표 2명을 뽑는 경우의 수와 같다.
따라서 구하는 경우의 수는 $\dfrac{10 \times 9}{2} = 45$(번)

7. 확률

01. 확률의 뜻과 성질

| 80~81쪽 |

확률의 뜻

❶ 확률

1 $\dfrac{5}{12}$ 2 $\dfrac{1}{4}$ 3 $\dfrac{1}{3}$ 4 $\dfrac{2}{5}$ 5 $\dfrac{1}{5}$

6 $\dfrac{1}{3}$ 7 $\dfrac{4}{15}$ 8 $\dfrac{5}{36}$ (✎ $36, 3, 2, 5, \dfrac{5}{36}$)

9 $\dfrac{5}{18}$ 10 $\dfrac{1}{9}$ 11 36 12 $x=\dfrac{b}{a}$ 13 14

14 $\dfrac{7}{18}$

1 일어나는 모든 경우의 수는 $5+3+4=12$이고, 야채호빵이 나오는 경우는 5가지이다. 따라서 구하는 확률은 $\dfrac{5}{12}$

2 일어나는 모든 경우의 수는 $5+3+4=12$이고, 피자호빵이 나오는 경우는 3가지이다. 따라서 구하는 확률은 $\dfrac{3}{12}=\dfrac{1}{4}$

3 일어나는 모든 경우의 수는 $5+3+4=12$이고, 통팥호빵이 나오는 경우는 4가지이다. 따라서 구하는 확률은 $\dfrac{4}{12}=\dfrac{1}{3}$

4 일어나는 모든 경우의 수는 15이고, 10 이상의 수가 적힌 카드가 나오는 경우는 10, 11, 12, 13, 14, 15의 6가지이다.
따라서 구하는 확률은 $\dfrac{6}{15}=\dfrac{2}{5}$

5 일어나는 모든 경우의 수는 15이고, 5의 배수가 적힌 카드가 나오는 경우는 5, 10, 15의 3가지이다.
따라서 구하는 확률은 $\dfrac{3}{15}=\dfrac{1}{5}$

6 일어나는 모든 경우의 수는 15이고, 6 미만의 수가 적힌 카드가 나오는 경우는 1, 2, 3, 4, 5의 5가지이다.
따라서 구하는 확률은 $\dfrac{5}{15}=\dfrac{1}{3}$

7 일어나는 모든 경우의 수는 15이고, 15의 약수가 적힌 카드가 나오는 경우는 1, 3, 5, 15의 4가지이다.
따라서 구하는 확률은 $\dfrac{4}{15}$

9 일어나는 모든 경우의 수는 $6\times6=36$
서로 다른 두 개의 주사위를 동시에 던질 때 나오는 눈의 수를 순서쌍으로 나타내면 두 눈의 수의 차가 1인 경우는
$(1, 2), (2, 1), (2, 3), (3, 2), (3, 4), (4, 3), (4, 5),$
$(5, 4), (5, 6), (6, 5)$의 10가지
따라서 구하는 확률은 $\dfrac{10}{36}=\dfrac{5}{18}$

10 일어나는 모든 경우의 수는 $6\times6=36$
서로 다른 두 개의 주사위를 동시에 던질 때 나오는 눈의 수를 순서쌍으로 나타내면 두 눈의 수의 곱이 12인 경우는
$(2, 6), (3, 4), (4, 3), (6, 2)$의 4가지
따라서 구하는 확률은 $\dfrac{4}{36}=\dfrac{1}{9}$

11 일어나는 모든 경우의 수는 $6\times6=36$

13 나오는 눈의 수를 순서쌍 (a, b)로 나타내면 방정식 $ax=b$의 해 $x=\dfrac{b}{a}$가 자연수인 경우는
$(1, 1), (1, 2), (1, 3), (1, 4), (1, 5), (1, 6), (2, 2),$
$(2, 4), (2, 6), (3, 3), (3, 6), (4, 4), (5, 5), (6, 6)$
의 14가지

14 방정식 $ax=b$의 해가 자연수일 확률은 $\dfrac{14}{36}=\dfrac{7}{18}$

확률의 성질

❷ 1 ❸ 0

15 $\dfrac{1}{5}$ 16 0 17 1 18 $\dfrac{2}{5}$ 19 0

20 1 21 0 22 1

15 일어나는 모든 경우의 수는 20이고, 당첨 제비가 나오는 경우는 4가지이다. 따라서 구하는 확률은 $\dfrac{4}{20}=\dfrac{1}{5}$

16 일어나는 모든 경우의 수는 20이고, 당첨 제비가 나오는 경우는 없다. 따라서 구하는 확률은 $\dfrac{0}{20}=0$

17 일어나는 모든 경우의 수는 20이고, 당첨 제비가 나오는 경우는 20가지이다. 따라서 구하는 확률은 $\dfrac{20}{20}=1$

18 일어나는 모든 경우의 수는 5이고, 짝수가 적힌 카드가 나오는 경우는 2, 4의 2가지이다. 따라서 구하는 확률은 $\dfrac{2}{5}$

19 일어나는 모든 경우의 수는 5이고, 음의 정수가 적힌 카드가 나오는 경우는 없다. 따라서 구하는 확률은 $\dfrac{0}{5}=0$

20 일어나는 모든 경우의 수는 5이고, 양의 정수가 적힌 카드가 나오는 경우는 1, 2, 3, 4, 5의 5가지이다.
따라서 구하는 확률은 $\dfrac{5}{5}=1$

21 일어나는 모든 경우의 수는 5이고, 0이 적힌 카드가 나오는 경우는 없다. 따라서 구하는 확률은 $\dfrac{0}{5}=0$

22 일어나는 모든 경우의 수는 5이고, 5 이하의 자연수가 적힌 카드가 나오는 경우는 1, 2, 3, 4, 5의 5가지이다.

따라서 구하는 확률은 $\dfrac{5}{5}=1$

어떤 사건이 일어나지 않을 확률

❹ $1-p$

23 $\dfrac{2}{7}$ **24** 0.05 **25** 0.7 **26** $\dfrac{5}{6}$ **27** $\dfrac{3}{4}$

28 $\dfrac{3}{4}$ **29** $\dfrac{5}{7}$

23 (소라가 시험에 불합격할 확률)

$=1-$(소라가 시험에 합격할 확률)

$=1-\dfrac{5}{7}=\dfrac{2}{7}$

24 (과녁을 명중시키지 못할 확률)$=1-$(과녁을 명중시킬 확률)

$=1-0.95=0.05$

25 (오늘 눈이 오지 않을 확률)$=1-$(오늘 눈이 올 확률)

$=1-0.3=0.7$

26 (불량품이 나오지 않을 확률)$=1-$(불량품이 나올 확률)

$=1-\dfrac{5}{30}=1-\dfrac{1}{6}=\dfrac{5}{6}$

27 일어나는 모든 경우의 수는 $2\times2=4$

서로 다른 두 개의 동전을 동시에 던질 때 나오는 면을 순서쌍으로 나타내면 모두 앞면이 나오는 경우는 (앞면, 앞면)의 1가지이므로 모두 앞면이 나올 확률은 $\dfrac{1}{4}$

따라서 (적어도 한 개는 뒷면이 나올 확률)

$=1-$(모두 앞면이 나올 확률)

$=1-\dfrac{1}{4}=\dfrac{3}{4}$

28 일어나는 모든 경우의 수는 $6\times6=36$

한 개의 주사위를 던질 때 소수가 아닌 눈이 나오는 경우는 1, 4, 6의 3가지이다. 서로 다른 두 개의 주사위를 동시에 던질 때 모두 소수가 아닌 눈이 나오는 경우의 수는 $3\times3=9$이므로 모두 소수가 아닌 눈이 나올 확률은 $\dfrac{9}{36}=\dfrac{1}{4}$

따라서 (적어도 한 개는 소수의 눈이 나올 확률)

$=1-$(모두 소수가 아닌 눈이 나올 확률)

$=1-\dfrac{1}{4}=\dfrac{3}{4}$

29 일어나는 모든 경우의 수는 $\dfrac{7\times6}{2}=21$

2마리 모두 강아지를 선택하는 경우의 수는 $\dfrac{4\times3}{2}=6$

즉, 2마리 모두 강아지를 선택할 확률은 $\dfrac{6}{21}=\dfrac{2}{7}$

따라서 (적어도 한 마리는 고양이를 선택할 확률)

$=1-$(2마리 모두 강아지를 선택할 확률)

$=1-\dfrac{2}{7}=\dfrac{5}{7}$

소단원 핵심문제 | 82~83쪽 |

| 1 ③ | 2 $\dfrac{1}{5}$ | 3 ① | 4 ⑤ | 5 $\dfrac{7}{8}$ |
| 6 ④ | 7 ① | 8 1 | 9 $\dfrac{2}{3}$ | 10 ⑤ |

1 일어나는 모든 경우의 수는 $4+10=14$이고, 흰 바둑돌이 나오는 경우의 수는 4이다. 따라서 구하는 확률은 $\dfrac{4}{14}=\dfrac{2}{7}$

2 일어나는 모든 경우의 수는 $5\times4\times3\times2\times1=120$

선주가 맨 마지막에 타는 경우의 수는 선주를 제외한 4명을 한 줄로 세우는 경우의 수와 같으므로 $4\times3\times2\times1=24$

따라서 구하는 확률은 $\dfrac{24}{120}=\dfrac{1}{5}$

3 ① 1의 눈이 나올 확률은 $\dfrac{1}{6}$이다.

따라서 옳지 않은 것은 ①이다.

4 일어나는 모든 경우의 수는 $\dfrac{5\times4}{2}=10$

선우가 뽑히는 경우의 수는 선우를 제외한 4명 중에서 대표 1명을 뽑는 경우의 수와 같으므로 4

즉, 선우가 뽑힐 확률은 $\dfrac{4}{10}=\dfrac{2}{5}$

따라서 (선우가 뽑히지 않을 확률)$=1-$(선우가 뽑힐 확률)

$=1-\dfrac{2}{5}=\dfrac{3}{5}$

5 일어나는 모든 경우의 수는 $2\times2\times2=8$

서로 다른 세 개의 동전을 동시에 던질 때 모두 뒷면이 나오는 경우의 수는 1이므로 모두 뒷면이 나올 확률은 $\dfrac{1}{8}$

따라서 (적어도 한 개는 앞면이 나올 확률)

$=1-$(모두 뒷면이 나올 확률)

$=1-\dfrac{1}{8}=\dfrac{7}{8}$

6 일어나는 모든 경우의 수는 $2\times2\times2\times2=16$

윷짝 4개를 동시에 던질 때 나오는 면을 순서쌍으로 나타내면 개가 나오는 경우는

(등, 등, 배, 배), (등, 배, 등, 배), (등, 배, 배, 등),

(배, 등, 배, 등), (배, 등, 등, 배), (배, 배, 등, 등)의 6가지

따라서 구하는 확률은 $\dfrac{6}{16}=\dfrac{3}{8}$

7 일어나는 모든 경우의 수는 $6 \times 6 = 36$

$3x - y = 2$를 만족시키는 x, y의 값을 순서쌍 (x, y)로 나타내면

$(1, 1)$, $(2, 4)$의 2가지

따라서 구하는 확률은 $\dfrac{2}{36} = \dfrac{1}{18}$

8 정사각형의 네 꼭짓점 중에서 세 점을 연결하여 만든 삼각형은 항상 직각삼각형이 되므로 $a = 1$

정삼각형은 만들어지지 않으므로 $b = 0$

따라서 $a + b = 1 + 0 = 1$

9 일어나는 모든 경우의 수는 $3 \times 3 = 9$

수혁이와 진희가 가위, 바위, 보 중에서 내는 것을 순서쌍으로 나타내면 승부가 결정되지 않는 경우는 비기는 경우이므로

(가위, 가위), (바위, 바위), (보, 보)의 3가지

즉, 승부가 결정되지 않을 확률은 $\dfrac{3}{9} = \dfrac{1}{3}$

따라서 승부가 결정될 확률은 $1 - \dfrac{1}{3} = \dfrac{2}{3}$

10 일어나는 모든 경우의 수는 $12 \times 12 = 144$

정십이면체 모양의 주사위를 두 번 던질 때 나오는 수를 순서쌍으로 나타내면 두 수의 합이 21인 경우는

$(9, 12)$, $(10, 11)$, $(11, 10)$, $(12, 9)$의 4가지

즉, 두 수의 합이 21일 확률은 $\dfrac{4}{144} = \dfrac{1}{36}$

따라서 두 수의 합이 21이 아닐 확률은 $1 - \dfrac{1}{36} = \dfrac{35}{36}$

02. 확률의 계산
| 84~85쪽 |

사건 A 또는 사건 B가 일어날 확률

➊ $+$

1 $\dfrac{3}{4}$　**2** $\dfrac{2}{3}$　**3** $\dfrac{7}{12}$　**4** $\dfrac{7}{36}$　**5** $\dfrac{7}{18}$

6 $\dfrac{1}{4}$　**7** $\dfrac{1}{3}$

1 (빨간 공 또는 흰 공이 나올 확률)

$=$ (빨간 공이 나올 확률) $+$ (흰 공이 나올 확률)

$= \dfrac{4}{12} + \dfrac{5}{12} = \dfrac{9}{12} = \dfrac{3}{4}$

2 (흰 공 또는 파란 공이 나올 확률)

$=$ (흰 공이 나올 확률) $+$ (파란 공이 나올 확률)

$= \dfrac{5}{12} + \dfrac{3}{12} = \dfrac{8}{12} = \dfrac{2}{3}$

3 (빨간 공 또는 파란 공이 나올 확률)

$=$ (빨간 공이 나올 확률) $+$ (파란 공이 나올 확률)

$= \dfrac{4}{12} + \dfrac{3}{12} = \dfrac{7}{12}$

4 일어나는 모든 경우의 수는 $6 \times 6 = 36$

서로 다른 두 개의 주사위를 동시에 던질 때 나오는 눈의 수를 순서쌍으로 나타내면

(i) 두 눈의 수의 합이 4인 경우는 $(1, 3)$, $(2, 2)$, $(3, 1)$의 3가지이므로 그 확률은 $\dfrac{3}{36} = \dfrac{1}{12}$

(ii) 두 눈의 수의 합이 9인 경우는 $(3, 6)$, $(4, 5)$, $(5, 4)$, $(6, 3)$의 4가지이므로 그 확률은 $\dfrac{4}{36} = \dfrac{1}{9}$

(i), (ii)에서 구하는 확률은 $\dfrac{1}{12} + \dfrac{1}{9} = \dfrac{7}{36}$

5 서로 다른 두 개의 주사위를 동시에 던질 때 나오는 눈의 수를 순서쌍으로 나타내면

(i) 두 눈의 수의 차가 2인 경우는 $(1, 3)$, $(2, 4)$, $(3, 1)$, $(3, 5)$, $(4, 2)$, $(4, 6)$, $(5, 3)$, $(6, 4)$의 8가지이므로 그 확률은 $\dfrac{8}{36} = \dfrac{2}{9}$

(ii) 두 눈의 수의 차가 3인 경우는 $(1, 4)$, $(2, 5)$, $(3, 6)$, $(4, 1)$, $(5, 2)$, $(6, 3)$의 6가지이므로 그 확률은 $\dfrac{6}{36} = \dfrac{1}{6}$

(i), (ii)에서 구하는 확률은 $\dfrac{2}{9} + \dfrac{1}{6} = \dfrac{7}{18}$

6 12 이하의 수 중에서 4의 배수는 4, 8, 12이므로 서로 다른 두 개의 주사위를 동시에 던질 때 나오는 눈의 수를 순서쌍으로 나타내면

(i) 두 눈의 수의 합이 4인 경우는 $(1, 3)$, $(2, 2)$, $(3, 1)$의 3가지이므로 그 확률은 $\dfrac{3}{36} = \dfrac{1}{12}$

(ii) 두 눈의 수의 합이 8인 경우는 $(2, 6)$, $(3, 5)$, $(4, 4)$, $(5, 3)$, $(6, 2)$의 5가지이므로 그 확률은 $\dfrac{5}{36}$

(iii) 두 눈의 수의 합이 12인 경우는 $(6, 6)$의 1가지이므로 그 확률은 $\dfrac{1}{36}$

(i)~(iii)에서 구하는 확률은 $\dfrac{1}{12} + \dfrac{5}{36} + \dfrac{1}{36} = \dfrac{9}{36} = \dfrac{1}{4}$

7 5의 약수는 1, 5이므로 서로 다른 두 개의 주사위를 동시에 던질 때 나오는 눈의 수를 순서쌍으로 나타내면

(i) 두 눈의 수의 차가 1인 경우는 $(1, 2)$, $(2, 1)$, $(2, 3)$, $(3, 2)$, $(3, 4)$, $(4, 3)$, $(4, 5)$, $(5, 4)$, $(5, 6)$, $(6, 5)$의 10가지이므로 그 확률은 $\dfrac{10}{36} = \dfrac{5}{18}$

(ii) 두 눈의 수의 차가 5인 경우는 $(1, 6)$, $(6, 1)$의 2가지이므로 그 확률은 $\dfrac{2}{36} = \dfrac{1}{18}$

(i), (ii)에서 구하는 확률은 $\dfrac{5}{18} + \dfrac{1}{18} = \dfrac{6}{18} = \dfrac{1}{3}$

사건 A와 사건 B가 동시에 일어날 확률

> ❷ ×
>
> 8 $\frac{1}{4}$ 9 $\frac{1}{9}$ 10 $\frac{1}{2}$ 11 $\frac{1}{12}$ 12 $\frac{1}{2}$
>
> 13 0.36

8 50원짜리 동전이 앞면이 나올 확률은 $\frac{1}{2}$

100원짜리 동전이 앞면이 나올 확률은 $\frac{1}{2}$

따라서 구하는 확률은 $\frac{1}{2} \times \frac{1}{2} = \frac{1}{4}$

9 민정이가 가위를 낼 확률은 $\frac{1}{3}$

상혁이가 가위를 낼 확률은 $\frac{1}{3}$

따라서 구하는 확률은 $\frac{1}{3} \times \frac{1}{3} = \frac{1}{9}$

10 (두 사람 모두 문제를 맞힐 확률)

$=$(은서가 문제를 맞힐 확률)$\times$(세윤이가 문제를 맞힐 확률)

$=\frac{3}{5} \times \frac{5}{6} = \frac{1}{2}$

11 (두 사람 모두 내일 패스트푸드점에 갈 확률)

$=$(강우가 내일 패스트푸드점에 갈 확률)

   $\times$(소진이가 내일 패스트푸드점에 갈 확률)

$=\frac{1}{4} \times \frac{1}{3} = \frac{1}{12}$

12 (두 팀 모두 8강에 올라갈 확률)

$=$(A팀이 8강에 올라갈 확률)$\times$(B팀이 8강에 올라갈 확률)

$=\frac{7}{10} \times \frac{5}{7} = \frac{1}{2}$

13 (두 번 모두 성공할 확률)

$=$(첫 번째에 성공할 확률)$\times$(두 번째에 성공할 확률)

$=0.6 \times 0.6 = 0.36$

확률의 곱셈을 이용한 어떤 사건이 일어나지 않을 확률

> ❸ $1-q$ ❹ q ❺ ×
>
> 14 $\frac{8}{21}$ 15 $\frac{4}{63}$ 16 $\frac{59}{63}$ 17 $\frac{5}{21}$ 18 $\frac{2}{21}$
>
> 19 $\frac{19}{21}$

14 (A만 합격할 확률)

$=$(A가 합격할 확률)$\times$(B가 불합격할 확률)

$=\frac{6}{7} \times \left(1-\frac{5}{9}\right) = \frac{6}{7} \times \frac{4}{9} = \frac{8}{21}$

15 (두 사람 모두 불합격할 확률)

$=$(A가 불합격할 확률)$\times$(B가 불합격할 확률)

$=\left(1-\frac{6}{7}\right) \times \left(1-\frac{5}{9}\right)$

$=\frac{1}{7} \times \frac{4}{9} = \frac{4}{63}$

16 (적어도 한 사람은 합격할 확률)

$=1-$(두 사람 모두 불합격할 확률)

$=1-\frac{4}{63} = \frac{59}{63}$

17 A 주머니에서 검은 바둑돌이 나올 확률은 $\frac{5}{7}$

B 주머니에서 흰 바둑돌이 나올 확률은 $\frac{3}{9} = \frac{1}{3}$

따라서 구하는 확률은 $\frac{5}{7} \times \frac{1}{3} = \frac{5}{21}$

18 A 주머니에서 흰 바둑돌이 나올 확률은 $\frac{2}{7}$

B 주머니에서 흰 바둑돌이 나올 확률은 $\frac{3}{9} = \frac{1}{3}$

따라서 구하는 확률은 $\frac{2}{7} \times \frac{1}{3} = \frac{2}{21}$

19 (적어도 한 개는 검은 바둑돌이 나올 확률)

$=1-$(두 개 모두 흰 바둑돌이 나올 확률)$=1-\frac{2}{21} = \frac{19}{21}$

연속하여 뽑는 경우의 확률

> ❻ 같다   ❼ 다르다
>
> 20 $\frac{25}{64}$ 21 $\frac{9}{64}$ 22 $\frac{15}{64}$ 23 $\frac{5}{14}$ 24 $\frac{3}{28}$
>
> 25 $\frac{15}{56}$

20 첫 번째에 노란 구슬이 나올 확률은 $\frac{5}{8}$

두 번째에 노란 구슬이 나올 확률은 $\frac{5}{8}$

따라서 구하는 확률은 $\frac{5}{8} \times \frac{5}{8} = \frac{25}{64}$

21 첫 번째에 빨간 구슬이 나올 확률은 $\frac{3}{8}$

두 번째에 빨간 구슬이 나올 확률은 $\frac{3}{8}$

따라서 구하는 확률은 $\frac{3}{8} \times \frac{3}{8} = \frac{9}{64}$

22 첫 번째에 노란 구슬이 나올 확률은 $\frac{5}{8}$

두 번째에 빨간 구슬이 나올 확률은 $\frac{3}{8}$

따라서 구하는 확률은 $\frac{5}{8} \times \frac{3}{8} = \frac{15}{64}$

23 첫 번째에 노란 구슬이 나올 확률은 $\dfrac{5}{8}$

두 번째에 노란 구슬이 나올 확률은 $\dfrac{4}{7}$

따라서 구하는 확률은 $\dfrac{5}{8} \times \dfrac{4}{7} = \dfrac{5}{14}$

24 첫 번째에 빨간 구슬이 나올 확률은 $\dfrac{3}{8}$

두 번째에 빨간 구슬이 나올 확률은 $\dfrac{2}{7}$

따라서 구하는 확률은 $\dfrac{3}{8} \times \dfrac{2}{7} = \dfrac{3}{28}$

25 첫 번째에 노란 구슬이 나올 확률은 $\dfrac{5}{8}$

두 번째에 빨간 구슬이 나올 확률은 $\dfrac{3}{7}$

따라서 구하는 확률은 $\dfrac{5}{8} \times \dfrac{3}{7} = \dfrac{15}{56}$

소단원 핵심문제

| 86~87쪽 |

1 ④	2 ④	3 $\dfrac{9}{25}$	4 ⑤	5 $\dfrac{2}{21}$
6 ③	7 ①	8 $\dfrac{3}{10}$	9 $\dfrac{8}{9}$	10 ①

1 일어나는 모든 경우의 수는 20

(i) 18의 약수가 적힌 카드가 나오는 경우는 1, 2, 3, 6, 9, 18의

6가지이므로 18의 약수가 적힌 카드가 나올 확률은 $\dfrac{6}{20} = \dfrac{3}{10}$

(ii) 8의 배수가 적힌 카드가 나오는 경우는 8, 16의 2가지이므로

8의 배수가 적힌 카드가 나올 확률은 $\dfrac{2}{20} = \dfrac{1}{10}$

(i), (ii)에서 구하는 확률은 $\dfrac{3}{10} + \dfrac{1}{10} = \dfrac{4}{10} = \dfrac{2}{5}$

2 (두 선수가 모두 안타를 칠 확률)

= (A 선수가 안타를 칠 확률) × (B 선수가 안타를 칠 확률)

= $0.3 \times 0.25 = 0.075$

3 (두 번의 경기에서 한 번도 이기지 못할 확률)

= (두 번의 경기에서 모두 질 확률)

= (첫 번째 경기에서 질 확률) × (두 번째 경기에서 질 확률)

= $\left(1 - \dfrac{2}{5}\right) \times \left(1 - \dfrac{2}{5}\right) = \dfrac{3}{5} \times \dfrac{3}{5} = \dfrac{9}{25}$

4 (두 명 중에서 적어도 한 명이 본선에 진출할 확률)

= 1 − (두 명 모두 본선에 진출하지 못할 확률)

= $1 - \left(1 - \dfrac{2}{3}\right) \times \left(1 - \dfrac{1}{2}\right)$

= $1 - \dfrac{1}{3} \times \dfrac{1}{2} = \dfrac{5}{6}$

5 첫 번째에 당첨 제비가 나올 확률은 $\dfrac{5}{15} = \dfrac{1}{3}$

두 번째에 당첨 제비가 나올 확률은 $\dfrac{4}{14} = \dfrac{2}{7}$

따라서 구하는 확률은 $\dfrac{1}{3} \times \dfrac{2}{7} = \dfrac{2}{21}$

6 일어나는 모든 경우의 수는 $6 \times 6 = 36$

36 이하의 수 중 8의 배수는 8, 16, 24, 32이므로 한 개의 주사위를 두 번 던져서 나오는 눈의 수를 순서쌍 (x, y)로 나타내면

(i) $xy = 8$, 즉 두 눈의 수의 곱이 8인 경우는 $(2, 4)$, $(4, 2)$의

2가지이므로 그 확률은 $\dfrac{2}{36} = \dfrac{1}{18}$

(ii) $xy = 16$, 즉 두 눈의 수의 곱이 16인 경우는 $(4, 4)$의 1가지

이므로 그 확률은 $\dfrac{1}{36}$

(iii) $xy = 24$, 즉 두 눈의 수의 곱이 24인 경우는 $(4, 6)$, $(6, 4)$

의 2가지이므로 그 확률은 $\dfrac{2}{36} = \dfrac{1}{18}$

(iv) $xy = 32$, 즉 두 눈의 수의 곱이 32인 경우는 없으므로 그 확

률은 $\dfrac{0}{36} = 0$

(i) ~ (iv)에서 구하는 확률은 $\dfrac{1}{18} + \dfrac{1}{36} + \dfrac{1}{18} + 0 = \dfrac{5}{36}$

7 일어나는 모든 경우의 수는 $3 \times 3 = 9$

두 사람이 가위, 바위, 보 중에서 내는 것을 순서쌍 (소은, 형우)로 나타내면 두 사람이 비기는 경우는 (가위, 가위), (바위, 바위),

(보, 보)의 3가지이므로 두 사람이 비길 확률은 $\dfrac{3}{9} = \dfrac{1}{3}$

형우가 이기는 경우는 (가위, 바위), (바위, 보), (보, 가위)의

3가지이므로 형우가 이길 확률은 $\dfrac{3}{9} = \dfrac{1}{3}$

따라서 구하는 확률은 $\dfrac{1}{3} \times \dfrac{1}{3} = \dfrac{1}{9}$

8 (두 사람 모두 과녁의 10점을 맞히지 못할 확률)

= (A 선수가 과녁의 10점을 맞히지 못할 확률)

× (B 선수가 과녁의 10점을 맞히지 못할 확률)

= $\left(1 - \dfrac{3}{10}\right) \times \left(1 - \dfrac{4}{7}\right) = \dfrac{7}{10} \times \dfrac{3}{7} = \dfrac{3}{10}$

9 (두 사람이 약속 장소에서 만나지 못할 확률)

= 1 − (두 사람이 약속 장소에서 만날 확률)

= 1 − (두 사람 모두 약속 장소에 나갈 확률)

= $1 - \dfrac{1}{4} \times \dfrac{4}{9} = 1 - \dfrac{1}{9} = \dfrac{8}{9}$

10 일어나는 모든 경우의 수는 24

6의 배수가 적힌 카드가 나오는 경우는 6, 12, 18, 24의 4가지

즉, 첫 번째에 6의 배수가 적힌 카드가 나올 확률은 $\dfrac{4}{24} = \dfrac{1}{6}$

두 번째에 6의 배수가 적힌 카드가 나올 확률은 $\dfrac{4}{24} = \dfrac{1}{6}$

따라서 구하는 확률은 $\dfrac{1}{6} \times \dfrac{1}{6} = \dfrac{1}{36}$

중학 수학의 첫 개념 학습

개념 α 알파